일러두기

1. 이 책에 나오는 일본어 한글 표기는 대부분 국립국어원에서 제공하는 외래어 표기법을 따랐으나, 'つ/ ッ' 발음 표기는 '쓰/즈'가 아닌 '츠'로 표기했습니다. 그 밖에 뜻이 왜곡될 수 있는 단어 표기는 부득이하게 외래어 표기법을 지키지 않은 경우도 있습니다.
2. 모든 패스는 2024년 1월 일본 발매 기준으로 표기했습니다. 국내 티켓 예약 사이트에서 구입 시 더 저렴할 수 있습니다.
3. 이 책에서 표기한 나이는 만 나이입니다. 입장료의 기준이 되는 연령 구분은 각 업체에서 표기하는 방식을 따랐으나, 성인(혹은 일반), 아동(혹은 어린이)처럼 나이 구분이 애매한 경우는 업체 상세 설명에서 정한 '중학생 이상(혹은 12세 이상)', '초등학생 이하(혹은 6~11세)' 등으로 바꾸어 설명했습니다.
4. 이 책에 수록된 관광지, 맛집, 숙소, 교통 등의 여행 정보는 2024년 2월 기준이며 최대한 정확한 정보를 싣고자 노력했습니다. 하지만 출판 후 변동될 수 있으므로 주의하실 필요가 있습니다.
5. 큐알코드를 검색하면 장소별 위치를 알 수 있는 구글맵이 등장합니다.
    가고 싶은 장소를 클릭하여 활용하세요.

쉼표가 필요할 때 떠나는 일본의 감성 여행지 45

지금은,
일본 소도시 여행

두경아 지음

길벗

느리지만 충만한 여행을 응원하며

많은 사람들이 그렇듯 저 역시 첫 일본 여행지는 도쿄였고, 그다음은 오사카, 후쿠오카였어요. 후쿠오카는 정말 좋아서 여러 번 방문했고 현지에 살면서 가이드북을 쓸 정도였습니다. 일본 소도시와의 인연은 월간지 기자 시절, 일로 시작됐어요. 북도호쿠 관광청과 함께 별책 부록을 만들고 기사를 쓰는 일이었는데, 첫해에는 아키타를, 그다음 해에는 아오모리를 여행했습니다. 취재를 핑계 삼아 깊은 산속 온천 마을에서는 펑펑 내리는 눈을 맞으며 온천을 했고, 여러 종류의 사과 주스와 애플파이를 먹고 마셨죠. 그리고 세련된 미술관에서 현대미술도 감상했어요. 모두 대도시에서는 느껴보지 못한 특별한 경험이었어요. 그 이후부터는 시간이 날 때마다 일본 소도시로 떠났습니다. 마침 여러 LCC 항공사가 앞다투어 일본 소도시 공항에 취항할 때라 가능했어요. 〈센과 치히로의 행방불명〉 속 온천 마을 에히메와 오코노미야키로 유명한 히로시마, 검은 모래찜질을 할 수 있는 가고시마, 애니메이션 캐릭터 천국 돗토리…. 어느 도시에서든 동공이 활짝 열리고 두뇌가 풀 가동할 정도로 흥미진진했어요. 그건 책을 쓸 때도 마찬가지였습니다. 솔직히 가이드북은 어마어마한 글 양 때문에 집필하면서 그 지역을 즐기긴 어렵거든요. 그런데 도시마다 다른 먹거리, 다른 주거 환경, 다른 문화 등을 떠올리며 저 스스로 정말 즐겁게 쓰고 읽었습니다. 이 책에 모두 담지 못할 정도로요. 언젠가 독자분들과 여행 비하인드 스토리를 나눌 기회가 있었으면 좋겠네요.

일본 소도시 여행을 제대로 즐기는 방법을 소개할게요. 3박 4일 정도의 휴가를 앞두고 있다면 주저 없이 이 책을 펼치세요. 그리고 메뉴판에서 음식 고르듯 천천히 페이지를 넘기며 가고 싶은 곳을 고르세요. 버터 우동, 도자기 헌팅, 스타벅스 콘셉트 스토어 등 때론 사소한 것들이 여행의 이유가 되기도 하죠. 중요한 건 소도시는 대도시와 달리 느리고 여유롭게 즐겨야 한다는 점이에요. 지역에 대한 배려는 필수겠죠. 그러니 렌터카보다는 느리더라도 대중교통이나 자전거를 타고 걸어서 돌아보길 권해요. 그 과정에서 만나는 모든 것이 바로 여행이니까요.

2024년 3월, 두경아

CONTENTS

Part 01 혼슈 本州

AREA 01·02
아오모리·아키타현 青森·秋田県　10
- 히로사키 弘前　18
- 도와다 十和田　26
- 센보쿠 仙北　32

AREA 03
가나가와현 神奈川県　40
- 가마쿠라 鎌倉　48
- 에노시마 江の島　56
- 하코네 箱根　62

AREA 04
시즈오카현 静岡県　70
- 시즈오카 靜岡　78
- 가나야 金谷　82
- 슈젠지 修善寺　84
- 후지노미야 富士宮　88

AREA 05
기후현 岐阜県　96
- 게로 온천 下呂温泉　104
- 다카야마 高山　112
- 시라카와고 白川郷　118

AREA 06·07
도야마·이시카와현 富山·石川県　124
- 도야마 富山　132
- 다테야마 立山　140
- 가나자와 金沢　146

AREA 08·09
교토부·효고현 京都府·兵庫県　156
- 아마노하시다테 天橋立　164
- 이네 伊根　172
- 기노사키 온천 城崎温泉　176

AREA 10
히로시마현 広島県　184
- 히로시마 広島　192
- 미야지마 宮島　198
- 오노미치 尾道　200
- 도모노우라 鞆の浦　206

AREA 11·12
돗토리·시마네현 鳥取·島根県　212
- 돗토리 鳥取　220
- 구라요시 倉吉　224
- 요나고·사카이미나토 米子·境港　228
- 마츠에 松江　232
- 이즈모 出雲　236

Part 02 시코쿠 四國

AREA 13
에히메현 愛媛県　240
마츠야마 松山　248
도고 온천 道後温泉　252
우치코 内子　260

AREA 14
가가와현 香川県　264
다카마츠 高松　272
나오시마 直島　280
쇼도시마 小豆島　287
고토히라 琴平　290

Part 03 규슈 九州

AREA 15
사가현 佐賀県　294
다케오 武雄　302
우레시노 嬉野　306
이마리 伊万里　314

AREA 16
나가사키현 長崎県　320
나가사키 長崎　328
운젠 雲仙　342
오바마 小浜　348

AREA 17
가고시마현 鹿児島県　354
가고시마 鹿児島　362
사쿠라지마 桜島　372
이부스키 指宿　376

AREA 01·02
Aomori Akita

아오모리·아키타현
青森·秋田県

101가지 애플파이의 도시
히로사키

오감 자극하는 최고 트레킹 명소
오이라세 계류

현대미술이 재미있어지는
도와다시 현대미술관

나만 알고 싶은 숨은 비탕
츠루노유 온천

수양벚나무와 무사 저택이 있는 풍경
가쿠노다테 무사 거리

Aomori & Akita
FOOD STORY

❝일본 혼슈 최북단에 위치한 아오모리는 사과의 고장으로 유명하다. 일본 전체 사과 생산량의 60%를 차지할 정도로 사과 생산량이 많은 곳이며, 오오마 참치, 가리비 등도 일본 최고의 어획량을 자랑한다. 아키타는 쌀이 맛있는 지역이다 보니, 쌀을 뭉쳐 꼬치에 끼워 구운 요리인 기리탄포나 아키타의 맑은 물로 빚은 사케도 으뜸으로 친다.**❞**

츠가루 소바 津軽そば
츠가루 메밀국수는 밀가루 대신 으깬 대두를 넣어 반죽한다. 젓가락으로 집으면 잘 끊어지지만 대두의 단맛과 풍미가 느껴지며 소박한 국물이 특징이다. 만드는 과정이 복잡해 이 음식을 파는 곳이 많지 않다.

무사의 커피 藩士の珈琲
커피는 애플파이와 함께 히로사키를 대표하는 먹거리다. 히로사키 커피의 역사는 150여 년 전 막부시대로 거슬러 올라간다. 당시 커피는 무사들에게 약으로 지급됐다고 하는데, 당시 방식을 재현해 천으로 드립한 커피를 '무사의 커피'라고 부른다.

히로사키 프렌치 弘前フレンチ
메이지시대 이후 적극적으로 서양 문화를 받아들인 히로사키는 지금도 일본 내 인구 대비 프랑스 레스토랑이 가장 많은 도시다. 덕분에 부담 없는 가격에 제대로 된 프랑스 음식을 맛볼 수 있는데, 현지 식재료의 특징을 반영해 히로사키의 특별함을 살렸다.

다케키미(옥수수) 嶽キミ
아오모리산 옥수수는 다른 지역에 비해 당도가 높은 것으로 유명하다. 멜론의 당도 정도라고. 쪄서 먹기도 하지만 생으로 먹거나 옥수수 튀김 등 다양한 요리로 만들어 먹는다.

가이야키미소(가리비 된장 구이) 貝焼き味噌
큰 가리비 껍질을 냄비에 삶아 우려낸 국물에 달걀과 된장을 풀어 넣고 끓인 가정 요리. 지역에 따라서는 생선이나 가리비를 넣기도 한다. 달걀이 귀했던 옛날에는 최고급 요리였다고 한다. 가리비 껍질이 그릇으로 쓰인 덕분에 끓일수록 국물 맛이 깊어진다.

다자와코 맥주 田沢湖ビール
아키타현에서 가장 오래된 수제 맥주다. 여과하지 않아 살아 있는 효모 그대로를 즐길 수 있다. 여러 대회에서 품질과 맛을 인정받았다.

사과의 왕국 아오모리
그대로 먹어도 맛있는 사과를 디저트와 음료, 술 등으로 다양하게 즐길 수 있는 것 또한 아오모리 여행의 기쁨이다.

히로사키 애플파이 弘前アップルパイ
히로사키의 대표 음식은 사과 파이로 '애플파이'라 부른다. 시에서 제작한 '히로사키 애플파이 지도(弘前アップルパイガイドマップ)'가 있을 정도로 수많은 가게에서 다양한 애플파이를 만날 수 있다. 애플파이 지도에는 단맛, 신맛, 계피 맛을 1~5단계로 표시해 입맛에 맞는 애플파이를 고를 수 있게 했다.

기리탄포 きりたんぽ
긴 꼬치에 밥을 뭉쳐서 구운 것을 뜻하는 기리탄포. 이것을 주재료로 만든 기리탄포 나베는 아키타현의 대표 향토 요리다.

니혼슈 日本酒
아키타는 일본 국내에서도 쌀이 맛있기로 유명한 지역으로 쌀이 맛있는 만큼 사케도 유명하다.

타르트 타탄(타르트 타탱) タルトタタン
히로사키는 애플파이뿐 아니라 사과 타르트인 '타르트 타탄'으로도 유명하다. 타르트 타탄은 설탕을 적당히 태워 캐러멜라이징한 뒤 버터와 사과를 넣고 조린 다음, 그 위에 페이스트리 반죽을 씌워 구운 뒤 뒤집어 내는 디저트다.

시드르 シードル
아오모리산 사과로 만든 시드르(사과주)도 빼놓을 수 없다. 시드르는 사과즙을 발효해 만든 탄산 알코올 음료로, 주로 유럽에서 즐겨 마신다. 아오모리시와 히로사키시에는 견학하고 시음할 수 있는 양조장이 있으니, 관심이 있다면 꼭 한번 들러보자.

이나니와 우동 稲庭うどん
일본 3대 우동 중 하나로 탄력 있고 부드러운 식감을 자랑한다. 갓 삶아내 투명한 면발이 특징으로, 350년 이상의 역사를 지니고 있다.

Aomori & Akita

TRANSPORTATION

> 일본 혼슈 최북단에 위치한 아오모리현과 바로 아래 위치한 아키타현은 이와테현과 묶어 북도호쿠 지방으로 불린다. 이 지역은 험준한 산맥과 깊은 계곡이 가로지르는 풍부한 자연을 바탕으로 골프, 스키, 등산 등 다양한 액티비티의 천국으로 사랑받는다. 그러나 히로사키를 제외하고는 도와다와 센보쿠 등의 도시는 대중교통으로 여행하기에는 어려워 렌터카 등 여행 전 충분한 준비가 필요하다.

* 두 현 모두 인기 드라마 촬영지로 유명하다. 아키타는 이병헌·김태희 주연의 드라마 〈아이리스〉 배경으로, 아오모리는 송중기·문채원 주연의 드라마 〈착한남자〉 배경으로 등장했다.

북도호쿠 여행의 시작. 아오모리 공항까지는 어떻게 갈까?

북도호쿠 지역에서는 유일하게 인천 국제공항에서 아오모리 공항으로 가는 직항 항공편이 있지만, 이마저도 시즌에 따라 간헐적으로 운항한다. 대한항공이 주 3~5회 부정기 항공편을 운항하며, 인천 국제공항에서 출발해 2시간 30분 정도 소요된다. 그래서 도쿄 하네다 국제공항이나 센다이 공항으로 입국해 이동하는 것이 일반적인데, 이때 센다이 공항에서는 신칸센을, 도쿄 하네다 공항에서는 국내선을 이용하는 것이 편리하고 가격도 저렴하다.

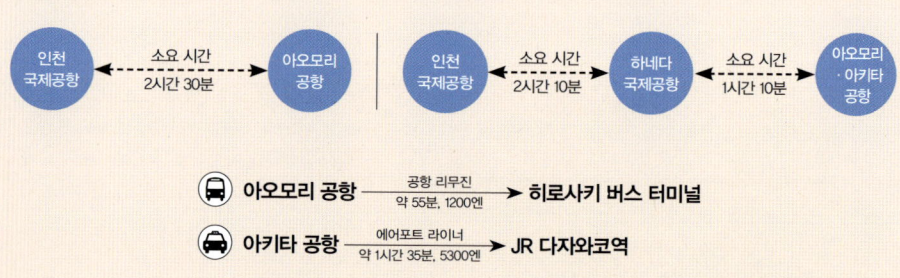

아오모리 공항 — 공항 리무진 약 55분, 1200엔 → 히로사키 버스 터미널

아키타 공항 — 에어포트 라이너 약 1시간 35분, 5300엔 → JR 다자와코역

* 아키타 공항에 도착한 뒤 렌터카나 예약제 승합 택시인 에어포트 라이너를 이용하자. (15쪽 참고)

일본 전국 패스

재팬 익스플로러 패스

외국인 관광객을 위한 저렴한 국내선 요금제로, 일본항공이 취항하는 일본 내 30개 이상의 도시를 비행기로 편리하게 이동할 수 있다. 단거리 노선은 7700엔부터, 중거리 노선은 1만1000엔부터, 장거리 노선은 1만4300엔부터이며, 도쿄 하네다 국제공항, 오사카 간사이 국제공항과 아키타·아오모리 공항 사이의 발착 노선은 모두 1만1000엔부터다.

🌐 www.jal.co.jp/kr/ko

아키타 에어포트 라이너

대중교통이 불편한 아키타에서 여행하기에 가장 좋은 방법으로 아키타 공항과 유명 관광지를 연결하는 예약제 승합 택시다. 아키타 공항에서 목적지까지 환승 없이 이동할 수 있고, 택시치고는 가격도 저렴한 편이다. 이 책에서 소개하는 관광지로 이동하기 위해서는 뉴토호를 이용하면 된다. 아키타 공항에서 가쿠노다테와 다자와코역, 뉴토 온천 마을까지 운행한다.

	승차 장소		
하차 장소	아키타 공항	가쿠노다테 지구	다자와코역, 다자와코 하루야마 지구
가쿠노다테 지구	4500엔	-	-
다자와코역, 다자와코 하루야마 지구	5300엔	-	-
로스파크 호텔·다자와코 고원 지구	6200엔	3000엔	-
뉴토 온천 마을	6700엔	3400엔	3400엔

※ 아동 반액

📞 018-867-7444 (뉴토호)
ℹ️ 전화 예약 시 이용 하루 전날 오후 5시까지, 인터넷 예약 시 이용 2일 전 오후 5시까지
🌐 http://akita.airportliner.net/kr

시내 교통

히로사키 100엔 버스 1일 승차권

시내 유명 관광지들을 순환하는 히로사키 100엔 버스(도테마치 순환, 죠토 순환)를 하루 동안 자유롭게 이용할 수 있는 승차권이다. JR 히로사키역 앞 승차장, 버스 센터 등에서 판매한다.

💴 12세 이상 400엔, 6~11세 200엔
🌐 www.konanbus.com/coin.html

도호쿠 지역 패스

도호쿠 고속도로 패스

렌터카 이용 시 2~14일간 지정 구간을 마음껏 이용할 수 있는 고속도로 통행료 정액 패스다. ETC 사용 차량에 한해 이용 가능하다. 외국인 한정. 센다이 공항~아오모리까지 이용 가능하나 구간 외에는 통행료가 부가되니, 이용할 수 있는 고속도로를 확인하자.

💴 2일권 4100엔~ 14일권 1만2200엔
🌐 https://kr.driveplaza.com/drawari/tohoku_expass

JR 고노선 프리패스

아키타~히로사키~아오모리 구간에서 2일 동안 사용할 수 있는 패스(五能線 フリーパス)다. 특급 승차에는 특급 티켓이 필요하다.

💴 2일권 12세 이상 3880엔, 6~11세 1940엔
🌐 www.jreast.co.jp/sendai/tohoku_tickets

JR 동일본 패스 도호쿠 지역

센다이 공항이나 도쿄 하네다 국제공항에서 신칸센을 이용해 북도호쿠 지역으로 이동할 때 유용하다. JR 동일본 전 노선(BRT 포함), 아오이모리 철도 전 노선, IGR 이와테 은하철도 전 노선, 아키타 신칸센, 도호쿠 신칸센, 센다이 공항 철도선 전 노선 등에 탑승할 수 있다.

💴 5일권 12세 이상 3만 엔, 6~11세 1만5000엔
🌐 www.jreast.co.jp/multi/ko/pass

북도호쿠 고속버스 승차권

아오모리, 아키타, 이와테 등 도호쿠 지역과 미야기현에서 지정된 고속버스와 지역버스를 자유롭게 탑승할 수 있는 패스다.

💴 2일권 9000엔, 3일권 1만1000엔
🌐 japanbuslines.com/ko/thbt

— Aomori & Akita —

COURSE FOR YOUR TRIP

아오모리·아키타 3박 4일 추천 코스

" 아오모리 공항으로 입국해 대중교통과 렌터카를 이용해
아오모리와 아키타 주요 도시를 돌아보는 코스다.
만일 직항편이 없다면 도쿄나 오사카로 입국 후 국내선을 타고 이동해도 좋다. "

1 day / 히로사키

아오모리 공항 → JR 히로사키역 → 히로사키 공원 → 후지타 기념 정원
TIP 100엔 버스를 타면 바로 앞까지 갈 수 있어요.

히로사키역 인근 호텔 ← 다이쇼 낭만 카페
TIP 히로사키 대표 음식인 애플파이를 주문해요.

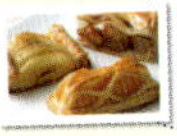

2 day / 히로사키, 도와다

히로사키시 사과 공원 → 레스토랑 야마자키 → 렌터카 수령 → 도와다시 현대미술관
TIP 사과 농장을 구경하고 사과 디저트와 굿즈, 시드르를 구입해요.
TIP 저렴한 가격에 히로사키 프렌치를 맛봐요.

리조트 식당에서 저녁 식사 ← 리조트 온천 ← 호시노 리조트 오이라세 계류 체크인

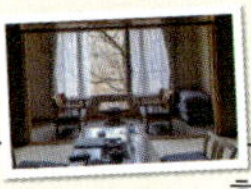

3 day / 도와다, 센보쿠

오이라세 계류 산책 → 다자와 호수 → 다츠코 동상
TIP 아름다운 다자와 호수를 배경으로 금빛 인어 사진을 찍어보세요.

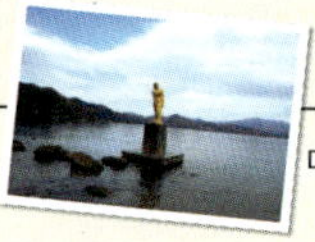

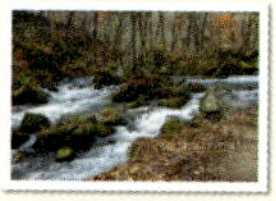

츠루노유 온천에서 식사, 온천 ← 츠루노유 온천 체크인
TIP 문명과 단절된 듯한 츠루노유에서 진정한 휴식을 누려보세요.

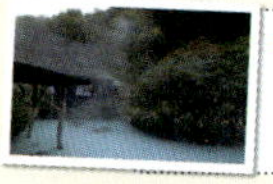

4 day / 센보쿠

츠루노유 온천에서 식사, 온천 → 츠루노유 온천 체크아웃 → (렌터카 이동) → 아오모리 공항

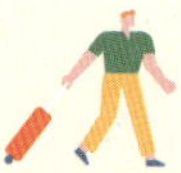

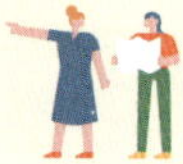

액티비티 마니아를 위한 2박 3일 트레킹 코스

"트레킹과 산책을 사랑하는 사람들을 위한 코스다.
피로는 리조트나 료칸 온천에서 풀자."

1 day 도와다
아오모리 공항 → 렌터카 수령 → 오이라세 계류 트레킹 (TIP 14km 구간을 걸으며 폭포를 찾아봐요.) → 호시노 리조트 오이라세 계류

2 day 센보쿠
리조트에서 아침 식사 → 렌터카 이동 → 다자와 호수 (TIP 호수 주변을 천천히 걸으며 음식점과 관광지를 둘러봐요.) → 다키가에리 계곡 트레킹 (TIP 빨간색 다리에서 인증사진을 찍어요.) → 뉴토 온천 마을 료칸

3 day 센보쿠
가쿠노다테 무사 거리 (TIP 작은 교토라 불리는 마을에서 인증사진을 찍어요.) → 사카이야 (TIP 제철 과일로 만든 파르페를 맛봐요.) → 렌터카 이동 → 아오모리 공항

겨울이 즐거워지는 1박 2일 아키타 여행 코스

"인근 도시 여행 중 아키타 스키장과 온천에서 1박 2일을 보내는 일정이다."

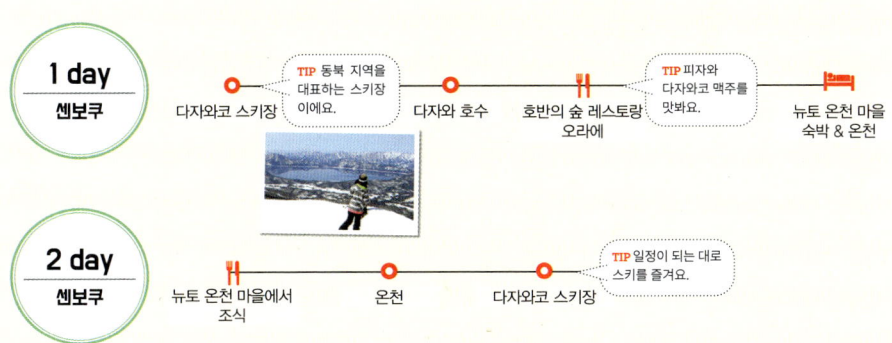

1 day 센보쿠
다자와코 스키장 (TIP 동북 지역을 대표하는 스키장이에요.) → 다자와 호수 → 호반의 숲 레스토랑 오라에 (TIP 피자와 다자와코 맥주를 맛봐요.) → 뉴토 온천 마을 숙박 & 온천

2 day 센보쿠
뉴토 온천 마을에서 조식 → 온천 → 다자와코 스키장 (TIP 일정이 되는 대로 스키를 즐겨요.)

CITY 1
히로사키 弘前

히로사키는 일본의 전통 양식과 근대 서양 문물이 공존하는 재미있는 도시다. 메이지시대에 지은 성과 사무라이 저택이 도시 중심에 자리 잡고 있으며, 그 주변으로는 근대 서양식 건축물이 들어서 있다. 메이지시대부터 많은 외국인 선교사들이 거주했던 까닭에 자연스럽게 서양 문물이 유입되었고, 더불어 서양식 건축양식도 발전했기 때문이다. 또 아오모리 대표 특산품인 사과로 만든 애플파이가 유명하다.

ⓘ 가는 법 : JR 히로사키역에서 100엔 버스를 타고 이동한다.

SEE 01
히로사키 공원 弘前公園

히로사키 공원은 히로사키 성을 품고 있는 부지에 조성된 공원이다. 총 면적 492,000㎡(14만9000평)에 달하는 드넓은 공원에는 2600그루 이상의 벚나무가 자라고 있어 일본 최고의 벚꽃 놀이 장소 중 하나로 꼽힌다. 봄이 되면 공원에는 밤낮 할 것 없이 피크닉을 하는 사람들로 북적대는데, 밤이면 조명이 빛나 더욱 환상적인 분위기를 연출한다. 벚꽃이 떨어지는 해자에서 배를 탈 수도 있다. 가을이면 단풍이 아름다워 단풍 축제가 열리고, 겨울에는 등롱과 초를 이용해 로맨틱하고 몽환적인 분위기를 연출하는 히로사키 설등 축제가 개최된다. 공원에는 1500종 12만4000그루의 수목과 초목으로 조성한 식물원도 있다.

히로사키 성 弘前城

히로사키 성은 도호쿠 지방에서 에도시대(1603~1867)에 건축돼 지금껏 원형이 남아 있는 유일한 성이다. 특히 일본에서도 12개밖에 남지 않은, 원형이 보존된 천수각은 역사적 의미를 지니며, 성문, 망루까지 잘 보존되어 있다. 천수각은 한 차례 재건축됐지만, 이것도 에도시대에 이루어진 것이다. 본래 1611년 츠가루 지방(아오모리현 서부)을 통치했던 히로사키 2대 번주인 츠가루 노부히라가 축성했으나 1627년 낙뢰를 맞아 소실된 이후 1811년 다시 지었다. 그 과정에서 원래 5층 탑은 3층이 됐다.

📍 青森県弘前市下白銀町1 ☎ 0172-33-8743
🕐 히로사키 공원 4월 1일~11월 23일 09:00~17:00,
벚꽃 축제 기간 07:00~21:00(11월 24일~3월 31일 휴관)
히로사키 성 식물원 4월 1일~11월 23일 09:00~17:00,
벚꽃 축제 기간 09:00~18:00(11월 24일~3월 31일 휴관)
💴 혼마루+기타노쿠루와(북문) 중학생 이상 320엔, 초등학생 이하 100엔,
히로사키 성 식물원 중학생 이상 320엔, 초등학생 이하 100엔
🌐 hirosakipark.com/ko

SEE 02 후지타 기념 정원 藤田記念庭園

일본상공회의소 초대 회장 후지타 겐이치의 개인 정원이었던 곳이다. 송중기·문채원 주연의 드라마〈착한남자〉촬영지로 소개됐다. 일본식 건물과 서양식 건물이 조화를 이루는데, 그중 서양관은 메이지유신부터 다이쇼시대에 이르기까지 근대 일본의 서양식 저택 양식을 재현한 건물이다. 내부 카페에서는 근대식 일본 가옥의 매력을 느낄 수 있다.

- 青森県弘前市大字上白銀町8-1 0172-37-5525
- 09:00~17:00(11월 하순~3월 31일에는 고지대 부분만 오픈)
- **입장료** 고등학생 이상 320엔, 중학생 이하 100엔, **히로사키성+식물원과 세트 티켓** 520엔
- http://www.hirosakipark.or.jp/hujita

SEE 03 구 히로사키 시립 도서관 & 미니어처 건조물군
旧弘前市立図書館 & ミニチュア建造物

1906년 유명한 건축 명장 호리에 사키치가 지은 3층 건물이다. 좌우에 배치된 팔각형 돔 탑이 특징이며, 르네상스 양식을 바탕으로 일본 양식을 섞어 건축됐다. 1층은 옛 도서관 형태를 복원해놓고, 2층은 지방 출판물 등을 소개하는 박물관으로 조성했는데, 무료로 돌아볼 수 있다. 건물 옆 오테몬 광장에는 도서관을 지을 당시 히로사키 시내에 존재했던 건물들을 1/10 크기의 모형으로 만들어 전시해놓았다. 옛 시청 건물이나 공회당 건물 등 공공기관을 비롯한 14채를 미니어처로 만나볼 수 있다.

- 青森県弘前市下白銀町2-1 追手門広場内
- 0172-82-1642 09:00~17:00(연말연시 휴무)

019

SEE 04
히로사키시 사과 공원
弘前市りんご公園

약 97,000㎡(약 29만400평)의 광활한 사과 과수원에 약 80종 2300그루의 다양한 사과나무가 자라는 체험형 공원이다. 8월 초순부터 11월 초순까지는 사과를 직접 수확하고 맛볼 수 있다. '사과의 집'에서는 사과 품종을 비롯해 다양한 자료를 전시하고, 갓 구운 애플파이를 비롯해 사과로 만든 다양한 먹거리와 사과를 모티브로 한 상품도 판매한다. 공원 내에는 이와키산을 한눈에 볼 수 있는 '스리하야마 전망대(すり鉢山展望台)', 츠가루 지방의 농가 주택 형태를 잘 간직한 '구 오야마 우치야 주택(旧小山内家住宅)', 양조장 기모리 등도 있다.

📍 青森県弘前市清水富田寺沢125 ☎ 0172-36-7439
🕘 09:00~17:00   🍎 8월 초순~11월 중순 사과 따기 체험 1kg(약 3개) 1000엔(변동 가능)
🌐 www.city.hirosaki.aomori.jp/ringopark

사과 축제에 참가하자!
히로사키시 사과 공원에서는 5월에 사과 꽃 축제가, 11월에 사과 수확 축제가 열린다. 사과 수확 축제에서는 히로사키 대표 디저트인 애플파이도 균일가로 판매한다.

SEE 05
히로사키 시드르 양조장 기모리
弘前シードル工房

히로사키 사과 공원 내에 위치한 양조장. 기모리란 우리나라의 까치밥처럼 수확한 뒤 일부러 과일을 남겨놓는 풍습을 말한다. 다만 우리와 다르게 하늘에 바치는 의미로 내년의 풍작을 기원한다는 뜻이 있다고. 기모리에서 만드는 사과주 '시드르'는 인공 탄산을 넣지 않고 2차 발효하는 과정에서 발생하는 탄산을 과즙에 그대로 담았다. 무여과 제법으로 사과 주스 같은 과실감을 느낄 수 있다. 스위트와 드라이, 두 가지 맛 중 골라 먹을 수 있다. 양조장 견학은 물론, 유료 시음도 가능하다.

📍 青森県弘前市清水富田寺沢125(りんご公園内)
☎ 0172-88-8936
🕘 09:00~17:00(수요일 휴무)
💴 375ml 2병 2211엔
🌐 http://kimori-cidre.com

 SEE 06

젠린가이 禅林街

약 500m 거리에 사원 33곳이 줄지어 있는 이색적인 거리다. 츠가루의 2대 영주가 히로사키 성을 지으며 당시 주류를 이루었던 조동종의 사원을 모아 만들었다고 한다. 길 양쪽에는 삼나무가 늘어서 있어 산책하기 좋으며, 밤에는 불이 켜져 더욱 환상적인 분위기를 조성한다.

📍 青森県弘前市西茂森 ☎ 0172-35-3131
🌐 www.hirosaki-heritage.com/heritage/h-cho-shoji

 SEE 07

사이쇼인 오층탑
最勝院五重塔

사원 사이쇼인 안에 위치한 탑이다. 츠가루를 통일하는 과정에서 희생된 적군과 아군 모두를 공양하기 위해 1667년 세웠다. 높이가 무려 32.1m나 되지만, 못 하나 쓰지 않고 만들었다. 일본 중요문화재로 등록되었으며 동북 지역에서 가장 아름다운 탑으로 불린다.

📍 青森県弘前市銅屋町63 ☎ 0172-34-1123
🕘 09:00~16:30 🌐 www15.plala.or.jp/SAISYOU

SEE 08 츠가루번 네푸타 마을 津軽藩ねぷた村

네푸타는 아오모리현을 대표하는 여름 네부타 축제 중 하나로, 입체감 없는 부채꼴의 등이 특징이다. 츠루가번 네푸타 마을에서는 축제에 사용한 등을 모아 상설 전시하는데, '히로사키 네푸타관'에서는 무려 높이 10m의 등을 가까이에서 볼 수 있다. '츠가루 구라 공방 다쿠미'는 1865년 건축한 쌀 창고를 이용한 민예품 제작 공방으로, 츠가루 칠기와 고긴 자수 등을 제작하는 모습을 견학하고 체험도 가능하다. '츠가루 샤미센 산겐도'에서는 매일 츠가루 샤미센 라이브 연주를 들려준다. 이 마을 안에는 츠가루 지방 특유의 정원 조성 기법인 '오이시부가쿠류'로 만든 정원과 다실인 '요키엔·요키안'이 있다. 그중 요키엔은 국가 지정 기념물인 일본 정원이며, 요키안은 히로사키시 지정 유형문화재로 지정된 메이지시대 다실이다.

◎ 青森県弘前市亀甲町61 ☎ 0172-39-1511 ⏰ 09:00~17:00(자수 시연은 11~3월 16:00까지), 식당 11:00~17:00
💰 성인 600엔, 중·고등학생 400엔, 초등학생 300엔, 3세 이상 유아 100엔 🌐 http://www.neputamura.com

SEE 09 나카마치 전통 건조물군 보존 지구 仲町重要伝統的建造物群保存地区

히로사키 성 축성 초기, 성의 정문은 북문(가메노코몬)이었다. 가메노코마치(亀甲町)와 현재의 나카초(仲町)는 성을 수비하는 역할을 담당했다. 이러한 이유로 이 부근에는 사무라이들이 살고 있었다. 지난날의 모습을 간직한 무사 주택들이 당시의 역사를 말해준다. 무사 주택 중에는 입장 가능한 곳도 있어 정원과 내부를 둘러볼 수도 있다.

◎ 青森県弘前市大字若党町

EAT 01

다이쇼 낭만 카페 大正浪漫喫茶室

후지타 기념 정원 서양식 저택 안에 자리 잡은 카페다. 역사적 가치가 있는 유럽풍 건물에 앉아 아름다운 정원을 바라보며 차 한잔할 수 있어 필수 관광 코스로 꼽힌다. 애플파이가 가장 유명한데, 종류만 6~7가지라 골라 먹을 수 있다. 카레라이스 등 식사도 판매한다.

애플파이는 꼭 먹어보세요!

- 青森県弘前市大字上白銀町8-1
- 0172-37-5690
- 09:30~ 16:30
- 애플파이 550엔
- www.facebook.com/fujitataisyoromankissa

EAT 02

살롱 드 카페 앙주
サロンドカフェアンジュ(旧東奧義塾外人教師館)

1900년 건축된 구 도오기주쿠 외국인 교사관은 아오모리 최초 사립학교인 도오기주쿠의 교사로 부임한 서양인 선교사의 거주 시설이었다. 영국식 벽돌 기초와 페인트 도장 외벽, 창문, 내부 벽난로 등 근대 서양 건축양식이 담겨 있다. 현재는 1층에 카페가 들어서 있는데, 앤티크한 목조 인테리어를 그대로 보존한 것이 특징이다. 곳곳을 당시의 생활용품으로 장식해 메이지시대 외국인의 생활상을 엿볼 수 있다. 애플파이가 맛있기로 유명하며, 무사들이 약으로 마시던 옛 스타일 커피를 맛볼 수 있다. 프랑스 코스 요리와 파스타 등 음식도 판매한다. 카페를 제외한 나머지 공간은 무료로 둘러볼 수 있다.

옛 스타일의 무사 커피

- 青森県弘前市下白銀町2-1旧東奧義塾外人教師館1F
- 0172-35-7430
- 10:00~18:00(연말연시 휴무)
- 무사 커피 550엔

EAT 03

가다레 요코초 津軽弘前屋台村 かだれ横丁

히로사키 시내 번화가에 위치한 실내 포장마차촌이다. 떠들썩한 분위기 속 지역 분위기를 느낄 수 있다. 오뎅 바, 중식당, 와인 바, 돼지고기 전문점 등 서로 다른 메뉴와 콘셉트로 무장한 7~8개의 점포가 오밀조밀 모여 있어 시끌벅적하다. 아오모리 향토 음식도 맛보고, 지역 특유의 분위기도 한껏 즐길 수 있다.

- 青森県弘前市百石町2-1
- 18:00~23:00
- https://kadare.info

가성비 좋은 프렌치 코스.
추가 요금을 내야 하지만
사과 수프는 꼭 맛볼 것!

EAT 04

레스토랑 야마자키 レストラン山崎

일본산 와규와 아오모리산 해산물, 채소 등 아오모리산 식재료를 사용하는 프랑스 요리 전문점이다. 제대로 된 프랑스 요리를 합리적인 가격에 맛볼 수 있다. 점심, 저녁 모두 코스 요리로 제공하며, 점심 메뉴는 가격대별로 네 가지 코스를 마련해 주머니 사정에 맞게 즐길 수 있다. 저녁 코스는 예약제(바로 전날까지)로만 운영한다.

- 青森県弘前市親方町41
- 0172-38-5515
- 점심 11:30~14:00, 저녁 17:30~20:30(월요일 휴무)
- 런치 코스 3300엔~, 저녁 코스 6600엔
- www.r-yamazaki.com

EAT 05

그랜드 메르시
グランメルシー (구 앙젤리크 アンジェリーク)

유명 베이커리 앙젤리크 히로사키점이 '그랜드 메르시'로 이름을 바꾸었다. 히로사키 애플파이를 언급할 때 빠지지 않는 베이커리로, 일본 내에서도 맛집으로 유명하다. 애플파이뿐 아니라 미니 케이크와 구움 과자, 쿠키 등도 모두 맛있다. 이곳 애플파이는 깊은 버터 향을 풍기는 바삭바삭한 페이스트리와 달달한 사과 슬라이스의 조합이 좋다. 다만 앉을 자리가 없어 포장 구매만 가능하다.

- 青森県弘前市野田1-3-16
- 0172-35-9894
- 09:30~18:00(화요일, 둘째·넷째 주 수요일 휴무)
- 주오히로사키역에서 도보 4분
- 애플파이 430엔
- https://grandmerci-hirosaki.com

EAT 06

스타벅스 커피 히로사키 공원 앞 점
スターバックスコーヒー 弘前公園前店

등록유형문화재 건물에 자리 잡은 스타벅스. 1910년대 레트로한 감성과 지역의 전통 공예를 조화시켜 히로사키에 가면 꼭 들러봐야 할 곳으로 꼽힌다. 너도밤나무로 만든 공예품 부나코 조명과 츠가루 지역의 고긴 자수를 놓은 좌석이 특징이다. 이곳에서만 구입할 수 있는 한정판 유리잔은 기념품으로 좋다.

히로사키의 스타벅스는 애플파이도 맛있다

- 青森県弘前市上白銀町1-1
- 0172-39-4051
- 07:00~21:00(부정기 휴무)

도와다 十和田

거대한 화산이 분출돼 형성된 이중 화구호 도와다 호수. 이 주변에 형성된 도시는 자연과 예술, 두 가지 매력을 지니고 있다. 도와다 호수에서 흘러 나가는 오이라세 계류는 트레킹 명소로 사랑받는다. 도와다 시내에는 아기자기한 카페가 많으며, 일본 내에서도 유명한 도와다시 현대미술관이 있어 미술 투어 코스로도 인기가 높다.

ⓘ 가는 법 : JR 하치노헤역과 JR 시치노헤토와타역에서 버스로 갈 수 있으나, 하루에 1~2대밖에 다니지 않으므로 렌터카 이용을 추천한다.

SEE 01

오이라세 계류 奥入瀬渓流

도와다 호수에서 흘러나온 물로 약 14km에 걸쳐 형성된 오이라세 계류 계곡. 계곡 위 터널을 이루는 나무와 이끼로 뒤덮인 바위, 그리고 하얀 물보라를 일으키는 계곡물이 어우러져 그림 같은 풍경을 만들어낸다. 그 덕분에 오이라세 계류는 아오모리현을 대표하는 트레킹 코스로 사랑받는다. 트레킹 시간은 최장 4시간 정도이지만, 본인이 원하는 대로 산책로를 골라 걸을 수 있다. 천천히 걸으며 30여 개의 폭포나 이끼 낀 바위, 물보라 등을 찾아내는 것이 포인트. 봄가을이 트레킹하기 가장 좋은 계절이지만, 겨울에는 스노슈 트레킹이 가능해 또 다른 즐거움이 있다. 걷기 힘들다면 휴게소에서 자전거를 빌려 타고 돌아볼 수도 있다.

📍 青森県十和田市奥瀬栃久保183
📞 0176-74-1233
🌐 https://towadako.or.jp/towadako-oirase

―SPOT TO GO―

오이라세 계류 네이처 트레킹 奥入瀬渓流ネイチャーハイク

오이라세 계류 곳곳에 있는 스폿을 찾으며 걸어보자.

1 아슈라노나가레 阿修羅の流れ
오이라세 계류를 대표하는 가장 유명한 스폿으로, 많은 사람이 사진을 찍거나 그림을 그리기 위해 모여든다. 바위에 부딪혀 거세게 소용돌이치는 계곡의 흐름이 압권이다.

2 이시게도 石ヶ戸
'돌로 만든 오두막(石ヶ戸)'이라는 뜻의 바위다. 바위가 오래된 나무에 의지해 오두막 같은 모습을 하고 있다. 이곳에 숨어 있다가 금품을 빼앗았다는 미녀 도적 이야기가 전설처럼 내려온다.

3 구모이노타키 雲井の滝
울창한 숲속 절벽에서 3단으로 낙하하는 폭포. 높이 20m에 수량도 풍부해 보기 좋다.

4 조시오타키 銚子大滝
폭 20m에 달하는 폭포로, 상류로 거슬러 올라가는 물고기도 멈추게 한다고 표현할 만큼 다이내믹한 물보라를 만들어낸다.

SEE 02

도와다 호수 十和田湖

깊고 푸르며 신비하고 아름다운 이중식 칼데라 호수. 네 곳에 전망대가 있어 여러 각도에서 호수의 모습을 감상할 수 있다. 특히 호수에 비치는 도와다산의 단풍은 너무도 유명하다. 단풍 절정기는 10월 중순부터 10월 하순 경이다. 유람선에서 바라보는 풍경도 멋지다. 유람선은 B코스 야스미야~야스미야, A코스 네노구치~야스미야, 2개 코스가 있다.

📍 青森県十和田市 奥瀬十和田湖畔休屋486
☎ 0176-75-2909

도와다호 유람선
🕐 A코스 09:30~14:45(1일 3회 운행),
　 B코스 08:45~16:00(1일 6회 운행)
💴 중학생 이상 1650엔, 초등학생 880엔
🌐 www.toutetsu.co.jp/ship.html

SEE 03

도와다 신사 十和田神社

도와다 호수에 돌출된 나카야마반도에 자리 잡은 신사로, 807년 사카가미 다무라 마로가 창건했다고 전해진다. 250년 된 삼나무 터널(참배길)은 도리이부터는 계단으로 이어지는데, 경사진 나무 계단을 따라 한참 올라가다 보면 신비로운 신사를 마주하게 된다. 도호쿠 지방의 대표적 파워 스폿(영적 에너지가 있는 곳)으로 알려져 있다.

📍 青森県十和田市奥瀬十和田湖畔休屋486
☎ 0176-75-2508

호시노 리조트 오이라세 계류
星野リゾート奥入瀬渓流

호시노 리조트에서 운영하는 아오모리의 '숲 속 별장' 콘셉트 호텔이다. 도와다 하치만타이 국립공원에 위치해 최고의 입지를 자랑한다. 오이라세 계류 내에 조성한 유일한 리조트 호텔이다 보니, 오이라세 계류를 제대로 둘러보려는 관광객에게 필수 코스이기도 하다. 로비에는 거대 화로인 '모리노 신와(森の神話)'가 신비로운 분위기를 연출한다. 2개의 노천탕과 아오모리 사과 콘셉트의 식당 등 부대시설도 훌륭하다. 또 숙박객을 위한 가이드 투어나 관광 셔틀버스 등을 운영해 제대로 오이라세 계류를 경험할 수 있도록 돕는다.

- 青森県十和田市奥瀬栃久保231
- 050-3134-8094
- https://www.hoshinoresorts.com/ja/hotels/oirasekeiryu
- JR 버스 '오이라세케류칸' 정류장 하차, 도보 3분

도와다 호반 온천 十和田湖畔温泉

도와다 호수 인근에 위치한 온천이다. 호수 주변을 따라 온천 료칸이 자리 잡고 있으며, 호수에서 잡히는 각시송어가 지역 먹거리로 꼽힌다. 그중 호텔 도와다소는 도와다 호수 부근에서 가장 큰 규모를 자랑하는 호텔로, 널찍한 로비와 대욕장을 갖추었다. 한가운데 히노키 야쿠라(나무 지붕)가 있는 일본식 대욕장 '미쿠라'와 고대 신전을 모티브로 한 '칼데라', 두 곳이다.

- 青森県十和田市奥瀬十和田湖畔休屋

SEE 06
도와다시 현대미술관
十和田市現代美術館

아오모리현은 현대미술로도 유명하다. 아오모리 현립 미술관과 함께 아오모리현을 대표하는 도와다시 현대미술관은 다양한 조형 작품을 감상하기 쉽게 전시해놓은 수준 높은 미술관이다. 독특하고도 세련된 작품들은 현대 예술의 묘미를 잘 드러내는데, 관객은 이를 만지고 느끼고 들여다보면서 현대미술과 친근해질 수 있다. 미술관 앞마당에 전시된 최정화의 '꽃말'과 론 뮤익의 '스탠딩 우먼', 서도호의 '코즈 앤 이펙트' 등 감각적인 예술품을 상설 전시한다. 미술관 길 건너 조성된 아트 광장(アート広場)에는 우리나라에서도 인기 있는 구사마 야요이 작품 여러 점을 전시해 누구나 편하게 누릴 수 있다. 스마트폰 앱을 통해 무료 한국어 오디오 가이드도 제공한다. 1층 미술관 카페도 인기다.

- 青森県十和田市西二番町10-9
- 0176-20-1127
- 09:00~17:00(월요일, 연말 휴관, 월요일이 공휴일인 경우 그다음 날)
- 성인 1800엔(기획전 전환기 1000엔), 고등학생 이하 무료
- https://towadaartcenter.com

EAT 01

농장 카페 히비키 農園カフェ日々木(ひびき)

블루베리 농장 안에 있는 카페 겸 음식점이다. 70년 이상 된 옛 주택을 개조해 만들었으며, 매일 40개 한정으로 판매하는 점심 메뉴가 인기다. 현지 식재료를 사용해 채소 중심의 메뉴를 제공하는데, 총 6종류의 계절 음식이 바구니에 담겨 나와 먹는 재미뿐 아니라 보는 재미도 있다. 후식으로 커피와 차, 주스 중 하나를 고를 수 있다.

- 青森県十和田市相坂高見147-89
- 0176-27-6626
- 11:00~16:00(수요일 휴무)
- 농원 가고 모둠 런치 1320엔
- www.nouenhibiki.com

EAT 02

팜 카페 오르타
Farm Cafe Orta

도와다 시내에 있는 팜 카페. 농장에서 기른 신선한 유기농 채소로 요리한 건강한 음식을 만든다. 피자, 파스타 등 이탤리언 요리를 중심으로 가성비 좋은 코스와 브런치를 선보이는데, 점심과 저녁 코스 요리 모두 예약하는 것이 좋다.

- 青森県十和田市稲生町15-16
- 0176-25-0185
- 12:00~15:00, 18:00~21:00(월·화요일 휴무, 4~10월 수·목요일 점심 휴무)
- 오르타 런치 플레이트 1000엔, 점심 코스 2500엔
- http://cafe-orta.jugem.jp

센보쿠 仙北

아키타현 동부 내륙에 위치한 도시로 일본에서 수심이 가장 깊은 다자와 호수와 가쿠노다테 무사 거리가 유명하다. 아키타현에는 '땅을 파면 온천이 나온다'는 말이 있을 정도로 자연 그대로의 온천이 많은데, 그중 센보쿠시 인근에 있는 뉴토 온천 마을은 일본인 사이에서 죽기 전에 방문하고 싶은 온천 목록에 오를 정도로 특별하다. 이곳에서는 느린 여행을 추천한다.

ⓘ 가는 법 : JR 다자와코역에서 버스로 이동할 수 있으나, 배차 시간이 길어 불편하다. 렌터카 이용을 추천한다.

SEE 01

다자와 호수 田沢湖

반짝이는 황금색 다츠코 동상으로 유명한 호수. 고요해 보이는 겉모습과 달리 일본에서 가장 깊은(수심 423.4m) 호수로 꼽힌다. 한파가 몰아쳐도 호수가 얼지 않고 진한 푸른색을 띠어 전설의 호수로도 알려졌다. 이 호수의 상징이자 전설의 주인공인 황금빛 다츠코 동상은 호수의 진한 푸른색과 대비를 이루어 더욱 신비로운 분위기를 풍긴다. 호수 주변에는 역사 깊은 명소를 비롯해 드라이브 사이클링 코스와 유람선 등 다양한 볼거리와 즐길 거리가 있다. 잔잔하고 푸르게 펼쳐진 넓은 호수 위를 유람선을 타고 유유히 돌아볼 수 있다.

📍 秋田県仙北市西木町西明寺潟尻
🌐 http://www.tazawako.org

다츠코의 전설

다츠코는 평생 늙지 않으려면 다자와 호수의 물을 마시라는 관음의 말을 듣고 호수의 물을 마신 뒤, 용으로 변한다. 용이 된 다츠코는 마찬가지로 사람에서 용이 된 하치로와 부부의 연을 맺고 호수를 지키게 됐는데, 덕분에 다자와 호수는 겨울에도 얼지 않는다고 한다.

SEE  02

다자와코 스키장 たざわ湖スキー場

아키타는 빙질이 좋은 스키장이 많은 지역이다. 그중 다자와코 스키장은 동북 지역을 대표하는 스키장으로, 슬로프에서 내려다보는 다자와 호수의 경치가 일품이다. 인근에 이름난 온천 시설이 많아 스키를 타고 난 뒤 피로를 풀기에도 좋다.

📍 秋田県仙北市田沢湖生保内下高野73-2
☎ 0187-46-2011 🕘 09:00~16:00(12월 중순부터 이듬해 3월 말까지 개장) 🌐 www.tazawako-ski.com

AREA 01·02
아오모리·아키타현 青森·秋田県

SEE  03

다키가에리 계곡 抱返り渓谷

다마강 중류에서 10km에 이르는 계곡이다. 예전에는 사람이 엇갈릴 때 서로 껴안지 않으면  다닐 수 없을 정도로 길이 좁다 해서 '다키가에리(포옹)'라는 이름이 붙었다. 단풍 명소로 유명하지만 녹음이 우거진 여름에도 아름답다. 산책로가 잘 정비되어 있어 트레킹 명소로 꼽힌다. 소요 시간은 40분 내외인데, 중간중간 명소가 있어 지루하지 않게 걸을 수 있다. 계곡 초입에 있는 빨간색 다리 가미노 이와하시(神の岩橋)는 아키타에서 가장 오래된 다리다. 도보 30분 거리에는 이 계곡 제일의 명소인 낙차 30m의 미카에리 폭포가 있다.

📍 秋田県仙北市田沢湖卒田
🌐 www.city.semboku.akita.jp/sightseeing/spot/05_dakigaeri

SEE 04

뉴토 온천 마을 乳頭温泉郷

다자와 호수에서 30분 정도 떨어진 곳에 위치한 뉴토 온천 마을은 관광객이 아키타를 찾는 이유가 되는 곳이다. 너도밤나무 원시림이 빽빽한 뉴토산 기슭에 자리 잡은 이 마을에는 일곱 곳의 온천 숙소가 옹기종기 모여 있다. 초가지붕이나 원시림에 둘러싸인 노천탕 등으로 일본의 전통적인 분위기를 느낄 수 있으며, 수질이 우수해 많은 관광객이 찾는다. 다만 시내에서 멀리 떨어진 곳에 위치해 교통편이 좋지 않은데, 덕분에 문명과 동떨어진 느낌이 가득해 일본인들에게는 죽기 전에 가봐야 할 온천으로 꼽힌다. 7개의 료칸 중 하나에 머물며 온천을 즐기는 것이 가장 좋겠지만, '유메구리초'라 부르는 공통 입욕 패스를 구입하면 숙박하지 않고도 당일 입욕도 가능하다.

ⓘ 가는 법 : 다자와코역에서 노선버스(뉴토 온천 마을행) 승차 후 '알파코마쿠사' 정류장에 내려 무료 셔틀버스 이용한다.

SPOT TO GO

1 츠루노유 鶴の湯

뉴토 온천 마을에서 가장 긴 역사를 자랑하는 온천이자 이 온천 마을을 대표하는 료칸이다. 1688년경부터 온천 영업을 해왔다는 가옥이 있는 온천답게 예스러운 건물이 눈을 사로잡는다. 초가지붕의 숙박동은 오래전 무사가 대기소로 이용했던 곳이라고 한다. 이 온천은 유황 성분이 함유된 우윳빛 온천수로 유명한데, 덕분에 대욕탕이 혼탕이라도 부끄럽지 않다고 한다. 혼탕이 부담스러운 여성들을 위한 여성 전용 다이하쿠노유도 있다. 또 신경통 완화에 좋다고 알려진 나카노유, 피부가 좋아진다는 시로유 등 3개의 실내 목욕탕도 있다. 본관과 별관 두 곳이 있다.

📍 秋田県仙北市田沢湖田沢先達沢国有林50
☎ 0187-46-2139 🌐 www.tsurunoyu.com

2 타에노유 妙乃湯

소박한 뉴토 온천 마을에서 모던한 분위기로 차별화되는 온천이다. 혼욕 노천탕은 이 온천 마을에서 유일하게 여성의 샤워 타월 착용이 가능해 여성들이 선호한다. 특히 식사가 맛있기로 유명한데, 아름다운 자연 풍경을 감상하기에 좋다.

📍 秋田県仙北市田沢湖生保内字駒ヶ岳2-1
☎ 0187-46-2740 🌐 www.taenoyu.com

③ 가니바 온천 蟹場温泉

자연 속 온천을 만끽하고 싶다면, 이보다 더 좋을 수 없다. 가니바 온천은 본관에서 50m 떨어진 숲에 조성된 노천탕으로 유명한 료칸이다. 온천수는 무색투명하며, 실내탕은 남녀 온천으로 나뉘어 있다.

📍 秋田県仙北市田沢湖田沢先達沢50
📞 0187-46-2021
🌐 https://ganibaonsen.com

⑤ 규카무라 온천 休暇村乳頭温泉郷

수질이 다른 2종류의 원천이 솟아나는 온천이다. 각 온천의 효능이 달라 번갈아 가면서 온천하기 좋고, 가족 여행으로 방문하기도 좋다. 료칸이라기보다는 호텔 같은 분위기로 이 마을에서 유일하게 침대방을 갖추었다.

📍 秋田県仙北市田沢湖生保内駒ヶ岳2-1
📞 0187-46-2244 🌐 www.qkamura.or.jp/nyuto

④ 마고로쿠 온천 孫六温泉

약효가 좋다고 알려진 온천이다. 위장병, 피부병 완화에 효과가 있다고 하는 이 온천은 '산의 약탕'이라 불린다. 산을 바라보며 온천할 수 있는 노천탕은 혼욕과 여성 전용으로 나뉘어 있고, 내부에는 네 가지 남녀별 실내탕도 마련돼 있다.

📍 秋田県仙北市田沢湖田沢先達沢国有林3051
📞 0187-46-2224
🌐 https://magorokuonsen.com

가쿠노다테 무사 거리
角館武家屋敷

17세기 에도시대에 형성된 가쿠노다테는 일본 국가 중요 전통 건축물 보존 지구로 지정된 무사 마을이다. 옛날 무사들이 살던 저택이 남아 있어 '작은 교토'라 불린다. 특히 봄에는 가지가 늘어져 우아한 수양벚꽃나무와 무사 저택이 어우러져 아름다운 그림을 만들어낸다. 4월 하순부터 5월 초순까지는 센보쿠시 가쿠노다테 벚꽃 축제(仙北市角館の桜まつり)도 열린다. 인근 히노키나이강에도 제방을 따라 2km에 걸쳐 빽빽하게 벚꽃이 피어 장관을 이룬다. 기모노를 빌려 입고 산책하거나 인력거를 탈 수도 있다.

📍 秋田県仙北市角館町 町東勝楽丁～角館町表町上丁

가쿠노다테 역사촌 아오야기 저택
角館歴史村·青柳家

격식 높은 맞배지붕 문인 야쿠이몬으로 잘 알려진 아오야기 저택은 가쿠노다테를 대표하는 무사 저택이다. 약 9,900㎡(3000평) 부지에 오모야, 무기고, 해체 신서 기념관, 아키타 향토관, 무가 도구관, 카페, 시대 체험관 등이 있어 역사 테마파크 같다. 가마타키, 갑옷 착용 등 체험도 가능해 특별한 사진을 남기기에도 좋다. 600종의 초목이 자라는 정원도 아름답다.

📍 秋田県仙北市角館町表町下丁3 ☎ 0187-54-3257
🕐 4~11월 09:00~17:00, 12~3월 09:00~16:30
💰 성인 500엔, 중·고등학생 300엔, 초등학생 200엔
🌐 www.samuraiworld.com

가쿠노다테 가바 세공 센터
角館桜皮細工センター郵便局通り本店

가바 세공(樺細工)은 벚나무 껍질을 사용한 일본 전통 목공예를 말하며, 가니와 세공(櫻皮細工)이라고도 한다. 18세기 말부터 가쿠노다테에서 번성했는데, 당시 사무라이의 가내 부업이었다. 가니와 세공 센터는 가바 세공품을 중심으로 아키타 공예품을 선보이고 있는 상점이다. 넓은 공간에 다양한 상품이 전시돼 있어서 구경하며 쇼핑하기 좋다. 건물 안쪽에는 메이지시대 소품들이 전시돼 있는 다테츠 박물관(무료)으로 연결돼 있어서 함께 둘러보기 좋다.

- 秋田県仙北市角館町中町25
- 0187-55-1320
- 10:00~17:00

안도 양조 **安藤醸造 本店**

안도 양조에서 제조하는 된장, 간장, 절임 등 다양한 제품을 구경하고 시식해 볼 수 있는 가게다. 이 가게에서 판매하는 상품만큼이나 건물에도 주목할 필요가 있다. 목조건물이 즐비한 가쿠노다테 무사 거리에서 보기 드문 벽돌 건물이기 때문이다. 메이지시대 중기에 지은 이 건물은 반복되는 화재를 막기 위해 벽돌로 재건축됐다. 건물 내부는 1883년 재건한 당시의 모습을 그대로 간직하고 있으며, 내부에는 고가구와 연회용 다다미방, 유명 예술 작품 등이 잘 보존돼 있다. 지역 지정 문화재이며, 누구나 무료로 둘러볼 수 있다.

- 秋田県仙北市角館町下新町27
- 0187-53-2008
- 09:00~17:00
- www.andojyozo.co.jp

SEE 09
추억의 가타 분교
思い出の潟分校

1974년 폐교된 학교를 복원해 2004년 문을 열었다. 교정, 운동장, 체육관, 교실 내부에 이르기까지 당시 모습을 그대로 재현해놓았는데, 우리의 1960~1970년대 모습과 다르지 않아 향수를 불러일으킨다.

- 秋田県仙北市田沢湖潟 字一の渡226
- 0187-43-0766 09:00~16:00 (화요일 휴무)
- 고등학생 이상 500엔, 초등·중학생 300엔

EAT 01
호반의 숲 레스토랑 오라에
湖畔の杜レストラン ORAE

다자와 호숫가에 위치한 레스토랑으로 '오라에'는 아키타 사투리로 '내 집'이라는 뜻이다. 제철 지역 채소를 중심으로 맥주와 잘 어울리는 유럽식 요리를 선보이며, 현지 곡물로 제조한 수제 맥주를 제공한다.

- 秋田県仙北市田沢湖沢田春山37-5
- 0187-58-0608
- 월·목·금요일 11:00~16:00, 토·일요일 11:00~19:30 (화·수요일 휴무)
- www.orae.net

EAT 02
쇼쿠사이 마치야칸
食彩 町家館

아키타 향토 음식을 파는 대중식당이다. 일본 3대 닭인 하나이지토리로 만든 오야코동(닭고기 덮밥), 일본 3대 우동 중 하나로 꼽히는 이나니와 우동, 짓이긴 쌀밥을 삼나무 봉에 뭉쳐 구운 기리탄포 등을 판매한다.

- 秋田県仙北市角館町横町42-1
- 0187-49-6146
- 10:00~16:30

EAT 03

야마노 하치미츠야 山のはちみつ屋

지역 벌꿀 농가에서 직접 재배한 양질의 벌꿀을 재료로 잼, 화장품, 식초 음료 등 다양한 벌꿀 제품을 선보이는 가게다. 슈크림빵과 소프트아이스크림도 판매하며, 연결된 피자 공방 건물에서는 제철 식재료를 이용한 화덕 피자를, 카페 '허니 부케'에서는 꿀을 넣은 디저트를 판매한다. 소프트아이스크림 구매 후 주사위를 돌려 숫자 '8(하치(8)=벌)'이 나오면 서비스로 벌꿀 모양 초콜릿 장식을 받을 수 있다. 벌꿀 관련 상품은 시식도 가능해 둘러보는 것만으로도 기분이 좋아진다.

- 秋田県仙北市田沢湖生保内石神163-3
- 0120-038-318
- 상점 09:00~17:30(동절기는 17:00까지), 카페 10:00~16:30, 피자 공방 11:00~16:30
- http://www.bee-skep.com

EAT 04

사카이야 さかい屋

제철 과일과 채소 등 지역 농산물을 판매하며 카페를 겸한다. 제철 과일로 만든 과일 파르페가 대표 메뉴다. 또 여름에는 빙수를, 겨울에는 다이야키(붕어빵)를 판매한다. 메뉴가 계절마다 바뀌는 것이 특징이다.

- 秋田県仙北市角館町中菅沢92-81
- 0187-54-2367
- 월~토요일 09:00~18:00, 일요일·공휴일 10:00~17:00
- https://r.goope.jp/sakaiya

EAT 05

서양풍 식당 그랑비아 欧風食堂グランビア

햄을 직접 숙성시켜 만드는 레스토랑이다. 햄이 천장에 매달려 있는 모습이 흥미롭다. 점심 메인 메뉴와 함께 간단한 와인 및 샐러드 뷔페를 제공해 인기가 높다. 햄을 얹은 소프트아이스크림도 있다.

- 秋田県仙北市田沢湖生保内造道29-12
- 0187-43-3768
- 월~금요일 11:30~14:30, 토·일요일 11:30~14:30, 17:00~19:30(화요일은 카페 메뉴만 가능)
- www.granvia.jp

* 일부 사진은 아오모리현과 아키타현, 히로사키관광컨벤션협회로부터 제공받았습니다.

AREA 03

kanagawa

가나가와현 神奈川県

사무라이가 세운 일본 최초 수도
가마쿠라

씹는 식감이 독특한 쇼난 향토 음식
시라스동

〈슬램덩크〉 오프닝에 등장한 그곳
에노시마

엄청난 크기로 압도하는
고토쿠인 대불상

지옥 계곡에서 검은 달걀을!
오와쿠다니

Kanagawa
FOOD STORY

❝ 가나가와현은 1859년 외국과 무역을 시작한 이래 다양한 음식 문화를 수용해 발전시켰다. 또 사가미만에서는 연중 다양한 어종이 잡히며, 동식물이 잘 자랄 만한 조건을 갖춘 서부는 다양한 식재료가 발달했다. ❞

시라스(정어리나 멸치의 치어) シラス
사가미만에서는 3월 중순부터 12월 하순까지, 시라스라 불리는 정어리나 멸치의 치어를 잡을 수 있다. 항상 딱딱하게 마른 멸치만 보다가, 몸속까지 투명한 생선을, 그것도 생으로 먹는다는 것이 신기할 따름. 당일 잡은 것이 아니면 먹을 수 없어 생시라스는 그야말로 산지에서만 누릴 수 있는 사치다. 생시라스는 대개 밥 위에 올려 시라스동으로 먹으며, 익힌 시라스는 군함초밥이나 샌드위치, 피자 위에 올려 먹는다. 익힌 시라스의 식감은 아주 부드러워 소프트아이스크림처럼 입안에서 살살 녹는다.

에노시마동(소라덮밥) 江ノ島丼
사가미만에서는 여러 수산물이 잡히는데, 그중 하나가 소라다. 소라덮밥은 에노시마 명물로 '에노시마동'으로도 불린다. 소라살을 발라 달걀과 츠유를 넣어 조리해 밥에 얹어 내온다. 소라의 쫄깃한 맛이 일품이다.

두부 豆腐
물 좋기로 유명한 하코네는 만든 두부로 유명하다. 하코네유모토 주변에는 여러 음식점에서 두부로 만든 음식을 판매한다. 두부 정식, 두부 가츠니, 유바(두부껍질)동 등 식사 메뉴뿐 아니라 두부 셰이크, 두부 와플 등 디저트도 다양하다.

쇼난 맥주 湘南ビール

지역 이름을 딴 쇼난 맥주는 무조건 마셔야 한다. 곡물 향이 구수하고 단맛이 나 술을 좋아하지 않는 사람들도 술술 넘길 수 있다.

하토사브레 鳩サブレー

'하토'는 비둘기라는 뜻으로 비둘기 모양을 한 쿠키다. 무려 120년 동안이나 이 지역의 대표 과자로 사랑받아왔다. 손바닥만 한 쿠키는 고급진 계란과자 맛. 주로 선물 세트로 판매되지만 낱개로도 살 수 있다.

구로타마고(검은 달걀) 黑卵

온천지에서 한 번쯤 맛보았을 온천 달걀. 그러나 이곳 달걀은 생긴 것부터 색다르다. 신기하게도 검은색을 띠는데, 오와쿠다니 산성 진흙에서 삶는 과정 중 껍질에 철분이 달라붙고 그것이 황화수소와 반응해 시커멓게 변색된다고. 달걀 1개를 먹을 때마다 수명이 7년 늘어난다는 이야기도 있다.

하코네 길거리 음식

하코네에서 가장 북적거리는 지역은 료칸이 모여 있는 하코네유모토다. 하코네유모토역을 중심으로 여러 식당과 상점이 늘어서 있는데, 관광지 특유의 길거리 음식도 발달했다. 북적이는 거리를 걸으며 구경하는 것만 해도 재미있다.

❶ 두부 셰이크

두부로 유명한 하코네에는 두부를 갈아 만든 셰이크도 있다. 여러 맛 중 검은깨 두부 셰이크가 가장 인기다. 650엔.

❷ 즉석 어묵

가장 인기 있는 길거리 음식이다. 치즈 맛, 명란 맛, 양파 맛, 옥수수 맛 등 다양하다. 350엔.

❸ 커피 아이스크림

로스터리에서 만든 커피 아이스크림이다. 달지 않고 진한 커피 맛이 만족스럽다. 450엔.

Kanagawa
TRANSPORTATION

> 가나가와현은 도쿄도에 접해 있어 접근성이 좋다. 가마쿠라, 에노시마, 하코네는 모두 도쿄에서 1시간 정도 거리에 위치해 도쿄 여행 중 하루 이틀 여행하기에 좋다.
> 그리고 북서쪽으로 후지산, 남쪽으로는 사가미만과 접해 트레킹, 등산, 서핑, 수영 등 액티비티 활동의 천국이기도 하다.

*쇼난 지방이란?
가나가와현을 여행하다 보면 '쇼난 지방'이라는 말을 자주 듣게 된다. 쇼난은 사가미만을 따라 위치한 가마쿠라, 에노시마를 아우르는 명칭이다.

가나가와현 여행의 시작, 가마쿠라까지 어떻게 갈까?

가나가와현 여행의 시작점인 가마쿠라로 가려면 도쿄 하네다 공항이나 나리타 공항으로 가는 것이 가장 빠르다. 공항에서 JR 도쿄역이나 JR 신주쿠역까지 간 뒤 후지사와행 오다큐선으로 갈아타거나 시나가와에서 가마쿠라행 요코스카선을 갈아타는 등 가마쿠라로 가는 방법은 굉장히 다양하다.

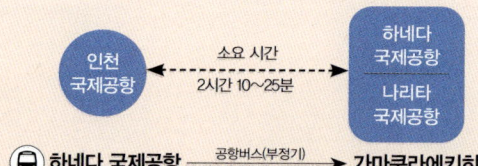

- 🚌 하네다 국제공항 — 공항버스(부정기) 약 1시간 30분, 1500엔 ➜ 가마쿠라에키히가시구치
- 🚆 나리타 국제공항 — JR 나리타선 약 2시간 30분, 2310엔 ➜ JR 가마쿠라역
- 🚆 도쿄 · 요코하마 → JR 가마쿠라역

기차 역	소요 시간	요금
도쿄역(JR 요코스카)	1시간	950엔
신주쿠역(JR 쇼난 신주쿠선)	1시간	950엔
시나가와(JR 요코스카)	45분	740엔
요코하마역(JR 요코스카)	25분	360엔

가마쿠라-에노시마 지역 패스

에노시마-가마쿠라 프리패스
도쿄에서 당일치기로 여행하는 관광객을 위한 패스. 도쿄 내 오다큐선 어떤 역에서든 JR 후지사와역까지 왕복 1회 탑승할 수 있고, 가나가와현 내 오다큐선(후지사와역~가타세에노시마역), 에노덴 라인을 자유롭게 이용할 수 있다.

- 신주쿠역 출발 12세 이상 1640엔, 6~11세 430엔
- 후지사와역 출발 12세 이상 810엔, 6~11세 410엔

가마쿠라 프리 환경 어음
가마쿠라 지역의 관광 명소를 자유롭게 누빌 수 있도록, 5개의 버스 노선과 에노덴 지정 구간(가마쿠라역~하세역)을 하루 동안 무제한으로 사용하게 하는 패스다. '환경 어음(環境手形)'은 대중교통 이용을 촉진한다는 취지에서 시에서 붙인 이름이다.

- 12세 이상 900엔, 6~11세 450엔
- www.enoden.co.jp/kr/tourism/ticket/free

하코네-가마쿠라 지역 패스

하코네 가마쿠라 패스
오다큐선, 하코네, 에노시마, 가마쿠라의 다양한 교통수단을 3일 동안 무제한 이용할 수 있는 패스다. 가나가와현을 부지런히 돌아볼 생각이라면, 특히 하코네산을 등산할 예정이라면 유용하다. 일단 오다큐선을 이용할 수 있으며, 하코네 지역에서 하코네 등산 열차, 하코네 등산 케이블카, 하코네 로프웨이, 하코네 해적 관광선, 하코네 등산 버스, 오다큐 하코네 고속버스 등 모든 교통수단을 무제한 이용할 수 있다. 또 에노시마, 가마쿠라를 오가는 에노덴도 탑승 가능하다.

- 3일권 12세 이상 7520엔, 6~11세 1480엔
- www.odakyu.jp/korean/passes/hakone_kamakura

하코네 프리패스
하코네산 완전 정복 패스! 오다와라역부터 하코네 지역을 오가는 오다큐선 왕복 패스, 하코네 등산 열차, 하코네 등산 케이블카, 하코네 로프웨이, 하코네 해적 관광선, 하코네 등산 버스, 오다큐 하코네 고속버스 등 모든 교통수단을 이용할 수 있는 패스다. 이 지역 온천과 관광 시설 등에서도 할인받을 수 있다. 단, 오다큐선 구간은 왕복 1회만 가능하다.

출발 역	2일		3일	
	성인	아동	성인	아동
신주쿠	6100엔	1100엔	6500엔	1350엔
오다와라	5000엔	1000엔	5400엔	1250엔

- www.hakonenavi.jp/international/en/discount_passes/free_pass
- * 아동 6~11세

에노시마 덴테츠선(에노덴)
가마쿠라역을 출발해 하세와 에노시마를 거쳐 후지사와역까지 운행하는 열차다. 2~4량으로 작고 느리지만, 고풍스러운 외관과 해안가를 달린다는 이유로 인기가 많다. 복고풍 열차는 일본 영화나 드라마에 자주 등장하는 해안선을 따라 느린 속도로 신사와 절, 주택 등 좁은 길 사이를 오간다. 에노덴을 타기 위해 일부러 이 지역을 방문하는 사람이 있을 정도다.

- 에노덴 1일 승차권 중학생 이상 800엔, 초등학생 이하 400엔

에노덴 굿즈 숍
가나가와현에서 에노덴은 단순한 교통수단 그 이상이다. 에노덴을 캐릭터로 만든 굿즈가 있으며, 이는 에노덴 굿즈 숍뿐 아니라 야후, 라쿠텐 등 온라인 숍에서도 판매한다.

프라레일 에노덴 300형

에노덴 오르골

에노덴 식기 세트

― Kanagawa ―
COURSE FOR YOUR TRIP

가나가와현 3박 4일 추천 코스

" 도쿄 하네다·나리타 국제공항으로 입국해, 가나가와현에서만 3박 4일을 보내는 코스. 가나가와현을 여유롭게 돌아볼 수 있다. "

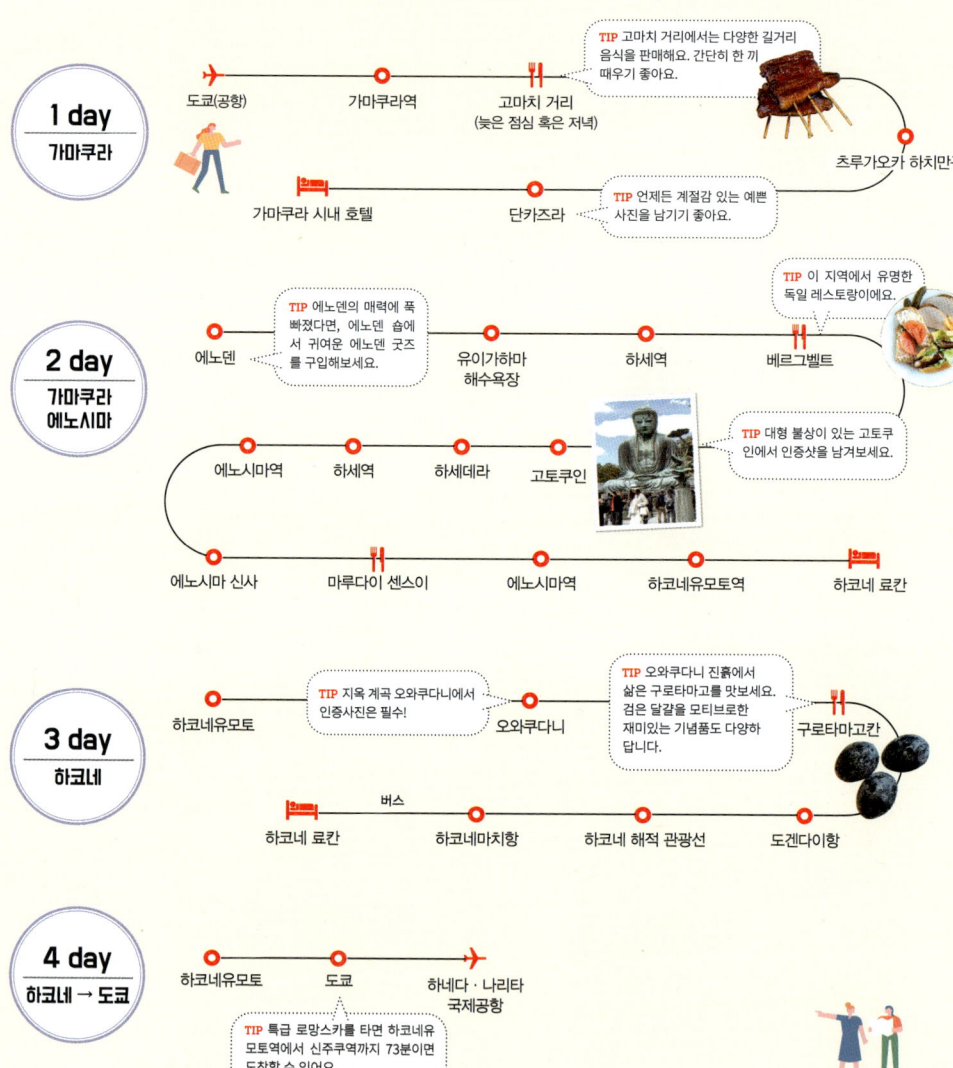

1 day 가마쿠라
도쿄(공항) → 가마쿠라역 → 고마치 거리 (늦은 점심 혹은 저녁) → 츠루가오카 하치만구 → 단카즈라 → 가마쿠라 시내 호텔

TIP 고마치 거리에서는 다양한 길거리 음식을 판매해요. 간단히 한 끼 때우기 좋아요.
TIP 언제든 계절감 있는 예쁜 사진을 남기기 좋아요.

2 day 가마쿠라 에노시마
에노덴 → 유이가하마 해수욕장 → 하세역 → 베르그벨트 → 에노시마역 → 하세역 → 하세데라 → 고토쿠인 → 에노시마 신사 → 마루다이 센스이 → 에노시마역 → 하코네유모토역 → 하코네 료칸

TIP 에노덴의 매력에 푹 빠졌다면, 에노덴 숍에서 귀여운 에노덴 굿즈를 구입해보세요.
TIP 이 지역에서 유명한 독일 레스토랑이에요.
TIP 대형 불상이 있는 고토쿠인에서 인증샷을 남겨보세요.

3 day 하코네
하코네유모토 → 오와쿠다니 → 구로타마고칸 → 하코네 료칸 → (버스) 하코네마치항 → 하코네 해적 관광선 → 도겐다이항

TIP 지옥 계곡 오와쿠다니에서 인증사진은 필수!
TIP 오와쿠다니 진흙에서 삶은 구로타마고를 맛보세요. 검은 달걀을 모티브로 한 재미있는 기념품도 다양하답니다.

4 day 하코네 → 도쿄
하코네유모토 → 도쿄 → 하네다·나리타 국제공항

TIP 특급 로망스카를 타면 하코네유모토역에서 신주쿠역까지 73분이면 도착할 수 있어요.

도쿄에서 당일치기 코스

> 도쿄에서 당일치기로 가마쿠라·에노시마 지역이나 하코네를 여행할 수 있다.
> 단, 아침 일찍 가장 빠른 교통수단으로 타고 이동하자.

AREA 03 가나가와현 神奈川県

가마쿠라 에노시마 당일치기 코스

JR 도쿄·신주쿠역 — 가마쿠라역 — 고마치 거리(점심) — 츠루가오카 하치만구 — 단카즈라 — 에노덴

JR 도쿄·신주쿠역 — 가마쿠라역 — 에노시마(저녁) — 하세데라 — 고토쿠인 — 하세역

TIP 도쿄에서 아침 일찍 출발해 가마쿠라와 에노시마를 둘러보는 코스예요. 지역이 넓지 않아 부지런히 다닌다면 하루에 돌아볼 수 있어요.

하코네 당일치기 코스

특급 로망스카
JR 신주쿠역 — 하코네유모토역 — 하코네 유료 온천관 — 오와쿠다니(점심) — 도겐다이항

특급 로망스카
JR 신주쿠역 — 하코네유모토(저녁) — 하코네마치항 — 하코네 해적 관광선

TIP 도쿄에서 아침 일찍 출발해 하코네를 돌아보는 코스예요. 반드시 하코네 프리패스를 구입하세요! 여유롭게 여행하기 위해서는 오와쿠다니까지만 가거나, 하코네 지역 료칸에서 1박을 머무르는 걸 추천해요.

〈슬램덩크〉 덕후 코스

JR 후지사와역 — 에노시마역 — 가타세 해수욕장(쇼우난 해변 공원) — 가마쿠라코코마에역 — 슬램덩크 기찻길 건널목 — 유이가하마 해수욕장 — 가마쿠라 고등학교

TIP 〈슬램덩크〉 마니아를 위한 성지순례 코스예요. 에노시마역 인근에 코스가 밀집해 여유롭게 돌아볼 수 있어요. 강백호에게 빙의되어 사진을 찍어보세요. 생각보다 관광객이 많아 생각하던 그림이 절대 나오지는 않더라고요. 가마쿠라 고등학교는 들어갈 수 없으니 인근에서 그 향기를 느껴보는 것만으로도 만족하기로 해요.

CITY 1 가마쿠라 鎌倉

가마쿠라 막부의 발상지인 가마쿠라는 교토나 나라와 비슷한 역사적 분위기를 풍기는 도시다. 가마쿠라 막부는 1192년부터 1333년까지 일본 최초로 봉건시대를 열고 일본을 지배했으며, 이들의 본거지가 가마쿠라에 있었다. 불교가 번성했던 시기라 가마쿠라 곳곳에는 불교 사원이 아주 많다. 주로 기타가마쿠라 지역과 하세 지역에 몰려 있는데, 불교에 특별한 관심이 없다면 하세 지역만 돌아봐도 충분하다.

ⓘ 가는 법 : JR 가마쿠라역에서 도보로 이동한다.

SEE 01 츠루가오카 하치만구 신사 鶴岡八幡宮

멀리서도 커다란 붉은색 도리이가 시선을 사로잡는다. 가마쿠라를 상징하는 곳으로, 많은 관광객이 모여드는 유서 깊은 신사다. 1063년 무장 미나모토노 요리요시가 유이가하마 해안 인근에 미나모토노 가문의 수호신 하치만을 모셨고, 1180년 후손 요리모토가 지금의 장소로 옮겼으며, 1191년 사전(신사의 신체를 모시는 건물)을 건립하며 현재의 모습을 갖췄다. 도쿄를 포함한 간토 지방을 지배하는 총 본진이었고, 국가를 지키는 국가수호의 신을 모셔 연중 다양한 제사가 열린다.

📍 神奈川県鎌倉市雪ノ下2-1-1 ☎ 0467-22-0315
🕐 10~3월 06:00~21:00, 4~9월 05:00~21:00
🌐 https://www.hachimangu.or.jp

SPOT TO GO

1 산노 도리이 三の鳥居
신사 입구를 지키는 거대한 붉은색 도리이다. 츠루가만 바닷가 가까이에 놓인 이치노 도리이, 단카즈라 앞에 놓인 니노 도리이에 이은 세 번째 도리이다.

2 마이덴 舞殿
본궁으로 가기 전 마주치는 건물로, 종교 행사나 결혼식이 열린다.

3 겐페이 연못 源平池
엄청나게 큰 도리이를 통해 들어서면 보이는 다리 '태고교' 양쪽에 연못이 있다. 봄에는 벚꽃, 여름에는 홍백의 연꽃이 핀다.

4 본궁(혼구) 本宮
오진 황제·히메노카미·진공황후를 모시는 공간이다. 1828년 지었으며, 와카미야(하궁)와 더불어 국가 지정 중요문화재로 지정됐다. 본궁까지 이어진 61개 돌계단에서 바라보는 풍경도 놓치지 말자.

츠루가오카 하치만구로 가는 2개의 길

가마쿠라역에서 츠루가오카 하치만구까지는 걸어서 10분 정도 걸린다.
이곳으로 가기 위해서는 2개의 길 중 하나를 거쳐야 한다. 하나는 전형적인 상점가 거리이고,
또 하나는 조용하고 고즈넉한 참배길이다.

고마치 거리 小町通り

가마쿠라역 동쪽 출구에서 나오면 바로 빨간색 도리이가 보인다. 이 도리이부터 츠루가오카 하치만구 신사까지 이어지는 약 400m의 거리가 고마치 거리다. 전형적인 신사 앞 관광 거리로 전통적인 기념품이나 전통 음식은 물론, 트렌디한 상점이나 카페도 많다. 거리 양쪽뿐만 아니라 뒷골목에 이르기까지 200곳 이상의 음식점과 상점 등이 즐비해 관광객으로 언제나 붐빈다. 당고나 아이스크림, 전통 과자 등 수많은 길거리 음식이 눈과 입을 즐겁게 한다.

단카즈라 段葛

와카미야오지 거리 중앙에는 츠루가오카 하치만구 참배길 단카즈라가 있다. 미나모토노 요리토모가 아내 마사코의 순산을 기원해 만들게 한 것으로, 보도 부분에 흙을 쌓아 한 단 높게 만들었다. 원근법을 이용해 신사에 가까운 부분은 폭을 좁게, 먼 곳은 넓게 만들어 실제보다 츠루가오카 하치만구가 더 멀리 보이는 효과를 낸다. 봄이면 단카즈라 양쪽에 핀 벚꽃이 장관을 이룬다.

참배길 앞 니노 도리이

카페 거리

전형적인 관광지가 싫다면, 가마쿠라역에서 관광지 반대편 출구로 나가보자. 아기자기한 카페 거리가 펼쳐진다. 이 두 거리와는 반대로 조용한 분위기의 카페, 베이커리, 레스토랑, 의류점, 수공예 숍 등이 들어가 있다. 카페 거리에서 맘에 드는 카페를 찾아보거나 맛있는 일본식 디저트를 맛보자.

SEE 02

고토쿠인 鎌倉大仏殿高徳院

일본 3대 불상 중 하나로 꼽히며, 일본 불상 가운데 두 번째로 큰 가마쿠라 대불이 있는 절이다. 입장료를 내고 들어가면 바로 높이 11m(대좌를 포함하면 13.35m), 얼굴 길이 2.35m, 무게 21톤의 거대한 청동 불상을 만날 수 있다. 절 안에는 딱히 볼 것이 없지만, 대불의 압도적인 웅장함 하나만으로 입장료가 아깝지 않다. 이 대불은 1238년에 착공해 6년에 걸쳐 목조 대불로 완성됐지만, 태풍으로 파괴되었다가 1252년에 다시 청동 대불로 제작됐다. 원래는 불전에 안치됐으나 1495년 일어난 해일 때문에 사찰이 파괴되고 전각도 없어져 지금 상태로 보존 중이다.

- 神奈川県鎌倉市長谷4-2-28 ☎ 0467-22-0703
- 08:00~17:30(10~3월에는 17:00까지)
- 300엔 ⌘ www.kotoku-in.jp

— SPOT TO GO —

관월당 觀月堂

고토쿠인 안, 가마쿠라 대불 뒤에는 우리나라 경복궁의 별채였던 관월당(觀月堂)이 있다. 조선왕실이 조선식산은행에 돈을 빌리며 담보로 제공했던 것이 넘어가 가마쿠라까지 가게 됐다. 관음보살을 모시는 법당으로 사용되며, 2010년 조계종을 통해 반환을 약속했으나 아직까지 진전이 없다. 관리가 잘 안 돼 여기저기 상한 모습이 마음 아프게 한다.

SEE 03

가마쿠라 하세데라 長谷寺

북적이는 고토쿠인 근처에 있는 사찰이다. 꽤 넓은 부지에 절과 정원이 들어서 있는데, 잘 꾸민 일본식 정원 못지않아 산책하기 좋다. 사시사철 다양한 꽃으로 가득하며, 가마쿠라 시내를 조망할 수 있는 전망대도 위치해 더욱 사랑받는다.

이곳에 있는 불상에 관한 이야기가 재밌다. 전해져 내려오는 이야기에 따르면 8세기 나라현의 하츠세라는 곳에서 신령이 깃든 나무 한 그루로 2개의 관음보살을 만들었는데, 그중 하나는 나라현 하세데라에 모셨고, 나머지 하나는 많은 사람을 구해달라는 의미로 바다로 흘려보냈다고 한다. 그 후 15년이 지나 바다로 보낸 불상이 가나가와현에 도착했고, 가마쿠라의 하세데라에 모시게 됐다는 이야기다.

- 神奈川県鎌倉市長谷3-11-2
- 0467-22-6300 08:00~16:30(4~6월은 17:00까지)
- 성인 400엔, 초등학생 200엔 www.hasedera.jp/kr

SPOT TO GO

1 변천굴
홍법대사가 머물며 수행한 장소. 안쪽 벽에는 변재천과 그를 모시는 16 옥동자가 새겨져 있다.

2 지장당
엄청나게 많은 지장이 모여 있는 곳. 지장은 아이들을 지키는 불상이다. 지장에게 물을 끼얹으면 더러운 마음을 씻어낼 수 있다고 한다. 불교 문양의 연못도 볼 수 있다.

3 관음당
736년 창설됐다가 여러 번 재건되었다가, 1923년 간토 대지진 때 큰 피해를 입어 재건축됐다. 이때 재해로부터 지키기 위해 철근과 콘크리트로 만들었으며, 60년 뒤인 1985년 완성됐다.

4 서원(사경소)
불교 경전을 베껴 쓰는 장소다. 연못과 물을 사용하지 않고 돌과 모래 등으로 물을 표현한 가레산스이 정원을 만나볼 수 있다.

5 아미타당
미나모토노 요리토모의 액운을 막기 위해 만든 법당이라 액막이 아미타로 불린다. 안에는 직경 270cm, 폭 105cm에 달하는 일본 최대 목탁이 있다.

6 미하라시다이
가마쿠라 거리와 바다를 한눈에 볼 수 있는 전망대로 하세데라의 하이라이트. 가마쿠라 최고의 풍경이라는 평가를 받는다. 의자와 테이블, 음료 자판기도 있어 풍경을 감상하며 쉬기 좋다.

SEE 04

유이가하마 해수욕장
由比ガ浜海水浴場

영화 〈바닷마을 다이어리〉 배경지. 유이가하마역에 내려 바닷가 쪽으로 난 골목길을 따라가다 보면 비현실적으로 드넓게 펼쳐진 태평양을 만날 수 있다. 가마쿠라의 해변은 서핑족에게 인기가 많은데, 그중 유이가하마 해수욕장은 가마쿠라 중심지나 유명 관광지와 가까워 많은 이들이 찾는다. 여름에는 해변 카페와 레스토랑, 바, 해변 오두막 등이 문을 열어 북적거리지만 그 외 계절에는 심심할 정도로 한적해서 더 좋다. 탁 트인 태평양을 바라보며 해안선을 따라 걷기만 해도 힐링이 된다.

📍 神奈川県鎌倉市由比ガ浜4

AREA 03 가나가와현 神奈川県

EAT 01

베르그펠트 Bergfeld

1980년에 문을 연 독일식 레스토랑 겸 베이커리. 독일 저택 같은 분위기로 레트로풍 소품, 가구로 꾸며놓아 잠깐 독일로 시간 여행을 다녀온 기분을 만끽할 수 있다. 오전 11시부터 오후 3시까지는 간단한 점심 메뉴를 판매한다. 가장 인기 있는 베르그펠트 샌드위치는 독일 소시지와 햄, 참치를 올린 샌드위치 3종으로 구성된다. 특제 카레나 정통 자우어크라프트와 함께 나오는 세트도 있다. 모든 메뉴에는 된장국, 커피와 디저트가 포함돼 있다. 빵이나 케이크, 쿠키도 여러 종류를 판매한다. 인근 관광지를 다녀오면서 가볍게 차 한잔 하기에 좋다. 츠루가오카 하치만구 신사 인근에 본점이 있다.

독일식 빵과 소시지로 만든 베르그펠트 샌드위치

- 神奈川県鎌倉市長谷2-13-47
- 0467-24-9843
- 11:00~17:00(휴무는 홈페이지 참조)
- 케이크 & 커피 세트 864엔, 런치 1296엔~
- http://bergfeld-kamakura.com

EAT 02

샤모지 しゃもじ

관광지 식당 느낌이 싫다면 이곳을 추천한다. 지역 주민이 추천하는 동네 식당으로 인근에서 잡은 생선으로 만든 회덮밥이나 시라스동을 판매한다. 특히 다섯 가지 회와 시라스(잔멸치)를 밥 위에 올린 특해산물덮밥이 인기다. 회와 밥, 반찬 등으로 구성된 회 정식, 치킨 세트, 일본식 오믈렛도 있으니 입맛에 따라 골라 먹을 수도 있다.

- 神奈川県鎌倉市長谷1-15-2
- 0467-24-5888
- 11:30~15:00, 17:00~21:00(화요일 휴무)
- 특해산물덮밥 2400엔, 시라스동 1400엔, 시라스 & 참치덮밥 2300엔
- www.shamojikamakura.com

053

EAT 03

아키모토 秋本

가나가와현에는 시라스동을 하는 음식점이 셀 수 없이 많지만, 음식점을 잘못 선택하면 자칫 비린내 나는 시라스동을 먹을 수 있다. 그래서 시라스동은 시라스의 신선도는 물론 비린내를 잡아주는 조리법과 양념도 중요하다. 아키모토의 시라스동은 밥 위에 익힌 시라스를 얹고 그 위에 생시라스를 올린다. 생시라스는 탄력 있게 씹히고 익힌 시라스는 부드러워 입안에서 사르르 녹는다. 그 위에 갈아놓은 생강을 올려 비린내를 잡았다. 수란을 추가해 섞어 먹으면 더욱더 부드러운 맛이 난다. 지역 명물인 쇼난 맥주도 판매하니 함께 먹어보길 권한다.

구수한 맛이 특징인 쇼난 맥주

- 神奈川県鎌倉市小町1丁目6-15 i-ZA鎌倉
- 0467-25-3705
- 11:00~15:30, 17:00~20:00 (목요일 휴무)
- 시라스동 1650엔, 쇼난 맥주 850엔
- www.akimoto-kamakura.com

해산물을 고르면 즉석에서 구워줘요.

EAT 04

야타이무라 가마쿠라 屋台村 鎌倉

고마치 거리에 위치한 이곳은 여러 가게가 모여 있는 실내 포장마차다. 가게 이곳저곳에서 음식과 주류를 주문해 중앙에 놓인 스탠딩 좌석에서 먹고 가는 방식으로 운영한다. 떠들썩한 분위기 속에서 가볍게 먹고 마시기 좋다. 라멘, 오코노미야키, 꼬치, 시라스동 등을 판매하는데, 그중 꼬치와 맥주가 가장 인기 있다. 꼬치는 진열된 해산물 중 원하는 것을 고르면 즉석에서 숯불에 구워준다. 내부가 좁아 사람이 많을 때는 편안하게 먹지 못한다는 점은 아쉽다.

- 神奈川県鎌倉市小町2-9-4
- 0467-39-5858
- 10:00~18:00

EAT 05

고스즈 ご寿々

가마쿠라 분위기가 물씬 나는 디저트를 원한다면 와라비모치(고사리떡)를 추천한다. 이곳에서는 고사리 전분을 사용해 장인이 수작업으로 와라비모치를 만든다. 와라비모치를 주문하면 걸쭉한 수제 흑설탕 시럽과 콩가루가 함께 나온다. 모치 자체는 곤약처럼 특별한 맛은 없지만, 물렁거리면서도 탄력 있는 식감이 독특하다. 여기에 깊은 단맛을 내는 흑설탕 시럽과 구수한 콩가루가 만나면 달콤구수물렁한 신기한 맛이 완성된다. 가게에서 모치를 시키면 차를 공짜로 내준다. 가마쿠라 지역에 가마쿠라역점을 포함해 총 4개의 지점이 있는데, 지점에 따라 수타 메밀국수도 판매한다.

단카즈라점
- 神奈川県鎌倉市小町2-13-4
- 0467-25-6210
- 11:30~18:30(월요일, 첫째·셋째 주 화요일 휴무)

와다즈카점
- 神奈川県鎌倉市由比ガ浜3-3-25
- 0467-23-1192
- 10:30~18:00(월요일 휴무)
- 와라비모치 540엔, 흑설탕 라테 432엔
- http://kosuzu.sun.bindcloud.jp

EAT 06

가마쿠라 스루가야 鎌倉するがや

하세역 바로 앞에 위치한 도라야키를 파는 작은 상점. 줄이 길게 늘어서 있어 한 번쯤 눈길이 간다. 팥뿐 아니라 딸기, 초코나 버터, 아이스크림 등 계절에 따라 다양한 맛을 즐길 수 있다. 앙버터 도라야키가 인기.

EAT 07

도시마야 豊島屋

가마쿠라 기념품으로 좋은 비둘기 모양 쿠키 '하토 사브레'로 유명한 가게. 1894년부터 하토 사브레를 구워 팔기 시작했고, 100년 이상 된 비둘기 모양 커터 형태를 바꾸지 않고 그대로 사용한다. 본점에서는 다른 지점에서는 취급하지 않는 비둘기 모양 굿즈도 판매한다.

- 神奈川県鎌倉市長谷2-14-11
- 0467-22-8755
- 11:00~17:00(수요일 휴무)
- 280~390엔
- http://するがや.com

- 神奈川県鎌倉市小町2-11-19
- 0467-25-0810
- 09:00~17:00(수요일 휴무)
- 1개 162엔
- http://www.hato.co.jp

CITY 2

에노시마 江の島

에노시마는 사가미만으로 흘러드는 가타세강 하구에 있는 둘레 4km 정도의 작은 섬이다. 가타세와 길이 600m의 에노시마대교로 연결돼 있다. 보통 에노시마역에서 내려 걸어서 들어가는데, 바다를 건너는 20~25여 분의 시간이 전혀 힘들지 않다. 섬으로 들어가면 신사에 이르기까지 참배길이 펼쳐지는데, 이 길에는 생선 가게와 기념품 가게, 료칸, 음식점 등이 길 양편에 빼곡하게 늘어서 있어 구경하는 재미가 있다.

ⓘ 가는 법 : JR 가마쿠라역에서 에노덴을 타고 에노시마역에서 내려 도보로 이동한다.

SEE 01
가타세 해수욕장 片瀬海水浴場

에노시마역에서 에노시마로 이어지는 다리(혹은 가타세강) 양옆에 펼쳐진 해수욕장이다. 도쿄에서 가장 가까운 해수욕장으로 여름에는 많은 사람들로 붐빈다. 에노시마를 바라보고 서면 다리 왼쪽에는 히가시하마 해수욕장이, 오른쪽에는 니시하마 해수욕장으로 나뉜다. 히가시하마 해수욕장은 메이지시대에 조성된 일본 최초 서구식 해수욕장이라는 역사적 의미를 지니고 있다. 니시하마 해수욕장은 일본에서 서핑과 비치발리볼을 처음 즐기기 시작한 곳이다.

📍 神奈川県藤沢市片瀬海岸 1-15

에노시마 1일 패스포트

오다큐 에노시마선과 에노시마 에스카, 에노시마 사무엘 코킹원, 에노시마 시 캔들(전망 등대), 에노시마 이와야 동굴을 하루 동안 자유롭게 이용할 수 있는 티켓. 단, 사무엘 코킹원은 오후 5시까지만 입장할 수 있으며, 그 이후에도 머무르려면 에노시마 1박 1일 티켓을 구입해야 한다. 에노시마 에스카 승강장, 가타세 에노시마 관광 안내소, 후지사와 시 관광 센터 등에서 판매.
💴 12세 이상 1990엔, 6~11세 1000엔

SEE 02
에노시마 에스카 江の島エスカー

에노시마 신사까지 46m 높이에 총 세 차례에 걸쳐 놓여 있는 유료 에스컬레이터. 한 번 타는 데 120엔, 전 구간은 360엔이라는 적지 않은 금액이지만, 구간당 겨우 1층 높이밖에 올라가지 않아 허무하다. 그러나 걸어가면 20분 걸리는 거리를 힘들이지 않고 단 4분 만에 도착한다는 점이 매력이다. 노약자를 동반한 여행이거나 에노시마 1일 패스포트를 가지고 있다면 적극 추천한다.

🕘 09:00~19:05

SEE 03 📷

에노시마 신사 江島神社(辺津宮)

에노시마 신사는 에노시마의 중심이자 정상이다. 섬 입구부터 이어지는 오르막길을 따라가다 보면 신사에 도착하고, 신사 뒤로 이어지는 내리막길을 따라 내려가면 섬 반대편에 닿는다. 올라가는 길이 등산 수준이라 힘든 사람을 위해 유료 에스컬레이터를 갖춰놓았을 정도. 에노시마 신사는 헤츠미야·나카츠노미야·오쿠츠노미야 신사의 총칭으로 552년에 해운, 어업, 교통의 수호신으로 3여신을 모시고 있다고 한다. 특히 신사 내 호안덴에는 일본 3대 벤텐(음악의 여신) 중 하나인 묘온벤자이텐(妙音弁財天)을 모시고 있는데, 예능의 신으로 알려져 많은 연예인들이 찾는다.

📍 神奈川県藤沢市江の島2-3-8
☎ 0466-22-4020 🕒 08:30~17:00
🌐 http://www.enoshimajinja.or.jp

> **하다카벤텐의 전설**
> 오래전 이 지역에는 머리가 다섯인 용이 악행을 저지르며 살고 있었다. 그러던 중 선녀(벤자이텐)가 나타나면서 에노시마가 생겨났는데, 선녀에게 반한 용은 다시는 악행을 저지르지 않겠다고 맹세하고 선녀와 결혼했다고 한다. 선녀는 현재 에노시마 신사에서 모시는 벤텐이다.

에노시마에 있는 보령 광장

SEE 04

에노시마 사무엘 코킹원 江の島サムエル・コッキング苑

에노시마 정상에 위치한 정원이다. 1882년 영국인 무역상 사무엘 코킹이 만든 것으로 당시 동양 최대의 온실이 있었으나 지금은 흔적만 남아 유적지처럼 공개된다. 아기자기하게 꾸민 정원에는 후지사와시와 자매결연을 맺은 도시들의 광장이 있다. 캐나다 윈저시의 윈저 광장, 중국 쿤밍시의 라벽정, 미국 마이애미비치시의 마이애미비치 광장뿐 아니라 우리나라 보령시와 자매결연을 맺은 것을 기념하는 보령 광장도 있다. 보령 광장에는 무궁화가 피며, 쿤밍 광장에는 쿤밍시에서 받은 중국 전통 양식의 정자와 공작상이 있다. 윈저 광장에는 장미가 피며, 가타세 해안이 마이애미비치와 닮았다고 마이애미비치라는 이름이 붙었다.

에노시마 시 캔들 전망 등대
江の島シーキャンドル

2002년 에노덴 탄생 100주년 사업의 일환으로 건설된 등대다. 100m 높이로 후지산과 오야마 등까지 360도 파노라마로 둘러볼 수 있다. 이곳에서 내려다보는 쇼난 해안의 풍경은 최고로 꼽히며, 계절에 따라 다른 컬러로 조명이 바뀌는 것이 특징. 겨울에는 일루미네이션으로 유명한데, 2012년 간토 지역 3대 일루미네이션 중 하나로, 2013년에는 일본 야경 유산으로 지정됐다.

- 神奈川県藤沢市江の島2-3-28
- 0466-23-2444
- 09:00~20:00
- 사무엘 코킹원 17:00 이전 무료, 야간 이벤트 개최 시 17:00 이후 500엔, 전망 등대 500엔(11세 이하 반값)
- https://enoshima-seacandle.com

에노시마 이와야 동굴
江の島岩屋

에노시마 관광의 종착지로 약 6000년이라는 세월 동안 파도의 침식으로 생긴 자연 동굴이다. 입장료를 내면 촛불을 주는데, 이것을 켜고 동굴 안을 탐험하는 방식이 신선하다. 동굴 안에는 석불과 에노시마에 대한 설명과 함께 에도시대의 풍속화인 우키요에, 이 동굴에서만 빛을 발하는 돌이 있다. 신사에서 내리막길로 내려가면 나오지만, 되돌아가려면 다시 신사까지 올라가야 해서 나름의 체력이 필요하다. 동굴보다 그곳까지 가는 바닷길이 아름답다.

- 神奈川県藤沢市江の島2-5
- 0466-22-4141 09:00~17:00
- 500엔(11세 이하 200엔)

SEE 07

용연의 종 龍恋の鐘

에노시마 사무엘 코킹 정원을 넘어가면 나오는 연인의 언덕에 새로 조성한 시설. '연인의 언덕'이라는 이름에 걸맞게 연인이 함께 종을 울리면 영원한 사랑으로 맺어진다고 한다.

📍 神奈川県藤沢市江の島2-5
📞 0466-22-4141
🌐 https://www.fujisawa-kanko.jp

SEE 08

에노시마 아일랜드 스파
江の島アイランドスパ

에노시마 입구에 위치한 온천으로 실내·외 수영장과 야외 동굴 온천, 실내 온천, 휴게실 등 다양한 시설이 들어서 있다. 바다를 바라보며 수영과 온천을 할 수 있다. 입욕료가 비싼 편이지만 오후 6시 이후에는 1000엔 이상 저렴해 모든 관광을 마치고 피로를 풀기에 좋다. 단, 수영장을 이용하려면 수영복이 필요한데, 대여도 가능하다.

📍 神奈川県藤沢市江の島2-1-6
📞 0466-29-0688
🕐 4~9월 수영장 10:00~20:00, 온천 07:00~21:00 / 10~3월 2층 야외 수영장 폐장, 온천 07:00~20:00(수영장만 월·목요일 휴무)
💰 온천(2시간) 12세 이상 1700엔, 6~12세 1100엔 / 원데이 스파 12세 이상 3000엔, 6~11세 1500엔 / 16:00 이후 나이트 스파 12세 이상 2000엔, 6~11세 1000엔
🌐 www.enospa.jp

©Todai Kitchen Deli & Tea

EAT  01

토다이 키친 델리 & 티
Todai Kitchen Deli & Tea

에노시마 사무엘 코킹원에는 예쁜 레스토랑과 카페 등이 많아 쉬면서 허기를 달래기 좋다. 그중 시 캔들 바로 아래 있는 토다이 키친 델리 & 티는 채소, 밀 등 지역 식재료로 만든 음식을 선보이는 카페다. 간단한 식사와 디저트, 맥주, 음료 등을 판매한다. 가게 안뿐 아니라 야외 테라스에서도 식사를 할 수 있다.

神奈川県藤沢市江の島2-3-28(江の島サムエル・コッキング苑内)
0466-20-5189
10:00~19:00
오리지널 플레이트 1200엔, 음료 400엔~, 오늘의 디저트 세트 1000엔
https://enoshima-seacandle.com/todai-kitchen

EAT  02

마루다이 센스이 丸だい仙水

에노시마 입구에 위치한 고급 지역 요릿집. 에노시마 해산물을 맛볼 수 있는데, 에노시마의 명물인 시라스, 소라, 왕새우 등을 재료로 회와 음식을 선보인다. 우선 에노시마동은 소라살을 큼직하게 썰어 달걀과 양파에 츠유를 넣고 끓여 밥에 올려 내온다. 쫄깃쫄깃한 소라살의 식감이 일품이며, 소라 내장까지 넣어서 깊은 맛이 느껴진다. 다소 짠 편이나 함께 나온 장국이 짠맛을 달래준다.

소라살을 큼지막히 썰어 넣은 에노시마동

神奈川県藤沢市江の島1-3-19
0466-26-4701
11:00~20:00(수요일 휴무)
에노시마동 정식 2200엔, 쇼난 시라스동 정식 2200엔, 에노시마산 왕새우덮밥 3000엔
https://marudaisensui.owst.jp

하코네 箱根

CITY 3

도쿄와 가까워 외국인 관광객들이 많이 찾는 인기 온천지다. 후지산 분화 활동으로 생긴 아시노코 호수나 유황 연기 가득한 지옥 오와쿠다니, 아름다운 공원과 독특한 박물관 등이 관광 스폿 사이사이에 있어 즐길 거리가 다양하다.

① 가는 법 : 하코네유모토역에서 등산 열차 등 여러 교통수단을 이용해 이동한다.

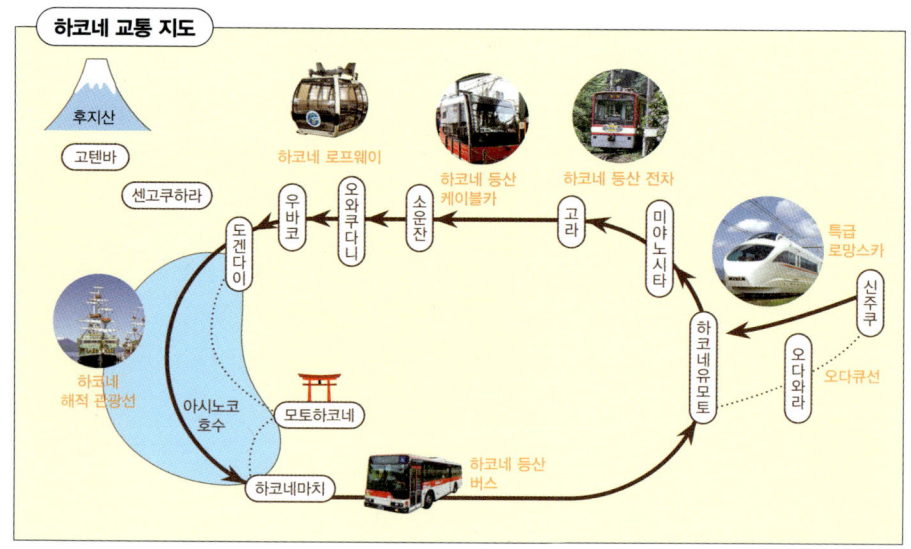

하코네 교통 지도

하코네의 다양한 교통수단

하코네산을 편리하게 오갈 수 있는 다양한 교통수단이 발달했다. 산을 오를수록 다른 교통수단으로 갈아타야 하는 번거로움이 있지만, 그 자체로도 재미있는 경험이다.

1 특급 로망스카 : 도쿄·신주쿠 → 하코네유모토

도쿄에서 바로 갈 경우 이용할 수 있는 가장 빠른 방법. JR 신주쿠역에서 하코네유모토역까지 73분이면 도착할 수 있는 열차다.

2 하코네 등산 전차 : 하코네유모토 → 고라

하코네의 험한 산길을 달리는 산악 철도다. 1919년에 운행을 시작해 무려 100년의 역사를 자랑한다. 나무 사이로 굽이굽이 산을 타는 재미가 있다. 게다가 수국이 피는 6월 중순부터 7월 하순까지, 등산 전차를 타고 아름다운 수국 사이를 지날 수 있어 인기다.

3 하코네 등산 케이블카 : 고라 → 소운잔

2량 케이블카로 산 정상의 권상 장치를 이용해 2대의 차량을 교대로 끌어올린다. 고라부터는 급경사가 시작되기 때문에 케이블카도 이에 맞춰 좌석이 계단식으로 배치됐다.

4 하코네 로프웨이 : 소운잔 → 오와쿠다니 → 도겐다이

본격적인 관광지 오와쿠다니, 후지산, 아시노코 호수 등으로 데려다주는 로프웨이다. 로프웨이만 타도 절경을 감상할 수 있다 (단, 기관지·호흡기 질환이 있는 경우 소운잔-우바코역 간은 이용할 수 없다).

5 하코네 해적 관광선 : 도겐다이 → 하코네마치 → 모토하코네(선택)

아시노코 호수를 유람하는 관광선 중 하나로 해적선 모양이라 인기를 끌고 있다. 추가 요금을 지불하고 2층으로 올라가면 편안하고 시원한 전망을 만끽할 수 있다.

💴 도겐다이-하코네마치 1200엔(왕복 2200엔)

6 하코네 등산 버스 : 하코네마치 → 하코네유모토

해적선을 타고 아시노코 호수를 건넜다면, 다시 원점으로 돌아갈 차례. 다행히 왔던 코스를 반복할 필요는 없다. 하코네마치코 정류장부터 하코네유모토역까지 가는 여러 노선의 등산 버스가 있는데, 그중 하코네신도선(급행)을 타면 된다.

하코네 유료 箱根湯寮

하코네산 곳곳에는 수많은 온천지가 있는데, 그중 우리가 흔히 온천 마을이라고 생각하는 곳은 하코네유모토다. 이곳에 내리면 당일치기 온천이 가능한 하코네유료가 있다. 대욕장이나 항아리탕 외에 개인탕도 19개나 갖추어 편안한 마음으로 즐길 수 있다.

- 神奈川県足柄下郡箱根町塔之澤4
- 0460-85-8411　평일 10:00~20:00, 주말 10:00~21:00
- 대욕탕 12세 이상 1600엔, 11세 이하 900엔 / 개인탕 9400~1만 4400엔(120분 기준), 유카타 대여 300엔, 목욕 수건 450엔·얼굴 수건 250엔(대여 없이 판매만 가능)　hakoneyuryo.jp

하코네 고라 공원 箱根強羅公園

일본에서 가장 오래된 프랑스식 정원으로 1914년에 개원했다. 3~4월경에는 벚꽃과 철쭉, 6~7월경에는 수국이 만개한다. 장미 정원은 5~6월, 10~11월에 걸쳐 약 140품종, 1000그루의 나무에서 장미가 만발한다. 정원 내에는 공원을 바라보면서 쉴 수 있는 카페와 유리, 도자기 만들기 체험 가능한 공예관도 있다.

- 神奈川県足柄下郡箱根町強羅1300
- 0460-82-2825　09:00~17:00
- 성인 550엔, 초등학생 이하 무료 / 하코네 프리패스 소지자 무료
- www.hakone-tozan.co.jp/gorapark

조각의 숲 미술관 彫刻の森美術館

근현대 조각가들의 작품 약 120점을 공원에 전시한 야외 미술관이다. 자연을 만끽하며 작품을 감상할 수 있다. 세계 유수의 컬렉션 300여 점을 차례차례 공개하는 피카소관을 비롯해 다섯 곳의 실내 전시장이 있다. 천연 온천 족탕도 갖추어 산책 중 피로를 풀 수 있다.

- 神奈川県足柄下郡箱根町二ノ平1121
- 0460-82-1161　09:00~17:00
- 성인 1600엔, 고등·대학생 1200엔, 초등·중학생 800엔
- www.hakone-oam.or.jp

©JNTO

SEE 04

아시노코 호수 芦ノ湖

후지산을 조망할 수 있는 유명한 칼데라 호수로 후지산이 분화되면서 생겨났다. 맑고 바람이 없는 날에는 호수에 후지산이 비치는 아름다운 모습을 만날 수 있다. 이곳을 즐기는 방법은 해적선 관광선이나 카약을 타는 것. 호수 주변 예쁜 카페에서 커피와 디저트를 먹으며 느긋하게 즐기는 것도 좋은 방법이다.

◎ 神奈川県足柄下郡箱根町元箱根

AREA 03 가나가와현 神奈川県

SEE 05

오와쿠다니 大涌谷

하코네에 왔다면 아무리 바빠도 반드시 들러야 하는 관광 스폿이다. 가나가와현 경승지 50선 중 하나로, 로프웨이를 타고 오와쿠다니가 보이는 순간부터 탄성이 나온다. 산 전체가 뿌연 연기에 휩싸인 모습이 장관이다. 3000년 전 하코네의 최고봉인 가미야마가 수증기 폭발을 일으켰을 때 터져 나온 화구로 지금도 흰 연기가 분출되고 있다. 예전에는 '대지옥'이라 불렸지만, 1873년 메이지 일왕이 이곳을 다녀가면서 이름이 바뀌었다고 알려진다. 이곳에서만 파는 구로타마고와 검은 카레 등 명물 요리도 맛보자.

神奈川県足柄下郡箱根町箱根仙石原
0460-85-7410

SEE 06

오와쿠다니 구로타마고칸 大涌谷くろたまご館

기념품 가게에는 온통 구로타마고(검은 달걀)다. 특별한 맛은 아니지만 검은색 껍질을 까는 재미가 있다. 이 밖에도 검은 달걀을 테마로 한 여러 기념품이 가득하다. 팩에 담긴 검은 달걀은 당장 먹고 싶지 않은 사람들을 위한 대안이다. 검은 달걀 모양 비누나 달걀 모양 향나무, 과자 등도 오와쿠다니 검은 달걀을 기념할 만하다.

오와쿠다니의 필수 먹거리! 온천수로 익힌 구로타마고(검은 달걀)

구로타마고 캐릭터 인형 열쇠고리

달걀 모양의 히노키 방향제

큐엔자임 Q10을 함유한 구로타마고 비누

SEE 07

오다와라 성터 공원 小田原城址公園

천수각이 있는 혼마루(본성)를 중심으로 한 성터 공원이다. 천수각은 1960년 에도시대 말기 모습으로 복원됐다. 도키와기 문을 비롯한 성문과 마구간 구역 등이 복원돼 혼마루, 니노마루의 대부분과 대외곽 일부가 국가 지정 사적이 됐다. 주변에 오테문과 고다구치문 터 등에도 에도시대 모습이 남아 있다. 성 내부에는 갑옷, 투구나 고문서, 도검 등의 역사 자료가 전시돼 있다. 꼭대기 층에서는 사가미만과 오다와라 시가지를 한눈에 볼 수 있다. 벚꽃 명소로도 유명하며, 다양한 이벤트가 개최된다. 공원 안에는 오다와라시에서 가장 큰 둘레 4.5m의 나한송이 있다. 갑옷이나 기모노를 착용하고 오다와라 성을 배경으로 사진을 찍을 수 있는데, 갑옷이나 기모노 차림으로는 성안에 들어가지 못한다.

📍 神奈川県小田原市城内6 ☎ 0465-22-3818
🕐 09:00~17:00(12월 둘째 주 수요일, 12월 31일, 1월 1일 휴관) / 기모노, 갑옷 대여는 15:30까지 💰 성인 510엔, 초등·중학생 200엔 / 기모노 갑옷 대여 500엔(11세 이하 300엔) 🌐 https://odawaracastle.com

EAT 01
유바동 나오키치 湯葉丼 直吉

하코네유모토역 주변에는 료칸과 음식점이 몰려 있는데, 그중 많은 곳에서 하코네의 맑은 물로 빚은 두부 요리를 판매한다. 1959년에 문을 연 유바동 나오키치는 그중 하코네에서 유일하게 유바동을 판매하는 가게로 유명하다. 두부 껍질인 유바는 젓가락으로 집어 먹을 수 있을 정도로 질감이 쫀득하다. 유바동은 유바에 달걀을 섞어 걸쭉하게 만든 두부 전골인데, 관광으로 지친 몸과 마음을 풀어주기에 좋다.

- 神奈川県足柄下郡箱根町湯本696
- 0460-85-5148
- 11:00~19:00(화요일 휴무)
- 유바동 1100엔, 유바동 세트 1700엔, 유바덮밥 2300엔

EAT 02
조카마치 푸딩 하코네유모토점
城下町ぷりん 箱根湯本店

달걀 모양의 용기에 담은 귀여운 푸딩을 판매하는 디저트 가게. 푸딩에는 캐러멜 시럽을 담은 작은 용기를 찔러 넣어 먹을 수 있게 해 재미를 더했다. 다양한 맛으로 골라 먹는 재미가 있는데, 그중 된장과 간장 푸딩이 인기다. 작은 용기에 된장 혹은 간장 맛 푸딩을 채우고, 그 위에 생크림과 오이를 썰어 올린다. 호불호가 갈리지만, 된장과 간장의 감칠맛이 푸딩과 잘 어울린다는 평이다. 제철 과일을 토핑으로 올리는 과일 푸딩은 보는 즐거움과 먹는 즐거움, 두 가지 모두를 충족시킨다.

- 神奈川県足柄下郡箱根町湯本692-7
- 0465-55-8138
- 11:00~매진 시
- 옛날 푸딩 410엔, 된장 푸딩 450엔
- www.instagram.com/jyoukamachi_purin_odawara

EAT 03

오와쿠다니 역전 식당 大涌谷 駅食堂

오와쿠다니 역사 2층에 위치한 대형 식당으로 오와쿠다니 풍경을 편안히 감상할 수 있다. 연기를 뿜어내는 지역 특성을 표현한 오와쿠다니 카레가 유명하다. 카레에는 고기를 듬뿍 넣어 진한 맛을 내며, 돈가스는 바삭하게 튀겨 잡냄새가 나지 않는다. 여기에 토핑으로 온천으로 반숙한 달걀을 얹어 먹으면 진한 맛이 부드러워진다.

- 神奈川県足柄下郡箱根町仙石原 1251 大涌谷駅2F
- 0460-84-4650
- 10:45~16:30
- 오와쿠다니 가츠 카레 1650엔, 오와쿠다니 카레 1200엔

인기 메뉴인 오와쿠다니 가츠 카레

EAT 04

하츠하나 소바 はつ花そば 本店

1934년 창업해 전통을 이어온 소바 전문점이다. 늘 1~2시간 웨이팅은 기본인 하코네 대표 소바 맛집으로 꼽힌다. 이 집의 대표 메뉴는 소바에 날달걀과 참마를 섞어 먹어 소스처럼 찍어 먹는 세이로 소바다. 똑같은 양념이지만 한 그릇에 소바와 양념이 한데 나오는 데이조 소바도 있다. 무난한 맛을 기대한다면 덴푸라 소바를 추천한다. 새우 튀김을 2개 올린 온소바인데, 새우가 통통하니 맛있다. 기회가 된다면 2층 창가 자리에 앉아보자. 하야강과 유모토 다리의 풍경이 아름답게 펼쳐진다. 인근에 신관이 하나 더 있으니 대기 줄이 길다면 이용해보자.

- 神奈川県足柄下郡箱根町湯本635
- 0460-85-8287
- 10:00~19:00(수요일 휴무)
- 세이로 소바 1300엔, 덴푸라 소바 1400엔, 데이조 소바 1100엔
- https://hatsuhana.co.jp

AREA 04
Shizuoka

시즈오카현
静岡県

이즈의 작은 교토
슈젠지 온천 마을

없던 신앙도 생길 것 같은
신비로운 산
후지산

후지산과 호수가 있는 산책길
다누키 호수

현지인들의 삶이 있는 선술집
아오바 오뎅 거리

끝없이 펼쳐진 녹차밭에서 찻잎 따기
가나야

---- Shizuoka ----
FOOD STORY

❝ 시즈오카현은 온난한 기후 덕분에 녹차 산지로 유명하고, 깨끗한 물로 키운 와사비도 특산품으로 꼽힌다. 또 매우 깊은 바다인 스루가만에 접해 다양한 어종이 잡히며, 야이즈항에서는 일본 제1의 참치 어획량을 자랑한다. 후지산을 중심으로 낙농업이 발달해 맛있는 아이스크림과 우유도 맛볼 수 있다. ❞

사쿠라에비(벚꽃새우) 桜えび

시즈오카현에서만 잡히는 희귀한 새우다. 길이 4~5cm 정도의 작은 새우로, 표면이 투명한 분홍색이라 '사쿠라(벚꽃)'라는 이름이 붙었다. 사쿠라에비는 스루가만의 특산품으로 1년 중 봄가을에 잡히지만, 요즘은 온난화의 영향으로 잘 잡히지 않는다고 한다. 주로 회나 튀김으로 먹는다.

후지노미야 야키소바 富士宮やきそば

후지노미야에서는 쫄깃한 생면에 양배추, 돼지고기를 넣고 볶은 야키소바가 명물로 꼽힌다. 후지노미야 야키소바만의 특징이 있다. 우선 면을 볶을 때 튀김용 돼지기름을 사용하고, 후지노미야 고원에서 생산한 양배추를 사용하며, 먹기 전 정어리 가루를 뿌린다. 여기에 붉은 생강 절임을 곁들이면 완성! 우스터소스를 사용해 흑갈색이 도는데, 일반적인 볶음 국수와 달리 쫄깃한 면발이 특징이다. 물론 가게마다 조리법에 차이가 있다. 콩나물이나 파 등 다른 채소를 사용하기도 하며, 오징어, 낙지, 새우, 달걀, 고기 등을 토핑 얹기도 한다.

와사비(고추냉이) わさび

시즈오카현의 이즈반도는 일본 내 최대 와사비 생산지다. 이곳 와사비는 적당히 매우면서 풍미가 좋다. 신선한 와사비는 매운맛뿐 아니라 감칠맛까지 난다. 슈젠지를 방문해 생와사비를 직접 갈아 넣어 먹는 소바를 맛보자.

AREA 04

시즈오카현 静岡県

녹차 お茶

시즈오카 녹차는 일본 내 녹차 생산량의 45%를 차지하며, 품질도 최상급으로 꼽힌다. 녹차가 유명한 만큼 생산되는 녹차 종류도 많지만, 녹차로 만든 아이스크림, 양갱 등 간식이나 녹차 소바, 녹차 밥 등 식사류도 많다. 그리고 녹차 소주 같은 독특한 술도 있다.

❶ 녹차 아이스크림

초콜릿 카카오 함량처럼 단계별 퍼센트의 녹차 아이스크림을 만날 수 있다. 85% 이상 고함량 녹차라도 부드러운 우유와 만나면 진한 맛을 낸다.

❷ 녹차 양갱

녹차를 맛있게 먹을 수 있는 또 하나의 방법은 양갱이다. 일반적인 녹차 맛뿐 아니라, 센 불에 덖어 구수한 향이 나는 호지차 맛도 맛있다.

시즈오카 오뎅 おでん

일본에서 오뎅은 국물이 있는 일종의 전골 요리로, 어묵뿐 아니라 무나 실곤약, 떡, 유부도 포함된다. 시즈오카 오뎅은 간장과 소 힘줄을 베이스로 한 검은 국물이 특징인데, 국물에서 소기름 냄새가 많이 나는 편이다. 검은색의 구로한펜, 소 힘줄 오뎅 등은 시즈오카만의 명물이다.

❸ 녹차 소주

우리나라에서도 소주에 녹차 티백을 넣어 마시면 맛이 좋아지고, 숙취 해소에도 도움이 된다고 알려져 있을 정도로 녹차와 술은 궁합이 좋다. 녹차의 감칠맛이 소주의 맛을 한층 살려준다.

유제품

후지노미야 북부는 목초지에 적합한 기후와 토양을 갖춘 덕에 낙농업이 발달했다. 여기서 얻은 우유로 치즈, 버터, 아이스크림 등 유제품을 만든다. 특히 후지산 우유로 만든 아이스크림은 진한 맛으로 유명하니 꼭 한번 맛보자.

Shizuoka
TRANSPORTATION

> 시즈오카현은 일본 중부 지방의 남동부에 위치하며, 태평양과 닿아 있다. 도쿄와 오사카 사이에 위치해 오래전부터 동서의 문화, 경제가 교류하는 지역으로 번영해왔다. 일본의 최고봉인 '후지산'과 온천으로 유명한 이즈반도가 이어져 있어 일본에서도 대표적인 관광·휴양지로 꼽힌다.

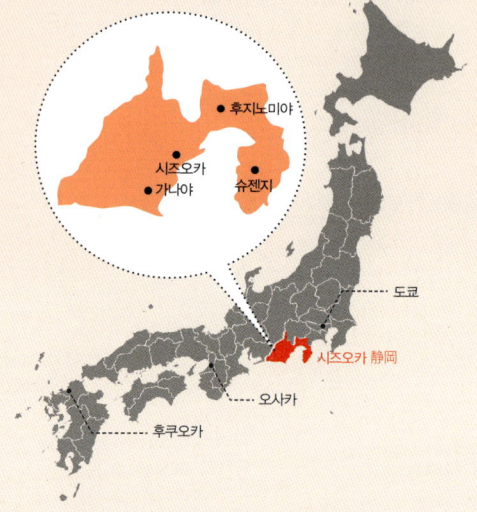

시즈오카까지 어떻게 갈까?

시즈오카는 인천 국제공항에서 출발하는 직항 항공편이 있어 편리하게 여행할 수 있다. 2024년 4월 기준 제주항공에서 주 7회 직항편을 운항 중이다.

인천 국제공항 ←--- 소요 시간 2시간 15분 ---→ 후지산 시즈오카 공항

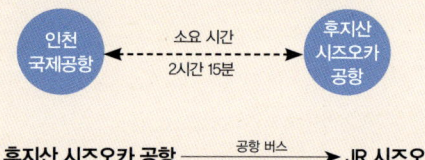

후지산 시즈오카 공항 —공항 버스 약 50분, 1100엔→ JR 시즈오카역

시내 교통

후지노미야 정기 관광버스

후지노미야를 빠르고 쉽게 돌아볼 수 있는 관광버스가 있다. '등산가의 짐꾼'이라는 뜻의 '고리키군(強力くん)' 버스로, 오전·오후 2회에 걸쳐 각기 다른 코스로 운행한다. 오전에는 후지노미야의 신사인 야마미야 센겐 신사, 무라야마 센겐 신사, 후지산 혼구 센겐 다이샤를 돌아보고, 오후에는 시라이토 폭포, 다누키 호수, 후지 밀크 랜드 등 후지산의 주요 관광지를 돌아본다. 각각의 명소에서는 20~30분 동안 자유 시간이 주어진다. JR 후지노미야역에서 티켓 판매와 발착이 이루어지며, 주말과 공휴일만 운행한다. 일본인 가이드 탑승.

- 오전 1200엔, 오후 2300엔, 오전+오후 3000엔(초등학생 이하 반값)
- https://bus.fujikyu.co.jp/lp/goriki

슨푸 로망 버스 駿府浪漫バス

시즈오카시 시내 주요 명소와 상점가 지역을 순회하는 버스다. 유럽 횡단 열차를 본떠 만든 복고풍 외관이 인상적이다. JR 시즈오카역(10번 버스 정류장)에서 출발해 슨푸 성, 센겐 신사를 거쳐 다시 JR 시즈오카역으로 돌아온다. 평일에는 1시간 간격으로 7회, 주말이나 공휴일에는 30분 간격으로 13회 운행한다.

- 🕐 10:00~16:00
- 💰 12세 이상 210엔, 11세 이하 110엔
- 🌐 www.justline.co.jp/combus/roman

시즈오카 지역 패스

후지산 시즈오카 지역 관광 미니 패스

후지산을 둘러볼 생각이라면 반드시 필요한 패스다. 다른 지역 패스보다 저렴한데, 3일 동안 열차뿐 아니라 페리, 버스까지 탑승할 수 있으니 현 이곳저곳을 부지런히 돌아볼 계획이라면 무조건 이득. JR 열차, 이즈하코네 철도, 시즈오카 현 내에서 운행하는 모든 열차에 탑승할 수 있으며, 아타미역부터 나고야현의 도요하시역까지 갈 수 있다. 게다가 시라이토 폭포와 가와구치 호수 역 등으로 가는 후지 급행버스, 도카이 버스, 이즈하코네 버스, 시즈테츠 저스트 라인, 엔테츠 버스 등 관광에 꼭 필요한 버스도 탑승할 수 있다. 또 에스펄스 드림 플라자에서 시작해 이즈반도 도이항까지 가는 페리도 이용할 수 있다.

- 💰 3일권 12세 이상 6500엔, 6~11세 3250엔
- 🌐 touristpass.jp/ja/fuji_shizuoka

후지산 후지고코 패스포트

JR 후지노미야역에서부터 후지산을 돌아 다누키 호수, 시라이토 폭포, 모토스 호수, 가와구치 호수를 거쳐 후지산까지 운행하는 버스와 후지큐 전철을 이틀 동안 무제한 탈 수 있는 티켓이다. 후지산 주요 관광지를 여유롭게 돌아보길 원하는 사람에게 좋다.

- 💰 2일권 12세 이상 4700엔, 아동(11세 이하) 2360엔
- 🌐 www.fujikyu-railway.jp/ticket/couponpass.php

SL 열차

가나야부터 센즈역까지 운행하는 증기기관차 오이가와 철도 SL 열차. 1920~1935년에 제작된 4량(4car)의 옛 증기기관차는 내부 역시 그 시대 모습을 그대로 간직하고 있다. 나무로 만든 좌석이나 백열등, 오래된 선풍기가 시간 여행을 하는 듯한 느낌을 준다. 이벤트 열차답게 차창 밖 볼거리를 안내해주거나 하모니카 연주를 들려주는 등 소소한 재미도 이어진다. 열차는 푸른 녹차밭 사이로 오이가와강을 따라 달린다. 특히 특정 구간은 아푸토식 철도(뒤에서 다른 열차가 밀어주는 방식)로 운행해 신기한 체험을 할 수 있다. 녹차의 지역답게 에키벤(열차 도시락) 역시 녹차밥이다. 열차에서만 구입할 수 있는 SL 굿즈도 있으니 눈여겨보자. 최근에는 토마스 열차를 운행해 더 큰 인기를 얻고 있다.

- 🌐 http://oigawa-railway.co.jp/en

― Shizuoka ―
COURSE FOR YOUR TRIP
시즈오카현 3박 4일 추천 코스

"시즈오카는 다른 소도시보다 직항 노선이 다양해 여유롭게 여행할 수 있다. 게다가 저렴한 패스로 현 내 어디든 갈 수 있으니 동선을 길게 짜도 좋다."

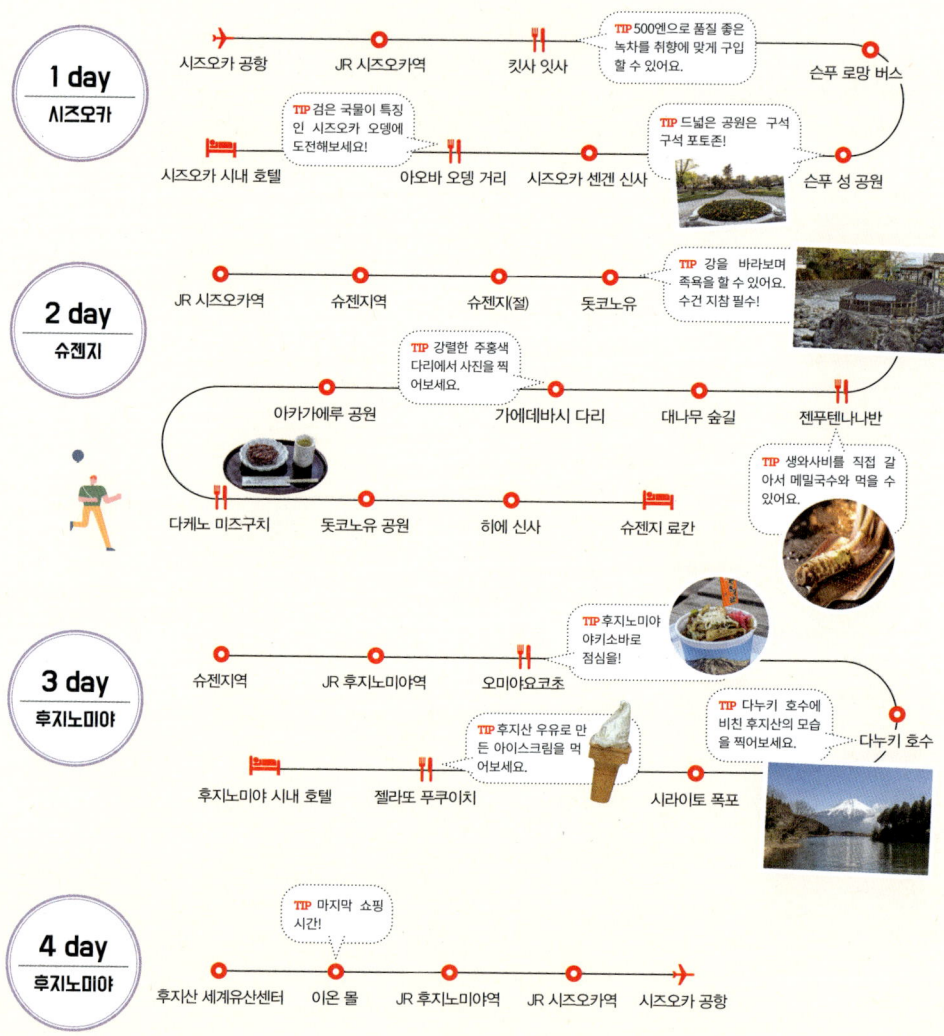

1 day 시즈오카
시즈오카 공항 → JR 시즈오카역 → 킷사 잇사 (TIP 500엔으로 품질 좋은 녹차를 취향에 맞게 구입할 수 있어요.) → 슨푸 로망 버스 → 슨푸 성 공원 (TIP 드넓은 공원은 구석구석 포토존!) → 시즈오카 센겐 신사 → 아오바 오뎅 거리 (TIP 검은 국물이 특징인 시즈오카 오뎅에 도전해보세요!) → 시즈오카 시내 호텔

2 day 슈젠지
JR 시즈오카역 → 슈젠지역 → 슈젠지(절) → 돗코노유 (TIP 강을 바라보며 족욕을 할 수 있어요. 수건 지참 필수!) → 젠푸텐나나반 (TIP 생와사비를 직접 갈아서 메밀국수와 먹을 수 있어요.) → 대나무 숲길 → 가에데바시 다리 (TIP 강렬한 주홍색 다리에서 사진을 찍어보세요.) → 아카가에루 공원 → 다케노 미즈구치 → 돗코노유 공원 → 히에 신사 → 슈젠지 료칸

3 day 후지노미야
슈젠지역 → JR 후지노미야역 → 오미야요코초 (TIP 후지노미야 야키소바로 점심을!) → 다누키 호수 (TIP 다누키 호수에 비친 후지산의 모습을 찍어보세요.) → 시라이토 폭포 → 젤라또 푸쿠이치 (TIP 후지산 우유로 만든 아이스크림을 먹어보세요.) → 후지노미야 시내 호텔

4 day 후지노미야
후지산 세계유산센터 → 이온 몰 (TIP 마지막 쇼핑 시간!) → JR 후지노미야역 → JR 시즈오카역 → 시즈오카 공항

녹차 마니아를 위한 2박 3일 코스

" 녹차를 사랑하는 사람들을 위한 체험 위주의 코스다. 녹차밭은 대중교통으로 가기 힘드니 택시나 렌터카를 적절히 사용하자. "

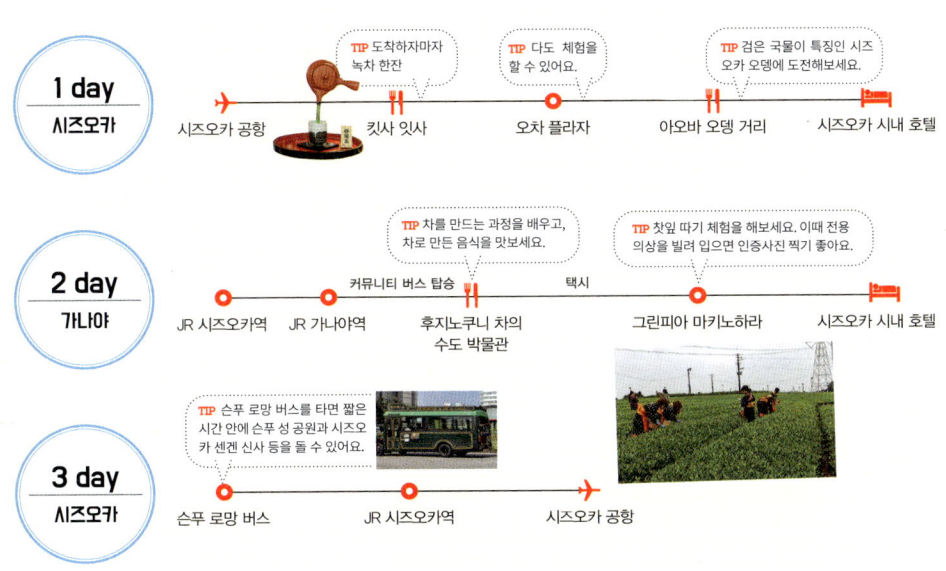

1 day 시즈오카
시즈오카 공항 → 킷사 잇사 (TIP 도착하자마자 녹차 한잔) → 오차 플라자 (TIP 다도 체험을 할 수 있어요.) → 아오바 오뎅 거리 (TIP 검은 국물이 특징인 시즈오카 오뎅에 도전해보세요.) → 시즈오카 시내 호텔

2 day 가나야
JR 시즈오카역 → JR 가나야역 (커뮤니티 버스 탑승) → 후지노쿠니 차의 수도 박물관 (TIP 차를 만드는 과정을 배우고, 차로 만든 음식을 맛보세요.) → (택시) 그린피아 마키노하라 (TIP 찻잎 따기 체험을 해보세요. 이때 전용 의상을 빌려 입으면 인증사진 찍기 좋아요.) → 시즈오카 시내 호텔

3 day 시즈오카
슨푸 로망 버스 (TIP 슨푸 로망 버스를 타면 짧은 시간 안에 슨푸 성 공원과 시즈오카 센겐 신사 등을 돌 수 있어요.) → JR 시즈오카역 → 시즈오카 공항

1박 2일 후지산 등산 코스

" 7~9월 후지산 등반객을 위한 코스로 일반적인 3박 4일 코스 중에 끼워 넣을 수 있다. "

1 day 후지산 등반
JR 후지노미야역 → 후지노미야 고고메 (TIP 이곳에서만 판매하는 후지산 멜론빵을 먹어보세요.) → 후지산 등산 → 산장

2 day 후지산 하산
산장 → 후지산 정상 (TIP 정상에 오른 기쁨을 사진으로 남겨보세요.) → 후지산 본궁 센겐 대사 오쿠미야 → 후지산 우체국 (TIP 이곳에서 엽서를 보낼 수 있어요.) → 하산

AREA 04
시즈오카현 静岡県

077

CITY 1

시즈오카 静岡

시즈오카현 중앙에 위치한 현청 소재지로, 일본을 통일하고 에도 막부를 연 도쿠가와 이에야스의 고향으로 유명하다. 슨푸 성 공원 여기저기에 에도시대의 분위기가 남아 있으며, 센겐 신사에는 이에야스와 인연이 있는 물건들이 전시돼 있다. 슨푸 로망 버스는 주요 관광지를 경유해 편리하게 돌아볼 수 있다.

① 가는 법 : JR 시즈오카역에서 슨푸 로망 버스를 타고 이동한다.

SEE 01

슨푸 성 공원 駿府城公園

'슨푸'는 시즈오카시의 옛 이름으로, 슨푸 성은 시즈오카 성으로도 불린다. 일본을 통일한 도쿠가와 이에야스가 1589년에 성의 일부를 지었고, 1607년에 성을 완성했다. 이에야스는 자신의 아들 히데타다에게 쇼군 직을 양도한 뒤 이 성에서 살았다고 한다. 그러나 이에야스 사망 후 1635년 화재로 거의 소실됐다. 해자(침입을 막기 위해 만든 연못)와 석벽 등은 그대로 남았고 니노마루의 다츠미 망루, 동문, 다몬 망루를 복원했지만 나머지 건물은 재건하지 못했다. 현재 산노마루에는 관공서, 학교 등의 공공 시설이 들어섰으며, 혼마루와 니노마루는 슨푸 성 공원으로 정비됐다.

静岡県静岡市葵区駿府城公園1-1 054-221-1433
유료 시설 09:00~16:30(월요일, 연말연시 휴무)
sumpu-castlepark.com

SPOT TO GO

1 동문 東御門
동문은 1996년 일본 전통 방식으로 복원돼 현재 자료관으로 쓰인다. 자료관에는 공원 조성 당시 발굴된 자료와 도쿠가와 이에야스의 방을 복원한 시설 등을 만나볼 수 있다.

2 다츠미 망루 巽櫓
1989년 복원된 다츠미 망루는 일본 내 있는 성곽 중 예외적으로 L자 구조를 띤다.

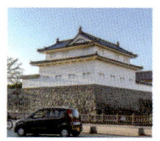

3 혼마루 해자 本丸堀跡
슨푸 성 안 3개의 해자 중 가장 안쪽에 위치한 해자다. 1896년 메워졌으나 발굴 조사를 통해 옛 모습을 되찾았다.

4 도쿠가와 이에야스 동상 徳川家康像
이에야스의 노년 모습을 재현한 동상이다. 그는 65세부터 75세에 사망할 때까지 이곳에 살았다.

5 모미지야마 정원 紅葉山庭園
4개의 일본 정원과 다실이 있어 다도에 관한 다양한 행사가 열린다. 봄에는 벚꽃이, 여름에는 수국이, 가을에는 단풍이, 겨울에는 동백이 피는 아름다운 정원이다.

SEE 02

시즈오카 센겐 신사 静岡浅間神社

후지산을 모시는 센겐 신사 중 하나로, 시즈오카현에서 규모가 가장 크다. 도쿠가와 이에야스가 14세 때 성인식을 치른 곳이기도 하다. 에도시대 후기의 대표적인 옻 채색 양식을 보여주는 건물이 금박으로 아름답게 장식돼 있다. 신사 건물 중 26채가 중요문화재로 등록될 정도로 역사적으로 의미 있는 건축물이다.

📍 静岡県静岡市葵区宮ヶ崎町102-1 ☎ 054-245-1820
🌐 www.shizuokasengen.net

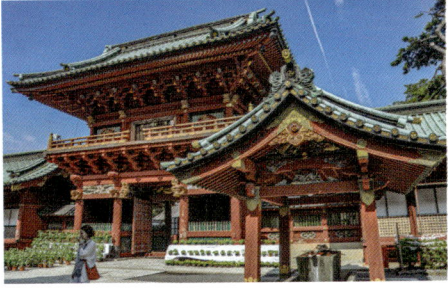

SEE 03

시즈오카 현청 전망대 静岡県庁

시즈오카 현청 별관 21층에 위치한 전망대로 시즈오카 시내를 한눈에 조망할 수 있다. 날씨가 좋으면 스루가만과 후지산까지 보인다. 무료니 부담 없이 방문해보자.

📍 静岡県静岡市葵区追手町99-6 ☎ 054-221-2455
🕐 평일 08:30~20:00(1~3월은 18:00까지),
   주말·공휴일 10:00~20:00(1~3월은 18:00까지)
🌐 www.pref.shizuoka.jp

SEE 04

시즈오카 오차 플라자 しずおかO-CHAプラザ

시즈오카 차를 알리기 위해 세계녹차협회가 운영하는 시설. 녹차를 맛있게 우려내는 방법 등 녹차 관련 지식을 알리고, 녹차 체험 강좌도 운영한다.

📍 静岡県静岡市駿河区南町14-1
☎ 054-202-1488
🕐 09:30~14:00(토·일요일 휴무)
🌐 www.o-cha.net/kyoukai/ochaplaza.html

사진 : 시즈오카현 서울사무소 제공

EAT 01

아오바 오뎅 거리 青葉おでん街

20여 개의 작은 오뎅 바가 옹기종기 모여 있는 선술집 골목이다. 골목 위 벚꽃 장식은 밤이 되면 붉은 전등과 어우러져 환상적인 분위기를 연출한다. 가게마다 조금씩 다르나, 주로 오뎅 혹은 튀김, 라멘 등의 요리와 맥주, 사케, 소주 등의 주류를 판매한다. 시즈오카이다 보니 역시 메인은 오뎅이다. 관광객뿐 아니라 현지 직장인도 퇴근 후 즐겨 들르는 곳으로, 일어가 가능하다면 현지인과 격의 없이 친해질 수 있다. 복잡한 분위기를 피하고 싶다면 오후 5~7시에 방문하자.

📍 静岡県静岡市葵区常磐町2-3-6

EAT 02

낭만 浪漫

오뎅 거리 가장 안쪽에 위치한 오뎅 바. 친절한 여주인이 운영해 혼자 찾은 여성이라도 부담 없이 즐길 수 있는 분위기다. 한국어 메뉴판이 있어 주문하기 편하다. 오뎅과 벚꽃 새우 튀김을 안주 삼아 녹차 소주 한잔을 기울인다면, 시즈오카에서의 밤이 더욱 낭만적으로 기억될 것이다.

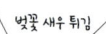
벚꽃 새우 튀김

녹차 소주

낭만 주인장 추천 오뎅

📍 静岡県静岡市葵区常磐町2-3-6
📞 054-255-1086
🕐 16:30~24:00(수요일 휴무)
💰 오뎅 150~200엔(개당), 벚꽃새우튀김 270엔, 녹차 소주 550엔
🌐 odenroman.com

AREA 04 시즈오카현 静岡県

EAT 03

오야키이모 大やきいも

100년이 넘는 시간 동안 현지인들에게 사랑받아온 오뎅집이다. 오랜 역사를 지닌 가게답게 내부는 레트로한 분위기가 가득하다. 20년 이상 끓인 검은 국물은 소 힘줄(규스지)을 끓여 만든 것이다. 이곳 오뎅은 푸른 김 가루와 가다랑어 가루로 만든 다시코를 뿌려 먹는다. 오뎅은 원하는 종류를 가져와 먹고 나중에 꼬치 수를 세는 방식으로 계산하며 가격도 저렴하다. 오뎅만큼 구운 고구마도 유명하며, 주먹밥이나 빙수도 판매한다.

- 静岡県静岡市葵区東草深町5-12
- 054-245-8862
- 수·금~일요일 10:30~16:30, 목요일 10:00~15:00(월·화요일 휴무)
- 오뎅 150엔~, 주먹밥 200엔

EAT 04

킷사 잇사 喫茶 一茶

JR 시즈오카역 북쪽 출구 지하도에는 차 볶는 향이 가득하다. 시즈오카 상공업 협동조합이 운영하는 차 카페로, 50곳의 차 장인이 엄선한 차가 한자리에 모여 있다. 원하는 차를 고르면 직원이 그 차에 맞는 다도법(음용법)을 알려준다. 티푸드가 함께 나오는 세트 메뉴가 알차다.

녹차의 향을 느껴보세요.

- 静岡県静岡市葵区黒金町49-1
- 054-253-0030
- 10:00~19:00(수요일, 연말연시 휴무)
- 잇사 세트 700엔, 테이크아웃 300엔~
- www.ochanomachi-shizuokashi.jp

가나야 金谷

시즈오카 공항 인근, 시마다시에 속한 작은 도시다. 시즈오카산 녹차 중 40% 정도가 이 지역에서 재배될 정도로 녹차밭이 많다. 녹차에 관심이 있다면 꼭 가봐야 할 정도로 보고 경험할 것이 많은 도시지만 대중교통이 불편하므로 렌터카나 택시를 적절히 이용해야 한다.

ⓘ 가는 법 : JR 시즈오카역에서 도카이도 본선을 타고 JR 가나야역에서 내려 시마타시 커뮤니티 버스를 타고 이동한다.

SEE 01
후지노쿠니 차의 수도 박물관
ふじのくに茶の都ミュージアム

일본을 대표하는 차 산지 마키노하라 녹차밭에 둘러싸인 녹차 박물관이다. 녹차에 대한 지식을 얻을 수 있을 뿐 아니라 다양한 녹차 관련 체험이 가능하고 녹차로 만든 음식이나 기념품도 만나볼 수 있다. 박물관 입장권을 구입하지 않아도 정원과 기념품 숍을 돌아보거나 일부 체험에 참여할 수 있다. 차에 대한 다양한 체험과 쇼핑, 식사까지 하다 보면 3시간도 빠듯하니, 시간을 넉넉히 잡고 다녀오는 것이 좋다.

📍 静岡県島田市金谷富士見町3053-2 ☎ 0547-46-5588
🕐 09:00~17:00(16:30까지 입실), 다실 09:30~16:00(15:30까지 입실), 레스토랑 11:00~14:00(마지막 주문은 13:30까지), 박물관 가이드 투어 11:00~14:00 2회 / 화요일 휴무
💰 성인 300엔, 대학생 이하・70세 이상 무료
🌐 https://tea-museum.jp/index.html

TO DO LIST

1 박물관 관람
차의 역사와 종류, 차를 만드는 법 등 차에 대한 모든 것을 알차게 전시한 공간이다. 여러 형태와 종류의 차를 직접 만져보고 향을 맡아볼 수 있다.

2 말차 만들기 체험
옛날 방식대로 찻잎을 차 전용 맷돌에 넣고 갈아 고운 말차로 만드는 체험이다. 약 20분간 정도 소요된다. 체험료 200엔.

3 다실 '쇼모쿠로'와 일본 정원

일본식 정원과 다실은 모두 에도 시대 건축가이자 다도인(茶道人) 고보리 엔슈의 건축물, 교토 이와시미즈 하치만구 다카모토 방과 후시미부교 저택 일부를 복원한 것이다. 정원은 입장권이 없어도 둘러볼 수 있으며, 다실에서는 다도 체험도 가능하다. 다도 체험 500엔.

4 뮤지엄 숍

다양한 녹차와 다기 등은 물론 녹차 과자, 녹차 아이스크림, 녹차 양갱 등 디저트를 판매하는 숍이다. 녹차는 종류별로 시음할 수 있다. 녹차 함유량에 따라 7단계로 나눈 아이스크림이나 양갱은 꼭 맛보자.

그린피아 마키노하라
グリンピア牧之原

드넓은 녹차밭에서 특별한 인증사진을 남기고 싶은 사람이라면 주목! 1933년에 창업한 녹차 공장 그린피아 마키노하라는 가나야역에서도 한참이나 떨어져 있어 찾아가기 어렵지만 특별한 체험과 전문성을 갖춘 프로그램으로 차 애호가들의 발길이 끊이지 않는다. 대표 프로그램인 '찻잎 따기'는 드넓은 녹차밭에서 직접 찻잎을 수확하는 프로그램(4월 하순부터 10월 상순까지 부정기로 진행)이다. 전통 의상을 빌려 입고 체험할 수 있어 인기다. 차 공장 견학도 가능하며, 직매점에서는 각종 차와 다기 등을 구입할 수 있는데, 시음과 시식이 넉넉해 더 만족스럽다.

- 静岡県牧之原市西萩間1151
- 0548-27-2995 ⓒ 10:00~17:00
- 찻잎 따기 체험 1000엔, 찻잎 따기+의상 대여 2500엔(여성만 가능, 예약 필수) www.grinpia.com

마키노하라 공원 牧之原公園

후지노쿠니 차의 수도 박물관 인근에 있는 공원이다. 높은 곳에 위치해 오이가와강 하류에 펼쳐진 녹차밭과 멀리 후지산뿐 아니라 스루가만까지 보인다. 공원에는 일본에 차를 들여온 에이사이 선사(栄西禅師)의 동상이 세워져 있다. 이곳은 유명한 야경 명소이기도 하다. 밤에 공원에서 내려다보이는 풍경은 일본 야경 유산으로 꼽힌다.

- 静岡県島田市金谷富士見町1701-1

> **tip** 후지노쿠니 차의 수도 박물관과 마키노하라 공원에 가려면 가나야역에서 1시간에 1대씩 다니는 지역 커뮤니티 버스를 타야 한다(200엔). 도보로는 20분 정도밖에 걸리지 않아 걷는 걸 선택한다면 곧 후회하고 말 것이다. 지대가 높아 거의 등산하듯 걸어야 하기 때문. 대신 돌아오는 길은 내리막이니 걸을 만하다. 가는 길에 마키노하라 공원, 도카이도 등 둘러볼 곳이 있으니 함께 둘러볼 것을 추천한다.

CITY 3

슈젠지 修善寺

슈젠지는 유명한 절 이름이자, 지금은 이즈시에 통합되어 없어진 옛 동네 이름(슈젠지정)이다. 이 도시가 위치한 이즈반도에는 수많은 온천 마을이 있는데, 그중에서도 슈젠지는 역사가 가장 긴 온천 마을로 꼽힌다. 이외에도 《미슐랭 그린 가이드 재팬》에서 별 2개를 받은 관광 명소가 세 군데나 모여 있다.

① 가는 법 : JR 시즈오카역에서 도카이도 본선을 타고 JR 미시마역에 내려 이즈하코네 철도로 갈아탄 뒤, 종점인 슈젠지역에서 내린다.

SEE 01
돗코노유 独鈷の湯

슈젠지를 온천 마을로 만든 상징적인 노천탕이다. 마을의 중심, 가츠라강 안쪽에 있으며, 지금은 족욕탕으로 쓰인다. 이곳에 얽힌 전설이 재미있다. 1200년 전 어느 추운 겨울날, 한 소년이 차가운 강물로 아픈 아버지를 씻겨드렸는데, 이 모습을 본 고승이 효심에 감동해 바위를 깨서 온천수가 솟아나게 했다고.

📍 静岡県伊豆市修善寺

SEE 02
돗코노유 공원 独鈷の湯公園

슈젠지 건너편에 위치한 공원이다. 가츠라강을 바라보며 쉬어 갈 수 있는 삼나무 족욕탕과 공원으로 조성돼 있다. 공원 한쪽에는 고보 대사의 어린 시절 모습이 동상으로 서 있다. 이 동상에 온천수를 뿌리며 기도하면 건강해진다고 한다.

📍 静岡県伊豆市修善寺

SEE 03

슈젠지 절 修善寺

온천 마을 중심에 위치한 절이다. 807년 고보 대사가 세웠다고 전해지는 유서 깊은 사찰로, 일본 내에서는 나츠메 소세키의 《슈젠지의 대환》, 가부키 작가 오카모토 기도의 《슈젠지 이야기》 등 소설 속 배경으로 더욱 유명해졌다. 보물 창고에서는 《슈젠지 이야기》와 관련된 보물인 가면 등을 전시하고 있다. 특이한 점은 슈젠지의 미즈야(참배객이 입이나 손을 씻는 곳)가 무려 온천수이며, 식용 허가를 받은 물이라 마실 수도 있다는 것이다.

静岡県伊豆市修善寺937-9 0558-72-0053
08:30~16:30(10~3월은 16:00까지) www.shuzenji-temple.jp

SEE 04

히에 신사 日枝神社

슈젠지의 수호신을 모시던 신사. 신사 정원에는 800년 이상 된 엄청난 크기의 부부 삼나무 대목과 시즈오카현 지정 문화재인 개가시나무가 심어져 있다. 무장 미나모토노 노리요리가 유폐되어 생활했다고 전해지는 신코인 절터(고신토 탑만 현존)도 유명하다.

静岡県伊豆市修善寺826 0554-261-9030

SEE 05

대나무 숲길 竹林の小径

가츠라강을 따라 조성된 약 400m에 이르는 대나무 숲길이다. 높은 대나무 사이에 돌이 깔려 있어 가볍게 산책하기 좋다. 산책길이 교차하는 위치에는 커다란 둥근 평상을 놓아두어 잠시 쉬어 갈 수 있게 했다. 평상이 워낙 넓어 사람이 많지 않다면 앉은 자세 그대로 누워 하늘을 바라보는 걸 추천한다. 밤이 되면 조명이 켜져 더 환상적인 모습을 연출한다.

📍 静岡県伊豆市修善寺1031-1
🌐 kanko.city.izu.shizuoka.jp

SEE 06

가에데바시 楓橋

슈젠지에는 가츠라강을 건너는 다리가 5개 있는데, 이 다리를 모두 건너면 사랑이 이뤄진다는 이야기가 전해 내려온다. 이를 '사랑의 다리 순례'라 하며, 만남, 연애 성취, 임신 등 다리가 가진 의미도 각각 다르다. 이중 가에데바시는 '결혼 기원'의 뜻이 담긴 다리다. 붉은 난간은 주변 자연과 어우러져 더욱 아름답게 빛나는데, 덕분에 인물 사진이 잘 나오는 사진 명소로도 인기다.

📍 静岡県伊豆市修善寺

SEE 07

아카가에루 공원 赤蛙公園

슈젠지 온천 거리 서쪽 끝에 위치한 공원으로 대나무 숲길 끝에서 이어진다. 작은 공원이지만 개울이 흐르고 정자가 있으며, 철마다 꽃이 피거나 단풍이 들어서 변화하는 자연을 만끽하기 좋다. 5~6월에는 수많은 반딧불이가 날아다니는 장관을 볼 수 있다. 일본 작가 시마키 겐사쿠가 이곳에서 영감받아 단편소설을 집필했다고 알려졌다.

📍 静岡県伊豆市修善寺

EAT 01

젠푸테나나반 禅風亭なゝ番

판 소바 / 간장 / 비빔 소바

슈젠지 온천 마을에서 제일가는 특산품은 와사비다. 이 동네 식당들은 대부분 생와사비를 갈아 넣어 먹는 소바를 판다. 그중에서도 젠푸테나나반은 가장 인기 있는 식당으로, 항상 긴 줄이 서 있다. 인기 메뉴인 기본 세트는 판 메밀과 소바 간장, 그리고 마와 달걀을 올린 비빔 소바, 두 종류로 구성된다. 본격적으로 소바를 먹기 전 비빔 소바부터 먹어보자. 비빔 소바는 마와 달걀의 부드러운 맛이 소바의 구수한 메밀 향과 잘 어우러지는데, 여기에 참깨를 넣으면 고소함이 배가된다. 판 소바를 먹기 전 간장에 생와사비를 갈아 넣자. 소바를 다 먹을 때쯤 직원이 소바 삶은 물과 와사비 줄기 피클을 가져다주는데 소바 삶은 물은 남은 간장에 넣어서 마시면 된다.

tip 와사비 뿌리를 갈아 소바 국물에 넣는 것 자체가 관광객들에게는 재밌는 이벤트다. 생와사비는 줄기와 뿌리를 분리한 후, 뿌리 안쪽(줄기 부분)을 갈아야 맛있다.

뚜껑에 간장을 담고 중간에 반찬 접시를 포갤 수 있도록 한 그릇

- 静岡県伊豆市修善寺761-1-3
- 0558-72-0007
- 10:00~15:30(목요일 휴무)
- 젠지 소바 1430엔

EAT 02

다케노사토 미즈구치
竹の里水ぐち

팥죽, 양갱 등 일본 전통 디저트와 슈젠지 특산품인 흑미로 만든 떡 디저트를 판매하는 디저트 가게로, 료칸도 겸한다. 이 집의 가장 큰 매력은 마을을 가로지르는 가츠라강 바로 옆에 있다는 점이다. 마당에 놓인 정자나 강가 좌석에 앉으면 흐르는 물소리가 고스란히 들려 힐링하기에 좋다. 안코모치(あんこ餅)는 흑미로 만든 떡을 구운 뒤 단팥을 올린 디저트다. 흑미의 깊은 맛과 팥의 은은한 단맛이 잘 어울리는데, 알알이 흑미가 고소하게 씹히는 맛이 일품이다.

- 静岡県伊豆市修善寺3463-17
- 0558-72-2029
- 안코모치·기나코모치 각 550엔
- https://onsen-yado-mizuguchi.com/menu

CITY 4 후지노미야 富士宮

어디서든 후지산을 볼 수 있는 동네로 시즈오카현에서 후지산을 등반하려면 이곳을 거쳐야 한다. 후지산 등반이 아니더라도 볼거리, 먹을거리가 많은 매력적인 도시다.

① 가는 법 : JR 시즈오카역에서 도카이도 본선을 타고 JR 후지역에서 내려 미노부선으로 갈아탄 뒤, JR 후지노미야역에서 내려 도보로 이동한다.

SEE 01

후지산 본궁 센겐 대신사 富士山本宮浅間大社

에도시대 초기인 1604년에 도쿠가와 이에야스의 후원으로 건립된 신사로, 후지산을 신으로 모신다. 후지산을 '만개의 공주(고노하나사쿠야 히메)'라 이름 붙이고 아름다움, 행복한 가정, 풍요로운 출산, 물, 어업, 화재 예방 등의 수호자로 떠받들고 있다. 500그루의 벚나무는 신을 위해 심은 것이다. 건립 당시 이에야스의 지원으로 신사에서 후지산 정상부에 위치한 오쿠미야를 관리할 수 있었다.

- 📍 静岡県富士宮市宮町1-1
- 📞 0544-27-2002
- 🌐 https://fuji-hongu.or.jp/sengen

SPOT TO GO

1 센겐 대신사 니노토리이 浅間大社二之鳥居

신사 입구, 주차장 바로 앞에 설치된 거대한 붉은 도리이.

2 와쿠타마 연못(용옥지) 湧玉池

신사 바로 옆에 있는 연못이다. 특별 천연기념물로 지정될 정도로 크고 멋지며,
연못 안에 또 다른 신사나 작은 도리이, 붉은색 신로교가 잘 조성돼 있다.

3 간다강 만남의 광장 神田川ふれあい広場

니노 도리이부터 시작해 신사까지 이르는 길에 위치한 공원이다. 간다강을 끼고 있어 매우 아름다우며, 정자와 놀이터 등을 갖추어 주민들의 휴식 공간으로 사랑받는다.

AREA 04 시즈오카현 静岡県

SEE 02

시즈오카현 후지산 세계유산센터
静岡県富士山世界遺産センタ-

2013년 6월에 유네스코 세계문화유산으로 등재된 후지산을 소개하는 시설이다. 후지산의 다양한 역사적, 문화적, 자연환경적 특징을 알리고 있다. 건물 안에는 아래층부터 위층까지 이어지는 193m의 나선형 경사로가 있는데, 벽면에 후지산 등산로 풍경이 사진과 영상으로 펼쳐져 후지산을 등산하는 듯한 기분을 느낄 수 있다. 건물 옥상에서는 탁 트인 후지산 풍경을 감상할 수 있다. 바로 옆에 있는 엄청난 크기의 센겐 대사 오토리이와 나무로 지은 역원추형 건물은 자체만으로도 볼거리다.

- 静岡県富士宮市宮町5-12 ☎ 0544-21-3776
- 09:00~17:00, 7~8월 09:00~18:00(셋째 주 화요일, 12월 27일~1월 3일 휴관)
- 성인 300엔, 대학생 이하 무료 http://mtfuji-whc.jp

SEE 03

이온 몰 후지노미야
イオンモール富士宮

볼거리가 많아도 편의 시설이 없으면 불편하다. JR 후지노미야역 바로 옆에 위치한 이온 몰에서는 쇼핑과 식사를 해결할 수 있다. 향토 음식인 후지노미야 야키소바부터 일본 정식, 라멘, KFC, 스타벅스, 맥도날드 등도 있다. 서점이나 100엔 숍도 있으며, 유니클로도 있어 급히 옷이 필요할 때 유용하다.

- 静岡県富士宮市浅間町11-8
- ☎ 0544-68-7200
- 09:00~22:00
- www.aeon.jp/sc/fujinomiya

다누키 호수를 조망할 수 있는 덱

SEE 04
다누키 호수 田貫湖

후지노미야에서는 어느 곳에서나 후지산을 볼 수 있지만 더 아름다운 모습을 보고 싶다면 꼭 가야 할 호수다. 바람 없이 잔잔하고 맑은 날에는 후지산이 호수에 데칼코마니처럼 반영된 다이아몬드 형상을 볼 수 있다. 후지산을 둘러싸고 5개의 호수가 있지만, 시즈오카현에 속한 호수는 다누키 호수뿐이고, 다른 호수와 달리 인공 호수다. 크기가 작아서 호수 주변을 부담 없이 산책할 수 있는데, 사진을 찍으며 여유를 부려도 1시간이면 다 돌 수 있는 규모다. 호수 주변에 낚시터나 야영장도 있으니, 캠핑족이라면 1박 2일로 계획해도 좋을 듯하다. 도로와 산책길을 구분해놓아 안전하게 걷기 좋고, 길 자체도 예쁘며 호수와 후지산을 동시에 감상하면서 산책할 수 있어서 좋다. 봄이면 벚꽃이, 가을이면 단풍이 어우러져 더 아름답다.

📍 静岡県富士宮市佐折634

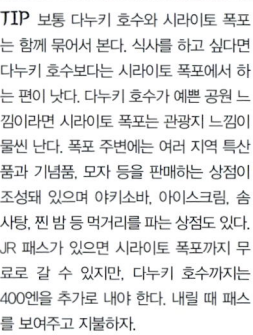

TIP 보통 다누키 호수와 시라이토 폭포는 함께 묶어서 본다. 식사를 하고 싶다면 다누키 호수보다는 시라이토 폭포에서 하는 편이 낫다. 다누키 호수가 예쁜 공원 느낌이라면 시라이토 폭포는 관광지 느낌이 물씬 난다. 폭포 주변에는 여러 지역 특산품과 기념품, 모자 등을 판매하는 상점이 조성돼 있으며 야키소바, 아이스크림, 솜사탕, 찐 밤 등 먹거리를 파는 상점도 있다. JR 패스가 있으면 시라이토 폭포까지 무료로 갈 수 있지만, 다누키 호수까지는 400엔을 추가로 내야 한다. 내릴 때 패스를 보여주고 지불하자.
다누키 호수까지 가는 버스는 2시간에 1대, 시라이토 폭포는 1시간에 1대꼴이다. 시간이 매번 바뀌니 호텔이나 가게의 시간표도 믿지 말 것. 홈페이지나 버스 정류장 안내판에 있는 시간을 미리 확인하고 나서 관광하는 편이 낫다.
🌐 www.shizuokabus.co.jp

다누키 호수가 산책길에 위치한 초자야마다누키 신사

후지산 전망이 아름답기로 유명한 후가쿠 후지 호텔

AREA 04

시즈오카현 静岡県

SEE 05

시라이토 폭포 白糸ノ滝

멀리서부터 엄청난 폭포 소리가 발길을 붙든다. 계단을 통해 내려가보면 엄청난 모습의 폭포가 기다리고 있다. 150m에 걸쳐 여러 줄기의 폭포가 한 번에 쏟아지는데, 180도에 가깝게 빙 둘러 있는 장관과 소리에 압도당하고 만다. 시라이토 폭포는 후지산 세계문화유산의 구성 자산으로 꼽히며 후지산에서 눈 녹은 물이 흘러 내려온다고 한다. 폭포로 내려가는 계단을 통해 폭포 가까이 갈 수 있지만 두 곳의 전망대에서 편안하게 감상할 수도 있다.

◉ 静岡県富士宮市上井出273-1

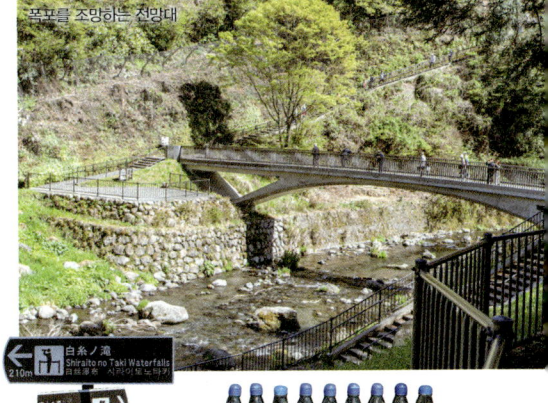

라무네

SEE 06

오토도메 폭포 音止の滝

시라이토 폭포와 인접한 곳에 있기 때문에 한 번에 둘러보기 좋지만, 접근을 막아 멀리서만 볼 수 있다. 한 줄기 폭포지만 엄청나게 강하고 많은 수량이 웅장한 소리와 함께 쏟아져 여러 줄기의 시라이토 폭포와는 다른 강렬함이 있다. 시바강물이 25m 높이에서 떨어지기 때문이다.

◉ 静岡県富士宮市上井出

멈춰라, 폭포여!

믿기지는 않지만, 이 폭포가 800년 전 멈췄다는 전설이 있다. 형제가 폭포 근처에서 아버지에 대한 복수를 이야기하다가 "폭포 소리가 너무 커서 이야기를 할 수 없다"고 하자 그 말을 들은 듯 폭포가 잠깐 멈췄다고. 그래서 오토도메(음악이 멈춘 폭포)라는 이름이 붙었다.

후지산에 올라보자!

후지산은 1년 중 7월 초부터 9월 초까지만 등반 가능하다. 그러다 보니 이 기간에는 엄청나게 많은 사람들이 후지산으로 몰려든다.
후지산을 오를 수 있는 루트는 모두 4개인데, 그중 요시다 루트 다음으로 인기 있는 루트가 후지노미야에서 출발하는 '후지노미야 루트'다. 4개의 경로 중 거리가 가장 짧고 올라가는 길과 내려가는 길이 같아서다. 게다가 후지산 남쪽에 위치해 스루가만의 경치를 감상하며 오를 수 있다는 점도 인기 요인. 그러나 산꼭대기에 이르면 경사가 가파르고 돌이 많은 길이 계속되기 때문에 안전에 주의해야 한다. 본격적인 등반은 후지노미야 고고메(五合目, 5합목)부터 시작된다. 약 5km의 등반길에는 6개의 산장이 위치해 힘들면 쉬어 갈 수 있다.

🌐 https://fujisan-climb.jp/kr

> **고도** 고고메에서 정상까지 2390m
> **등반 거리** 5km
> **등산 소요 시간** 4~7시간(휴식 시간 불포함)
> **하산 소요 시간** 2~4시간(휴식 시간 불포함)

TIP

❶ 7월 중순부터 주말에 사람들이 몰리니, 편한 등산을 원한다면 평일을 택한다.
❷ 8월 중순 일본의 추석인 오봉이 있는 주가 극성수기니 이 시기를 피해 가자.
❸ 일출 시간에 가장 많은 사람들이 몰린다.
❹ 공식 등반 기간은 해마다 달라질 수 있으니 홈페이지를 참조하자.
❺ 휴대용 물통은 꼭 챙기자. 필요한 물품은 요모기유 온천 직전에 있는 편의점에서 구입하면 좋다.
❻ 트레킹화와 등산화 모두를 가져가는 것이 좋다. 숲과 산길도 있지만 아스팔트가 깔린 길도 걸어야 한다.
❼ 고산병에 유의하자.
❽ 한여름이라도 고도가 높은 산에 오르다 보면 기온이 떨어진다. 방한복과 함께 선크림, 선글라스도 준비하자.

후지산 굿즈

후지산을 형상화한 기념품과 먹거리, 문구 등을 다양하게 선보인다.

1

2

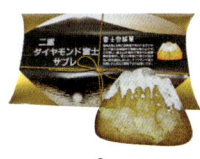
3

4

❶ 후지산 휴지
후지산이 그려져 있는 귀여운 두루마리 휴지다. 포장지에는 '후지산 등반을 하자'는 귀여운 서체의 글씨가 쓰여 있고, 화장지 위에는 깨알같이 등산에 필요한 정보가 프린트되어 있다. 판매 수익금 일부는 후지산의 환경보호를 위해 기부된다. 130엔.

❷ 후지산 멜론빵
후지산 등반의 첫 관문인 고고메에서 판매하는 빵이다. 후지산 모양을 본뜬 멜론빵에 초콜릿 가루와 슈거 파우더를 뿌렸다. 전용 패키지에 포장된 3개 세트도 인기지만, 갓 구운 빵을 즉석에서 먹는 것만큼 즐거운 것은 없다. 1개 260엔, 3개 세트 1000엔.

❸ 다이아몬드 후지 사브레 富士サブレ
1963년 창업한 나가사카야 양과자점의 인기 메뉴. 후지산을 형상화한 사브레 쿠키 위에 아이싱과 반짝이는 식용 구슬이 올라가 있는 모습이 예뻐서라도 하나 사고야 만다. 1개 180엔.

❹ 후지산 공기
당황스럽게도 후지산 공기를 캔에 모아서 판매한다. 게다가 한 캔에 우리 돈 1만 원이 넘는 금액! 그럼에도 '후지산 공기는 세계 최고입니다'라는 글귀가 마음을 흔든다. 조심스러운 마음으로 캔을 따보면 작은 방울이 하나 들어 있다. 개봉해서 공기를 마시면 실망하니, 기념품으로 소장하자. 소 500엔, 대 1000엔.

후지산 본궁 센겐 대신사 오쿠미야
富士山本宮浅間大社 奥宮

후지산 정상 입구에 있는 신사다. 열심히 등산을 하고 나서 마주하는 신사라 진지한 기분으로 소원을 빌고 싶어진다. 참배하려는 사람들이 많아서 꽤 복잡하다.

- 静岡県富士宮市宮町1-1
- 0544-27-2002
- www.fuji-hongu.or.jp

후지산 우체국
富士山頂郵便局

후지산 등반 기념으로 사랑하는 사람에게 엽서를 보내는 건 어떨까. 산 정상에만 있는 엽서와 특별 스탬프도 받을 수 있다. 역시 등반 기간에만 문을 연다.

- 静岡県駿東郡小山町須走
- 0120-794-889
- 06:00~14:00

EAT 01

오미야요코초 お宮横丁

지역 음식을 한데 모아 파는 먹거리 장터다. 후지노미야 명물 야키소바, 교자, 모치, 아이스크림 등 일본 대중 음식을 판매한다. 10여 개의 가게가 있는데, 푸드 코트처럼 각자 원하는 음식을 구입해서 먹을 수 있다. 식당 가운데에 있는 식수대는 신사에서나 볼 법한 데미즈야(손과 입을 씻는 곳)인데, 이곳에 놓여 있는 바가지로 물을 떠서 종이컵에 담아 마시면 된다.

📍 静岡県富士宮市宮町4-23
📞 0544-25-2061
🕙 10:00~17:30
🌐 omiyayokocho.com

데미즈야 모양의 식수대

― TO DO LIST ―

1 후지노미야 야키소바 富士宮やきそば

후지노미야 야키소바는 기본적으로 돼지고기와 양배추를 넣고 볶는다. 여기에 새우와 오징어 등 토핑을 추가할 수 있다. 면발은 쫄깃하고, 우스터 소스 특유의 맛에 약간 짠 편이다. 먹기 전 정어리 가루를 뿌린다. 소 450엔, 중 600엔.

2 멘브랑 メンブラン

후지산이 유네스코 세계문화유산으로 선정된 기념으로 만든 미니 야키소바 멘브랑을 선보인다. 야키소바에 프랑스 빵이 들어 있어 면과 빵을 동시에 즐길 수 있다. 가벼운 마음으로 야키소바를 체험하고 싶은 사람에게 적당하다. 하루에 30개만 한정 판매한다. 300엔.

AREA 04
시즈오카현 静岡県

EAT 02 후지노미야 야키소바학회 안테나 숍
やきそばアンテナショップ

후지노미야 야키소바학회에서 직접 운영하는 소바 가게다. 오미야요코초 입구에 있으며 선물용 야키소바 세트도 판매한다.

- 0544-22-5341
- 10:30~17:30
- www.umya-yakisoba.com

EAT 03 젤라토 푸쿠이치 ジェラート ぷくいち

오미야요코초 안에 있는 아이스크림 가게. 짭짤한 후지노미야 야키소바를 먹고 나면 시원하고 단 음식이 당긴다. 이때 딱 알맞은 아이스크림을 파는 가게다. 후지산 우유로 만들어 달지 않으면서도 고소하고 풍부한 우유 맛이 일품이다.

- 静岡県富士宮市宮町4-22
- 0544-22-5341
- 10:30~17:30
- 아이스크림 350엔

EAT 04 다누키코 요라쿠노이에 たぬき湖琅珞の家

다누키 호수에서 산책을 마친 뒤 식사를 해야 한다면, 호수 바로 옆에 있는 이곳이 적당하다. 창밖으로 호수가 보이는 명당에 자리 잡아 무엇을 먹어도 맛있게 느껴진다. 메뉴는 소바와 카레로 단출한데, 부드러운 맛의 버터 치킨 카레가 가장 인기다. 여기에 후지 맥주를 곁들이기를 권한다. 후지산을 닮은 듯 맑고 청량한 목 넘김이 그만이다.

기본에 충실한 버터 치킨 카레

- 静岡県富士宮市佐折634-1
- 0544-52-0155
- 08:00~17:00
- 버터 치킨 카레 800엔, 후지 맥주 700엔, 소바 600엔

후지산을 느낄 수 있는 후지 맥주

AREA 05

Gifu

기후현 岐阜県

일본의 3대 온천 중 하나
게로 온천

지역 전통 음식부터 갓 구운
크루아상까지
다카야마 아침 시장

마을 전체가
유네스코 세계문화유산
시라카와고

일본 소고기 품평회에서
최고상 수상
히다규

일본 유일의 에도시대
정부 기관 건물
다카야마 진야

Gifu

FOOD STORY

❝ 기후현은 내륙에 위치하다 보니 음식 문화가 타 지역과는 매우 다르다. 해산물보다는 소고기가 유명해 샤부샤부, 스테이크, 햄버거 등이 지역 음식으로 꼽힌다. 초밥에도 소고기를 올릴 정도. 또 지형적으로 산으로 둘러싸여 있어 기온이 낮고 물이 맑으며, 알이 굵은 쌀이 재배돼 술을 빚기 좋은 조건을 갖추어 오랜 역사를 지닌 양조장이 많다. ❞

히다규 飛騨牛

기후현 북쪽 지역인 히다 지방에서 키워낸 부드럽고 육즙이 많은 소. 일본 소고기 품평회에서 최고상을 받을 정도로 뛰어난 육질을 자랑한다. 육질이 섬세하고 부드러워 입안에서 녹는 듯한 풍미가 특징이다.

게이찬 鶏ちゃん

게로를 대표하는 향토 요리로 간장이나 된장, 마늘 등으로 양념한 닭고기에 양배추, 생라멘을 넣고 즉석에서 볶아낸다. 야키소바의 일종이지만, 면보다 닭고기가 메인이라는 점에서 구별된다. 또 양념이 짠 편이라, 보통 밥과 함께 먹는다. 맥주 안주로도 딱이다.

미타라시 당고 御手洗団子

꼬치에 꽂아 구운 경단에 단맛을 가미한 걸쭉한 간장 소스를 바른 떡이다. 화로에 구워 식감이 바삭하다. 간장, 흑설탕, 전분을 섞어 만든 소스는 불에 구우면 달콤하면서도 짭짤한 맛이 더욱 깊어진다.

다카야마 라멘 高山ラーメン

중화 소바라 불리는 다카야마 라멘은 닭 뼈 육수 베이스에 간장으로 간을 맞춘 맑은 국물의 라멘이다. 면발은 얇은 편이며, 차슈와 파, 죽순을 토핑으로 올려 내온다. 애니메이션 〈너의 이름은〉에도 나왔다.

츠케모노 스테이크(절임 스테이크) 漬物ステーキ
이름은 스테이크지만 고기는 전혀 들어가지 않은 기후현 향토 요리다. 주로 이자카야에서 사케 안주로 사랑받는다. 프라이팬에 기름을 두르고 소금에 절인 채소를 볶다가 달걀을 풀어 두른 뒤 가다랑어포를 얹으면 완성!

호바미소야키(박엽 된장구이) 朴葉味噌焼き
기후현은 된장으로도 유명하다. 이 된장을 말린 박나무 잎에 올려 굽는 요리를 호바미소야키라 부른다. 된장에 채소나 버섯, 고기 등을 넣어 볶아 먹기도 한다.

도부로쿠 どぶろく
사케 산지로 이름난 기후현에는 지역마다 유명한 사케가 있다. 그중 도부로쿠는 눈 내린 1월 하순에 시라카와고 신사 술 창고에서 만드는 술로 약 1300년 전부터 제례용으로 사용해왔다고 알려졌다. 쌀과 누룩, 물을 원료로 만들어 하얗게 혼탁되며, 달콤한 맛이 특징이다. 매년 9월 말에서 10월에 걸쳐 열리는 도부로쿠 축제 기간에 시라카와고를 방문하면 신사에서 무료로 나눠주는 술을 마실 수 있다.

토마토
일교차가 큰 곳에서는 과일처럼 단맛이 강한 토마토가 생산된다. 특히 각지 아침 시장에서는 신선한 토마토를 현장에서 바로 맛볼 수 있다.

액막이 인형 '사루보보' さるぼぼ

기후현 관광지를 걷다 보면 어디서나 마주치는 인형 사루보보. '아기 원숭이'라는 뜻을 지닌 사루보보는 액운을 막아주고 인연을 맺어준다는 부적이다. 기후현 히다 지방의 대표적인 기념품으로 사랑받지만, 사루보보는 원래 중국 인형이었다. 700년 전 중국(당시 당나라)으로 유학을 다녀온 학생들이 귀향하며 가지고 들어온 것이 지금에 이르고 있다. 원조 사루보보의 색은 빨간색이다. 빨간색이 돌림병을 막는다고 믿었기 때문이다. 그러나 요즘에는 다양한 컬러의 사루보보를 판매하며, 색에 따라 의미도 각각 다르다. 사루보보에 관심이 있다면 자신이 원하는 소망과 일치하는 컬러를 찾는 것이 우선이다.

빨간색: 인연을 맺어줌 · 순산 기원 · 부부 원만
노란색: 재물운
분홍색: 연애 · 결혼운
파란색: 학업운 · 합격 기원
초록색: 건강운 · 질병 치유
검은색: 액막이
보라색: 장수 기원 · 출세운
오렌지색: 자식운 · 여행운

TRANSPORTATION

Gifu

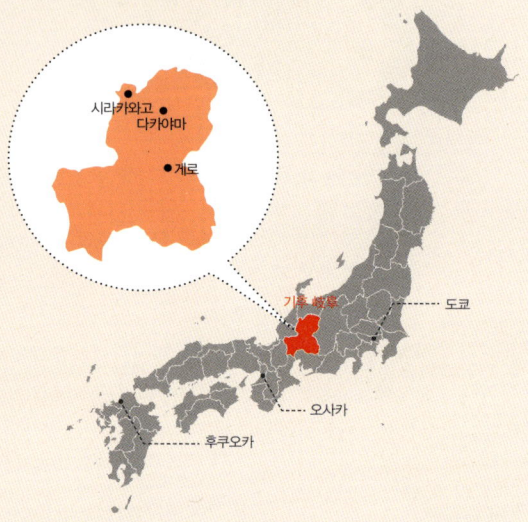

" 일본 혼슈 중심부에 위치한 기후현은 크게 북쪽의 히다 지방과 남쪽의 미노 지방으로 구분된다. 기후현은 산림이 4/5를 차지하는데, 히다 지방은 산지로 이루어져 깊은 산골 마을이 많다. 반대로 미노 지방에는 평야가 펼쳐져 있고, 맑은 강물이 흐른다. 이 책에서 소개하는 관광지는 모두 히다 지방에 있으며, 오랜 역사와 문화, 그림 같은 풍경을 간직한 도시들이다. "

기후현 여행의 시작, 게로까지 어떻게 갈까?

기후현까지 가는 직항 항공편이 없으니, 인근 나고야 주부 국제공항, 오사카 간사이 국제공항, 도야마 공항 중 하나에서 이동해야 한다. 그나마 가장 가깝고 항공편도 자주 다니는 공항이 주부 국제공항인데, 나고야에서 JR 기후역까지는 약 20분밖에 안 걸리지만, 기후현 내 교통이 복잡해 주요 관광지까지 가는 데 시간이 오래 걸리고 여러 번 갈아타야 하며, 요금도 비싸다. 그나마 다행인 건 히다 지방 내 교통은 편리하다는 점이다. 우선 나고야에서 제일 가까운 게로 온천까지 가는 방법을 소개한다. 현재 인천국제공항에서 주부 국제공항까지는 대한항공, 아시아나, 제주항공 등에서 직항을 운영 중이다. 나고야에서 히다 지방까지 가는 시간이 짧으면 교통비가 비싸고, 복잡하면 교통비가 싸지만, 돈이 좀 들더라도 빠른 길을 택하는 것을 권한다. 교통비를 줄이기 위해 여러 번 갈아타다 보면 어느새 밤이 되어버릴지도 모른다.

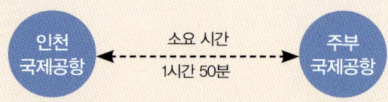

인천 국제공항 ← 소요 시간 1시간 50분 → 주부 국제공항

🚉 주부 국제공항 —메이테츠 특급 약 28분, 1230엔→ 메이테츠나고야역 —도보 약 5분→ JR 나고야역 —JR 히다 특급 약 1시간 40분, 4500엔→ JR 게로역

—메이테츠 특급 약 1시간 7분, 1730엔→ 메이테츠기후역 —도보 약 8분→ JR 기후역 —다카야마 본선 약 2시간 22분, 1690엔→ JR 게로역

호쿠리쿠 지역 패스

JR 패스 다카야마 호쿠리쿠 지역 관광 티켓
나고야역에서 게로, 다카야마, 시라카와고, 도야마, 가나자와까지 갈 수 있는 티켓이다. 또 오사카, 교토, 후쿠이에서 다시 가나자와로 이어지는 노선까지 이용할 수 있으며, 다카야마에서 시라카와고와 가나자와 혹은 도야마로 이어지는 JR 버스도 승차 가능하다. 주부 국제공항으로 입국해 기후현뿐 아니라 도야마, 가나자와까지 여행하거나 오사카 간사이 국제공항으로 입국해 오사카, 교토까지 여행할 계획이라면 유용하게 사용할 수 있다.

💴 **5일권** 12세 이상 1만9800엔, 6~11세 9900엔

알펜 다카야마 마츠모토 지역 관광 티켓
나고야역에서 다카야마, 게로, 도야마까지 사용할 수 있는 패스다. 여기에 나고야에서 나가노현을 지나 도야마까지 가는 노선까지 포함돼 도야마 알펜루트를 통해 나가노현으로 가는 사람들에게는 유용하다. 알펜루트 전 노선을 이용할 수 있으므로 가격이 비싼 편이다.

💴 **5일권** 12세 이상 2만3800엔, 6~11세 1만1900엔(2024년 기준)
🌐 touristpass.jp/en/alpine

히다 에리어 프리 티켓
주부 국제공항으로 입국해 이 책에 소개된 세 곳의 기후현 명소를 모두 돌아볼 수 있는 티켓이다. 나고야역에서 게로역, 다카야마역 간 기차와 다카야마에서 시라카와고 간 왕복 버스로 이루어져 있다. JR 나고야역에서 JR 게로역까지 왕복 기차 요금이 8200엔이고, 시라카와고 왕복 버스 요금이 약 5000엔임을 감안하면 손해 보는 선택은 아니다. 게다가 왕복 버스 티켓 대신 식사권을 선택할 수도 있다. 단, 국내에서는 구입할 수 없고, 공항이나 나고야역 등 일본 JR 기차역 티켓 판매처에서만 구입 가능하다.

💴 **3일권** 1만2370엔(나고야 시내 출발 기준)
🌐 railway.jr-central.co.jp/tickets/hida-area

유용한 교통수단

게로 온천 직행버스
게로 온천 료칸에 머무르는 사람을 대상으로 운행하는 직행버스다. JR 나고야역과 JR 게로역 사이를 편리하고 저렴하게 이동할 수 있는데, 게로 온천 료칸 중에서도 협동조합 가맹 숙소에 머무르는 투숙객만 이용 가능하다. 탑승 3일 전까지 전화나 홈페이지로 예약해야 하며, 2명 이상만 탑승해도 운행한다.

🕐 14:00 나고야역 → 16:30 게로역 / 10:30 게로역 → 13:00 나고야역
💴 편도 3300엔, 왕복 4500엔, 2세 이하 무료(좌석 비지정)
☎ 0576-25-2541
🌐 www.gero-spa.or.jp/bas

유용한 정기 관광버스
세계유산 고카야마 아이노쿠라 - 시라카와고

다카야마에서 출발해 시라카와고와 아이노쿠라(도야마현)를 돌아보고 오는 코스다. 왕복 버스 비용, 시라카와고 마을 안에 있는 갓쇼즈쿠리 민가원 입장권, 천수각 전망대 셔틀버스 티켓이 포함되어 있다. 오전 8시 30분 다카야마노히 버스 센터에서 출발해 오후 3시 50분 다시 버스 센터에서 일정을 끝낸다. 비록 일어만 가능하지만 가이드도 함께 승차한다. 편도만 이용할 수 있으나 요금은 동일하다.

☎ 0577-32-1688(다카야마노히 버스 센터)
💴 13세 이상 8000엔, 6~12세 6000엔
🌐 www.nouhibus.co.jp/hida/bustrip

AREA 05 기후현 岐阜県

Gifu

COURSE FOR YOUR TRIP

기후현 3박 4일 기본 코스

"기후현 히다 지방의 주요 관광지를 모두 돌아보는 일정이다. 주부 국제공항으로 입·출국하느라 시간이 좀 걸리지만, 부지런히 움직인다면 3박 4일 안에 온천부터 아침 시장, 유네스코 세계문화유산까지 알차게 돌아볼 수 있다."

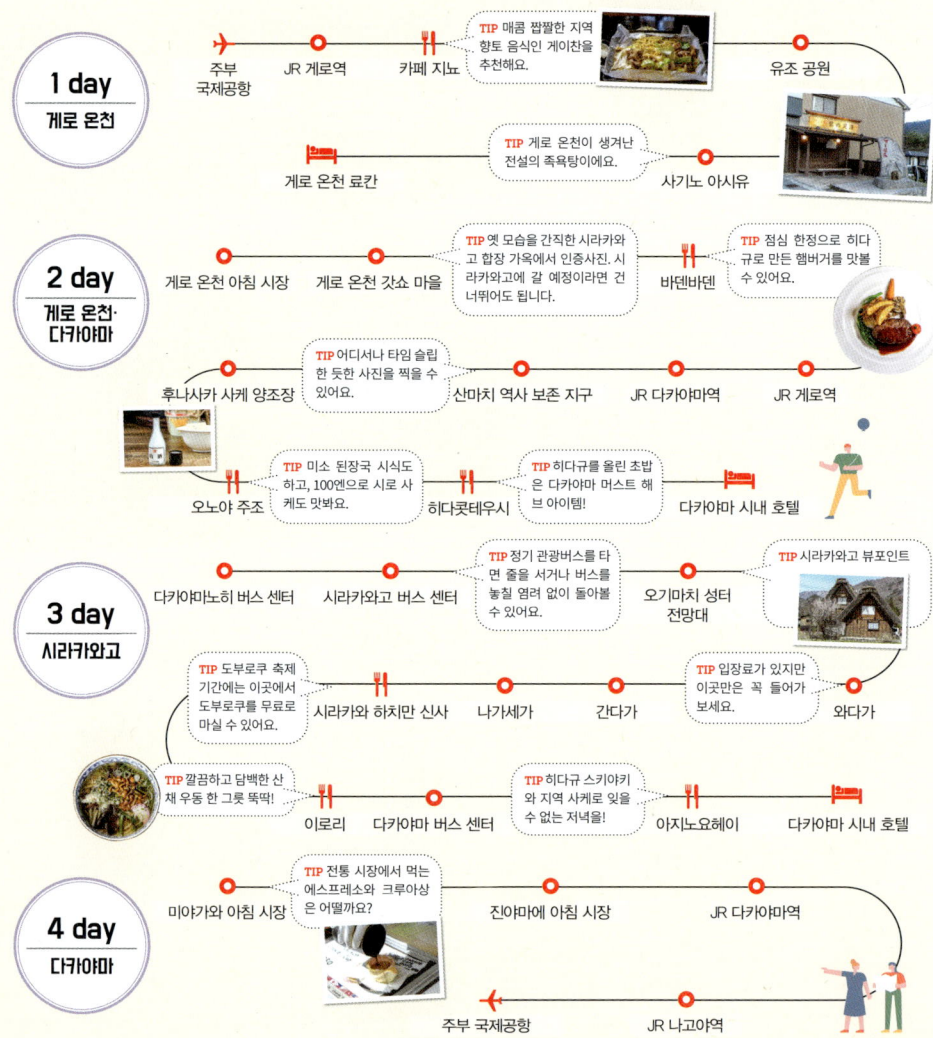

1 day 게로 온천
주부 국제공항 → JR 게로역 → 카페 지뇨 (TIP 매콤 짭짤한 지역 향토 음식인 게이찬을 추천해요.) → 유조 공원 → 게로 온천 료칸 → 사기노 아시유 (TIP 게로 온천이 생겨난 전설의 족욕탕이에요.)

2 day 게로 온천·다카야마
게로 온천 아침 시장 → 게로 온천 갓쇼 마을 (TIP 옛 모습을 간직한 시라카와고 합장 가옥에서 인증사진. 시라카와고에 갈 예정이라면 건너뛰어도 됩니다.) → 바덴바덴 (TIP 점심 한정으로 히다규로 만든 햄버거를 맛볼 수 있어요.) → 후나사카 사케 양조장 → 산마치 역사 보존 지구 (TIP 어디서나 타임 슬립한 듯한 사진을 찍을 수 있어요.) → JR 다카야마역 → JR 게로역 → 오노야 주조 (TIP 미소 된장국 시식도 하고, 100엔으로 시로 사케도 맛봐요.) → 히다콧테우시 (TIP 히다규를 올린 초밥은 다카야마 머스트 해브 아이템!) → 다카야마 시내 호텔

3 day 시라카와고
다카야마노히 버스 센터 → 시라카와고 버스 센터 (TIP 정기 관광버스를 타면 줄을 서거나 버스를 놓칠 염려 없이 돌아볼 수 있어요.) → 오기마치 성터 전망대 → 시라카와고 뷰포인트 → 시라카와 하치만 신사 (TIP 도부로쿠 축제 기간에는 이곳에서 도부로쿠를 무료로 마실 수 있어요.) → 나가세가 → 간다가 → 와다가 (TIP 입장료가 있지만 이곳만은 꼭 들어가 보세요.) → 이로리 (TIP 깔끔하고 담백한 산채 우동 한 그릇 뚝딱!) → 다카야마 버스 센터 → 아지노요헤이 (TIP 히다규 스키야키와 지역 사케로 잊을 수 없는 저녁을!) → 다카야마 시내 호텔

4 day 다카야마
미야가와 아침 시장 (TIP 전통 시장에서 먹는 에스프레소와 크루아상은 어떨까요?) → 진야마에 아침 시장 → JR 다카야마역 → JR 나고야역 → 주부 국제공항

사케 마니아를 위한 1박 2일 양조장 코스

❝ 양조장만 가봐도 그 지역의 깊이를 알 수 있는 법. 양조장을 중심으로 기후를 돌아보자. 특히 도부로쿠 축제가 열리는 10월이면 더욱 좋다. ❞

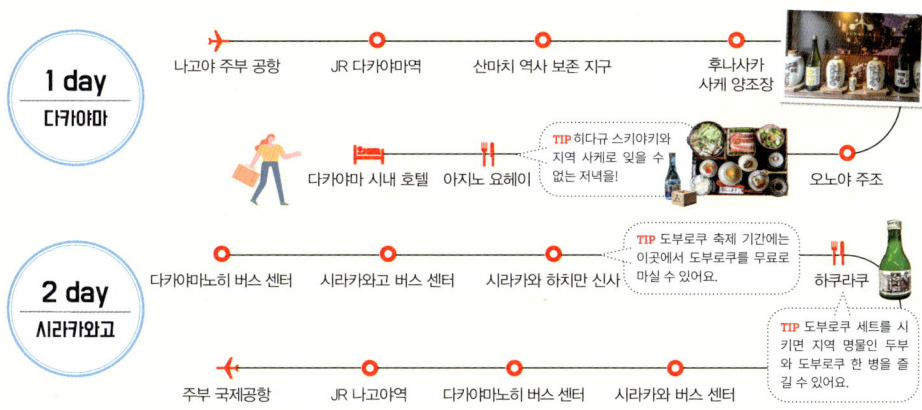

1 day 다카야마
나고야 주부 공항 → JR 다카야마역 → 산마치 역사 보존 지구 → 후나사카 사케 양조장 → 오노야 주조 → 아지노 요헤이 → 다카야마 시내 호텔

TIP 히다규 스키야키와 지역 사케로 잊을 수 없는 저녁을!

2 day 시라카와고
다카야마노히 버스 센터 → 시라카와고 버스 센터 → 시라카와 하치만 신사 → 하쿠라쿠 → 시라카와 버스 센터 → 다카야마노히 버스 센터 → JR 나고야역 → 주부 국제공항

TIP 도부로쿠 축제 기간에는 이곳에서 도부로쿠를 무료로 마실 수 있어요.

TIP 도부로쿠 세트를 시키면 지역 명물인 두부와 도부로쿠 한 병을 즐길 수 있어요.

나고야·도야마에서 히다 지방 당일치기 코스

❝ 나고야나 도야마에 머무르면서 당일치기로 기후 북쪽 히다 지방을 돌아보는 코스다. 도야마의 경우도 마찬가지다. 숨 가쁘게 이동할 수 있으니 아침 일찍 일어나, 빠른 기차로 움직이자! ❞

JR 나고야역 → JR 다카야마역(다카야마 버스 센터) → 시라카와고 버스 센터 → 오기마치 성터 전망대 → 와다가 → 간다가 → 나가세가 → 시라카와 하치만 신사 → 이로리 → 다카야마노히 버스 센터 → 산마치 역사 보존 지구 → 다카야마 진야 → 히다콧테우시 → JR 다카야마역 → JR 나고야역 → 바덴바덴 → 시라사기노유(백로탕) → JR 게로역

CITY 1

게로 온천 下呂温泉

구사츠, 아리마와 함께 일본 3대 명탕으로 손꼽히는 온천으로, 10세기부터 온천 치유지로 알려진 곳이다. 온천 순례 티켓을 구입해 다양한 명탕을 경험해보는 것을 추천하며, 동네 이곳저곳에 보물찾기처럼 흩어져 있는 족욕탕과 무료 노천 온천을 찾아봐도 좋다.

ⓘ 가는 법 : JR 게로역에서 내려 도보로 이동한다.

SEE 01
시라사기노유 (백로탕) 白鷺の湯

복고풍의 서양 건물이 인상적인 공중목욕탕. 1926년부터 현지인에게 사랑받아온 온천 시설로, 노송나무 욕조 하나뿐이지만 물이 좋기로 유명하다. 자연을 바라보며 느긋하게 휴식을 즐길 수 있다. 건물 앞에 무료로 이용할 수 있는 비너스 족욕탕도 있다. 하얀 비너스 상을 바라보며 빙 둘러앉아 족욕을 즐기는 독특한 곳이다.

- 岐阜県下呂市湯之島856-1
- 0576-25-2462
- 10:00~19:00(수요일 휴무)
- 성인 430엔, 초등학생 160엔, 유아 80엔
- http://www.gero.jp/museum/sirasagi.html

비너스 족욕탕

사기노아시유(백로 족욕탕)
鷺の足湯

게로 온천 전설 속 그곳! 700년 전 백로가 춤을 추듯 온천이 샘솟는 곳을 알려줬다는데, 바로 그 지점에 만들었다는 족욕탕이다. 족욕탕 앞에는 게로 온천의 원탕이 솟아난다. 나무 소재 족욕탕과 의자가 레트로한 분위기를 풍겨, 백조의 전설 속 명소임이 실감 날 정도다. 중앙 주차장 바로 옆에 위치해 렌터카를 이용하는 사람들에게는 좋은 휴식 공간이 될 것이다.

- 岐阜県下呂市湯之島
- 0576-24-1000
- www.gero-spa.or.jp/ashiyu

게로 노천 온천 훈센지 下呂温泉 噴泉池

게로 온천의 랜드마크 중 하나. 게로대교 하천 부지에 위치한 무료 노천 온천이다. 탈의실도 없고, 남녀도 구분되어 있지 않다. 수영복 착용이 필수인데, 탈의실이 없으니 숙소에서 미리 착용하고 나와야 한다. 온도는 약 40℃로 따끈할 정도.

- 岐阜県下呂市幸田
- 24시간(07:00~08:00 청소)

온천 순회 티켓으로 게로 온천 즐기기

유메구리테가타
(온천 순회 티켓)
湯めぐり手形

하루에 세 곳의 온천을 골라 즐길 수 있는 티켓이다. 지정된 온천 업소만 가능하며, 저마다 정해진 이용 시간이 따로 있어 시간과 동선을 고려해 스케줄을 잘 짜야 본전을 뽑을 수 있다. 유명하고 인기 있는 곳은 오후 2시 이전에 티켓 영업을 종료해 선택의 폭이 넓지는 않다.

ⓨ 중학생 이상 1500엔. 4~12세(초등학생용) 티켓은 따로 없지만, 어른과 함께할 경우 하나의 티켓을 공동으로 사용해 횟수를 차감한다. 3세 이하 무료.

보센칸 望川館

온천 마을 중심가에서 조금 떨어진 곳에 위치하지만, 막상 찾아가면 꽤 만족할 만한 온천이다. 고급 료칸에 딸린 온천으로, 넓고 밝은 내탕과 노천탕이 연결되어 있어 이용하기 편리하다. 특히 널찍한 노천탕은 자연을 만끽하며 즐길 수 있도록 잘 조성됐다. 탈의실에는 편안한 의자와 안마 의자 등을 갖춰놓아 온천을 끝내고 느긋하게 쉴 수 있다. 료칸 로비가 널찍해 오랫동안 머물러도 좋다.

게로 온천 야마가타야
下呂温泉山形屋

널찍한 실내탕에 비해 노천탕은 작은 편이나, 전체적으로 깔끔하고 세련되어 만족도가 높다. 특히 노천탕은 탁 트인 창문을 통해 대나무와 단풍나무로 조성한 정원과 멀리 히다 강의 풍경도 볼 수 있어 온천을 하면서 사계절을 누릴 수 있도록 했다. 사람이 적은 시간에 방문한다면 온전히 자연 속에서 온천을 즐길 수 있을 것이다.

오에도온센 모노가타리 게로
별관 大江戸温泉物語 下呂別館

시설이 낡고 건물 구조는 미로처럼 복잡하지만, 온천가 중심에 위치하고 물이 좋기로 유명한 온천이다. 다만, 실내탕과 노천탕이 각기 다른 층에 있어 내탕과 노천탕을 오가며 온천을 즐길 수는 없고, 옷을 챙겨 입고 움직여야 한다. 실내탕은 넓고 작은 사우나도 있어 우리나라 목욕탕과 비슷하다. 건물 옥상에 있는 노천탕은 숲속 한가운데 있는 듯한 기분을 선사한다. 소박한 야외 휴게 공간도 갖추어 온천 후 휴식을 취하기 좋다.

AREA 05

기후현 岐阜県

📍 岐阜県下呂市湯之島190-1
📞 0576-25-2048
🕐 18:00~20:00(토·일요일 12:00~14:00)
🌐 www.bosenkan.co.jp

📍 岐阜県下呂市湯之島260-1
📞 0576-25-2601
🕐 12:00~18:00(토·일요일·공휴일 12:00~15:00)
🌐 www.geroyamagataya.com

📍 岐阜県下呂市湯之島535
📞 0570-550-078
🕐 17:00~21:00(평일에만 가능)
🌐 www.ooedoonsen.jp/gero-bekkan

SEE 04

온천 박물관 下呂発 温泉博物館

온천을 과학과 문화로 소개하는 일본 유일의 온천 박물관이다. 단순천, 산성천 등의 성분을 비교해볼 수 있고, 일본 온천 순위와 온천 달걀, 온천의 역사 등을 전시해 놓았다. 온천을 소개하는 옛 자료나 온천물을 마시는 컵 등도 흥미롭다. 박물관 내에는 족욕탕이나 보행탕도 있으니 함께 경험해보자.

- 岐阜県下呂市湯之島543-2
- 0576-25-3400
- 09:00~17:00(목요일 휴무, 공휴일 개관)
- 성인 400엔, 아동 200엔
- www.gero.jp/museum

SEE 05

유조 공원 雨情公園

게로 온천 마을 중심에 흐르는 계곡 상류에 조성된 공원이다. 계곡 물이 계단식으로 흘러 작은 폭포를 이룬다. 계곡 옆에는 앉아서 쉴 수 있는 정자가 있으며, 봄에는 벚꽃놀이를, 여름에는 물놀이를, 가을에는 단풍을 즐길 수 있다.

- 岐阜県下呂市森2707
- 0576-24-2222(게로시 관광과)
- www.gero-spa.com/spot/detail/49

온센지(온천사) 温泉寺

SEE 06

게로 온천에는 대지진 이후 말랐던 온천이 백로가 찾아온 뒤 다시 솟았다는 전설이 있다. 백로가 날아간 곳에 약사여래상이 있었다고 전해지는데, 이 전설 속 약사여래상을 모시는 절이다. 본당까지 이어지는 173개의 돌계단을 따라 올라가면 마을이 한눈에 들어온다.

📍 岐阜県下呂市湯之島680
☎ 0576-25-2465 🌐 www.onsenji.jp

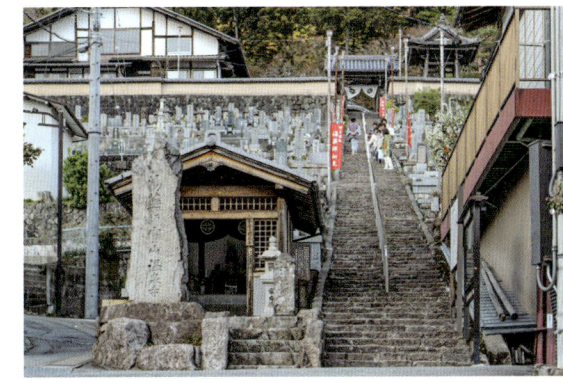

모리하치만 신사 森八幡神社

SEE 07

마을을 가로지르는 계곡을 중심으로 온천이 몰려 있는 왼쪽 거리가 아닌 오른쪽, 상대적으로 한적한 곳에 아름다운 자연으로 둘러싸여 있는 신사다. 스사노오노모리(須佐之男命) 등의 신을 모시는데, 신사 내부에는 히다 지방의 장인이 조각했다고 전해지는 일본 지정 중요문화재인 목조 신상 10구가 소장되어 있다. 이곳은 매년 2월 봄의 시작을 알리고 벼의 풍작을 미리 축하하는 '타노카미 축제(田の神祭り)'가 열리는 장소이기도 하다. 축제에는 화려한 꽃갓을 쓴 4명의 젊은이가 춤을 추기 때문에 꽃갓 축제(花笠まつり)라

📍 岐阜県下呂市森1321 ☎ 0576-24-1320

SEE **09**

게로 온천 합장촌 下呂温泉合掌村

합장 마을인 시라카와고의 작은 버전이다. 실제로 이곳 가옥들은 시라카와고의 합장 가옥 10채를 옮겨 와 만들었다. 합장촌은 일본의 옛 풍경을 재현한 민속촌 같은 곳으로, 내부는 '합장 마을'과 산 '사이지키의 숲', 두 곳으로 구성돼 있다. 공예 체험을 하고 전통 음식을 맛볼 수 있는 민게이노 사토, 게로 축제와 생활문화를 소개하는 후루사토노 모리, 예전 가옥을 그대로 재현해놓은 구 오도가 주택 등이 있어 게로 온천 마을의 문화를 가깝게 만날 수 있다. 합장촌 출입구 근처에서는 매일 아침 시장이 선다.

📍 岐阜県下呂市森2369
☎ 0576-25-2239 🕐 08:30~17:00(마지막 입장 16:30)
💴 고등학생 이상 800엔, 초등·중학생 400엔
🌐 www.gero-gassho.jp

SEE  10

가에루 신사(개구리 신사)
加恵瑠神社

게로는 '개구리 마을'로도 불린다. 일본에서는 개구리 울음소리가 '게로게로'로 들려서다. 이렇다 보니 게로 온천 마을 곳곳에서는 마을 캐릭터부터 조형물까지 다양한 개구리를 만날 수 있으며, 개구리를 주제로 한 신사도 자리한다. 작은 신사지만, 곳곳에서 귀여운 캐릭터를 만날 수 있어 인기다. 게다가 '가에루(개구리)'가 '돌아가다'라는 뜻도 있어 무사 귀환을 비는 신사라 관광객에게는 더욱 의미 있다.

◎ 岐阜県下呂市湯之島543-2

AREA 05
기후현 岐阜県

EAT  01

바덴바덴 バーデンバーデン

전통적 분위기의 온천 마을에 있는 고급스러운 유럽식 레스토랑. 지역 식재료로 만든 유럽 음식을 선보인다. 저녁에는 10만~20만 원대 고급 코스 요리를 제공하지만, 점심에는 2만~3만 원대의 계절 코스 요리와 히다규로 만든 햄버거를 판매한다. 온천 호텔 미즈메이칸도 겸하는 곳으로, 이곳에서 점심 코스 메뉴를 먹으면 온천 입욕권을 30~50% 할인된 가격(성인 1000엔, 아동 500엔)으로 구입할 수 있다. 온천 순회 티켓도 이용할 수 있으나 오전 12시에서 오후 2시까지만 가능하다.

◎ 岐阜県下呂市幸田1268
⏰ 11:00~14:00, 17:00~20:00(수요일 휴무)
💰 히다규 햄버거 세트 2200엔(점심 메뉴, 20인 한정)
🌐 www.suimeikan.co.jp/cuisine/baden

CITY 2

다카야마 高山

기후현의 북부 히다 지방에 위치한 다카야마는 에도시대부터 이어져온 역사적 건축물과 전통문화가 아직도 남아 있다. 특히 다카야마의 중심부 산마치 지역은 잘 보존된 옛 목조건물이 늘어서 있어 옛 정취가 묻어난다. 거리에는 전통 공예품 가게 및 음식 거리가 들어서 늘 관광객으로 붐빈다. 또 유명한 양조장도 있어 시음하는 재미가 쏠쏠하다.

ⓘ 가는 법 : JR 게로역에서 다카야마 본선이나 히다 특급선을 타고 JR 다카야마역에서 내려 도보로 이동한다.

다카야마 축제

16~17세기부터 시작된 다카야마 축제는 일본 3대 아름다운 축제로 꼽힌다. 이 축제에서는 히다 지방의 전통 기술이 집약된 야타이와 정교한 꼭두각시 인형, 시시 춤 등이 펼쳐진다. 축제는 매년 봄과 가을에 열리는데 봄에는 히에 신사에서, 가을은 사쿠라야마하치만 궁에서 열린다. 봄에는 12대, 가을에는 11대의 축제용 수레 마츠리 야타이가 등장하고, 여성은 기모노, 남성은 하카마를 입고 시내를 산책하는 이벤트가 열린다.

SEE  01

산마치 역사 보존 지구
三町伝統的建造物群保存地区

다카야마 시내에 흐르는 미야가와강 동쪽에 있는 거리에는 에도시대 집들이 남아 있다. 성곽 도시인 다카야마의 옛 모습이 가장 많이 남아 있는 거리인 이치노마치, 니노마치, 산노마치, 이 세 거리를 묶어 산마치라 부른다. 이 거리에는 요시지마가 주택, 미야지가 주택 등 역사적으로 가치가 높은 오래된 주택과 유명한 양조장, 민예관, 기념품 가게 등이 늘어서 있다. 또 인력거가 다니고, 기모노를 입은 사람들도 있어 예스러운 분위기를 풍긴다.

📍 岐阜県高山市上一之町 ☎ 0577-35-3156
🌐 www.hida.jp/hangul/touristattractions/takayamacity/historyandculture/4000939.html

SEE 02

다카야마 아침 시장

일본 3대 아침 시장 중 하나로 꼽히는 다카야마 아침 시장은 미야가와 강와 다카야마 진야 앞, 두 군데에서 열린다. 보통 오전 7시(12~3월은 오전 8시)부터 정오까지 열리는데, 사람이 생각보다 많이 몰리니 일찍 가는 것이 좋다.

미야가와 아침 시장 宮川朝市

거리의 중심부를 흐르는 미야가와강의 가지 다리에서 야요이 다리까지 약 350m에 걸쳐 이어지는 미야가와 아침 시장에는 60개의 점포가 늘어서 있다. 도로의 강가 쪽에는 채소나 과일, 채소 절임, 향신료 등의 노점이 있고, 건너편에는 일본식 과자나 민예품 등의 점포가 많다. 다카야마 전통 식품이나 기념품도 많지만, 크루아상, 에스프레소 등 외국인 관광객을 위한 세련된 가게도 여럿 들어서 있다.

- 岐阜県高山市下三之町
- 0577-35-3145
- www.asaichi.net

쿠키 잔에 담아주는 에스프레소!

진야마에 아침 시장 陣屋前朝市

다카야마 진야 앞에서 열리는 아침 시장으로 무려 300년의 역사를 지니고 있다. 미야가와 아침 시장이 관광객의 천국이라면, 이곳은 현지인의 일상 공간이다. 양잠 농가가 뽕잎 시장을 연 것을 기원으로 하며, 현재도 현지 농가만 나올 수 있다. 아침에 딴 과일과 채소, 건어물, 직접 만든 채소 절임을 비롯해 감자 줄기, 인삼 잎, 산채 등 희귀한 식재료도 볼 수도 있다.

- 岐阜県高山市八軒町1-5
- 0577-32-3333
- www.jinya-asaichi.jp

AREA 05 기후현 岐阜県

SEE 03

다카야마 진야 高山陣屋

1692년부터 1969년까지 정부 기관과 관저로 사용한 건물로 에도시대의 생활상을 접할 수 있다. 약 11,000㎡(3000평) 규모에 리셉션 홀인 오히로마, 관료의 거실인 아라시야마 노마, 법원인 오시라스, 쌀 창고 온쿠라 등이 당시 모습 그대로 보존돼 있다. 건물 곳곳에서는 좋은 기운을 불러오는 문양과 장식을 만날 수 있는데, 바로 파도 모양의 세이가이하(青海波)와 150개나 되는 토끼 장식이다. 토끼 장식은 못 자국을 숨기기 위한 장식인 동시에 화재를 막아주는 부적 역할을 한다.

- 岐阜県高山市八軒町1-1-5
- 0577-32-0643
- 4~10월 08:45~17:00, 11~3월 08:45~16:30(연말연시 휴관)
- 성인 440엔, 고등학생 이하 무료
- https://jinya.gifu.jp

후나사카 사케 양조장 舩坂酒造店

SEE 04

200년이 넘는 역사를 자랑하는 양조장이다. 도야마산맥으로 이어지는 히다의 깊은 산에서 내려온 맑은 물과 양질의 쌀로 술을 빚어낸다. 자유롭게 시식할 수 있어 각자 입맛에 맞는 술을 골라 구입할 수 있다. 또 사루보보 인형 등 각종 기념품도 판매해 구경하는 재미가 쏠쏠하다. 히다규를 전문으로 하는 식당으로 이어진다.

- 岐阜県高山市上三之町105
- 0577-32-0016
- 08:30~18:00
- www.funasaka-shuzo.co.jp

AREA 05

기후현 岐阜県

SEE 05

오노야 주조 大のや醸造

500여 년의 전통(1969년 개업)을 지닌 양조장으로, 양조간장과 된장(미소)을 판매한다. 직접 끓인 된장국도 시음할 수 있어 늘 관광객으로 붐빈다. 함께 판매하는 시로자케는 우리나라 식혜 같은 단맛이 난다. 쌀누룩이 내는 자연적인 단맛이라 부드럽고 상쾌하다.

- 岐阜県高山市上三之町13番地
- 0577-32-0480
- 08:30~18:00(1~2월은 17:30까지)
- 된장 630엔(500g), 시로자케 900엔(300ml)
- www.ohnoya-takeda.co.jp

EAT 01

보쿤치 ぼくんち

토마토 스튜를 곁들인 오므라이스로 유명한 집. 미야가와 아침 시장 끝자락에 위치해 이른 아침부터 문을 연다. 반려견 동반 가능한 카페라 동네 주민에게도 인기가 높다. 토마토와 잘게 간 고기를 넣은 스튜는 토마토의 새콤함과 육수의 구수한 맛이 잘 어우러져, 부드러운 오므라이스와 잘 어울린다. 샌드위치와 피자 등 가벼운 메뉴도 판매한다.

토마토의 새콤함과 육수의 구수한 맛이 어우러진 토마토소스 오므라이스

📍 岐阜県高山市下三之町55
📞 0577-34-9063
🕐 월·수·토·일요일 07:30~17:00,
   목·화요일 09:00~18 :00
💰 토마토소스 오므라이스 750엔,
   히다규 라이스 950엔

EAT 02

히다콧테우시 飛騨こって牛

산마치 역사 보존 지구에 있는 식당으로, 테이크아웃 히다규 초밥집이다. 히다규와 히다쌀을 사용해 보기에도 예쁘고 먹기에도 편한 세트 메뉴를 판매한다. 히다규 니기리 스시는 히다규에 죽탄염과 생강장을 각각 바른 뒤 토치에 살짝 익혀 내온다. 히다규 군함에는 작은 노른자를 올리고 오리지널 감칠맛 양념을 발라 제공한다. 지역 센베이를 접시로 활용해 접시까지 먹을 수 있다.

📍 岐阜県高山市上三之町34
📞 0577-37-7733
🕐 10:00~17:00
💰 히다규 초밥 700엔(2개), 히다규 군함 800엔(2개), 히다규 3종 세트 1000엔
🌐 https://takayama-kotteushi.jp

EAT 03

아지노요헤이 味の与平 飛騨高山店

후나사카 양조장에서 운영하는 히다규 전문 식당. 스키야키 나베에는 지역 명물인 버섯을 비롯해 여러 채소가 가득 들어 있어 히다규에 곁들여 먹는 재미가 있다. 딸려 나오는 두부는 사케를 넣고 만들어 특유의 향긋한 맛이 난다. 양조장에서 제조하는 다양한 사케를 주문할 수 있으며, 한정판으로 나무 잔을 증정하는 이벤트를 진행하기도 한다. 어떤 사케를 마셔야 할지 고민된다면 세 종류의 사케를 한 잔씩 제공하는 후나사카 추천 세트를 시켜보자.

- 岐阜県高山市上三之町105番지
- 0577-32-0016
- 11:00~14:30, 17:00~20:00
- 히다규 스키야키 세트 2880엔, 히다규 세트(70g) 3470엔, 히다의 진고로 사케 590엔, 후나사카 추천 세트 980엔
- https://funasaka-shuzo01.jimdo.com

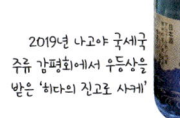

2019년 나고야 구세국 주류 감평회에서 우등상을 받은 '히다의 진고로 사케'

AREA 05

기후현 岐阜県

CITY 3

시라카와고 白川郷

깊은 산골, 옛 민가가 모여 있는 마을이다. 초가지붕의 갓쇼즈쿠리 110여 채가 들어서 있는데, '갓쇼(合掌)'가 기도할 때 두 손을 모으는 모습을 의미하듯 삐죽하게 솟아오른 지붕이 특징이다. 1995년 고카야마 지방의 마을과 함께 유네스코 세계유산에 등록됐다. 몇몇 민가는 현재도 주거용으로 사용되지만, 문화재로 지정된 일부 민가는 입장료를 내고 들어갈 수 있으며, 몇몇은 숙박업소로 운영 중이라 하루 묵어볼 수 있다. 동네로 들어가는 데 입장료는 없으나 각 건물 안으로 들어가기 위해서는 티켓을 구입해야 한다.

① 가는 법 : 다카야마노히 버스 센터에서 시라카와고행 버스를 탄다(50분, 2600엔). 버스에서 내린 후에는 도보로 이동한다.

INFORMATION

1 버스 예매

대중교통으로는 버스만 이용할 수 있는데, 워낙 인기 지역이라 사전에 예매하지 않으면 자리가 없다. 반드시 온라인으로 왕복 티켓을 사전 구매하길 권한다. 여행사 패키지를 이용해 다녀오는 것도 좋은 방법이다.

🌐 www.nouhibus.co.jp/highwaybus

2 물품 보관소

당일치기로 방문할 예정이라면, 최대한 짐 없이 가볍게 다녀오자. 터미널에 도착하면 짐을 맡기는 것부터 일이고 비용도 비싼 편이다. 관광객이 워낙 많아 코인 로커는 이용하기 힘들고, 따로 짐 보관소를 이용해야 하는데 가격이 비싼 편이다.

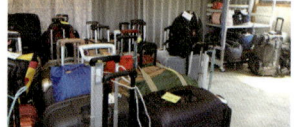

3 에티켓

갓쇼즈쿠리의 초가지붕은 불에 약해 마을 내에서는 걸으면서 흡연을 하거나 꽁초를 버리는 일이 엄격히 금지된다. 또 주민들이 실제로 사는 마을이기 때문에 인증사진을 찍기 위해 함부로 남의 집이나 논밭 등에 들어가지 않도록 주의하자.

갓쇼즈쿠리 초가지붕을 만드는 모습

SEE  01

시로야마 천수각 전망대 城山天守閣 展望台

14세기 오기마치 성이 있던 성터. 현재는 남은 것이 거의 없지만, 마을 전체가 내려다보이는 전망대로 사용된다. 멀리 도야마 설산이 걸쳐 있는, 그림같이 멋진 마을 풍경을 볼 수 있는데, 계절마다 변화하는 모습이 매력 포인트다. 특히 겨울에는 눈 쌓인 마을에 조명까지 켜져(라이트업 이벤트) 환상적인 풍경을 연출한다. 다만 버스 터미널에서 걸어서 올라가는 데만 30분 정도 걸리는 데다 등산 수준이라 체력이 필요하다. 주차장이 있어 렌터카 이용자들은 차로 올라갈 수도 있다.

📍 岐阜県大野郡白川村荻町889
☎ 05769-6-1728

AREA 05
기후현 岐阜県

묘젠지 明善寺

절 안의 모든 건물을 갓쇼즈쿠리 양식으로 지은 보기 드문 사찰이다. 1747년에 처음 지었지만, 지금의 모습은 대부분 1800년대 것이다. 본당은 마을 중요문화재, 스님의 집은 현 중요문화재로 지정됐다. 경내에 있는 나무도 기후현의 천연기념물이다. 바로 옆에 있는 건물은 묘젠지 박물관으로 개방하며, 향토 민예품을 전시한다.

- 岐阜県大野郡白川村大字荻町679
- 05769-6-1009
- 08:30~17:00

간다가 神田家

와다가에 비해 늦은 에도시대 후기(1850년)에 건축된 주택이다. 갓쇼즈쿠리의 구조를 계승하면서 새로운 기술을 도입해 완성도 높은 가옥이라 평가받는다. 이 집 주인은 양잠(누에를 길러 고치를 생산하는 일), 주조업을 했다고 알려져 있다. 1층에는 거실과 응접실 등으로 사용한 큰 방이 있으며, 당시 사용하던 벽걸이 전화, 화덕, 그 위의 주전자 등이 남아 있다. 2~3층은 주로 양잠 작업장으로 사용되었는데, 현재 전시장으로 사용된다. 꼭대기 층인 4층은 창고로 매우 좁아 한꺼번에 3명까지만 올라갈 수 있다.

- 岐阜県大野郡白川村大字荻町796
- 05769-6-1072
- 09:00~17:00(12~2월 수요일 휴관)
- 중학생 이상 400엔, 초등학생 200엔

AREA 05

기후현 岐阜県

SEE 04

나가세가 長瀬家

5층짜리 가옥으로 11m 기둥 하나가 집 전체를 관통하고 있는 것이 특징이다. 집주인이 3대째 의사여서 에도시대의 의료 도구도 볼 수 있다. 2층으로 올라가면 지붕의 속을 볼 수 있는 창고가 위치한다. 여기에는 직물을 짜는 기계나 짚신, 농기구 등 당시 생활상을 보여주는 도구들이 전시되어 있다. 바닥은 1층이 훤히 보일 정도로 나무를 얼기설기 엮어놓아 걸을 때마다 삐그덕거린다.

岐阜県大野郡白川村大字荻町823-2
05769-6-1047 09:00~17:00
12세 이상 300엔, 11세 미만 150엔

SEE 05

와다가 和田家

국가 지정 중요문화재로 최대 크기를 자랑하는 초가 갓쇼즈쿠리 주택이다. 에도시대 중기 건물이지만, 현재도 사람이 살고 있다. 정원과 울타리 주위 논밭이나 수로 등 주변 환경의 보존 상태가 좋다. 안집 창고, 화장실이 문화재로 지정됐으며, 약 363㎡(110평)인 안집 1층 일부와 다락방을 관광객에게 공개하고 있다. 1층에는 '소의 나무'라 불리는 큰 대들보가 있어 높은 천장과 넓은 공간을 이룬다.

岐阜県大野郡白川村大字荻町山越997
05769-6-1058 09:00~17:00
중학생 이상 400엔, 초등학생 200엔

SEE 06

시라카와 하치만 신사 白川八幡神社

매년 9월 말에서 10월 초에 열리는 도부로쿠 축제로 유명한 신사다. 풍년, 마을 평화, 가내 안전 등을 기원하며 도부로쿠를 바치고, 각 신사에서 사자춤을 춘다. 축제에 참여하는 이들에게 도부로쿠를 무료로 나눠주기도 해 흥겨운 분위기를 돋운다. 도부로쿠는 쌀과 누룩을 원료로 한 술로, 우리나라 막걸리와 비슷하면서도 달콤한 맛이 특징이다. 신사 경내에는 도부로쿠 축제 박물관이 있는데, 인형이나 모형을 이용해 축제를 소개한다.

📍 岐阜県大野郡白川村大字荻町字山越556
☎ 05769-6-1624 🕘 09:00~17:00

SEE 07

갓쇼즈쿠리 민가원 合掌造り民家園

마을 각지에 있던 갓쇼즈쿠리 가옥 25채를 이전·보전한 야외 박물관이다. 원내에는 절이나 물레방아, 숯 굽는 곳, 마구간 등도 함께 자리하며, 옛 마을 풍경을 그대로 간직하고 있다. 그중 9채가 기후현 지정 중요문화재 건축물이며, 1750년에 지은 야마시타가 주택은 가장 오래된 갓쇼즈쿠리로 꼽힌다. 짚신 삼기, 메밀국수 만들기, 염색 체험, 떡방아 체험 등 당시 생활상을 알 수 있는 다양한 체험도 가능하다.

📍 岐阜県大野郡白川村大字荻町2499 ☎ 05769-6-1231
🕘 3~11월 08:40~17:00, 12~2월 09:00~16:00(12~3월 목요일 정기 휴무)
💰 성인 600엔, 초·중·고등학생 400엔, 미취학 아동 무료
🌐 www.shirakawago-minkaen.jp

©合掌造り民家園

비넨 유레로무 박물관 美然ゆめろむ館

SEE 08

3층 규모의 합장 가옥에 들어선 공예 박물관이다. 800년 이상 된 오토치 신목을 비롯해, 지역 작가 이타야 미네지의 작품을 전시한다. 외관과 내부 모두 뛰어나다고 평가받는 합장 가옥 건물로, 지붕과 다락 등 내부도 살펴볼 수 있다. 건물 2층에서 바라보는 전망이 좋기로 유명하며, 나무로 만든 기념품도 구입할 수 있다.

- 岐阜県大野郡白川村荻町185番地
- 05769-6-1226 10:00~16:00
- 고등학생 이상 400엔, 초등·중학생 200엔

이로리 いろり

EAT 01

버스 터미널 인근에 있는 지역 음식점으로 '화로'라는 뜻을 지니고 있다. 단체 관광객을 대상으로 하는 식당이지만, 음식 맛은 괜찮은 편이다. 히다규를 비롯해 지역에서 나는 제철 식재료로 만든 음식을 판매한다. 우리나라 산채 비빔밥과 비슷한 산채 우동이 별미. 이 지역에서 나는 여러 채소를 올려서 만든 우동으로, 국물 맛이 깔끔하고 씹는 맛이 있다. 면발은 부드럽고 쫄깃하며, 적당히 익힌 채소가 제각기 다른 맛과 향으로 먹는 재미를 준다. 와사비 소금을 뿌려 먹으면 더 맛있다.

- 岐阜県大野郡白川村大字荻町374-1
- 05769-6-1737
- 10:00~14:00
- 산채 우동 1200엔, 이로리 세트 메뉴 2840엔
- www.shirakawagou.jp

AREA 06·07

Toyama
Ishikawa

도야마·이시카와현 富山·石川県

세련된 현대미술의 도시
가나자와

천연 활어조에서 집아 올린 초밥
도야마 스시

동양의 알프스 정상에 오르는 법
다테야마 구로베 알펜루트

눈이 빚은 자연 설벽
눈의 대계곡

깊고 진한 카레의 매력
가나자와 카레

Toyama·Ishikawa
FOOD STORY

" 동해 연안에 있는 도야마현과 이시카와현은 연중 신선한 해산물을 만날 수 있는 지역이다. 특히 도야마만은 '천연 활어조'라 불릴 만큼 풍부한 어획량을 자랑한다. 다테야마 연봉에서 흘러내려오는 물이 섞여 영양분이 풍부하고, 수심도 깊어 다양한 어종이 살 수 있는 환경을 갖춘 덕분이다. 이 밖에 카레와 블랙 라멘, 금박 디저트 등 지역색을 반영한 먹을거리도 만나볼 수 있다. "

도야마만 스시 富山湾鮨

도야마만에서만 잡은 제철 생선과 도야마산 쌀로 만든 최상급 스시다. 스시 10개와 장국을 세트로 구성한 것이 도야마만 스시의 특징. 가격은 가게마다 다르나 보통 2700~5500엔에 판매된다.

송어초밥(마스노 스시) ますの寿し

나무 패키지 속 어린 대나무 잎을 펼치면 연한 주황빛 송어로 덮인 동그란 초밥이 나온다. 도야마시 서쪽을 흐르는 진즈강에서 잡은 송어로 만든 초밥으로 일반 초밥보다 단단한 편이다. 동글 넓적한 모양이 마치 작은 피자 같은데, 실제로 송어초밥을 피자처럼 잘라 낱개로 판매하기도 한다. 도야마 시내에는 대를 이어 200년 넘게 송어초밥을 파는 곳이 여럿인데, 각자 자신만의 레시피로 다양한 초밥을 만들어 이를 비교하는 재미도 쏠쏠하다.

도야마 사케 富山酒

좋은 술은 쌀과 물이 좋은 고장에서 생산된다. 도야마의 양조장에서는 다테야마에서 흘러 내려오는 깨끗한 물과 알이 굵은 사케용 쌀을 이용해 술을 빚는다. 이렇게 해서 완성된 도야마 사케는 드라이하면서도 부드러우며 향긋하고 균형 잡힌 맛을 낸다. 술에 관심이 있다면 도야마에서 유명한 양조장 마스다 주조, 와카츠루 주조 등을 견학해보자.

도야마 블랙 라멘 富山ブラックラーメン

진한 검은색 국물이 인상적인 블랙 라멘은 1947년 노동자에게 충분한 나트륨을 제공하고자 진한 간장을 넣어 만든 요리다. 처음에는 밥반찬으로 먹을 만큼 짠맛이 강했으나, 지금은 적당히 짭짤한 맛에 진한 풍미를 내는 라멘도 있고, 맛이 순해 먹기 편한 라멘도 있다. 국물은 닭 뼈와 흰새우, 비법이 담긴 간장을 넣어 만든다.

가나자와 카레 金沢カレー

이시카와현은 인도 요리 전문점이 일찍이 들어선 덕분에 카레가 지역 명물 음식이 됐다. 가나자와 카레는 농도가 진하고 초콜릿 같은 어두운색을 띠며, 플레이팅에 몇 가지 규칙이 있다. 밥 전체에 카레를 붓고, 그 위 돈가스(혹은 다른 튀김)를 얹으며, 잘게 썬 양배추를 곁들이는 것. 또 번쩍이는 스테인리스 스틸 그릇을 사용하고 포크 스푼으로 먹는다는 점도 재밌다.

가이센동 海鮮丼

가나자와의 회덮밥은 그릇에 두툼한 회를 꽃잎처럼 얹고, 가운데에는 달걀 지단과 절임 반찬을 올려 내온다. 밥 위에 올리는 회의 종류와 양은 가격에 따라 달라진다. 가이센동을 먹고 싶다면 오미초 시장으로 가자. 시장 입구에서부터 화려한 플레이팅으로 시선을 끄는 여러 식당을 만날 수 있다.

겨울 방어(간부리) 寒鰤

도야마의 겨울 방어는 간부리라 부르며, 겨울철 최고의 별미로 꼽히는 식재료다. 특히 히미 해안에서 잡히는 히미노 간부리는 일본에서 가장 맛있다고 알려져 있다. 간부리는 회나 샤부샤부, 소금 절임, 방어 무조림 등으로 요리해 먹는다.

가나자와 오뎅 金沢おでん

가나자와는 인구당 오뎅 가게 수가 전국 평균의 8배에 달할 정도로 오뎅을 사랑하는 지역으로 유명하다. 가나자와 오뎅에는 지역 특유의 재료를 사용해 독특한 식감과 맛을 낸다. 바퀴 모양의 밀가루 빵 구루마후(車麩)와 게딱지에 게살을 채운 가니멘(カニ面), 붉은색 소용돌이가 들어 있는 쫄깃한 어묵 아카마키(赤巻), 어묵과 한펜의 중간인 후카시(ふかし) 등이 가나자와 오뎅의 대표 종류.

금박 아이스크림 金箔アイスクリーム

한자 지명(金沢)에서 알 수 있듯, 가나자와는 금으로 유명하다. 16세기부터 금박을 제조해왔으며, 현재 일본산 금박의 99%를 비롯해 은박이나 플래티넘박 모두 가나자와에서 만든다. 종이만큼 얇은 금박은 주로 공예품에 쓰이지만, 먹을 수도 있어 디저트에 장식하기도 한다. 금박 아이스크림이 대표적이다.

Toyama·Ishikawa
TRANSPORTATION

"일본 혼슈 중앙 북부에 위치한 도야마·이시카와현은 호쿠리쿠 지방으로 묶이며, 북쪽으로는 동해 바다로, 남쪽으로는 '일본의 알프스'라 불리는 다테야마와 료하쿠 산지 등으로 둘러싸여 있다. 동해 연안 도시 중에서는 교통이 좋은 편이다. 호쿠리쿠 신칸센이 도쿄에서 출발해 도야마를 거쳐 가나자와까지 운행한다. JR 도야마역에서 JR 가나자와역까지는 신칸센으로 불과 20여 분밖에 걸리지 않아서 함께 돌아보기 좋다."

* 호쿠리쿠 지방
동해 연안, 주부 지방 내 4개 현, 이시카와·도야마·후쿠이·니가타현을 묶어 호쿠리쿠 지방이라고 부른다. 이 지역은 홋카이도보다 눈이 많이 오는 지방으로 유명하며, 이시카와현의 도시 가나자와가 중심지 역할을 한다.

도야마까지는 어떻게 갈까?

인천국제공항에서 도야마 공항으로 가는 직항 항공편을 부정기적으로 운항한다. 직항편이 없는 기간에 여행한다면 도쿄(나리타 국제공항, 하네다 국제공항)로 입국해 신칸센을 타면 된다. JR 도쿄역에서 호쿠리쿠 신칸센을 타면 JR 도야마역까지 2시간 7분이 걸린다. 오사카 간사이 국제공항으로 입국한다면 JR 선더버드선을 타고 JR 가나자와역에서 한 번 갈아타야 한다. 가장 부담되는 부분은 교통비다. 오사카로 입국했다면 간사이 호쿠리쿠 패스를, 도쿄로 입국할 경우 호쿠리쿠 아치 패스를 이용해 부담을 덜어보자.

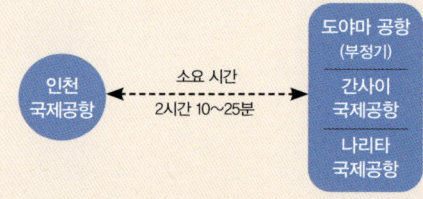

- 도야마 공항(부정기) → 공항 리무진 버스 30분, 420엔 → JR 도야마역
- 간사이 국제공항 → 공항 리무진 버스 1시간 10분, 1600엔 → JR 오사카역 → JR 선더버드 2시간 43분, 7590엔 → JR 가나자와역
  호쿠리쿠 신칸센 20분, 3190엔 → JR 도야마역
- 나리타 국제공항 → 공항 리무진 버스 1시간 14분, 1300엔 → JR 도쿄역 → 호쿠리쿠 신칸센 2시간 7분, 1만2760엔 → JR 도야마역

* 간사이·나리타 국제공항에서 시내까지 이동에는 여러 방법이 있으므로 각자의 시간과 예산에 따라 선택하자.

도야마, 가나자와 시내 교통

노면전차 시티 트램, 센트램, 포트램

도야마시는 노면전차 트램이 도심을 연결하는데, JR 도야마역을 기준으로 남북으로 나뉘어 이름도 다른 노선을 운행한다. 남쪽에는 3개 노선의 '시티 트램'을 운행 중이며, 그중 순환선을 센트램으로 부르는데 28분에 걸쳐 도심을 순환한다. 북쪽에는 항구도시 이와세까지 운행하는 포트램이 다닌다. 센트램은 JR 도야마역 신칸센 플랫폼 바로 아래 정차한다.

- **1회** 중학생 이상 210엔, 아동 110엔(미취학 어린이 무료), **1일권** 중학생 이상 650엔, 아동 330엔

호쿠리쿠 지역 패스

호쿠리쿠 패스
가나자와를 포함한 이시카와현과 도야마현 등 호쿠리쿠 지방을 돌아볼 수 있는 티켓이다. 신칸센, 재래선, IR 이시카와 철도선 등을 탈 수 있지만, 다테야마에는 갈 수 없다. 티켓값이 저렴해 가나자와 도야마 사이를 오가는 사람들에게는 필수품이다.

- **4일권** 12세 이상 7000엔, 6~11세 3500엔

간사이 호쿠리쿠 패스
호쿠리쿠 지방뿐 아니라 신오사카와 오카야마 구간까지 확대된 패스다. 비싸긴 하지만 간사이 공항으로 들어와 도야마, 가나자와를 모두 돌아볼 사람이라면 필수다. 신칸센, JR선 등을 탑승할 수 있으나 다테야마로 가는 지방 철도나 다테야마 구로베 알펜루트 구간은 이용할 수 없다.

- **7일권** 12세 이상 1만9000엔, 6~11세 9500엔

다카야마 호쿠리쿠 지역 관광 티켓
간사이 호쿠리쿠 패스로는 오사카 간사이 공항까지만 이용 가능하지만, 이 티켓은 나고야 주부 공항도 가능하다. 도야마를 중심으로 후쿠이를 거쳐 오사카까지, 기후를 거쳐 나고야까지, 두 가지 루트로 이동 가능하다. 이용 기간이 짧고 가격이 비싸지만 주부 공항으로 입국하는 사람에게는 요긴하다.

- **5일권** 12세 이상 1만9800엔, 6~11세 9900엔

호쿠리쿠 아치 패스
'아치'라는 이름처럼 도쿄와 오사카 사이의 지역을 아치처럼 연결하는 패스다. 오사카에서 호쿠리쿠 지방(가나자와, 도야마 등)을 거쳐 도쿄로 연결된다. 비싼 편이나 도쿄로 입국하는 관광객에게는 최고의 선택이다. 호쿠리쿠 신칸센 이용 가능.

- **7일권** 12세 이상 3만엔, 6~11세 1만5000엔

가나자와 주유(순환) 버스

가나자와 시내 인기 명소를 순환하는 버스다. 시계 방향과 시계 반대 방향, 양방향으로 운행하므로 관광 안내소에서 지도를 받아 노선을 익히는 것이 좋다. JR 가나자와역 7번 승강장에서 출발한다. 1일권을 구입하면 주유 버스뿐 아니라 구간 내 일반 버스도 무제한으로 이용할 수 있다.

- **1회권** 중학생 이상 200엔, 아동 100엔, **1일권** 중학생 이상 800엔, 아동 400엔

구룻토 구루메구리 쿠폰

도야마 노면전차 1일권과 도야마 명물 송어초밥을 포함해 지역 전통 디저트로 교환할 수 있는 쿠폰이 포함된 승차권이다. 이 쿠폰을 가지고 도야마시 각지에 있는 전통 음식을 찾아다니다 보면 어느새 도야마와 친숙해진다. 가격을 따져봐도 이득이다.

- 쿠폰 4장 포함 1500엔, 쿠폰 2장 포함 1000엔
- 판매 장소 : 도야마 관광 안내소, 덴테츠토야마역 승차권 센터, 미나미토야마역 등
- www.chitetsu.co.jp

— Toyama·Ishikawa —
COURSE FOR YOUR TRIP

도야마·가나자와 3박 4일 추천 코스

" 직항편이 없는 경우, 공항에서 도시까지 이동 시간을 감안한다면 첫날과 마지막 날에는 관광할 시간이 거의 없다고 보면 된다. 다테야마를 중심으로 도야마와 가나자와의 주요 관광지를 부지런히 돌아보는 코스다. "

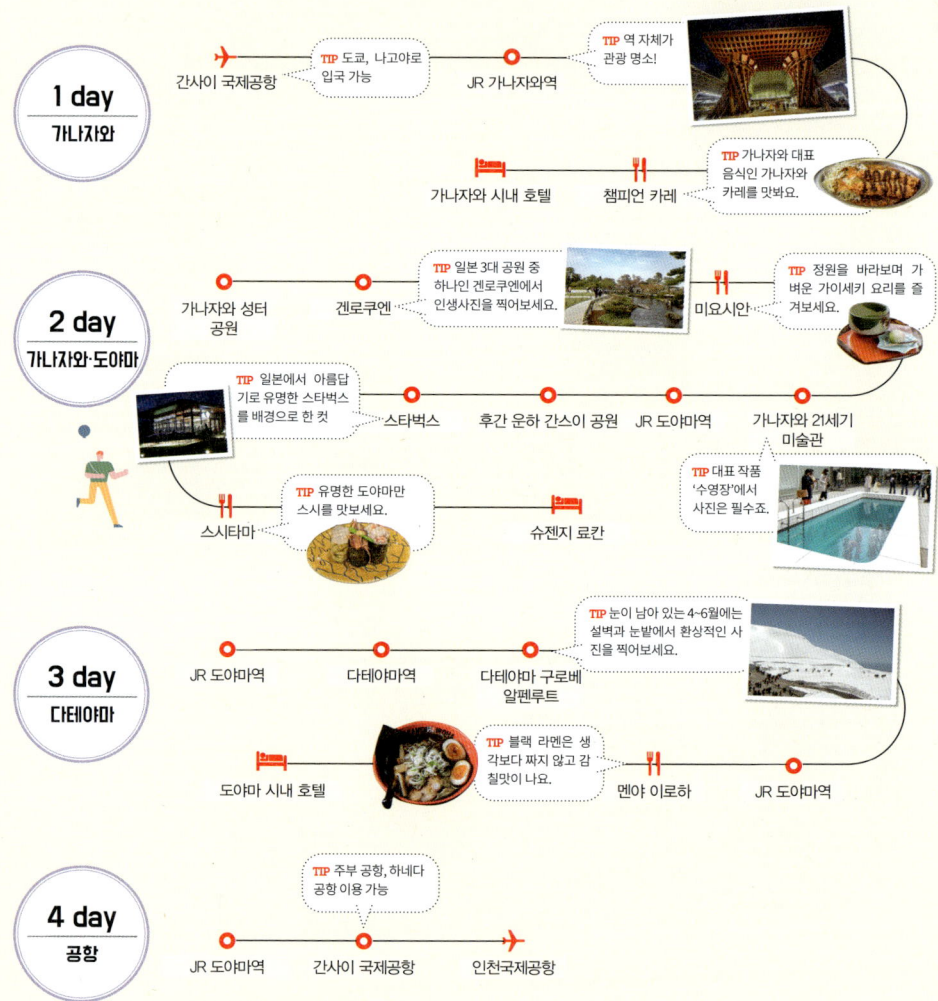

1 day 가나자와
간사이 국제공항 — TIP 도쿄, 나고야로 입국 가능 — JR 가나자와역 — TIP 역 자체가 관광 명소! — 가나자와 시내 호텔 — 챔피언 카레 — TIP 가나자와 대표 음식인 가나자와 카레를 맛봐요.

2 day 가나자와·도야마
가나자와 성터 공원 — 겐로쿠엔 — TIP 일본 3대 공원 중 하나인 겐로쿠엔에서 인생사진을 찍어보세요. — 미요시안 — TIP 정원을 바라보며 가벼운 가이세키 요리를 즐겨보세요. — 스타벅스 — TIP 일본에서 아름답기로 유명한 스타벅스를 배경으로 한 컷 — 후간 운하 간스이 공원 — JR 도야마역 — 가나자와 21세기 미술관 — TIP 대표 작품 '수영장'에서 사진은 필수죠. — 스시타마 — TIP 유명한 도야마만 스시를 맛보세요. — 슈젠지 료칸

3 day 다테야마
JR 도야마역 — 다테야마역 — 다테야마 구로베 알펜루트 — TIP 눈이 남아 있는 4~6월에는 설벽과 눈밭에서 환상적인 사진을 찍어보세요. — 도야마 시내 호텔 — 멘야 이로하 — TIP 블랙 라멘은 생각보다 짜지 않고 감칠맛이 나요. — JR 도야마역

4 day 공항
JR 도야마역 — 간사이 국제공항 — TIP 주부 공항, 하네다 공항 이용 가능 — 인천국제공항

트레킹 마니아를 위한 1박 2일 다테야마 코스

" 다테야마 구로베 알펜루트는 당일치기로 다녀오는 경우가 많지만,
트레킹 마니아라면 무로도에서 숙박하면서 느긋하게 트레킹과 등산을 즐기길 권한다.
하산할 때는 도야마 방향으로 되돌아오는 대신,
반대편 나가노 방향으로 내려가며 다양한 풍경을 누리자. "

1 day 다테야마
JR 도야마역 → 다테야마역 → 비조다이라 → 무로도 → 미쿠리가이케 연못
TIP 왕복 30분 트레킹 코스
무로도 산장 → 다테야마 등산 → 지고쿠다니 계곡 → 미쿠리가이케 온천

2 day 다테야마
무로도 → 구로베 → 구로베 댐 → 오기사와 → 오마치 온천 료칸

가나자와 당일치기 이색 문화 코스

" 가나자와는 외국인들에게 인기 있는 도시다.
21세기 미술관을 비롯해 에도시대 분위기가 그대로 남아 있는 히가시차야,
떠들썩한 오미초 시장 등은 다른 곳에서 느낄 수 없는 다채로운 매력을 선사한다. "

1 day 가나자와
가나자와 성터 공원 → 겐로쿠엔 → 미요시안 → 가나자와 21세기 미술관 → 오미초 시장
챔피언 카레 → 이마이 킨파쿠 히로사카 → 히가시 차야가이

CITY 1

도야마 富山

도야마현 중앙에 위치한 도시로, 다테야마 구로베 알펜루트의 시작점인 도야마역이 있어 베이스캠프로 이용된다. 현의 대표 도시답게 역사, 문화 시설, 대형 쇼핑센터가 있으며, 도시 구석구석을 이어주는 노면전차를 운행해 불편함 없이 돌아볼 수 있다.

ⓘ 가는 법 : JR 도야마역에서 노면전차를 이용한다.

SEE 01

도야마 성터 공원 富山城址公園

전쟁으로 허물어지고 1954년에 재건된 천수각만 남아 있는 도야마 성터에 조성한 오밀조밀한 공원. 연못과 폭포, 다리 등 여러 요소가 어우러져 사계절을 느끼며 조용히 산책하기 좋다. 공원 안에는 다실과 동양 고미술품을 전시한 도야마시 사토 기념 미술관이 있으며, 다도 체험을 할 수 있는 두 곳의 카페도 있다. 천수각은 향토 박물관으로 사용 중이다.

- 富山県富山市本丸1
- 076-443-2111
- 09:00~17:00(혼마루, 미술관)
- 혼마루 210엔, 고등학생 이하 무료
- www.toyamashi-kankoukyoukai.jp/kr/?tid=501238

SEE 02

마츠카와 유람선 松川遊覧船

도야마 성터 공원 옆을 흐르는 좁은 강 마츠카와는 도야마 내에서 손꼽히는 벚꽃 명소로 사랑받는 곳이다. 벚나무가 무려 460그루나 되는데, 강변 곳곳에 28개의 조각품을 전시해놓아 봄이 아니더라도 돌아볼 만하다. 이곳을 지나는 마츠카와 유람선은 7개의 다리를 통과하며 공원과 강, 곳곳에 숨겨진 명소로 안내한다. 해 질 녘이면 더욱 운치 있는 풍경이 펼쳐진다.

- 富山県富山市本丸1-34 076-425-8440
- 10:00~17:00 성인 1620엔, 3~12세 810엔
- https://matsukawa-cruise.jp

도야마시 유리 미술관
富山市ガラス美術館

도야마는 '유리 예술의 도시'다. 유리 산업과 예술이 발달했는데, 그 중심에 있는 것이 유리 공방, 유리 미술 연구소, 유리 미술관이다. 도야마 유리 미술관은 건물 자체가 곧 하나의 유리 작품이다. 세계적으로 유명한 건축가인 구마 겐고가 설계한 건물로, 멀리서도 강한 오라를 풍긴다. 유리 미술관은 시립 도서관과 건물을 나눠 쓰고 있는데, 6층에는 현대 유리공예의 상징적인 인물인 데일 치훌리의 작품만 전시한 '유리 예술 정원'이 조성돼 있다. 이곳에서 그의 '밀리피오리(Milliefiori)', '보트' 등 5점의 환상적인 작품을 만나볼 수 있다. 사진 촬영은 금지된다. 4층에는 시즌마다 주제를 달리하는 컬렉션전이 열리고, 2~4층에는 도야마 출신 작가들의 유리 작품 50점을 전시한 '유리 아트 파사주' 공간이 마련돼 있다. 유리 예술 정원과 컬렉션전은 입장료를 내야 하지만, 유리 아트 파사주는 무료로 감상할 수 있다.

- 富山県富山市西町5-1 076-461-3100
- 09:30~18:00 성인 200엔, 고교생 이하 무료
- www.toyama-glass-art-museum.jp

©Chihuly Studio All rights reserved

도야마시 시립 도서관
富山市立図書館

유리 미술관과 한 건물에 있는 도서관으로, 건물 내부로 들어서면 나무 향이 가득하다. 나무 마감재와 따뜻한 조명이 어우러져 책 읽기 좋은 분위기를 조성한다. 책 배열과 서고, 가구 등 모든 것이 세련되고 아름답게 어우러져 있다. 무엇보다 좋은 점은 어디든 앉아서 편안하게 책을 읽을 수 있다는 것!

- 富山県富山市西町5-1
- 076-461-3200
- 09:00~19:00(금·토요일은 20:00까지)
- www.library.toyama.toyama.jp

SEE  05

도야마 시청 전망대
富山市役所展望塔

도야마 시청 8층, 70m 높이에서 도야마 시내를 360도 파노라마로 바라볼 수 있는 전망대. 맑은 날에는 다테야마산과 멀리 도야마항까지 보인다. 시청 부속 시설이다 보니, 안내는 미흡한 편. 전망대 전용 엘리베이터를 찾아 탑승하는 것이 관건이다. 입장료는 무료다.

📍 富山県富山市新桜町7-38
🕐 4~10월 09:00~21:00, 11~3월 09:00~18:00(주말은 10:00부터)
🌐 www.city.toyama.toyama.jp

SEE  06

이케다야야스베 상점
池田屋安兵衛商店

도야마는 에도시대부터 약으로 명성을 떨쳐온 도시다. 현재 도야마에 기반을 둔 제약 회사는 70여 개나 되는데, 이는 일본 내에서 두 번째로 많은 수다. 이케다야야스베 상점은 1936년에 창업해 3대에 걸쳐 한약을 제조해온, 도야마에서 유일하게 남은 소규모 약방이다. 화재로 소실됐던 건물을 1946년에 재건해 지금까지 사용해 옛 정취가 남아 있다. 대표 약품은 위통과 가슴앓이에 효과가 있는 '한곤단'과 녹용, 우황, 인삼 등의 생약을 넣어 만든 강심제 '로쿠신단'. 모두 지금껏 가정상비약으로 사랑받는 약이다. 그 덕분에 이 약방은 관광 코스로도 인기인데, 약방을 방문하면 환약 만드는 모습을 볼 수 있다. 2층에는 약초를 사용해 다양한 요리를 선보이는 레스토랑도 있다.

📍 富山県富山市堤町通り1-3-5
📞 076-425-1873
🕐 09:00~18:00(레스토랑 11:30~14:00)
🌐 www.hangontan.co.jp/yakuto.html

도야마・이시카와현 富山・石川県

SEE 07

후간 운하 간스이 공원
富岩運河環水公園

9만3,000㎡(약 2만8000평)에 달하는 드넓은 잔디밭과 그림 같은 운하가 어우러진 아름다운 수변 공원이다. 면적이 워낙 넓어 사람들로 북적이는 주말에도 여유로운 시간을 보낼 수 있다. 공원 한가운데에서 시작해 바다까지 이어지는 약 5.1km에 달하는 운하가 있으며, 그 주변에는 1.8km의 산책로가 정비돼 있다. 공원의 상징인 덴몬교는 양쪽에 엘리베이터로 오를 수 있는 쌍둥이 전망탑이 있어 공원은 물론 다테야마 연봉을 조망하기에 좋다. 해가 지면 공원은 더욱 아름답게 변한다. 덴몬교에 조명이 켜지며 환상적인 분위기를 내는데, 이때 전망 탑 사이를 이어주는 길이 58m 붉은 줄 조명이 포인트다. '붉은 실 전화(赤い糸電話)'라 불리는 이 조명으로, 덴몬교를 사랑 고백 장소로 널리 알려지게 하는 데 일등 공신으로 꼽힌다. 공원 내에는 스타벅스가 있고, 공원 바로 옆에는 도야마 현립 미술관이 있어 함께 둘러보기 좋다. 면적이 넓은 만큼 꽤 걸어야 하니 시간을 넉넉히 잡고 찾아가보자.

📍 富山県富山市湊入船町1　🕐 덴몬교 전망대 09:00~21:30
🌐 www.kansui-park.jp

사랑 고백 명소인 덴몬교. 밤이 되면 '붉은 실 전화'에 조명이 켜진다

SEE 08
후간 유람선 富岩水上ライン

후간 운하 간스이 공원에서 도야만 항구 마을 이와세까지 운행하는 유람선이다. 코스 중간 나카지마 갑문에서는 수위가 높아지는 '물의 엘리베이터(水のエレベーター)'도 체험할 수 있다. 편도 기준 1시간가량 소요되는 간스이 공원~이와세 운하 회관(도야마항) 코스와 이보다 짧은 간스이 공원~나카지마 갑문 코스(왕복 70분), 간스이 공원(왕복 20분)만 도는 코스도 있다. 간스이 공원~이와세 운하 회관 티켓에는 노면전차 편도 승차권도 포함돼 있어서, 유람선을 편도로 이용하고 노면전차로 되돌아올 수 있다. 유람선은 3월 말부터 11월 말까지만 운항한다.

☎ 076-482-4116
₩ 간스이 공원~이와세 운하 회관 1700엔(편도, 노면전차 편도 승차권 포함), 간스이 공원~나카지마 갑문 1400엔(왕복), 간스이 공원~환수 공원 500엔(토·일요일, 공휴일에만 운행)
🌐 www.fugan-suijo-line.jp

SEE 09
도야마 현립 미술관 富山県美術館

도야마역 북쪽에 있는 후간 운하 간스이 공원 안에 있는 미술관이다. 피카소와 샤갈 등 20세기를 대표하는 거장을 중심으로, 초현실주의나 추상미술 등 20세기 미술품, 일본과 도야마를 대표하는 작가들의 포스터와 의자 등 작품을 만나볼 수 있다. 이 미술관에서 가장 유명한 공간은 옥상 정원이다. '의성어 옥상'이라는 이름이 붙은 이곳에는 유명 그래픽 디자이너 사토 다쿠가 디자인한 독창적인 놀이 시설이나 폭신폭신한 돔 등이 설치되어 있다.

📍 富山県富山市木場町 3-20
☎ 076-431-2711
🕘 09:30~18:00(수요일 휴무, 옥상 정원 08:00~22:00)
₩ 성인 300엔, 고등학생 이하 무료(기획 전시는 별도 요금)
🌐 https://tad-toyama.jp

ⓒ도야마 현립 미술관

ⓒ도야마 현립 미술관

EAT 01

스타벅스 도야마 간스이 공원점
スターバックスコーヒー 富山環水公園店

일본 내 25개 스타벅스 랜드마크 스토어 중 하나다. 드넓은 간스이 공원 한쪽, 강변에 독채로 위치해 그림처럼 아름답다. 운하가 내려다보이는 커다란 창문 너머로 공원의 상징인 덴몬교가 보인다. 밤에는 조명이 켜져 더욱 아름답다. 다만 유명한 만큼 언제나 북적여 한가로운 시간을 보내기는 어렵다. 종종 바리스타 수업이 이루어진다.

- 富山富岩運河環水公園5-5
- 076-439-2630
- 08:00~22:30
- https://store.starbucks.co.jp/detail-897

EAT 02

스시타마 すし玉

도야마역점을 포함해 이시카와현까지 4개 지점을 운영하는 회전 초밥집이다. 오징어, 새우, 게 등 도야마만에서 잡은 제철 생선을 사용한 도야마만 스시가 대표 메뉴인데, 레일 위를 도는 초밥 중에도 제철 스페셜 스시가 있으니 눈여겨볼 것. 평일 점심에만 판매하는 런치 메뉴가 가성비 좋다.

추천 스시 11개 2420엔

도야마만 스페셜 880엔

- 富山県富山市明輪町1-220 (きときと市場 とやマルシェ内)
- 076-471-8127
- 11:00~21:30
- https://sushitama.co.jp

EAT 03

멘야 이로하 麺家いろは

도야마 블랙 라멘으로 유명한 라멘집이다. '도쿄 라멘 쇼'에서 2014년까지 5년간 연속 1위(챔피언십)를 차지했다. 검은색 국물은 굉장히 짜 보이지만, 막상 먹어보면 의외로 담백하고 특유의 깊은 맛이 입안 가득 퍼진다. 맛 비법은 비법 간장과 닭뼈, 해산물을 끓여 만든 국물이다. 가성비 좋은 세트 메뉴를 추천한다.

- 富山県富山市新富町1-2-3 CiC地下1F
- 076-444-7211
- 11:00~10:00
- 도야마 블랙 타마고 라멘 1050엔 (보통)
- www.menya-iroha.com

EAT 04

요시다야 마스 스시 吉田屋鱒寿し

도야마의 대표 명물, 도야마 송어초밥, 마스노 스시를 파는 요시다야 마스 스시 본점. 대대로 내려오는 비법으로 송어초밥을 만든다. 엄선한 도야마 쌀 고시히카리와 살이 통통하게 오른 송어를 사용해 씹는 맛이 좋다. 기본적인 단면 송어초밥부터 양면 송어초밥, 다시마 송어초밥 등을 판매하며, 매진되면 문을 닫는다.

- 富山県富山市安野屋町2-6-6
- 076-421-6383
- 07:00~18:00
- 송어초밥 2000엔
- www.masunosusi.com

EAT 05

츠키세카이 月世界

새벽 하늘에 떠 있는 달빛과 비슷하다고 해서 달나라(月世界)라는 뜻의 이름을 붙인 도야마 전통 과자다. 1897년부터 시작해 무려 100년이 넘는 역사를 자랑한다. 달걀만 사용해 만든 디저트로, 가볍고 사각거리는 느낌 뒤에 진한 달걀 맛이 남는다. 머랭 쿠키와 비슷하지만, 그보다는 덜 달고 입에 남는 것이 거의 없다. 커피나 차와 잘 어울린다.

- 富山県富山市上本町8-6
- 076-421-2398
- 10:00~17:00
- 2개 270엔, 4개 540엔
- www.tukisekai.co.jp

EAT 06

치쿠린도 竹林堂

주오도리 아케이드 안에 있는 240년 전통의 도야마 전통 빵집이다. 대표 제품은 식혜 만두로, 우리나라 팥 호빵을 살짝 눌러 구워낸

듯한 모습인데, 천연 효모를 사용해 약간 시큼한 맛이 나는 것이 특징이다. 6월 1일 인근에 있는 히에 신사에서 봄 제사를 지낼 때 무병장수, 가족 건강 등을 빌며 가족 모두 먹던 음식이라고 한다.

- 富山県富山市中央通り1-5-2
- 076-423-8424
- 10:00~18:00(화·수요일 휴무)
- 1개 190엔
- https://chikurindohonpo.com

다테야마 立山

'일본의 지붕'이라 불리는 일본의 알프스는 바로 이곳, 다테야마다. 우뚝 솟은 해발 3,000m 높이의 봉우리들이 장관을 이루며, 알프스라는 별명답게 4월까지 설벽, 6월까지 눈을 볼 수 있다. 눈이 많이 올 때는 평균 약 7m까지 쌓이는데, 적설량이 많은 해에는 20m에 달해 10층 건물에 해당하는 높이를 이룬다. 4월부터 11월까지는 다테야마 구로베 알펜루트가 개장해 다테야마의 가장 아름다운 모습을 볼 수 있다.

ⓘ 가는 법 : 도야마역에서 지방 철도를 타고 다테야마역에서 내린 뒤 여러 교통수단을 이용해 이동한다.

SEE  01

다테야마 구로베 알펜루트

다테야마를 즐길 수 있는 최고의 방법은 바로 그곳으로 오르는 것이다. '3,000m 높이의 설산을 오른다고?!'라며 놀랄 수 있지만 걱정하지 말자. 도야마에서는 대중교통을 이용해 다테야마에 오를 수 있도록 산악 관광 루트를 마련해놓았다. 다테야마역에서 시작해 구간별로 지형에 맞는 교통수단을 번갈아 갈아타고 이동해 정상을 지나 반대편 구로베까지 갈 수 있다. 총 길이는 약 90km로 중간중간 트레킹 코스가 있어 초급부터 중급까지 다양한 루트를 골라도 된다. 총 여섯 가지 대중교통을 이용하는데, 자신이 가고자 하는 구역까지 한 번에 표를 끊고 여정을 시작한다. 생각보다 만만치 않은 여정이다. 해발 2,000~3,000m까지 오르기 때문에 두통, 피로감, 구토 등의 증상을 보이는 고산병이 나타날 수 있다. 다행히 사용하지 않은 구간의 교통 티켓은 환불 가능하니, 몸에 무리가 온다고 생각한다면 중단하고 되돌아가도 좋다. 성수기에는 사람들이 몰려 티켓을 구하기 힘들 수 있으니, 티켓 오픈 날짜에 맞춰 인터넷으로 예약하자.

ⓒ(公社)とやま観光推進機構

- **운영 일정**
  4월 10~14일 : 부분 운행(덴테츠 도야마-미다가하라)
  4월 15일~11월 30일 : 전 노선 운행(덴테츠 도야마-시나노오마치)
  12월 1일~4월 9일 : 폐쇄
- **소요 시간**
  다테야마역·구로베 댐 왕복 : 8~9시간
  도야마역·나가노역 편도 : 8~9시간
- **예약**
  홈페이지 : www.alpen-route.com/kr
- **티켓 가격**(2024년 기준, 시즌이 되면 인상 가능성 있음)
  다테야마 - 오기자와 편도 : 성인 1만2170엔, 아동(11세 이하) 6100엔
  다테야마 - 무로도 왕복 : 성인 9840엔, 아동(11세 이하) 4930엔
  다테야마 - 구로베 호수 왕복 : 성인 1만840엔, 아동(11세 이하) 9480엔

다테야마 가는 방법

1 도야마 지방 철도 : 도야마역 → 다테야마역

도야마역에는 2개의 역사가 있는데, 도야마역 바로 오른쪽에 있는 덴테츠 도야마역에서 타야 한다. 지방 철도라 속도는 빠르지 않으며, JR 레일패스는 적용되지 않는다. 65분 소요.

2 다테야마 케이블카 : 다테야마역 → 비조다이라

'케이블카' 하면 줄로 연결돼 대롱대롱 매달려 가는 교통수단을 생각하겠지만, 일본에서 케이블카는 경사가 있는 지형에 깔린 레일 위를 달리는 기차와 같다. 좌석이 경사에 따라 계단식으로 배치되어 있으며, 승강장도 계단으로 이루어져 있다. 7분 소요.

3 다테야마 고원 버스 : 비조다이라 → 무로도

버스를 타고 해발 1,500m의 자연 풍경을 차창 밖으로 감상할 수 있는데, 4월 성수기에는 어마어마한 설벽을 볼 수 있다. 미다가하라와 덴구다이라 정류장을 거쳐 무로도까지 간다. 총 50분 소요.

4 다테야마 터널 트롤리 버스 : 무로도 → 다이칸보

일반 버스가 아닌 전기로 가는 버스다. 다테야마 정상 봉우리를 가로지르는 터널 안을 달리는 이 버스는 일본에서 유일하게 정상까지 운행하는 교통수단으로 기록되어 있다. 10분 소요.

5 다테야마 로프웨이 : 다이칸보 → 구로베다이라

다테야마 로프웨이는 처음과 끝 사이에 지주가 없는 방식으로 운행하는 로프웨이 중 일본에서는 가장 긴 거리를 운행한다. 7분 소요.

6 구로베 케이블카 : 구로베다이라 → 구로베 호수

자연 경관 보호와 눈사태 방지를 위해 지하로 달리는 일본 유일의 케이블카다. 구로베 호수에서 구로베 댐까지는 도보로 약 15분 소요된다.

어디로 갈까?

구로베 댐에서 구로베시로 나가려면 또 한번 간덴 터널 전기버스와 노선버스를 타면 된다. 그러나 다시 도야마역으로 간다면? 앞서 언급한 6개의 교통수단을 다시 타고 똑같은 루트로 돌아가면 된다. 그러나 성수기에는 엄청난 인파로 오랫동안 줄을 서서 기다리고 타는 일을 반복해야 한다. 그러니 왕복표로 다시 도야마로 돌아올 생각이라면 이른 시간(오전 6~8시)에 출발하자.

SEE 02
무로도 정류장 室堂

다테야마 구로베 알펜루트 내 가장 높은 지대(2,450m)에 위치한 정류장으로, 일본에서도 최고 높이다. 대부분의 버스가 이곳에 내려 앞뒤에 위치한 관광스폿으로 안내한다. 이곳에 머물며 설벽과 눈밭을 감상하고, 원한다면 좀 더 걸어 온천도 할 수 있으며, 약수를 마실 수 있다.

SEE 03
눈의 대계곡 雪の大谷

다테야마 구로베 알펜루트의 하이라이트! 무로도는 해발 2,450m에 자리한, 세계에서도 손꼽히는 다설 지대. 매년 봄 알펜루트가 개통하는 시기에 맞춰 도로를 제설할 때 형성되는 500m 정도의 설벽 구간을 '눈의 대계곡'이라 부른다. 이 설벽이 7층짜리 빌딩 높이와 맞먹는 20m 높이에 달할 때도 있다. 도로 일부는 걸어 다닐 수 있도록 조성해놓았는데, 설벽 사이에서 걷는 기분은 어느 것과도 비교할 수 없다. 설벽은 4월 개장한 직후가 가장 높고, 6월 말에도 높이 10m 정도로 남아 있다.

📍 富山県中新川郡立山町芦峅寺ブナ坂外11(国有林内)
🕘 09:30~15:15

SEE 04

무로도 다이라
立山室堂平

무로도 정류장에서 내려 트롤리 버스를 탈 수 있는 역사에 들어서면 옥상으로 올라가는 계단이 나온다. 그 계단을 따라 올라가면 4~6월 기준으로 새하얀 눈밭이 펼쳐진 풍경을 만날 수 있다. 끝없이 이어지는 눈밭을 따라 걷다 보면 멀리 바다도 보인다.

- 富山県中新川郡立山町芦峅寺
- 076-432-2819
- 10:00~18:00(주말 휴무)

SEE 05

무로도 산장 室堂小屋

일본에서 가장 오래된 산장이다. 1980년대까지는 숙박 시설로 이용했지만, 문화재로 지정되면서 새로운 산장들이 인접 지역에 건설되었고 지금은 국가 중요문화재로 보존되고 있

다. 발굴 조사를 통해 12세기의 종교적 유물이 발견되었는데, 15세기경에 지은 건축물의 주춧돌이 확인되면서 가마쿠라(鎌倉)시대부터 승려와 수도승이 무로도 지역에서 종교 활동을 했다고 짐작된다. 현재 건물은 1726년 재건한 것으로, 비조다이라의 원생림에서 베어온 나무로 지었다고 알려진다.

- 富山県中新川郡立山町芦峅寺
- 076-463-1228
- www.murodou.co.jp

SEE 06

다테야마 약수터
立山玉殿の湧水

다테야마 다이라에 있는 약수터다. 물이 맑기로 유명해서 이 물을 마시기 위해 이곳까지 찾는 사람들도 많다. 약수를 마실 생각이라면 생수병이나 텀블러 등을 지참하면 좋다.

- 富山県中新川郡立山町芦峅寺

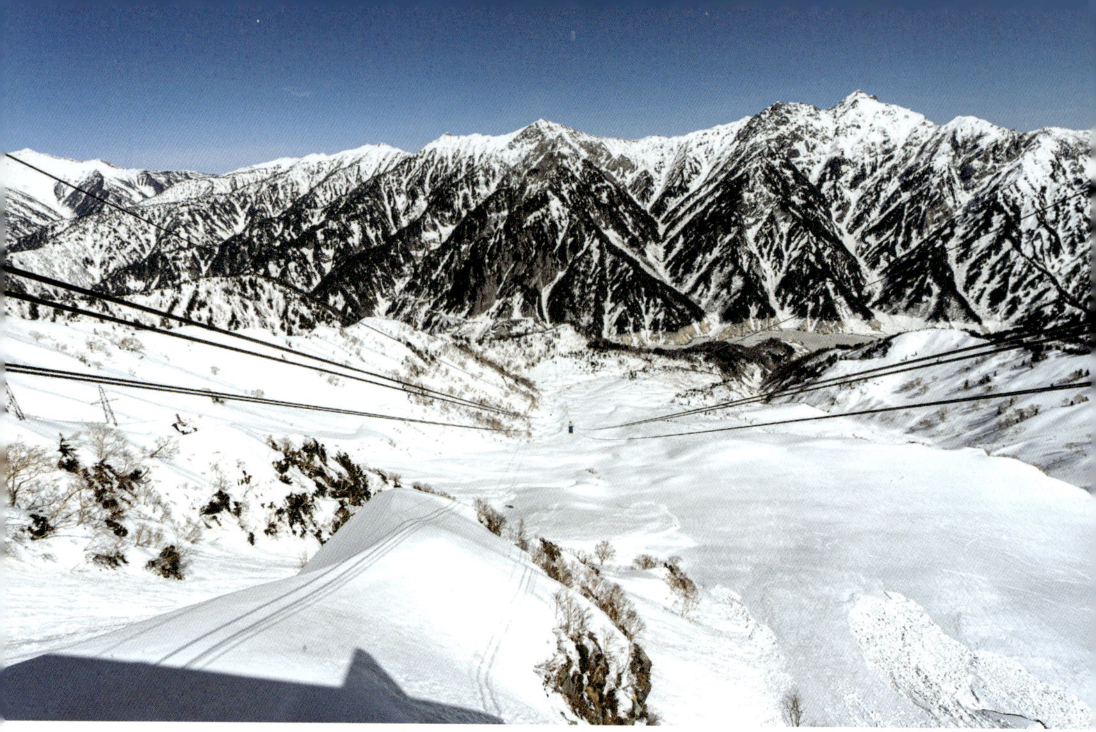

SEE 07

다이칸보 大観峰

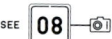

다이칸보 정류장 옥상 전망대에서 바라보는 다테야마와 구로베 댐이 이루는 호수 경치는 알펜루트 최고의 절경이다. 눈이 남아 있는 계절이면 설산이 연출하는 절경에 흠뻑 취할 것이다. 지주 없이 길게 늘어진 케이블카도 감상하고, 일본의 알프스를 배경으로 기념사진을 남기기도 좋다.

富山県中新川郡立山町芦峅寺 字ブナ坂外11(国有林内 大観峰駅屋上)

076-432-2819

SEE 08

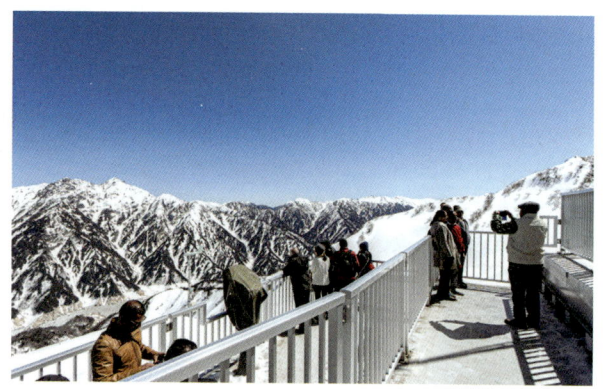

구로베다이라 黒部平

로프웨이를 타고 구로베다이라역에서 내리면 넓은 정원이 있고, 다테야마와 웅장한 경치가 그림처럼 펼쳐진다. 고산식물 관찰원도 있다.

富山県中新川郡立山町芦峅寺

076-463-5037

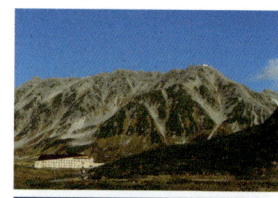

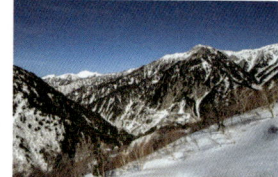

구로베 댐 黒部ダム

1963년에 완공된 일본 최대 규모의 아치형 댐이다. 일본에서 가장 높은 186m의 댐에서 하얀 물보라를 일으키며 힘차게 쏟아지는 물줄기의 모습은 그야말로 장관이다. 구로베 댐 방수 관람은 6월 말부터 10월 중순까지만 가능하다.

- 富山県中新川郡立山町芦峅寺
- 0261-22-0804
- 댐 방수 기간 (6월 26일~10월 15일), 06:00~17:30 (매월 시간 변동)
- www.kurobe-dam.com

구로베 유람선 가루베
黒部湖遊覧船ガルベ

눈앞에 펼쳐지는 북알프스와 구로베의 대자연을 편안하게 만끽할 수 있는 유람선이다. 최고 해발 1,448m의 구로베 호수를 30분 동안 유유히 떠다니며, 일본에서 가장 높은 곳에서 운항한다. 유람선 이름인 '가루베'는 '구로베'의 어원인 아이누어에서 유래된 것으로 2000년에 새로운 유람선을 도입하면서 안전 운행을 기원하며 이름 붙였다. 6월 1일부터 11월 10일까지만 운행한다.

- 富山県中新川郡立山町芦峅寺 (ブナ坂国有林内)
- 0261-22-0804
- 08:20~15:40
- 성인 1200엔, 아동 600엔

다테야마 소바 立山そば

엄청난 규모의 무로도 정류장 터미널에는 기념품 가게와 식당 등도 있다. 그러나 성수기라면 어디든 사람이 많아 대기 줄이 어마어마한데, 그중 다테야마 소바는 서서 먹는 식당이라 회전율이 높아 어렵지 않게 자리를 잡을 수 있다. 다테야마에서 채취한 채소를 듬뿍 넣은 우동을 판매하며, 도야마 명물인 송어초밥도 낱개로 판매한다.

- 富山県中新川郡立山町芦峅寺
- 08:30~16:15

 CITY 3

가나자와 金沢

가나자와는 호쿠리쿠 지방의 경제, 상업, 문화의 중심 도시이자 과거와 현재가 공존하는 흥미로운 도시다. 400년 전부터 전통 공예와 예술의 도시로 번성했는데, 2009년 유네스코 창의도시 네트워크의 '공예와 민속 예술' 분야로 선정될 정도로 현재도 그 명성을 이어나가고 있다. 또 전쟁과 재난의 피해가 거의 없어 '제2의 교토'라 불릴 정도로 볼거리가 많다.

ⓘ 가는 법 : JR 도야마역에서 아이노카제 도야마 철도나 호쿠리쿠 신칸센을 타고 JR 가나자와역에서 내려 가나자와 주유 버스를 이용한다.

SEE 01

가나자와 성 공원 金澤城公園

1583년부터 280년 동안 이시카와현과 도야마현을 지배한 마에다 가문이 거주했던 성이다. 화재가 발생해 대부분 불타 없어졌지만, 천수각을 제외한 다른 건물들은 여러 차례 재건됐다. 특히 이시카와 문은 1788년에, 산짓켄나가야는 1858년에 재건된 이래 지금까지 남아 있다. 모두 국가 지정 중요문화재다. 돌담은 시대와 장소에 따라 다른 구조를 보이는데, 그중에는 400년 이상 된 돌담도 있다. 가나자와 성의 실질적 정문인 가호쿠몬은 130년 만에 복원됐으며, 현재도 복원 중이다. '교쿠센 인마루 정원(玉泉院丸庭園)'은 1634년 3대 마에다 가문이 이 지역을 통치하던 시절 지은 정원이다. 메이지시대에 허물어졌으나, 2015년 당시 기록대로 복원했다. 성 공원 내에서 가장 아름다운 곳으로 꼽힌다.

📍 石川県金沢市丸の内1-1番1号
📞 076-234-3800 🕒 07:00~18:00(10월 16일~2월 08:00~17:00)
🎫 히시야구라·고줏켄나가야·하시즈메몬츠즈키야구라 성인 320엔, 18세 미만 100엔
🌐 https://www.pref.ishikawa.jp/siro-niwa/korean/top.html

SEE 02

가나자와 21세기 미술관 金澤21世紀美術館

관객 친화적인 현대미술관으로 일본에서 가장 인기 있는 미술관 중 하나로 손꼽힌다. 이 미술관을 유명하게 만든 것은 작은 미술관 중앙에 전시해놓은 레안드로 에를리히의 '수영장'이다. 위에서 보면 사람들이 물 안에 있는 것처럼 보이고, 바로 아래 지하로 내려가면 물속에서 수영장 밖을 바라보는 체험을 할 수 있다. 무료 전시도 많으며, 야외에 전시된 설치미술 작품은 누구나 쉽게 즐길 수 있도록 조성했다. 주말에는 미술관 주위에 푸드 트럭이 자리 잡고 수공예품 판매자들도 모여들어 꽤 떠들썩하다.

- 石川県金沢市広坂1-2-1　076-220-2800
- 10:00~18:00(금·토요일은 20:00까지, 월요일 휴무, 월요일이 공휴일과 겹치면 다음날 휴무)　성인 1400엔, 대학생 1000엔, 초·중·고등학생 500엔, 65세 이상 1100엔
- www.kanazawa21.jp

제임스 터렐 '블루 플래닛 스카이(Blue Planet Sky)'

레안드로 에를리히 '수영장(The Swimming Pool)'

올라푸르 엘리아손 '컬러 액티비티 하우스(Colour activity house)'

페르난도 로메로 '래핑(Wrapping)'

2개의 다리가 있는 켄로쿠엔의 상징 코토지토로

SEE 03
겐로쿠엔 兼六園

이바라키현 미토시의 가이라쿠엔, 오카야마현 오카야마시의 고라쿠엔과 더불어 일본 3대 정원 중 하나로 꼽히는 곳이다. 하나의 정원에서는 겸비하기 어려운 6개의 경관, 즉 광대함, 기교, 고색창연 등을 두루 갖추었다는 의미로 겐로쿠엔이라는 이름을 붙였다. 나무를 눈으로부터 보호하기 위해 우산살처럼 묶어 놓은 새끼줄인 '후유노 유키즈리'로 유명하다. 정원 넓이는 무려 약 105,000㎡(약 3만1800평). 마에다 가문이 여러 대에 걸쳐 지었는데, 1676년에 시작해 약 170년에 걸쳐 완성했다. 큰 연못 주변에 일본의 전통 악기(코토)의 현을 조율하는 안족을 닮은 석등, 고토지토로가 있는데, 겐로쿠엔의 대표적인 상징물이다.

- 石川県金沢市兼六町1　076-234-3800
- 07:00~18:00(10월 16일~2월 08:00~17:00)
- 18세 이상 320엔, 6~17세 100엔, 65세 이상 무료(신분증 필요)
- www.pref.ishikawa.jp/siro-niwa/kenrokuen/k/index.html

©Kanazawa City

나무를 눈으로 부터 보호하기 위해 우산살처럼 묶어놓은 새끼줄. 후유노 유키즈리

히가시 차야가이(히가시 찻집 거리)
ひがし茶屋街

가나자와는 에도시대에 번성했던 곳으로, 곳곳에 화려했던 당시의 흔적이 남아 있다. 세 곳의 찻집 거리도 그중 하나인데, 여기서 '찻집'이란 카페가 아닌 게이샤들이 춤을 추고 악기를 연주하는 전통적인 유흥 장소를 말한다. 당시 게이샤의 집으로 사용하던 건물은 현재 상점과 레스토랑, 카페로 사용되고 있으나, 몇몇 곳에서는 여전히 찻집이나 요정으로 운영해 저녁이면 게이샤가 노래를 하거나 전통 악기를 연주하는 소리가 간간이 들린다. 히가시 차야가이는 세 곳의 찻집 거리 중 규모가 가장 크고 인기 있는 거리다. 거리 입구에서부터 유카타나 기모노를 빌려 입고 거리를 활보하는 관광객을 만날 수 있다. 고스란히 보존된 찻집이나 전시용 주택 내부를 둘러볼 수 있으며, 골목 안쪽은 복잡한 미로같이 이어져 발길 닿는 대로 거닐며 구경하기도 좋다. 지정된 토요일에는 찻집 거리에서 게이샤 공연을 개최하니, 운이 좋다면 공연을 관람할 수도 있다. 이곳 건물은 교토 기온, 가나자와 가즈에마치와 함께 국가 지정 중요문화재로 지정됐다.

📍 石川県金沢市東山

SEE 05

시마 게이샤의 집 志摩

©Kanazawa City

1820년 히가시 차야가이가 형성되던 시기부터 자리를 지켜온 역사 깊은 찻집이다. 객실과 대기실, 안뜰 등 찻집 특유의 섬세하고 우아한 구조를 잘 보존해 국가 지정 중요문화재가 되었다. 2층 객실은 연회를 하기 좋게 별도의 칸막이나 옷장 없이 열린 구조가 특징이다. 별채에서는 안뜰을 바라보며 차를 마실 수 있다.

📍 石川県金沢市東山1-13-7
☎ 076-252-0887 ⏰ 09:30~17:30
💴 성인 500엔, 초등·중학생 300엔, 녹차 800(생과자 포함, 입장료 별도) 🌐 www.ochaya-shima.com

SEE 06

히가시 차야 휴게관 ひがし茶屋休憩館

히가시 차야가이 초입에 있는 관광 안내소다. 19세기 후반의 상가를 복원해 누구나 편하게 둘러보고 쉬어 갈 수 있는 곳으로 조성했다. 관광 안내 팸플릿을 구비해 정보를 얻을 수 있고, 가나자와의 관광 자원봉사자가 상주해 무료로 관광 안내(일본어)를 받을 수 있다.

📍 石川県金沢市東山1-5-14 ☎ 076-253-0087
⏰ 09:00~17:00(12월 1일~3월 15일은 09:30~17:00)

SEE **07**

가즈에마치 차야가이
主計町茶屋街

가나자와에 있는 세 곳의 찻집 거리 중 하나로, 히가시 차야가이에서 도보로 몇 분 거리에 있어 함께 돌아보기 좋다. 아사노가와대교에서 나카노하시 사이 강가에 늘어선 찻집 거리로, 아름다운 벚나무가 어우러져 계절마다 아름다운 풍경을 연출한다. 관광객으로 북적대는 히가시 차야가이보다는 한적한 편이라 사진 찍기 좋다. 히가시 차야가이와 함께 국가 지정 중요문화재 거리이기도 하다.

📍 石川県金沢市主計町

SEE **08**

니시 차야가이 にし茶屋街

서쪽에 위치한 찻집 거리라는 뜻의 니시 차야가이는 가나자와 3대 찻집 중 하나로, 시내 중심부에서 사이가와대교를 건너 500m 지점에 위치해 나머지 두 곳의 찻집 거리보다 접근성이 떨어진다. 작가 시마다 세이지로가 살던 찻집 터에 세운 가나자와시 니시 찻집 자료관은 이 거리에서 볼거리 중 하나로, 1층은 시마다 관련 자료를 전시하고, 2층에는 당시 호화로운 찻집의 모습을 재현해놓았다.

📍 石川県金沢市野町

SEE 09

가나자와역 金沢駅

호쿠리쿠 지방의 관문인 JR 가나자와역에 도착하면 웅장하고 조형미 있는 역사 건물에 놀라게 된다. 가나자와역은 주요 여행 잡지에서 '세계에서 가장 아름다운 기차역' 중 하나로 꼽는 역이다. 동쪽 광장, 유리와 금속으로 이루어진 거대한 돔 형태의 모테나시 돔을 지나면, 거대한 목제 조형물인 츠즈미 문이 가나자와로 안내한다. 모테나시 돔은 커다란 우산을, 츠즈미문은 북에 쓰이는 로프(調べ緒)를 모티브로 했다.

📍 石川県金沢市広坂1-1-1
☎ 076-220-2321

SEE 10

국립 공예관 国立工芸館

가나자와는 400년 전부터 일본 전통문화와 예술의 발상지로 자리 잡아 '공예의 도시'로 유명하다. 이러한 명성은 2022년 도쿄에 있던 국립 공예관이 이전해 오면서 더욱 공고해졌다. 공예관은 건물부터 특별하다. 메이지시대 군대가 사용하던 시설을 당시의 외관으로 복원된 건물(국가 등록 유형문화재) 두 동을 이용해 고풍스러운 분위기를 풍긴다. 공예관에는 주로 20세기 이후 제작한 1900점 이상의 미술 공예품을 소장하고 있는데, 그중에는 일본 전통 공예의 최고라 할 만한 인간문화재의 작품도 다수 포함돼 있다. 이시카와 현립 미술관, 역사 박물관, 가나자와 21세기 미술관 등 여러 박물관과 미술관이 모여 있는 겐로쿠엔 정원 인근에 있어 함께 둘러보기 좋다.

📍 石川県金沢市出羽町3-2
☎ 050-5541-8600
🕘 09:30~17:30(월요일 휴무, 월요일이 공휴일인 경우 다음 날 휴무)
💴 성인 1000엔, 대학생 800엔, 고등학생 500엔, 중학생 이하 무료
🌐 www.momat.go.jp/craft-museum

봄에 촬영된 국립공예관 외관
Photographer Takumi Ota

EAT 01

오미초 시장
近江町市場

18세기 중반에 장이 선 이후, 280년 넘게 가나자와를 대표해온 시장이다. 동해에서 바로 잡아 올린 신선한 수산물을 판매하는 생선 가게, 가나자와 특산 채소, 과일, 건어물, 일용품과 의류, 음식 등을 판매하는 가게 170여 개가 자리해 늘 북적인다. 특히 11월에는 동해에서 잡은 게와 방어, 단새우를 판매해 이 시기 더욱 붐빈다. 시장 내에는 드러그스토어 등 여러 상점이 입점한 오미초 시장관도 있다.

- 石川県金沢市上近江町
- 076-231-1462
- 가게마다 다름
- https://ohmicho-ichiba.com

EAT 02

사시미야 刺身屋

오미초 시장에는 가나자와의 명물 가이센동을 판매하는 해산물 전문 식당이 많다. 가이센동은 2500~3000엔 정도 가격에 큼지막한 해산물을 빼곡히 올린 것을 기준으로, 가짓수가 조금씩 빠지면서 저렴해진다. 사시미야는 규모는 작지만 단골손님으로 가득 차는 식당이다. 메뉴를 주문하면 그 자리에서 정성스럽게 만들어 내온다. 밥 위에 올린 회는 신선하고 두툼해서 만족스럽다.

- 石川県金沢市青草町88 近江町いちば館2F
- 076-225-8080
- 월~금요일 10:30~21:00, 토·일요일·공휴일 09:30~21:00(1월 1~4일 휴무)
- http://www.sashimiya.jp

EAT 03

챔피언 카레 カレーのチャンピオン近江町店

1961년 창업해 한결같이 가나자와 카레의 전통을 이어온 맛집이다. 다른 카레집이 화려한 토핑으로 승부를 볼 때 이 집은 카레 본연의 맛에 집중한다. 플레이팅은 소박하지만, 한입 떠먹으면 놀라운 카레의 세상을 경험할 수 있다. 진득하면서도 크리미하고 깊으면서도 상큼한 맛은 카레에 채소와 고기 등을 넣고 오래 끓인 결과다. 카레 양이 밥에 비해 조금 작은 듯하지만, 카레는 추가할 수 있으니 걱정할 필요 없다.

- 📍 石川県金沢市青草町88近江町いちば館
- 📞 076-255-2353
- 🕐 월~금요일 11:00~20:00, 토·일요일 10:00~20:00(L.O 19:30)
- 💰 챔피언 카레 730엔, 가츠 카레 860엔
- 🌐 https://chancurry.com/shoplist/ohm-icho

EAT 04

미요시안 三芳庵

겐로쿠엔 안에 있는 전통 레스토랑 겸 찻집이다. 간소한 가이세키 요리와 도시락 등을 선보인다. 창가에 앉으면 히사고이케 연못과 폭포 등을 바라보며 식사할 수 있는데, 연못에 떠 있는 듯한 느낌이 든다.

- 📍 石川県金沢市兼六町1-1-11
- 📞 076-221-0127
- 🕐 09:30~16:30(수요일 휴무)
- 💰 차 세트 750엔

EAT 05 🍴

이마이 킨파쿠 히로사카점 今井金箔広坂店

다양한 금박 제품을 판매하는 기념품 가게 겸 아이스크림 가게. 가나자와 전통 금박 공예품부터 식용 금박을 이용한 먹거리까지 번쩍이는 제품으로 가득하다. 인기 메뉴는 금박을 아이스크림에 올린 금박 아이스크림. 종이처럼 얇은 금박은 막상 먹어보면 맛이 느껴지지는 않지만, 그저 보기만 해도 황홀하며, '금을 먹는다'는 특별한 경험으로서 가치가 있다. 사진 촬영용으로도 좋다.

- 石川県金沢市広坂1-2-36
- 076-221-1109
- 10:00~17:00(월·금요일 휴무)
- 금박 아이스크림 600엔
- www.kinpaku.co.jp

EAT 06 🍴

잇푸쿠야 いっぷくや

오미초 시장에 위치한 오뎅집이다. 신선한 재료로 만든 가나자와 오뎅을 원하는 만큼 골라 먹을 수 있다. 가게 특성상 오래 머물며 먹기보다는 가볍게 들러 스탠딩 테이블에서 서서 먹고 가는 구조다. 구루마후(車麩), 바이가이(ばい貝), 아카마키(赤巻), 후카시(ふかし), 에비멘(えび面), 노도쿠로멘(のど黒面) 등이 인기 메뉴. 한국어 메뉴판이 있어서 편리하며, 현금만 가능하다.

- 石川県金沢市上近江町50
- 076-223-3789
- 09:00~18:00(수요일 휴무, 공휴일 전날·당일은 영업)
- 150~300엔
- www.kachigumi.co.jp/ippukuya

AREA 08·09

Kyoto
Hyogo

교토부·효고현 京都府·兵庫県

자연이 만든 하늘로 가는 다리
아마노하시다테

일본에서 가장 아름다운 어촌
이네

이네만을 따라 늘어선 수상 가옥
후나야

7개 온천 도장 깨기
소토유메구리

유카타 입고 산책하는 온천 마을
기노사키 온천

Kyoto·Hyogo

FOOD STORY

❝ 교토부와 효고현은 동해와 태평양에 접해 해산물이 풍부하며, 영덕대게 등 우리나라와 겹치는 품목도 많다. 대게의 인기는 지역 경제를 움직일 정도로 어마어마한데, 온천 지역의 특수성이 더해져 겨울이 여행 성수기로 꼽힐 정도다. 또 기노사키에서는 황새 등 야생동물을 보호하기 위해 유기농 농법으로 농사짓는 쌀도 유명하다. ❞

아사리동(바지락덮밥) あさり丼
어부들이 즐겨 먹던 음식으로, 조개 국물을 낸 뒤 달걀을 넣어 만든다. 식당에 따라 조리법이 조금씩 다르다.

지에노 모치(지혜의 떡) 智恵の餅
미야즈 지방에서 700년 전부터 전해져 내려오는 특산물로, 팥을 올린 작은 떡이다. 아마노하시다테의 지온사 앞에는 예로부터 이 떡을 즐길 수 있는 네 곳의 찻집이 자리한다.

우지차 宇治茶
교토부 우지시에서 생산하는 우지차는 시즈오카차, 사야마차와 함께 일본 3대 차로 불린다. 우지시는 차 생산 기술을 일본 전국에 퍼뜨렸다고 해서 '일본 차의 고향'이라 불린다. 우지차는 단맛과 쓴맛이 균형 잡혀 있고 담백한 맛이 특징이다. 우지차를 그대로 마셔도 맛있지만, 디저트나 요리로도 사랑받는다.

마츠바 가니(영덕대게) 松葉がに
위도상 우리나라 영덕, 포항과 마주 보고 있는 곳이라 이 지역도 대게로 유명하다. 겨울철 동해에서 잡히는 영덕대게는 크고 달콤한 것으로 유명하고, 회, 구이, 스키야키, 튀김 등으로 먹으며, 겨울철 별미로 꼽힌다.

츠츠카와 소바 筒川そば

이네의 산간부 츠츠카와 지역은 일교차가 커서 질 좋은 메밀을 생산한다. 이 메밀로 소바를 만들어 자연 건조한 츠츠카와 소바는 메밀의 본래 맛과 향이 일품이다.

이네만카이 伊根満開

바닷가 해안 도시 이네의 작은 양조장에서 빚은 술이다. 로제 와인같이 옅은 붉은색을 띠며 새콤달콤한 맛에 가벼워서 누구나 먹기 좋다. G20 오사카 정상회의 점심 정찬에 오르며 더 유명해졌는데, 유명세 덕분에 일찍 가지 않으면 금방 매진된다.

온센타마고(온천 달걀) 温泉卵

기노사키 온천 모토유(원천)에서 삶은 달걀이다. 본인이 직접 삶을 수 있어 개인의 취향에 맞게 익힘 정도를 조절할 수 있지만, 반숙으로 삶아 간장을 첨가해 푸딩처럼 떠먹는 것이 제일 맛있다.

기노사키 맥주 城崎ビール

구비가부(グビガブ) 양조장 & 레스토랑에서 제조하는 지역 맥주다. 효고현이 물이 좋아 사케로 유명하니, 맥주도 맛있을 거라는 생각에 1997년 기노사키 맥주를 생산하기 시작했다. 지역 특산품인 대게, 다지마규, 채소 등과 잘 어울리는 맛이다. 필스너, 스타우트, 바이젠 외에 '게'와 함께 마시기 위해 개발한 '게 맥주'도 있다.

다지마규 但馬牛

일본 고급 소고기인 고베규는 다지마 지방에서 태어나 자란 소 중 엄선해서 고른 소의 고기를 말한다. 그러니 다지마규와 고베규는 본래 같은 품종인 셈이다. 고베규와 마찬가지로 다지마규 역시 풍미와 부드러움, 마블링에서 최고로 꼽힌다. 스테이크, 샤부샤부, 볶음밥 등 다양한 요리로 즐길 수 있다.

TRANSPORTATION

Kyoto·Hyogo

"교토부와 효고현은 오사카, 교토, 나라, 고베 등 유명 도시가 있는 혼슈 간사이 지방에 자리 잡고 있다. 북쪽으로 우리나라와 동해를 공유하고 남쪽으로 태평양과 맞닿은 지역이지만, 이 책에서는 동해 해안가에 자리 잡은 세 곳의 작고 신비로운 도시를 소개한다."

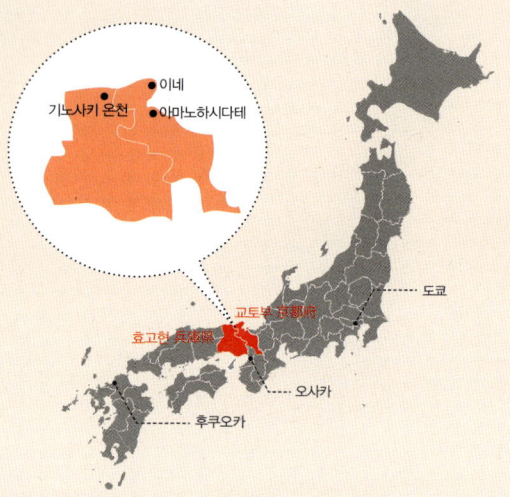

교토부·효고현 여행의 시작, 아마노하시다테까지 어떻게 갈까?

아마노하시다테가 있는 교토부 미야즈와 기노사키 온천이 있는 효고현 기노사키는 간사이 국제공항으로 입국해 JR 오사카역이나 JR 교토역에서 기차로 갈 수 있다. 거리상으로는 공항과 멀지 않지만, 신칸센이 다니는 구간이 아니다 보니 어느 곳에서든 2~3시간 걸린다. 교토부 이네는 아마노하시다테에서 버스로만 갈 수 있으니, 아마노하시다테와 묶어서 돌아보길 권한다.

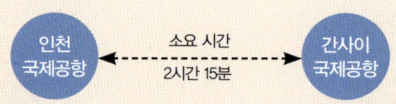

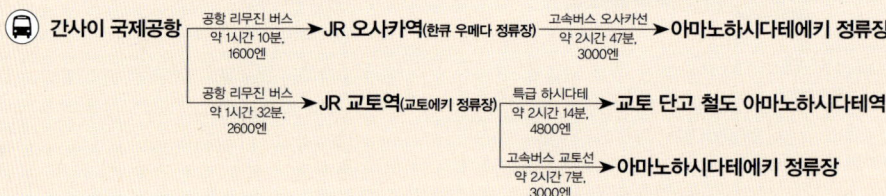

*간사이 국제공항에서 시내까지 이동에는 여러 방법이 있으므로 각자의 시간과 예산에 따라 선택하자.
*고속버스 시간 www.tankai.jp/en/bus/express-bus

간사이 지역 패스

JR 간사이 와이드 패스(광역 레일 패스)

간사이 패스와 간사이 미니 패스는 아마노하시다테와 기노사키 온천까지는 적용되지 않는다. 따라서 이보다 더 비싼 광역 패스를 사용해야 한다. 간사이 와이드 패스는 오사카, 교토, 아마노하시다테, 기노사키 온천뿐 아니라 돗토리, 오카야마, 다카마츠까지 사용 가능해 5일 이상 서일본 곳곳을 부지런히 돌아볼 여행객에게 유용하다. 서일본 JR 버스도 탑승 가능하다.

- 5일권 12세 이상 1만2000엔, 6~11세 6000엔, 1~5세 무료(성인 동반 시 2명까지)
- www.westjr.co.jp/global/kr/ticket/pass/kansai_wide

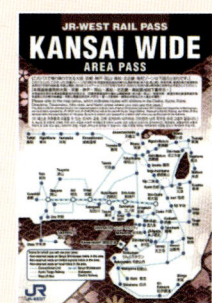

지역 관광 패스

바다의 교토 트레인

아마노하시다테-이네 관광 패스

아마노하시다테와 이네의 모든 관광지를 돌아볼 사람이라면 이득인 패스다. 아마노하시다테 유람선, 이네 유람선, 가사마츠 공원 케이블카(리프트), 미야즈시·이네마치 등의 노선버스 이용권 등이 포함돼 있다. 국내 패스 예약 사이트나 아마노하시다테 관광 안내소, 아마노하시다테 유람선 선착장 등에서 판매한다.

- 2일권 13세 이상 3400엔, 6~12세 1700엔

기노사키 머스트 비지트 패스

기노사키 온천의 관광지 입장료와 체험권이 포함된 패스. 기노사키 로프웨이의 왕복 요금, 기노사키 전통 공예인 밀짚세공(패스 한정 오리지널 체험) 30분 체험 요금, 온센지 관람료와 보물관 입장료 등이 포함돼 있다. 국내 패스 예약 사이트나 JR 기노사키온센역 근처에 있는 소조로(SOZORO) 관광 안내소에서 구입할 수 있다.

- 3일권 2800엔

단고 아카마츠호·구로마츠호

특별한 테마 열차에 관심이 있다면 교토 단고 철도 후쿠치야마역, 니시마이즈루역, 아마노하시다테역을 잇는 관광열차를 탑승해보자. 교토 단고 철도가 운행하는 '단고 아카마츠호'와 '단고 구로마츠호'는 모두 예약제 특별 열차다. 특별한 인테리어와 서비스를 갖춘 기차를 타고 아름다운 동해 풍경을 누릴 수 있다.

- 단고 구로마츠호 https://travel.willer.co.jp/train/tantetsu
  단고 아카마츠호 https://travel.willer.co.jp/train/tantetsu/aomatsu

©WILLER MARKETING CORPORATION

― Kyoto·Hyogo ―

COURSE FOR YOUR TRIP
대도시·소도시 5박 6일 추천 코스

"간사이 국제공항으로 입국해 교토와 오사카를 거쳐 미야즈(아마노하시다테, 이네)를 돌아보는 일정. 대도시와 소도시를 적절히 섞어서 돌아보는 긴 일정의 코스다. 대도시 상세 일정은 생략한다."

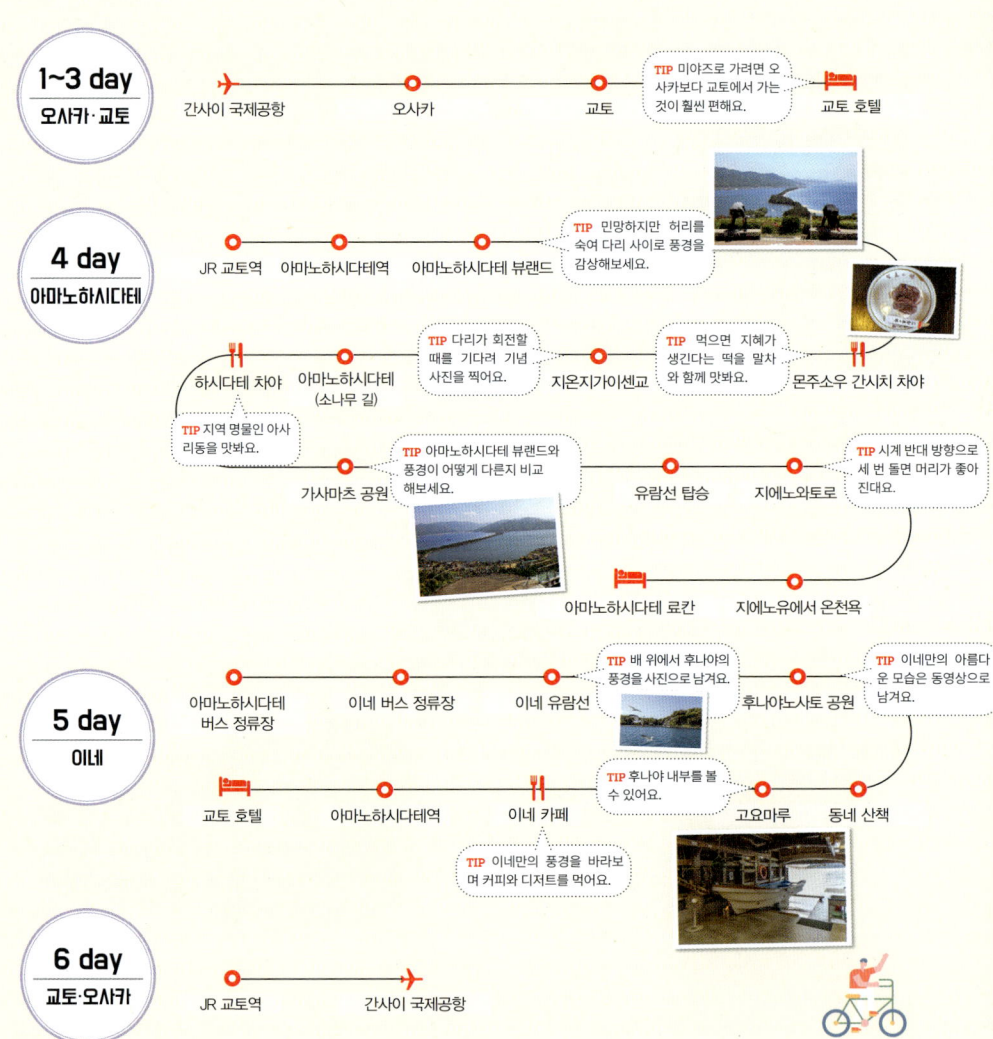

온천 마니아의 오사카·기노사키 온천 3박 4일 코스

> 대도시와 소박한 온천 마을을 돌아볼 수 있는 코스. 기노사키 온천에서 2박 3일 머물면서 네 곳의 소토유를 순례하는 일정이다. 동네가 작아 걸어서 돌아볼 수 있어 느긋하게 온천과 관광, 미식을 즐길 수 있다. 다만 돌아오는 여정이 길기 때문에 항공편은 최대한 늦게 출발하는 것으로 예약해야 가능하다.

1·2 day 오사카·기노사키
간사이 국제공항 → 오사카 관광 → JR 오사카역 → JR 기노사키온센역 → 소토유 순례 1 → 기노사키 료칸

3 day 기노사키
소토유 순례 2 → 야쿠시 포켓 공원 → 기노사키 젤라토 카페 차야 (TIP 푸딩 같은 온센 타마고를 맛봐요.) → 기노사키 온천 로프웨이 (TIP 산 정상에 올라 기노사키 온천 마을의 풍경을 조망해요.)

기노사키 료칸 → 스케로쿠 (TIP 대게덮밥 가니치라시를 맛봐요.) → (TIP 유카타를 입고 오타니깅 쪽에서 사진을 찍어요.) → 온천 거리 산책 → 소토유 순례 3 → 온센지 (TIP 약이 되는 온천수를 반 잔 정도 마셔요.)

4 day 오사카·기노사키
소토유 순례 4 → 료칸에서 가이세키 → JR 기노사키온센역 → JR 오사카역 → 간사이 국제공항

동해 해안 마을 당일치기 코스

> 오사카(교토)에 베이스캠프를 두고 동해 해안 마을 세 곳을 모두 당일치기로 다녀오는 코스다. 아침 일찍 서둘러야 가능한 일정이다. 꼭 돌아오는 기차와 버스 시간을 확인하고 일정을 짜자.

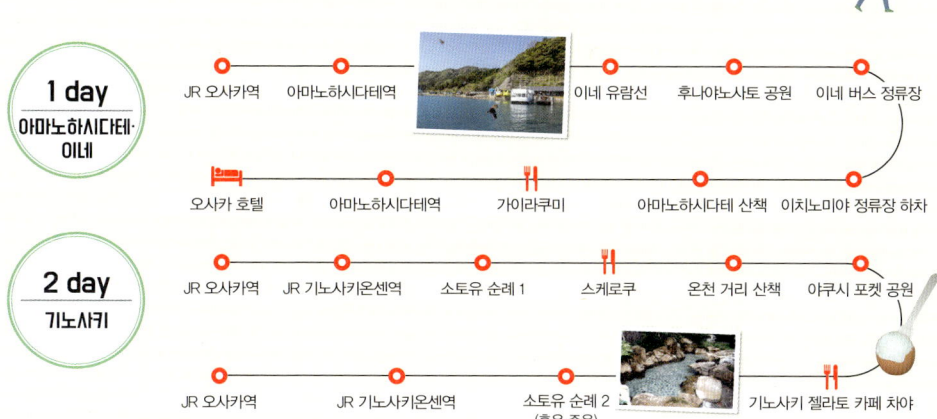

1 day 아마노하시다테·이네
JR 오사카역 → 아마노하시다테역 → 이네 유람선 → 후나야노사토 공원 → 이네 버스 정류장

오사카 호텔 ← 아마노하시다테역 ← 가이라쿠미 ← 아마노하시다테 산책 ← 이치노미야 정류장 하차

2 day 기노사키
JR 오사카역 → JR 기노사키온센역 → 소토유 순례 1 → 스케로쿠 → 온천 거리 산책 → 야쿠시 포켓 공원

JR 오사카역 ← JR 기노사키온센역 ← 소토유 순례 2 (혹은 족욕) ← 기노사키 젤라토 카페 차야

CITY 1

아마노하시다테 天橋立

교토부 북부 미야즈의 대표 관광지 아마노하시다테는 일본 3경 중 하나로 꼽힌다. 지명의 뜻이 '하늘로 가는 다리'인데, 양쪽에 우뚝 선 산에서 보면 천국과 지상을 연결하는 길처럼 보이기 때문이다. 인근에는 절이나 전망대, 온천 등 관광지가 꽤 있으니 느긋한 마음으로 하루 이상 돌아볼 것을 권한다.

① 가는 법: 교토 단고 철도 아마노하시다테역에서 내려 도보로 이동한다.

1 일본 3경이란? 미야기현 마츠시마(松島), 히로시마현 미야지마(宮島), 교토부 아마노하시다테를 말한다.

2 전설 속 아마노하시다테 일본 신 이자나기노 미코토가 하늘과 땅의 밀회를 위해 사다리를 세웠다. 그러다 잠자는 동안 그 사다리가 쓰러져 지금의 아마노하시다테가 되었다고.

TO DO LIST
아마노하시다테를 감상하는 법

아마노하시다테의 독특한 지형은 몇천 년에 걸쳐 모래가 쌓여 형성된 것이다. 약 3.6km의 좁고 긴 길에는 소나무가 800그루가량 늘어서 있고 양쪽이 바다라 산책하기 가장 좋다. 그러나 왕복으로 걷기에는 결코 가까운 거리는 아니니, 다양한 방식을 염두에 두고 돌아보자.

1 산책하기
자연이 만든 아름다운 길은 걸으며 돌아보는 것이 가장 좋다. 걷기에는 좀 먼 거리지만, 곳곳에 벤치와 화장실 등 편의 시설을 갖추어 쉬어 갈 수 있다.

ⓘ 소요 시간 편도 약 1시간

2 자전거 타기
아마노하시다테를 더 빠르게 돌아보는 방법이다. 아마노하시다테 남쪽과 북쪽, 두 곳의 자전거 대여소가 있어 편도 이용도 가능하다. 동네 곳곳에 사설 자전거 렌털 업체도 많으니, 가격을 비교해보고 선택하자.

ⓘ 렌털 장소 아마노하시다테 부두, 이치노미야 부두
ⓘ 소요 시간 편도 약 20분
ⓘ 아마노하시다테 렌털 사이클 2시간 400엔, 1시간 초과 시 200엔

3 유람선 타기
아마노하시다테와 이치노미야를 오가는 유람선이다. 유람선을 타고 풍경을 감상하면서 갈매기에게 먹이(에비센)를 던지는 재미도 쏠쏠하다. 에비센은 유람선 내에서 판매한다.

ⓘ 탑승 장소 아마노하시다테 부두 京都府宮津市 大垣118-1, 이치노미야 부두 京都府宮津市 大垣118-1
ⓘ 소요 시간 편도 12분
ⓘ 아마노하시다테 부두~이치노미야 부두 편도 800엔, 왕복 1300엔(초등학생 반값)

아마노하시다테 뷰랜드 天橋立ビューランド

아마노하시다테 남쪽 몬주산 정상에 있는 전망대이자 놀이공원이다. 130m 높이에 자리하지만, 리프트와 모노레일이 연결되어 편하게 오를 수 있다. 전망대에서는 몸을 굽혀 다리 사이에 머리를 두고 경치를 감상하는 사람들을 볼 수 있다. 이를 마타노조키(股のぞき)라 부르며, 이곳에서 이 방식으로 보면 아마노하시다테가 하늘로 승천하는 용의 모습처럼 보인다고 한다. 또 놀이공원답게 관람차, 페달카로 즐기는 스카이 레일, 스카이워크 등 다양한 놀이기구와 액티비티가 마련돼 있다.

- 京都府宮津市文珠 0772-22-1000
- 2월 21일~7월 20일 09:00~17:00, 7월 21일~8월 20일 08:30~18:00, 8월 21일~10월 20일 09:00~17:00, 10월 21일~2월 20일 09:00~16:30
- 중학생 이상 850엔, 초등학생 450엔, 성인 1명당 유아 1명 무료(리프트·모노레일 왕복 승차 요금과 입장료 포함, 놀이기구 이용 요금 별도)
- www.viewland.jp

아마노하시다테를 감상하는 자세 '마타노조키'

가사마츠 공원 傘松公園

아마노하시다테 공원 북쪽에 위치한 가사마츠 공원은 절경을 조망할 수 있는 또 하나의 뷰포인트다. 해발 130m에 위치하며, 후추역(府中駅)에서 체어 리프트와 케이블카를 타고 4~6분 만에 정상에 오를 수 있다. 이곳에서도 마타노조키 방식으로 풍경을 볼 수 있다. 놀이공원인 뷰랜드에 비해 한적한 분위기다. 나무 덱으로 이루어진 전망대 '스카이 덱', '콜로세움'과 소원을 담아 종이 울리면 소원이 이루어진다는 '소원의 종'. 누구나 자유로이 피아노를 연주할 수 있는 '가사마츠 파크 피아노' 정도가 볼거리다.

- 京都府宮津市字大垣75
- 0772-27-0032 09:00~17:00
- 중학생 이상 편도 340엔, 왕복 680엔 / 초등학생 편도 170엔, 왕복 340엔

가사보 지장 かさぼう地蔵

아마노하시다테의 탄생과 함께 태어난 요정. 가사마츠 공원에 살면서 아마노하시다테를 지켜보고 있다.

SEE 03

가이센교 廻旋橋

남쪽 마을에서 아마노하시다테를 잇는 낮은 다리로, 페리와 바지선이 지나갈 때면 90도로 회전해 길을 터준다. 1923년에 건설된 다리는 수동이었다가 드나드는 배가 많아지면서 1960년 5월 전동식으로 바뀌었다. 많게는 하루 50회 정도 움직이는데, 유람선 스케줄에 맞춰 찾아가면 오래 기다리지 않고 볼 수 있다.

📍 京都府宮津市文珠47

SEE 04

지온지 智恩寺

입시나 중요한 시험을 앞두고 있다면 주목! 아마노하시다테 입구 바로 앞에 있는 절로, 지혜를 관장하는 문수보살을 모신다. 입구에 서 있는 산몬(三門)은 이 지역에서 가장 큰 문이며, 교토부 문화재로 등록되어 있다.

📍 京都府宮津市文珠466
☎ 0772-22-2553
🌐 www.monjudo-chionji.jp

행운과 운세를 점치는 부채

지에노와토로(지혜의 원형 등롱) 知恵の輪灯籠

아마노하시다테 부두 옆에 놓인 지혜의 고리다. 이곳을 시계 반대 방향으로 세 번 돌면 머리가 좋아진다고 한다. 예전에는 입항하는 배의 안전을 위해 작은 등대로 사용했다고 한다.

SEE 05

지에노유 智恵の湯

아마노하시다테는 온천으로도 유명한 지역으로, 온천 시설을 갖춘 고급 료칸도 많다. 이 동네에서 유일한 대중 온천인 지에노유는 료칸에 머물지 않아도 온천을 즐길 수 있는 좋은 시설이다. 다양한 노천탕과 내탕이 있는데, 아마노하시다테의 상징인 지에노마토로 모형이 서 있는 내탕도 있고, 전세탕도 있다. 아마노하시다테역 바로 앞에 위치해 접근성도 좋다.

- 京都府宮津市文珠640-73
- 0772-22-1515　12:00~21:00(수·목요일 휴무)
- 중학생 이상 800엔, 초등학생 400엔, 유아는 어른 1명당 1명 무료
- www.viewland.jp/chienoyu

tip 아마노하시다테역 관광 안내소, 뷰랜드 등의 시설에서 지에노유 50엔 할인권을 받을 수 있다.

대탕에 있는 아마노하시다테의 상징

SEE 06

모토이세 고노 신사 元伊勢 籠神社

아마테라스오카미(天照大神)와 도요우케노오카미(豊受大神)를 미에현 이세 신궁으로 옮기기 전, 이곳에 모시고 있었다고 해서 '모토이세(과거 이세 신궁이 있었다는 뜻)'로 불린다. 당시 아마노하시다테는 '고노 신사'의 참배길이었다. 신을 모시는 혼덴 정면에서는 이세 신궁과 고노 신사에만 장식할 수 있는 '5색 스에다마(座玉, 구슬)'가 영롱한 빛을 내뿜는다. 경내에는 지하에서 흐르는 물소리를 들을 수 있는 스이칸구츠(水琴窟)가 마음을 평온하게 해준다.

- 京都府宮津市大垣430
- 077-227-0006
- 07:30~17:00
- www.motoise.jp

지하에서 흐르는 물소리를 들을 수 있는 스이칸구츠

SEE 07

나리아이지 成相寺

아마노하시다테가 내려다보이는 산 중턱에 위치한 절이다. 사이고쿠 관음 순례의 28번째 절로 사람들의 방문이 끊이지 않는다. 1300년의 역사를 지닌 본당과 오층탑, 전망대 등이 볼거리. 가을이면 오층탑 주변의 단풍이 붉게 물들어 마치 한 폭의 그림과 같은 풍경이 펼쳐진다.

京都府宮津市成相寺339　0772-27-0018
08:00~16:30　www.nariaiji.jp

EAT 01

가이라쿠미 海楽味

역 앞 식당은 가격 대비 만족도가 떨어진다는 편견을 깨는 식당. 아마노하시다테역 바로 앞에 있는 맛집으로, 기념품 가게를 겸한다. 이 지역 명물인 게·해산물 정식도 유명하지만, 가게에서 직접 말린 생선을 숯불에 구워주는 메뉴가 인기다. 밥반찬뿐 아니라 술안주로도 좋다.

숯불에 구운 히모노 구이

京都府宮津市文珠640-59
0772-22-2451
월~금요일 10:30~17:00, 토·일요일 10:30~18:30
가니이리 나베야키 우동(게 냄비 우동) 정식 1555엔, 히모노(말린 생선) 구이 정식 1815엔
www.showabussan.jp

가니이리나베야키 우동 정식

료칸답게 정갈한
가이센 돈부리

다이쿄로 - 아구라 対橋楼 - 阿蔵

료칸 다이쿄로에서 운영하는 식당이다. 아침에는 료칸 숙박객을 위한 조식당으로 이용되지만, 점심에는 일반인도 식사할 수 있다. 게요리, 가이세키 정식 등 고급 요리부터 간단한 해산물 정식까지 판매한다. 다다미방에 앉아 아마노하시다테의 풍경을 감상하며 식사를 할 수 있다. 료칸의 명성답게 맛도 수준급.

- 京都府宮津市文珠471
- 0796-32-2487
- 월~금요일 11:00~14:00, 토·일요일·공휴일 11:00~14:30 (부정기 휴무)
- 가이센 돈부리(해물덮밥) 1980엔
- www.taikyourou.com

하시다테 차야 はしだて茶屋

아마노하시다테 초입이라는 놀라운 위치에 자리 잡은 찻집이자 식당이다. 아마노하시다테의 특산물인 아사리(浅蜊), 즉 바지락을 가득 올린 아사리동을 판매한다. 관광지에 위치한 식당치고는 가격이 비싸지 않은 편. 단팥죽이나 당고 등의 디저트도 판매하는데, 막대기에 꽂아 나오는 구운 어묵 구로치쿠와는 별미 중의 별미다.

어부들이 즐겨 먹던
아사리동

- 京都府宮津市文珠 內 天橋立公園
- 0772-22-3363
- 10:00~17:00 (목요일 휴무)
- 아사리동 1100엔, 구로치쿠와 450엔
- www.hashidate-chaya.jp

EAT 04

레스토랑 몬주 れすとらん文珠

가이센 다리 바로 앞에 있는 관광지 음식점답게 돈가스, 카레, 우동, 회덮밥까지 다양한 음식을 판매한다. 그중 바지락 우동(아사리 우동)과 생선 가마찜(さかなのかま煮)이 대표 메뉴인데, 정식 메뉴는 대부분 먹을 만하다. 된장으로 비린내를 잡은 고등어 미소 조림 정식도 맛있다.

- 京都府宮津市文珠476
- 0772-22-2805
- 10:30~15:30(목요일 휴무)
- 아가미찜 정식 1100엔, 고등어 미소 조림 정식 1100엔, 바지락 우동 1100엔

EAT 05

카페 드 팡 カフェ・ドゥ・パン

아마노하시다테의 풍경을 편안히 누리고 싶은 이들을 위한 카페. 넓은 창으로 바다와 가이센교가 한눈에 들어오는 풍경을 바라보며 느긋한 시간을 보내기 좋다. 카페 창을 통해 갈매기를 만날 수 있는데, 카페에서 갈매기 먹이 에비센도 판매한다. 커피, 디저트, 베이커리, 가벼운 식사 메뉴를 판매하며, 지역 특산물인 정어리를 넣은 샌드위치 사딘(サーディン) 버거가 시그너처 메뉴다.

- 京都府宮津市文珠468
- 0772-22-1313
- 09:00~18:00
- 사딘 버거 세트 850엔
- www.amanohashidate.org/chitose

EAT 06

몬주소 간시치 차야 文珠莊 勘七茶屋

지역 명물인 지혜의 떡 '지에노모치(智恵の餅)'를 판매하는 네 곳의 가게 중 하나로, 1690년 문을 열었다. 예부터 지온사를 참배하고 나서 이 떡을 먹는 전통이 있었다고 한다. 지에노모치는 3개가 한 세트인데, 엄지만 한 작은 떡에 단팥이나 콩가루 등을 올려 내온다. 말차를 곁들여 먹으면 더 맛있으며, 계절 한정 전통 디저트도 선보인다. 지에노모치는 가게마다 조금씩 맛이 다르다고 하니 비교해보는 재미도 있을 것 같다.

- 京都府宮津市天橋立回旋橋畔471-1
- 0772-22-2101
- 09:00~17:00(수요일 휴무)
- 지에노모치 3개 450엔, 말차 400엔
- https://www.monjusou.com/group/chaya

EAT 07

구로마메 소프트 크림 黒豆ソフト
(마운틴 마우스 マウンティーンマウス)

카페와 아이스크림 가게, 자전거 렌털을 겸하는 가게다. 커피보다는 아이스크림이 더 유명한데, 가게 한쪽 테이크아웃 주문·픽업대를 따로 만들어 개별 가게처럼 조성했다. 다양한 맛의 아이스크림 중 검은콩 아이스크림이 제일 유명하다. '검은콩 소프트(黒豆ソフト)'를 간판으로도 내걸었을 정도. 부드럽고 풍부한 맛의 바닐라 아이스크림에 검은콩 가루를 넣어 고소하다.

- 京都府宮津市文珠465
- 0772-22-3668
- 09:00~18:00(부정기 휴무)
- 검은콩 아이스크림 370엔

이네 伊根

유럽에 할슈타트가 있다면, 일본에는 이네가 있다! 아마노하시다테에서 버스를 타고 북쪽으로 1시간 정도 가면 동해를 배경으로 그림 같은 풍경을 지닌 어촌 이네(伊根)가 나온다. 이 마을은 '이네후나야'라고도 불리는데, 목조 선박 가옥인 '후나야(舟屋)'로 유명하기 때문이다. 역사 보존 지구 중 하나로 지정된 덕분에 예스러운 분위기를 만끽할 수 있다.

ⓘ 가는 법 : 아마노하시다테에키 정류장에서 이네행 버스를 탄다. 버스에서 내려서는 도보로 이동한다.

후나야 舟屋

후나야는 독특한 구조를 띠는 목조 선박 가옥이다. 바다와 접한 1층은 선박과 낚시 도구를 보관하는 공간(배 주차장)으로 사용하고, 2층은 거주 공간으로 사용한다. 230채 정도 되는 이네의 후나야 일부는 카페나 레스토랑, 숙박 시설로 리모델링했지만 지금도 많은 주민이 삶의 터전으로 사용하고 있다. 이네를 방문한다면 후나야 체험은 필수. 카페로 개조한 후나야는 가장 쉽게 후나야를 체험하는 방법이다. 특히 1층은 바다를 향해 있어 여유롭게 풍경을 누릴 수 있다. 본래 모습을 잘 유지한 후나야 중에서는 박물관처럼 요금을 내고 돌아보는 공간도 있다. 더 특별한 경험을 원한다면 숙박 시설로 꾸며놓은 후나야에서 하루를 보내자. 후나야의 외관과 구조는 전통 그대로를 유지하지만, 내부로 들어서면 저마다 다른 분위기로 꾸며 고르는 재미가 있다.

이네마치 관광 안내소
- 京都府与謝郡伊根町平田491 ☎ 0772-32-0277
- 09:00~16:45 자전거 렌털 보증금 2000엔 www.ine-kankou.jp

> **tip**
> 이네마치는 인구가 약 2100명(교토부에서 두 번째로 적은 인구)밖에 되지 않는 작은 마을이다. 주민들은 여전히 어업과 농업에 종사하면서 자연에 둘러싸여 소박하게 살아가고 있다. 게다가 이네의 후나야는 주민들의 사적인 공간이므로, 돌아볼 때 세심한 주의가 필요하다. 사적인 공간에 들어가거나 사진을 찍는 등의 무례한 행동은 절대 하지 말자.

이네만 순회 유람선
伊根湾めぐり遊覧船

약 25분에 걸쳐 이네만을 돌아보는 '이네만 순회 유람선'이다. 독특한 후나야 풍경을 바다 위에서 바라볼 수 있어 필수 코스로 꼽힌다. 운이 좋으면 돌고래를 볼 수 있으며, 유람선을 따라오는 갈매기에게 먹이를 주는 재미도 쏠쏠하다. 승선장에는 화장실과 기념품 가게 등이 있다.

유람선 승선장
- 京都府与謝郡伊根町日出11
- 0772-32-0009
- 09:00~16:30(매시 정각, 30분 출발)
- 13세 이상 1200엔, 6~12세 600엔, 6세 미만 무료
- www.inewan.com

후나야노사토 공원 (휴게소)
道の駅 舟屋の里公園

이네 여행에 기승전결이 있다면, 이곳은 전(클라이맥스)에 해당한다. 계단과 오르막길을 오르면 아름다운 이네 풍경이 그림처럼 펼쳐진다. 동영상 촬영은 필수. 도로 휴게소 겸 전망대라 상점도 있는데, 지역 농수산물로 조리한 음식을 파는 식당과 기념품점, 화장실, 라운지 등이 들어섰다.

- 京都府与謝郡伊根町亀島459
- 24시간(식당가 09:00~17:00, 화요일 휴무)
- www.ine-aburaya.com/michi-no-eki

고요마루 幸洋丸

후나야 내부 견학이 가능한 곳이다. 1층은 이네 어부들의 삶을 간접 체험할 수 있는 시설로 꾸몄다. 정박된 배와 각종 어구, 옛 사진 등을 볼 수 있다.

- 京都府与謝郡伊根町平田555番地
- 0772-32-0620
- 월~금요일 11:00~16:00, 토·일요일·공휴일 10:00~17:00(수요일 휴무)
- 중학생 이상 200엔, 초등학생 100엔
- https://ine-tabi.com/sightseeing/kouyoumaru

후나야 옛 주택 요라쿠
舟屋の古民家与楽(よらく)

후나야 주택 내부를 돌아볼 수 있는 전시관으로 지금도 주택으로 사용한다. 1층은 배 주차장 모양을 그대로 활용해, 카페 분위기의 응접실을 마련했다. 창이나 문 없이 바로 바다로 이어지는 모습이 동남아 수상 주택 같은 분위기를 낸다. 2층에는 다다미가 깔린 주택과 가운데 화로가 놓인 거실, 식당 등이 있다. 현금만 가능.

- 京都府与謝郡伊根町平田495-1
- 090-9059-4606 11:00~15:00
- 중학생 이상 500엔, 초등학생 이하 무료
- www.ine-kankou.jp/active/funaya-kominka

EAT 01 무카이 양조장 向井酒造

1754년 창업한 이네의 유일한 양조장. 이네에서 재배한 보라색 고대 쌀과 교토부산 쌀로 빚은 이네만카이(伊根満開)가 가장 유명하다. 새콤달콤한 맛에 목 넘김이 가벼워 부담 없이 마실 수 있다. 2019년 G20 오사카 정상 회의 때 점심 메뉴에 포함되며 유명해진 이후로는 일찍 가지 않으면 금방 매진된다. 무료 시음이 가능하고, 이네만카이로 만든 아이스크림도 판매한다.

- 京都府与謝郡伊根町平田67
- 0772-32-0003
- 09:00~12:00, 13:00~17:00 (목요일 휴무)
- https://kuramoto-mukai.jp

EAT 02 미야비 みやび

후나야를 개조해 숙박업소로 사용 중인 건물 1층에 자리 잡은 카페. 바다를 향해 있는 후나야의 특징을 잘 살려 개방감 있는 공간으로 사랑받는다. 녹차, 당고 등 일본 전통 디저트와 말차 아이스크림을 판매한다. 바다가 보이는 좌석은 늘 경쟁이 치열하다.

- 京都府与謝郡伊根町平田552
- 0772-32-0280
- 09:00~17:00 (목요일 휴무)
- https://www.ine-aburaya.com/miyabi

EAT 03 이네 카페 Ine Café

시시각각 바뀌는 이네만의 풍경을 바라보면서 커피와 디저트를 즐길 수 있는 카페. 창밖 풍경이 아름답고, 가게 밖 덱에 앉아 음식을 즐길 수도 있어 늘 관광객으로 북적인다. 점심에는 이네에서 잡아 올린 해산물로 덮밥을 만들어 판매한다. 1층 카페 한쪽에는 귀여운 이네 굿즈와 지역에서 만든 가공식품을 전시하는 판매대도 있다.

- 京都府与謝郡伊根町字平田593番地1(舟屋日和施設内)
- 0772-32-1720
- 11:00~17:00 (L.O 16:45, 수요일 휴무)
- https://funayabiyori.com

CITY 3

기노사키 온천 城崎温泉

기노사키 온천은 효고현 북부에 위치한 역사 깊은 온천 마을이다. 오타니강을 중심으로 양쪽에 료칸과 온천, 상점이 늘어서 아늑한 분위기를 풍긴다. 1300년 동안 온천 마을로 번성하면서 옛 건물을 보존하고 자체적인 온천 문화를 형성해 인기 있는 관광지로 자리 잡았다. 이 마을이 유명한 건 7개의 공중목욕탕인 소토유(외탕) 덕분이다. 온천 순례의 원조이기도 하며 교토와 연계해 찾는 경우가 많아 유독 외국인 관광객이 많다. 대게가 특산품이고, 온천이 유명해 11월부터가 본격적인 성수기다.

① 가는 법 : 교토 단고 철도 아마노하시다테역에서 단고 릴레이션을 타고 JR 도요오카역에서 내려 산인본선 등으로 갈아탄 후, JR 기노사키온센역에서 내려 도보로 이동한다.

TO DO LIST

1 유카타 입고 산책하기

일반적으로 유카타는 실내복이라 밖에서 입을 수 없지만, 이곳에서는 유카타를 입고 자유롭게 산책할 수 있다. JR 기노사키온센역을 현관으로, 거리를 복도로, 숙소를 객실로, 기념품 가게를 매점으로, 소토유를 목욕탕으로 생각해 '동네 전체가 하나의 료칸'으로 여기는 세계관 때문이다.

2 문신한 채 온천욕하기

일본은 목욕 자체가 하나의 문화이므로, 온천이나 공중목욕탕 등 어디를 가도 온천 에티켓이 명시되어 있다. 그 중 1번이 문신한 사람의 입욕 금지 조항이다. 이 조항 때문에 문신이 있는 사람들은 여러 가지 방법으로 문신을 가리고 입욕해야 했다. 그러나 이 동네에서는 문신이 보여도 온천에 들어갈 수 있다. 워낙 외국인이 많이 방문하는 관광지라 마을에서 내린 특단의 조치다.

3 온천수 마시기

기노사키 온천수는 약용 효과가 있다. 마시면 위축성 위염과 변비 증상이 개선된다고 한다. 1회 100~150ml 정도, 1일 200~500ml 정도, 식사 30분 전에 마시면 된다. 단, 15세 이하는 마시지 않는 것이 좋다. 온천을 마실 수 있는 무료 음수대가 JR 기노사키온센역 앞, 외탕 이치노유 앞, 온센지 앞에 있다. 온천수를 마시고 싶다면 꼭 텀블러 등 개인 컵을 준비하자.

소토유메구리 (외탕 순례) 外湯めぐり

7개의 소토유는 모두 걸어 다닐 수 있는 거리에 위치한다.
영업시간과 휴무일이 다르니 찾아가기 전에 확인해보자.

온천 패스 유메바 ゆめぱ

기노사키 온천에 있는 7개의 소토유를 자유롭게 이용할 수 있는 입장권 패스다. 이 패스는 마을에 있는 료칸에 묵으면 받을 수 있는데, 입실 시간부터 퇴실 시간까지만 사용 가능하다. 당일치기 관광객을 위한 당일 자유 이용권도 판매한다(두 곳 이상의 온천에 간다면 이득이다.).

- 구입 장소 : JR 기노사키온센역 앞 료칸 안내소
- 당일 자유 이용권 중학생 이상 1500엔, 초등학생 750엔

야나기유 柳湯

여성의 다산과 안전한 출산을 기원하는 온천이다. 건물 앞에 있는 버드나무 가로수에서 이름을 따 '야나기유'라 이름 붙였다. 온천탕 내부와 욕조 모두 편백나무로 마감해, 따뜻하고 편안한 느낌이 든다. 7개의 탕 중 가장 작지만 분위기가 좋아서 인기다.

- 兵庫県豊岡市城崎町湯島647
- 0796-32-2097
- 15:00~23:00(목요일 휴무)
- 중학생 이상 800엔, 초등학생 400엔

고노유 鴻の湯

부부의 행복과 장수를 가져다준다는 온천. 이 마을에서 가장 오래된 온천 시설로 오래전 다리를 다친 황새가 상처를 치유하던 곳을 살펴봤더니, 온천이 솟아나고 있었다는 전설이 있다. 고노유는 황새탕을 의미한다.

- 兵庫県豊岡市城崎町湯島610
- 0796-32-2195
- 07:00~23:00(화요일 휴무)
- 중학생 이상 800엔, 초등학생 400엔

만다라유 まんだら湯

'만다래(まんだら)'는 깨달음을 의미한다. 이 온천에는 쇼닌이라는 승려가 기노사키에 처음 도착해, 불치병으로 고통받는 사람들을 위해 1000일 동안 불경을 외우자 온천이 솟아났다는 전설이 내려온다. 아름다운 자연을 바라보며 온천욕을 할 수 있는데, 도자기로 만든 노천 온천탕이 특이할 만하다.

- 兵庫県豊岡市城崎町湯島565
- 0796-32-2194
- 15:00~23:00(수요일 휴무)
- 중학생 이상 800엔, 초등학생 400엔

이치노유 一の湯

에도시대, 저명한 의사가 물의 효능을 체험한 뒤 '제1의 온천'이라고 감탄했다고 해서 이치노유로 이름 붙였다. 가부키자(가부키 극장)를 연상시키는 건물 구조가 특징이다. 이곳에서는 바위로 조성된 동굴탕을 경험할 수 있는데, 은은한 조명이 켜진 동굴탕에서 편안한 목욕을 즐길 수 있다.

- 兵庫県豊岡市城崎町湯島415-1
- 0796-32-2229
- 07:00~23:00(수요일 휴무)
- 중학생 이상 800엔, 초등학생 400엔

지조유 地蔵湯

대형 탕과 어린이 탕을 갖춘 전형적인 동네 대중탕. 2층에는 가족탕과 넓은 휴게실이 있다. 그 때문에 분위기보다는 실속을 중요시하는 현지인이 많이 찾아온다. 건물은 일본 제등에서 영감받아 만들었으며, 육각형 창은 화산암을 형상화했다고. 원천에서 지장존이 나왔다고 해서 지조유(지장탕)라고 이름 붙였으며, 지장존은 뜰 내에 모셨다.

- 兵庫県豊岡市城崎町湯島796
- 0796-32-2228 07:00~23:00(금요일 휴무)
- 중학생 이상 800엔, 초등학생 400엔

사토노유 さとの湯

JR 기노사키온센역 옆에 자리한 온천으로 입구에 무료 족욕탕이 있어 기차를 기다리면서 피로를 푸는 장소로 사랑받는다. 폭포 소리와 향긋한 허브 향이 실내를 채우며, 3층 노천탕에서는 마루야마강 풍경을 바라보며 온천을 즐길 수 있다. 7개의 온천 중 가장 최근에 지었는데, 튀르키예식 욕탕과 일본식 욕탕을 남녀가 번갈아가며 이용한다.

- 兵庫県豊岡市城崎町湯島290-36
- 0796-32-0111
- 13:00~21:00(월요일 휴무)
- 중학생 이상 900엔, 초등학생 450엔

고쇼노유 御所の湯

'미인탕'이라고 알려진 고쇼노유는 사랑과 행운을 가져다주며, 화재로부터 보호한다고 알려져 있다. 건물은 교토 왕궁을 본떠 아름답게 지었다. 노천탕이 특히 좋기로 유명한데, 울창한 자연에 둘러싸여 폭포 소리를 들으며 온천을 즐길 수 있도록 조성해놓았다. 2020년 11월 리뉴얼 오픈했다.

- 兵庫県豊岡市城崎町湯島448
- 0796-32-2230
- 07:00~23:00(목요일 휴무)
- 중학생 이상 800엔, 초등학생 400엔

기노사키 온천 로프웨이 城崎温泉ロープウェイ

SEE 01

로프웨이는 산로쿠역(山麓駅)에서 출발해 온센지역(温泉寺駅)을 지나 산초역(山頂駅)에 도착한다. 걸어 올라가면 산초역까지 30~40분 걸리는 거리를 로프웨이를 타면 7분 만에 오를 수 있다. 산 정상에 오르면 《미슐랭 그린 가이드》에서 2스타를 받은 기노사키의 파노라마 전망이 펼쳐진다. 정상에는 새로 오픈한 미하라시 테라스 카페가 있다. 이 카페는 전문 로스터리의 지점으로, 다양한 맛의 커피를 제공한다.

- 兵庫県豊岡市城崎町湯島806-1 ☎ 0796-32-2530
- 10:00~15:30(둘째·넷째 주 목요일 휴무, 공휴일인 경우 영업)
- **편도** 산초역 중학생 이상 620엔, 초등학생 300엔 / 온센지역 중학생 이상 380엔, 초등학생 200엔
- **왕복** 산초역 중학생 이상 1200엔, 초등학생 600엔 / 온센지역 중학생 이상 750엔, 초등학생 370엔, 성인 1명당 유아 1명 무료
- kinosaki-ropeway.jp

온센지 温泉寺

SEE 02

8세기에 기노사키 온천을 세운 것으로 추정되는 불교 승려에게 바친 절이다. 717년경 도우치 쇼닌이라는 승려가 기노사키에 처음 도착해, 불치병으로 고통받는 사람들을 위해 1000일 동안 불경을 외우자 온천이 솟아났다는 전설이 내려온다. 오래전에는 온천을 하려면 먼저 온센지를 방문해 기도해야 했으며, 온천을 하는 방식도 따로 있었다. 지금은 모두 옛날이야기가 됐지만, 여전히 방문하기 좋은 관광 명소다. 온센지 본당에는 나라의 하세지 관음상과 같은 나무로 만들었다고 알려진 관음 입상이 있다. 로프웨이를 타고 온센지역에서 내려도 되고, 500계단으로 조성된 참배길을 걸어 올라가도 된다(10~15분 소요).

- 兵庫県豊岡市城崎町湯島985-2
- ☎ 0796-32-2669
- 09:00~17:00
- 400엔(온센지+온센지 보물관)
- www.kinosaki-onsenji.jp

SEE  03

야쿠시 포켓 공원 薬師ポケットパーク

기노사키 온천의 원천인 모토유가 있는 작은 공원이다. 무료 족욕탕과 카페를 갖추어 로프웨이와 온센지에 오르기 전후에 들렀다 가기 좋다.

📍 兵庫県豊岡市城崎町湯島857

EAT 01

기노사키 젤라토 카페 차야
城崎ジェラートカフェChaya

야쿠시 포켓 공원에 있는 젤라토 전문 카페. 아이스크림 가게지만, 인기 메뉴는 온천 달걀이다. 이곳에서 '후루후루 온천 달걀 체험'을 할 수 있는데, 바로 옆 원천에서 흘러나온 뜨거운 온천수에 달걀을 30분간 넣어 익혀 먹는 것이다. 시간을 조절하여 자신이 원하는 반숙, 완숙 등으로 조리할 수 있는데, 반숙란에 간장을 뿌린 뒤 부드러운 푸딩처럼 떠먹는 것이 가장 맛있다.

📍 兵庫県豊岡市城崎町湯島642
📞 0796-29-4858
🕐 09:30~17:30 (목요일 휴무)
🌐 https://www.kinosakisweets.com

달걀 위쪽 부분을 뚜껑처럼 자르는 가위

온천 달걀과 궁합이 잘 맞는 노사키 사이다

반숙으로 익혀 푸딩처럼 떠먹어야 맛있는 온천 달걀

EAT 02 뿌잇

스케로쿠 すけ六

2016년 《미슐랭 가이드》에 소개된 맛집. 기노사키의 특산물 가니(대게)를 이용한 덮밥 '가니치라시(かにちらし)'가 인기 메뉴다. 건더기를 섞은 사리 위에 다진 김과 달콤하게 구운 지단을 올리고, 그 위에 홍게 살을 듬뿍 얹어 내온다. 냉동 게는 사용하지 않기 때문에 금어기(6월 중순~9월 중순)에는 맛볼 수 없다.

지역 특산품인 대게를 발라 밥에 얹은 가니치라시

- 兵庫県豊岡市城崎町湯島660-4
- 0796-32-2487
- 점심 11:30~14:00, 저녁 17:30~21:30(화·수요일 휴무)
- 가니치라시 1800엔, 스시동 1900엔
- www.sukeroku.jp

EAT 03 뿌잇

다이코 쇼텐 레스토랑 大幸商店

생선 가게와 레스토랑을 함께 운영하는 식당이다. 무려 수십 가지에 이르는 다양한 메뉴와 넓은 규모 덕분에 부담 없이 찾아가기 좋다. 외국인이 많은 관광지 특성을 반영해 쉽게 메뉴를 고를 수 있도록 모든 메뉴의 사진을 가격과 함께 벽에 도배해 놓은 것이 특징. 가이센동과 해산물 튀김이 맛있고, 대게 철일 때는 대게 요리가 인기다.

- 兵庫県豊岡市城崎町湯島130
- 0796-32-3684
- 카이센동 1980엔, 게 미소 수프 1280엔
- https://kanisuki.jp

정갈한 가니니기리
스시 정식

게살을 듬뿍 올린
가니토로동

EAT 04

오쇼쿠지토코로 야마요시 お食事処 山よし

고급 료칸을 겸한 해산물 전문 식당이다. 게 요리가 중심이지만, 해산물과 다지마규 등을 이용해 만든 다양한 메뉴를 판매한다. 인기 요리를 조금씩 맛보고 싶은 사람을 위한 요쿠바리 젠(미니 덮밥 모둠 세트)도 있다. 인기 덮밥 네 종류와 우동을 작은 그릇에 조금씩 제공한다.

📍 兵庫県豊岡市城崎町湯島96
📞 0796-32-3841
🕐 10:00~18:00
💰 가니토로로동 1500엔, 가니니기리 스시 정식 2100엔, 요쿠바리 젠 2500엔
🌐 https://oshokuji-yamayoshi.com

EAT 05

크리잔 백 & 카페 & 바
CREEZAN Bag Café & Bar

1층은 가방 브랜드 크리잔의 여행 테마 플래그십 매장이고 2층에서는 카페 겸 바를 운영한다. 카페에서는 지역 식재료로 만든 음식을 선보이는데, 지역 특산품인 다지마규 100%와 현지 채소로 만든 다지마규 햄버거가 대표 메뉴다. 세 가지 맛 중 고를 수 있는데, 다지마규 데리야키 버거는 빵은 부드럽고 데리야키소스는 달콤하며 반숙란, 크림치즈, 양파 등이 다지마규의 맛을 더욱 풍부하게 해준다. 2층 창가에 앉으면 오타니강의 풍경을 바라보며 식사할 수 있다. 기노사키 풍경과 조화를 이루는 일본식 건축의 포근함과 모던한 인테리어도 만족스럽다.

📍 兵庫県豊岡市城崎町湯島 1-675
📞 0796-32-0345
🕐 10:00~18:00
🌐 www.creezan.com/kinosaki

AREA 10

Hiroshima

히로시마현 広島県

바다 위에 떠 있는 거대 도리이
미야지마

바이크 라이더들의 천국
오노미치

오코노미야키계의 양대 산맥
히로시마 오코노미야키

〈벼랑 위의 포뇨〉 배경 마을
도모노우라

파도치는 바닷길 산책
센스이지마

Hiroshima

FOOD STORY

> 히로시마 음식의 알파와 오메가는 오코노미야키다. 현지인에게 다른 메뉴를 추천해달라고 하면 난감해할 정도. 이외에도 세토 내해에서 다양한 해산물이 잡히는 데다 우리나라 남해처럼 리아스식 해안이라 양식에 적합해 풍부한 해산물 요리를 맛볼 수 있다. 또 레몬이 유명해 레몬빵, 레몬 새우깡, 레몬 아이스크림 등 레몬 관련 음식을 만날 수 있다.

히로시마 오코노미야키 広島お好み焼

히로시마 대표 향토 요리인 히로시마 오코노미야키는 제2차 세계대전 이후 원폭으로 폐허가 된 이후 생겨난 음식이다. 소량의 밀가루 반죽과 채소만으로 만들 수 있어 식량이 부족한 당시에 요긴한 먹거리였다. 히로시마 오코노미야키의 인기는 관광지를 뛰어넘을 정도다. 인구당 오코노미야키 식당 수도 일본 내에서 1위다.

오사카식 vs 히로시마식

오코노미야키는 크게 오사카식과 히로시마식으로 나뉜다. 오사카식은 밀가루 반죽에 양배추와 해산물 등 여러 재료를 섞어 부쳐내는 것으로, 우리나라 부침개와 비슷하다. 히로시마 오코노미야키는 밀가루가 아닌 면과 채소가 주재료다. 일단 밀가루 반죽을 크레페처럼 얇게 부쳐내고, 여기에 볶은 면과 양배추, 콩나물 등 채소와 돼지고기, 해산물, 달걀을 올려 굽는다.

히로시마식 오코노미야키

오사카식 오코노미야키

내 취향대로 주문하는 오코노미야키

❶ 우동 vs 라멘
우동은 식감이 부드럽고 라멘은 우동보다 좀 더 씹는 맛이 있다. 손님의 90% 정도가 라멘을 선택하니, 선택 장애가 온다면 라멘이 정답이다.

❷ 철판 위 vs 접시 위
바 좌석이 있는 식당이라면, 보통 완성된 오코노미야키를 손님 바로 앞 철판에 올려준다. 따뜻한 상태로 오래 먹게 하기 위해서다. 그러나 철판에 놓인 채로 먹는 게 불편하다면 접시에 담아달라고 요청하자(서빙 전 요리사가 물어보는 경우도 있다).

❸ 고소 vs 담백
완성된 오코노미야키가 서빙됐지만 어딘지 허전하다면, 마요네즈가 빠진 것! 마요네즈는 개인 취향에 맞게 뿌려 먹게 되어 있으므로 따로 직원에게 요청해야 한다. 오코노미야키용 마요네즈는 특수 용기에 담아 실같이 여러 가닥으로 뿜어져 나와 골고루 뿌리기 좋다. 마요네즈가 들어가면 훨씬 고소하고 부드러운 맛이 난다.

❹ 젓가락 vs 주걱
본인 자리 앞 철판 위에 서빙된 오코노미야키는 주걱으로 피자처럼 잘라, 바로 그 주걱으로 떠먹는다. 주걱을 이용하다 불편하다면 젓가락을 이용해도 된다. 단, 접시에 담아 서빙할 경우 미리 잘라 내오며, 젓가락으로 먹어야 한다.

❺ 김치 vs 치즈
면뿐 아니라 토핑도 입맛에 맞게 고를 수 있다. 히로시마 특산품인 히로시마 굴과 전체적인 맛을 부드럽게 해주는 돼지고기는 필수 재료로 꼽힌다. 이 밖에 취향에 따라 새우, 오징어 등 해산물뿐 아니라 김치, 파, 치즈 등을 넣어 나만의 오코노미야키를 만들 수 있다(가게에 따라 다름).

히로시마 굴 島かき

일본에서 제일가는 굴 생산지인 히로시마답게 제철이 되면 이곳저곳에서 굴을 판매한다. 주로 굴을 날로 먹거나 최소한의 양념을 사용해 구워 먹기도 한다. 특히 미야지마 상점가 거리에서 구운 굴을 판매하는 모습을 볼 수 있다. 2월 초에 열리는 미야지마 굴 축제에서는 굴 구이나 굴 부침개 등을 저렴한 가격에 판매한다. 생굴을 구입해 직접 구워 먹는 코너가 인기다.

오노미치 라멘 尾道ラーメン

오노미치 라멘은 1947년 대만 출신이 포장마차에서 판매한 '중화 소바'에서 유래했다. 닭 뼈와 돼지 뼈, 생선을 넣어 우린 육수에 간장으로 간을 한 쇼유 라멘인데, 국물에 세아부라(돼지 등뼈 기름)를 띄워 진한 맛을 살린 것이 특징이다. 일본 내에서 인기 있는 라멘이지만, 둥둥 떠 있는 돼지기름 때문에 호불호가 갈린다.

아나고메시(붕장어 덮밥) あなごめし

아나고메시는 붕장어의 머리와 뼈, 다시마를 우린 물과 간장으로 밥을 지은 다음, 달콤짭짤하게 양념한 붕장어 구이를 밥 위에 얹은 요리다. 메이지시대에 기차역에서 파는 도시락(에키벤)으로 판매하던 것이 인기를 끌면서 유명해졌다. 원조 집인 우에노는 미야지마 페리 선착장 인근에 위치한다.

호메이주 保命酒

도모노우라에서만 판매하는 약주. 도모노우라에서는 해상 활동이 활발하던 시기부터 장수를 돕는다는 약술을 만들어 판매했다. 찹쌀을 주원료로 인삼, 국화, 황정, 계피, 구기자, 감초, 산초 등 16가지 한약 재료를 넣어 만든다. 일반 술에 비해 단맛이 강한 편. 겨울에는 따뜻하게 데워서 먹고, 여름에는 탄산수나 우유 등에 타 먹기도 한다. 소화와 혈액순환 촉진, 피로 해소에 도움이 되며, 불면증 완화에도 효과가 있다고 전해진다.

시루나시탄탄멘(국물 없는 탄탄면) 汁なし担担麺

국물 없는 탄탄면의 원조는 히로시마. 2001년 히로시마시 나카구에 있는 '기사쿠'라는 가게가 바로 국물 없는 탄탄면을 만들었고, 2010년경 뒤늦게 붐이 일어나 전국적으로 보급됐다. 이 면 요리의 특징은 '혀가 마비되는 매운맛'이다. 고추의 매운맛, 산초와 화초(花椒)의 절묘한 균형이 중독을 부른다. 면을 다 먹은 뒤에는 밥을 넣고 국물에 비벼 먹는다.

레몬

세토 내해 이쿠치섬은 레몬으로 유명하다. 그 덕분에 히로시마현에는 온통 레몬으로 만든 먹거리가 가득하다. 레몬이 함유된 다양한 제품을 파는 전문 숍이 있을 정도다. 레몬 케이크나 레몬차는 선물용으로도 좋다.

TRANSPORTATION

Hiroshima

> 히로시마현은 혼슈의 서부, 주고쿠 지방(돗토리·시마네·오카야마·야마구치)의 중앙에 위치한다. 현은 다시 게이호쿠, 비호쿠, 아키, 빈고 등 4개 지역으로 나뉘는데 대부분의 관광지는 바닷가 지역인 아키와 빈고에 몰려 있다. 세토 내해 150여 개의 섬도 모두 히로시마현에 속한다. 히로시마는 신칸센으로 후쿠오카까지는 1시간, 오사카까지는 1시간 30분 정도 걸리는 거리에 위치해 다른 도시와 연계해서 여행하기 좋다. 미야지마, 오노미치, 도모노우라는 모두 해안가에 위치한 소도시로, 히로시마에 거점을 잡고 둘러보길 권한다.

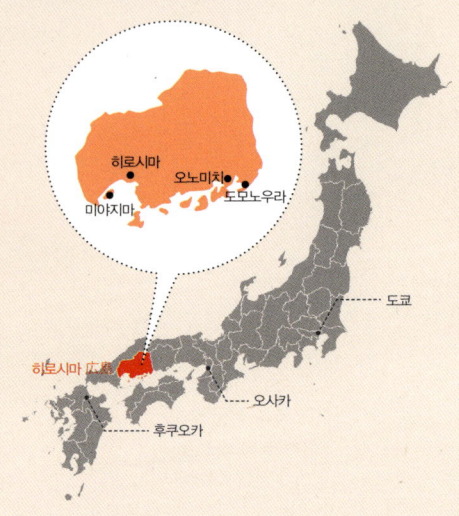

히로시마까지 어떻게 갈까?

인천국제공항에서 히로시마 공항까지 제주항공이 직항 항공편을 운항한다. 히로시마만 돌아볼 것이 아니라면, 항공편이 많고 항공료가 저렴한 후쿠오카 공항으로 입국해 히로시마까지 이동하는 것도 나쁘지 않은 선택이다. 후쿠오카 공항으로 입국할 경우, 히로시마 야마구치 패스를 이용하면 부담이 훨씬 줄어든다.

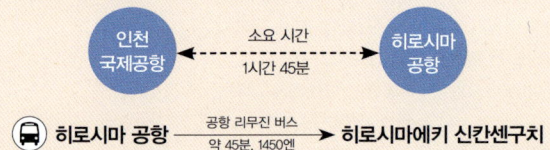

* 공항 리무진 버스 왕복 할인표 2620엔(7일간 유효)

시내 교통

노면전차 히로덴 広電

히로시마 시내를 가로지르는 노면전차다. 9개 노선 중 2호선 미야지마선은 무려 미야지마까지 간다. 히로덴의 역사는 100년을 거슬러 올라간다. 원폭 피해 이후 곧바로 운행을 시작한 최초의 교통수단이기도 하다. 1942년 제작된 전차는 원폭 투하 당시 피폭당해 '피폭 전차'로 유명한데, 현재 남아 있는 3대 중 2대가 아직도 운행 중이다. 이 밖에 오사카, 고베 등에서 사들인 1926년, 1940년에 제작된 전차도 있다. 테이블과 의자를 구비해 여름에는 맥주 기차, 겨울에는 오뎅 & 사케 기차로 이용되는 계절 한정 전차를 눈여겨볼 것.

¥ **1회** 12세 이상 220엔, 6~11세 110엔
1일권 12세 이상 700엔, 6~11세 350엔
(미야지마선의 운임은 거리에 따라 다름)
🌐 http://www.hiroden.co.jp/en

히로시마 관광 순환 버스 히로시마 메이푸루푸 ひろしまめいぷる〜ぷ

낯선 여행지에서 유용한 교통수단은 관광지만 골라 가는 투어 버스다. 히로시마에는 세 가지 노선의 순환버스인 메이푸루푸 버스를 운행 중이다. 언어별 해설 가이드는 없어도, 일반적인 투어 버스보다 훨씬 저렴해 가벼운 마음으로 탈 수 있다. 게다가 JR 레일 패스 소지자는 무료다. 오렌지, 그린, 레몬 등 세 가지 노선을 운행하며 모두 원폭 돔과 평화 공원, 슈케이엔 등을 경유해 어느 것을 타도 좋다. 히로시마역 신칸센구치가 종점이라 신칸센을 이용하기에도 편리하다. 티켓은 차내에서 구입할 수 있다.

- **1회** 12세 이상 220엔, 6~11세 110엔,
- **1일권** 12세 이상 400엔, 6~11세 200엔

지역 관광 패스

히로시마 관광 패스(다비 패스) 広島たびパス

히로시마에 방문한 외국인 관광객을 위한 패스다. 노면전차 히로덴, 선박을 이용할 수 있다. 1일권, 2일권, 3일권이 있으며, 오래 머무를수록 저렴하다. 패스를 구입하면 관광지나 레스토랑에서 사용할 수 있는 할인 쿠폰 북도 증정한다. 단, JR 서일본 열차는 이용할 수 없으며, 구입 시 여권을 제시해야 한다.

- **1일권** 1000엔, **2일권** 1500엔, **3일권** 2000엔
- * 가능 노선 : 노면전차(시내선, 미야지마선), 선박(미야지마 마츠다이 기선, JR 서일본 미야지마 페리), 버스(지정된 노선버스, 히로시마 전철, 히로시마 버스, 히로시마 교통, 게이요 버스, 주고쿠 JR 버스, HD 니시히로시마[본버스] 히로시마 메이푸루푸)
- * 구입처 : 히로시마 공항, 히로시마 버스 센터

1일 노면전차·페리 패스 一日乗車乗船券

히로시마와 미야지마를 여행하는 관광객을 위한 필수 패스다. 노면전차 히로덴 1일 이용권과 미야지마로 가는 왕복 페리 이용권이 포함돼 있다. 이 패스를 제시하면 미야지마 로프웨이 왕복 이용권도 500엔(2000엔 → 1500엔) 할인받을 수 있다.

- 12세 이상 1000엔, 6~11세 550엔
- * 구입처 : 차내 승무원, 히로시마역 전철 안내소, 노면전차 승강장, 히로시마 시내 주요 호텔

히로시마 관광 안내소

서일본 레일 패스

JR 서일본 레일 패스

넉넉한 일정으로 히로시마를 비롯해 주변 현의 여러 도시를 둘러볼 계획이라면 JR 서일본 레일 패스가 답이다. 하카타역에서 히로시마역까지 편도 신칸센 요금이 8950엔이라 왕복만 해도 이득이다.

🌐 www.westjr.co.jp/global/kr/ticket/pass

❶ 히로시마 야마구치 패스 5일권

후쿠오카 하카타역부터 야마구치현, 히로시마현을 자유롭게 이용할 수 있는 패스다. 해당 구간 내 신칸센도 자유롭게 탈 수 있어 후쿠오카 공항이나 기타큐슈 공항을 이용해 히로시마로 간다면 이보다 더 좋을 수 없다. 단, 히로시마 내에서는 오노미치까지만 운행한다(후쿠야마 제외).

- **5일권** 12세 이상 1만5000엔, 6~11세 7500엔

❷ 간사이 히로시마 패스 5일권

히로시마를 오사카와 나라, 교토, 와카야마, 돗토리 등 간사이 지역과 시코쿠섬 가가와현 다카마츠까지 이용 가능한 패스다. 과연 주어진 기간 중 얼마나 볼 수 있을까 싶을 정도로 넓은 지역을 커버하는 패스지만, 간사이 국제공항을 이용한다면 추천할 만하다.

- **5일권** 12세 이상 1만7000엔, 6~11세 8500엔

Hiroshima
COURSE FOR YOUR TRIP

히로시마현 3박 4일 추천 코스

"히로시마 공항으로 입국해 히로시마와 인근 유명 소도시를 돌아보는 코스다. 오코노미야키와 오노미치 라멘 등 지역 음식을 맛보고, 매혹적인 관광지도 돌아보자."

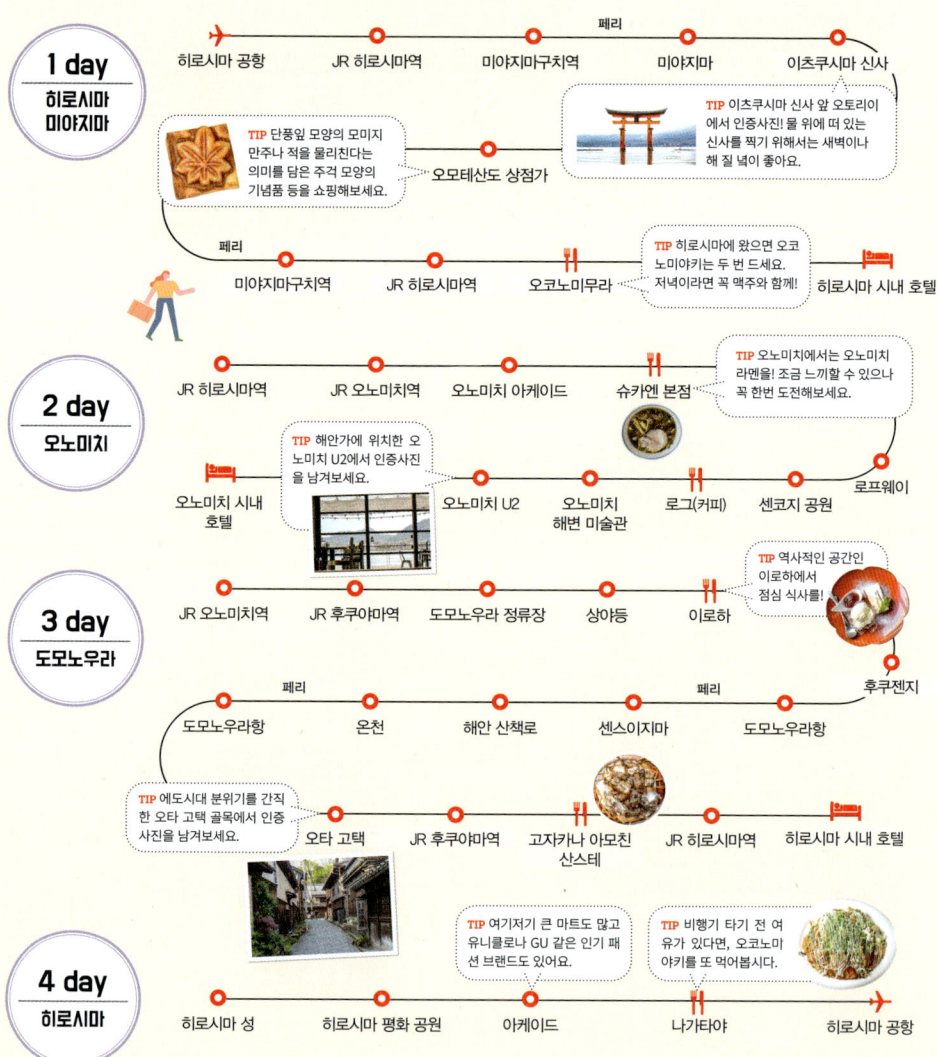

1 day 히로시마 미야지마
히로시마 공항 → JR 히로시마역 → 미야지마구치역 →(페리) 미야지마 → 이츠쿠시마 신사

TIP 단풍잎 모양의 모미지 만주나 적을 물리친다는 의미를 담은 주걱 모양의 기념품 등을 쇼핑해보세요.

오모테산도 상점가

TIP 이츠쿠시마 신사 앞 오토리이에서 인증사진! 물 위에 떠 있는 신사를 찍기 위해서는 새벽이나 해 질 녘이 좋아요.

미야지마구치역 →(페리) JR 히로시마역 → 오코노무라 → 히로시마 시내 호텔

TIP 히로시마에 왔으면 오코노미야키는 두 번 드세요. 저녁이라면 꼭 맥주와 함께!

2 day 오노미치
JR 히로시마역 → JR 오노미치역 → 오노미치 아케이드 → 슈카엔 본점

TIP 오노미치에서는 오노미치 라멘을! 조금 느끼할 수 있으나 꼭 한번 도전해보세요.

오노미치 시내 호텔 → 오노미치 U2 → 오노미치 해변 미술관 → 로그(커피) → 센코지 공원 → 로프웨이

TIP 해안가에 위치한 오노미치 U2에서 인증사진을 남겨보세요.

3 day 도모노우라
JR 오노미치역 → JR 후쿠야마역 → 도모노우라 정류장 → 상야등 → 이로하 → 후쿠젠지

TIP 역사적인 공간인 이로하에서 점심 식사를!

도모노우라항 →(페리) 온천 → 해안 산책로 → 센스이지마 →(페리) 도모노우라항

오타 고택 → JR 후쿠야마역 → 고자카나 아모친 산스테 → JR 히로시마역 → 히로시마 시내 호텔

TIP 에도시대 분위기를 간직한 오타 고택 골목에서 인증사진을 남겨보세요.

TIP 여기저기 큰 마트도 많고 유니클로나 GU 같은 인기 패션 브랜드도 있어요.

TIP 비행기 타기 전 여유가 있다면, 오코노미야키를 또 먹어봅시다.

4 day 히로시마
히로시마 성 → 히로시마 평화 공원 → 아케이드 → 나가타야 → 히로시마 공항

바이크라이더를 위한 3박 4일 마니아 코스

❝ 세토우치 시마나미 해도를 달리고 싶은 바이크라이더를 위한 코스다. 히로시마 공항으로 입국해서 마츠야마 공항으로 출국하면 최고의 일정이 된다. ❞

AREA 10

히로시마현 広島県

1 day 히로시마 오노미치
히로시마 공항 → JR 히로시마역 → JR 오노미치역 → 오노미치 라멘 → 오노미치 U2 호텔

2 day 세토우치 시마나미 해도
오노미치항 → 페리 → 무카이시마 → 이노시마 → 이쿠치지마 → 고우산지 → 히라야마 이쿠오 미술관 → 이쿠치지마 내 호텔

TIP 세토우치 시마나미 해도 중 가장 재미있는 섬이 바로 이 쿠치지마예요. 이 섬에는 미술관이나 유명한 신사도 있어요. 게다가 세토다 레몬 원산지이고, 귤과 문어도 유명해요.

3 day 세토우치 시마나미 해도
이쿠치지마 → 하카타지마 → 오시마 → 이마바리 → 마츠야마 시내 호텔

TIP 이마바리에서 마츠야마가지 자전거로 해안 도로를 달릴 수 있어요.

4 day 마츠야마
JR 마츠야마역 → 마츠야마 공항

CITY 1

히로시마 広島

제2차 세계대전 중 원자폭탄이 투하된 곳으로, 이제는 핵무기 폐기와 영구 평화를 호소하는 평화의 도시로 알려져 있다. 그러나 이것만이 전부는 아니다. 영화 같은 스토리를 담은 시민 야구단이나 면을 넣은 히로시마 오코노미야키 등 흥미로운 관광자원으로 가득하다.

① 가는 법: JR 히로시마역에서 히로시마 관광 순환 버스 히로시마 메이푸루푸를 타고 이동한다.

SEE 01

평화 기념 공원 平和記念公園

원폭 돔, 히로시마 평화 기념 자료관, 관광 안내소를 비롯해 원폭 사망자 위령비, 원폭 어린이상 등 많은 위령비가 있는 공원이다. 최초로 원자폭탄이 투하됐고, 피해도 엄청났던 만큼 규모가 크고 일본인 단체 조문객과 외국인 관광객이 많이 찾아와 늘 북적거린다. 공원 곳곳에 원자폭탄 피해자에 대한 추모 메시지가 남아 있다. 공원 한쪽 구석에는 히로시마에서 죽은 한국인의 영혼을 위로하는 위령비가 서 있다. 당시 10만 명 정도의 한국인이 히로시마에 살았고, 원폭으로 2만 명가량이 사망했다. 매년 여름, 이들을 위로하는 위령제가 열린다.

📍 広島市中区中島町1-1
📞 082-504-2390
🌐 www.city.hiroshima.lg.jp/korean

히로시마 평화 기념 자료관

1955년에 개관해 피폭 이후의 참상을 전달하고, 평화의 중요성에 대해 알리는 시설이다. 피폭 전후 히로시마 모습을 담은 사진, 패널, 영상, 파노라마 모형 등을 통해 피폭 상황을 체험할 수 있다. 특히 다 타버린 도시락 상자나 세 살 아이가 타고 있던 세발자전거 등은 피폭의 참상을 피부에 와닿게 한다.

⏰ 08:30~18:00
💰 성인 200엔, 고등학생 100엔, 중학생 이하 무료

원폭 돔 原爆ドーム

SEE 02

1915년에 지은 일본 히로시마현 산업 장려관으로, 1945년 8월 6일 제2차 세계대전 중 원자폭탄의 피해로 반파된 채 남아 있는 몇 안 되는 전쟁 유적 중 하나다. 원래 건물은 체코의 건축가가 설계한 바로크 양식의 건물로, 3층 건물 대부분이 파괴되었지만 중앙의 돔 부분과 외벽을 중심으로 건물 일부가 남아 있다. 다리 건너편 돔을 전망할 수 있는 자리에는 옛 모습을 담은 사진이 전시돼 있다. 폭발 중심지에서 불과 160m 떨어져 있으며, 1996년 유네스코 세계문화유산으로 지정됐다.

📍 広島県広島市中区大手町1-1-10
☎ 082-242-7831

원자폭탄이 떨어지기 전 모습

히로시마 성 広島城

SEE 03

1599년 모리 데루모토의 명령으로 세운 히로시마 성은 1931년 국보로 지정됐으나 원폭 투하 후 완전히 무너졌다. 현재의 모습은 1958년부터 차례로 복원한 것이지만, 일본 3대 평성 중 하나이자 일본 100대 명성에도 이름을 올렸다. 우선 1958년 히로시마 부흥대박람회를 계기로 복원된 천수각은 외관만 옛 모습일 뿐, 내부는 완벽히 현대적인 철근 콘크리트 건물로 재건됐다. 현재 내부는 역사 자료관과 전망대로 사용한다. 1980~1990년대에는 오모테고몬, 고몬비시, 히라야구라, 다문야구라 등이 복원됐으며 일부를 공개해 내부를 둘러볼 수 있지만, 그 밖의 건물은 역사를 설명하는 것만으로 흔적을 기리고 있다. 성터 한쪽에 있는 고코쿠 신사는 일왕이 다녀갈 정도로 유명한 곳이지만, 원폭 피해자뿐 아니라 제2차 세계대전 참전자도 합사돼 있어 한국인이라면 가지 않는 편이 좋다.

📍 広島県広島市中区基町21-1
☎ 082-221-7512 🕐 09:00~18:00
💴 성인 370엔, 고등학생 180엔, 중학생 이하 무료

주의!
'고코쿠 신사(護国神社)'에서 '고코쿠'는 '호국'이라는 뜻입니다. 외부의 위협이나 침략에서 나라를 지킨 사람들을 모신 신사인데, 당연히 제2차 세계대전 가해자인 일본으로서는 참전자를 의미합니다. 여행 중 '고코쿠'란 이름이 붙은 곳은 주의하세요.

SEE 04

슷케이엔 縮景園

1620년 히로시마번의 초대 번주인 아사노 가문의 별장으로 지은 곳이다. 정원에는 산과 강의 풍경, 교라쿠의 모습(京洛の態), 신잔노지(深山の致)를 축소했다고 해서 '슷케이엔'이라 부르게 됐다. 1940년 아사노 가문이 히로시마현에 기증했으며, 1945년 원자폭탄 투하로 황폐화되었으나 1970년대에 재건됐다. 중국의 세계적인 경승지인 '서호(西湖)'를 모방해 중앙에 연못인 다쿠에 이치가 있고 그 연못을 기준으로 북쪽과 서쪽, 동쪽에 작은 언덕을 쌓았다. 전체 수목은 4826그루로 전쟁 당시 피폭된 수목이 3그루 남아 있고, 나머지는 전쟁 후에 심은 것들이다.

📍 広島市中区上幟町2-11
☎ 082-221-3620
🕐 3월 16일~9월 15일 09:00~18:00, 9월 16일~3월 15일 09:00~17:00
💴 성인 260엔, 고등·대학생 150엔, 초등·중학생 100엔
🌐 https://shukkeien.jp

SEE 05

히로시마 미술관 ひろしま美術館

미술에 관심이 있다면 주목! 1973년 문을 연 히로시마 미술관은 밀레, 세잔, 마네, 르누아르, 고흐, 피카소 등 프랑스 인상파의 작품을 소장하고 있는 작지만 대단한 미술관이다. 입장료가 아깝지 않을 정도. 게다가 미술관 앞마당에는 피카소의 아들에게 기증받은 마로니에 나무가 자라고 있다. 특별 전시관에서의 전시도 상당히 퀄리티 있다. 또 19세기 중반의 낭만파부터 에콜 드 파리까지의 외국 작품과 메이지시대부터 현대까지의 일본 근대미술 컬렉션을 갖추었다. 조용한 안뜰이 있어 함께 돌아보기 좋다.

📍 広島市中区基町3-2 ☎ 082-223-2530
🕐 09:00~17:00(월요일 휴관, 공휴일인 경우 다음 날 휴관)
💴 성인 2000엔, 고등·대학생 1000엔, 초등·중학생 500엔, 65세 이상 1300엔(특별전 개최 시 가격 변동)
🌐 https://www.hiroshima-museum.jp

SEE 06

히로시마 시민 구장 広島市民球場

2009년 문을 연 히로시마 도요 카프의 홈구장이다. 자동차 회사 마츠다와 명명권 계약을 체결해 '마츠다 줌줌 스타디움 MAZDA Zoom-Zoom スタジアム' 혹은 '마츠다 스타디움'이라는 애칭으로 불린다. '줌줌'은 자동차가 붕붕거리는 소리. 경기장 수용 인원은 3만3000명으로, 34종에 이르는 다양한 형태의 좌석을 마련해 경기를 다른 시각으로 관람할 수 있게 했다. 침대처럼 쿠션을 깔아놓아 누워서 볼 수 있는 자리가 있는가 하면 일본 전통 다다미(돗자리)가 깔린 곳도 있다. 또 열정적 응원을 펼칠 수 있는 퍼포먼스석, 요리를 해 먹을 수 있는 바비큐석, 입장권과 음식을 세트로 판매하는 테라스석, 소규모 그룹이 이용할 수 있는 파티석, 외야 펜스 아래 반지하에 있는 스포츠 바 등도 있다. 그리고 아시아권에서는 보기 드물게 좌우 펜스가 비대칭으로 되어 있다. 외야 2층 관람석은 오른쪽 중간에만 있어서 좌익수와 중견수 뒤편 너머로 산과 철로가 보인다. 신칸센을 타고 지나가는 여행객도 잠깐이나마 야구 열기를 느낄 수 있게 배려한 것이다. 과연 광주 기아챔피언스필드와 수원 KT위즈파크 등이 롤모델 삼은 야구장답다. 경기가 없는 날은 파티석, 기자석, 벤치석, 로커 등을 돌아볼 수 있는 경기장 투어도 진행된다.

📍 히로시마시南区南蟹屋2丁目3-1　☎ 082-568-2777
💰 경기장 투어 고등학생 이상 1500엔, 초등·중학생 500엔
🌐 www.mazdastadium.jp

도요 카프 팬이라면 반드시 찾아가는 경기장 인근 명소들. 전국 유일 빨간 간판의 로손과 굿즈 판매소.

카프 보야 カープ坊や

히로시마에서 가장 유명한 캐릭터는 붉은 헬멧에 야구방망이를 든 카프 보야다. 히로시마의 야구단 도요 카프(広島東洋カープ)의 마스코트로, 히로시마현 어디서든 마주치게 된다. 히로시마 시민들은 히로시마에 근거지를 둔 야구단 도요 카프에 대한 사랑이 유난하다. 아시아 최초 시민 구단이어서다. 도요 카프는 제2차 세계대전 당시 원폭으로 많은 피해를 입은 히로시마 시민들에게 희망을 주기 위해 1949년 창단됐다. 이후 여러 차례 재정적 고비가 있었는데, 그때마다 히로시마 시민들의 대대적인 모금으로 살아났다. 다행히 1968년부터는 마츠다의 전신인 도요공업이 최대 주주로 참여하면서 야구단 이름에 '도요'가 붙게 됐다. 오랫동안 약팀이었던 도요 카프는 2016년에는 25년 만에 일본 프로 야구 센트럴 리그에서 우승을 차지하더니 2017년과 2018년 3년 연속 우승을 기록해 돌풍을 일으켰다. 한 편의 영화 같은 스토리 덕분에 히로시마에 가면 도요 카프의 굿즈를 어디서든 볼 수 있다. 붉은색 헬멧이 상징으로 편의점에서 쉽게 볼 수 있는 스낵부터 의류, 가방에 오코노미야키까지 다양하다.

가루비 후루샤카! 카프 400엔
편의점에 가면 다양한 카프 보야가 그려진 스낵류를 만날 수 있다. 특히 뚜껑이 붉은색 헬멧인 가루비 컵 스낵이 인기.

노트와 볼펜 세트 540엔
카프 보야 캐릭터가 그려진 아기자기한 문구도 많다.

굴소스 조림(80g) 464엔
히로시마 특산품인 굴로 만든 소스.

카프 보야 에코 백 2160엔
다양한 에코 백이 출시됐는데, 캐릭터 전문점인 점프 숍과 컬래버레이션해 탄생한 버전이다.

EAT 01

신텐치 밋짱 お好み焼き新天地みっちゃん

오코노미무라 건너편에 있는 오코노미야키 전문점으로, 히로시마 오코노미야키 맛집 순위에서 늘 상위권에 랭킹된다. 시내 중심가에 있는 만큼 인근 직장인들이 많이 찾는 맛집이다. 키친 주변 바 좌석만 이용 가능해 좌석이 넉넉하지 않아 웨이팅이 많지만, 오코노미야키 퍼포먼스를 눈앞에서 볼 수 있는 재미가 있다. 맥주 한잔 하면서 옆자리 일본인들과 친해질 수 있는 분위기다.

토핑은 가게마다 달라요.

오징어, 새우 등 해산물을 듬뿍 넣은 딜럭스 스페셜

- 広島県広島市中区基町6-12
- 082-234-5935
- 11:00~22:00
- 딜럭스 스페셜 1920엔, 특제 스페셜 1740엔
- http://www.okonomi.co.jp/miyabi

EAT 02

나가타야 長田屋

평화 공원 건너, 원폭 돔 바로 옆에 있는 오코노미야키 전문점이다. 관광지에 있다 보니 관광객으로 늘 붐비나, 그만큼 영어 소통도 원활하고 가게도 널찍해 이용하기 편리하다. 오코노미야키는 오픈 주방에서 만들어서 나오지만, 각 테이블에도 철판을 갖추어 끝까지 따뜻한 오코노미야키를 먹을 수 있다. 치즈, 김치, 마늘 등 토핑 종류도 다양하고, 비건 메뉴도 따로 있어 선택의 폭이 넓다.

야요네즈는 본인이 원하는 만큼! 고기, 달걀, 생새우 등을 넣은 나가타야야키

- 広島県広島市中区大手町1-7-19 重石ビル1F
- 082-247-0787
- 11:00~20:30(화요일 휴무)
- 나가타야야키 1450엔
- http://nagataya-okonomi.com

> **오코노미야키 타운**
> 히로시마 시내에는 오코노미야키 가게만 모여 있는 건물이나 거리가 있다. 이런 곳들은 관광지 분위기가 물씬 나며, 여러 가게를 비교하며 선택하는 재미가 있다. 그러나 대부분 작은 가게가 몰려 있다 보니, 인기 가게의 경우 대기 시간이 길고 공간이 복잡하다는 것이 단점이다.

EAT 03

오코노미무라 お好み村

건물 2~4층까지 오코노미야키 전문점으로 채운 곳으로, 인기 관광 코스 중 하나다. 우리나라 신림동 순대 타운 같은 분위기인데, 인기 가게인 신짱을 비롯해 23개의 가게가 모여 있다. 가게마다 맛이나 서비스, 위생 상태가 다르니 후기를 잘 보고 들어가자. 작은 가게가 몰려 있다 보니 인기 가게는 대기 시간이 길고 공간이 복잡하다.

- 広島県広島市中区新天地5-13
- 082-241-2210
- 11:00~21:00(가게마다 다름)
- www.okonomimura.jp/foreign/korean.html

EAT 04

히로시마 오코노미 모노가타리 에키마에 히로바 ひろしまお好み物語 駅前ひろば

JR 히로시마역 바로 앞에 위치한 풀 포커스 빌딩 안에 있는 오코노미야키 식당가다. 이름이 너무 길어 오코노미 히로바로 불린다. 복고풍 분위기가 물씬 나는 오코노미야키 가게가 모여 있다. JR 히로시마역 바로 앞에 위치한 덕분에 현지인보다는 외국인 관광객이 많은 편이다. 유명한 '코치짱'을 비롯해 15곳의 가게가 영업 중이다. 홈페이지를 통해 신청하면 오코노미야키 만들기 체험도 가능하다.

- 広島県広島市南区松原町10-1 広島フルフォーカスビル6F
- 10:00~23:00
- https://ekimae-hiroba.jp

CITY 2

미야지마 宮島

히로시마현에서 딱 한 군데만 가야 한다면 미야지마를 추천한다. 미야지마는 아키노미야섬 지역으로, 물 위에 떠 있는 오토리이로 유명한 섬이다. 아름다운 세토 내해에 있어 예부터 신의 섬으로도 숭배된 곳이기도 하다. 섬 안에 여러 관광 스폿이 있지만, 가장 유명한 이츠쿠시마 신사와 오모테산도 상점가만 둘러봐도 충분하다. 섬에는 사슴이 고양이처럼 자유롭게 거니는데, 성질이 온순해서 같이 사진을 찍기에도 좋다.

① 가는 법 : JR 히로시마역에서 JR 산요 본선을 타고 JR 미야지마구치역에서 내린다. 바로 보이는 JR 서일본 미야지마 페리 선착장에서 미야지마행 페리를 타고 10분 정도 가면 미야지마 선착장에 도착한다.

SEE 01

이츠쿠시마 신사 厳島神社

6세기 후반 창건됐다가 1168년 다이라노 기요모리에 의해 현재 모습으로 개축됐다. 바닷속 우뚝 서 있는 장엄하고 독특한 구조로 일본 3경 중 하나로 꼽히며, 1996년 유네스코 세계유산으로 지정됐다. 신덴즈쿠리 양식으로 지었으며, 본전 200m 앞에는 섬의 상징이자 히로시마의 상징인 주홍색 오토리이가 서 있다. 만조일 때가 절경이지만, 간조 때는 오토리이의 기둥 밑까지 걸어 들어가 직접 볼 수 있어 또 다른 재미가 있다. 만조가 되면 바다 위에 떠 있는 듯한 모습을 연출하는, 오토리이는 특별히 아름답다. 자연목 녹나무로 만들었으며 높이 16m, 버팀목의 둘레는 10m다. 기둥은 땅에 묻혀 있는 것으로 보이지만, 실제로는 도리이 무게로만 버티고 있다고 한다.

- 広島県廿日市市宮島町1-1
- 성인 300엔, 고등학생 200엔, 초등·중학생 100엔
- 06:30~18:00(폐장 시간은 계절에 따라 다름)
- http://www.itsukushimajinja.jp

SEE 02

오모테산도 상점가

미야지마 선착장에서 이츠쿠시마 신사로 이어지는 약 300m 거리에 형성된 상점가다. 기념품 상점, 레스토랑 등이 이어져 있으며, 토산품점에서는 목제품, 도기, 그림엽서, 과자 등을 판매한다. 특히 세토 내해에서 잡은 굴을 가게 앞에서 구워내는 모습이 진풍경을 이룬다.

AREA 10
히로시마현 広島県

INFORMATION

1 모미지 만주 紅葉饅頭
카스텔라 빵에 으깬 단팥을 넣은 단풍 모양의 만주다. 팥이 기본이며 커스터드, 크림치즈, 초콜릿, 과일 등의 재료를 넣기도 한다. 또 파이나 튀김 등 다양한 버전으로도 선보이고 있다. 선물용 세트도 인기다.

2 주걱
대표적인 미야지마의 특산품인 주걱은 적을 물리친다는 전설이 있어 스포츠에서 승리를 기원하는 행운의 상징물로 여긴다. 기념품 가게에서는 나무로 만든 주걱을 판매하거나 주걱 모양으로 구운 과자도 만나볼 수 있다.

EAT 01

가키야 牡蠣屋

《미슐랭 가이드》에 소개됐던 굴 전문 식당이다. 수많은 굴 전문 식당 중에서도 이 집은 고급스러운 분위기와 정갈한 메뉴로 인기를 얻고 있다. 굴 숯불구이, 굴가츠, 굴절임, 굴덮밥 등이 나오는 가키야 스페셜 세트가 주요 메뉴이고, 굴덮밥이나 굴 그라탱 등 단품 메뉴도 판매한다. 점심에만 문을 열기 때문에 가고 싶다면 서둘러야 한다. 굴간장, 생굴 등도 판매한다.

감칠맛이 으뜸인 굴덮밥(가키메시)

📍 広島県廿日市市宮島町539
📞 0829-44-2747 🕐 10:30~15:00
💰 굴덮밥(가키메시) 1200엔, 가키야 스페셜 세트 2690엔
🌐 www.kaki-ya.jp

CITY

오노미치 尾道

히로시마현 동남부에 위치하는 오노미치는 세토 내해 항로의 요충지로 번영해온 항구도시다. 이마바리(시코쿠)부터 시작되는 세토우치 시마나미 해도의 마지막 도시이기도 하다. 덕분에 전 세계 바이크 라이더들에게 사랑을 받고 있다. 아름다운 풍경 덕분에 오바야시 노부히코 감독의 〈시간을 달리는 소녀〉 등 일본 영화와 드라마의 배경지로 많이 소개됐고, 문학가를 여럿 배출한 문학의 도시이며, 역사 깊은 사찰이 많은 불교의 도시이기도 하다.

ⓘ 가는 법 : JR 히로시마역에서 신칸센을 타고 JR 미하라역에서 내려 JR 산요 본선으로 갈아탄 뒤, JR 오노미치역에서 내린다. 요금이 부담스럽다면 히로시마에서 JR 산요 본선을 타고 이토자키에서 갈아탄 뒤, 오노미치에서 내린다.

덴네이지 삼중탑
天寧寺三重塔

오노미치 풍경 사진에 자주 등장하는 절이다. 1367년 오층탑으로 건립됐지만, 현재는 3층만 남아 있는 일명 해운탑(가이운토)은 일본 국가 지정 중요문화재다. 센코지 공원으로 오르는 길에 볼 수 있다. 절 안에는 자신이 아픈 곳과 동일한 곳을 만지면 낫는다고 알려진 불상이 있다.

広島県尾道市東土堂町17-29
0848-22-2078
www.shichibutsu.com/tenneiji/index.htm

우시토라 신사 艮神社

806년에 건립된 우토시라 신사는 오노미치에서 가장 오래된 신사로 꼽힌다. 이 신사가 유명한 건 수령 900년 이상 된 녹나무 덕분이다. 거대한 녹나무는 신사의 지붕 위로 뻗어 있는데, 덕분에 '파워 스폿'으로 인기를 얻고 있다. 1988년 히로시마 천연기념물로 지정됐으며 2007년 실사판 영화 〈시간을 달리는 소녀〉의 배경지로 더욱 유명해졌다.

広島県尾道市長江一丁目3-5 0848-37-3320

SEE 03

센코지 공원 千光寺公園

센코지산 위에 조성된 공원이다. 공원에는 오노미치 시내를 한눈에 조망할 수 있는 센코지 전망대가 있는데, 오노미치와 마주한 무카이시마섬이 한눈에 보인다. 정상에는 '아카(붉은)당'이라 불리는 절, 센코지가 있다. 산의 경사진 곳, 바위 사이 아슬아슬하게 들어서 있는 것이 특징이다. 종루에서 울리는 종소리가 아름다워 일본 환경성에서 선정하는 '일본의 소리, 풍경 100선'에 꼽혔으며, 빛나는 구슬이 위에 얹어졌다고 전해지는 다마노이와나 삼중 바위도 있다. 정상에서 걸어서 내려오다 보면 오노미치 시립 미술관이나 오노미치 문학관 중심으로는 조성된 문학 공원도 둘러볼 수 있다. 야경 포인트로도 인기다.

📍 広島県尾道市東土堂町20-2
☎ 0848-38-9184   🌐 www.senkouji.jp

로프웨이는 반드시 타자!

센코지산은 걸어서 올라갈 수 있으나, 반드시 로프웨이를 타고 올라가길 권한다. 공원까지 오르는 계단 곳곳에 예쁜 카페나 명소가 많아 걷고 싶은 생각이 들지만, 정상에 오를수록 경사가 가팔라져 체력이 급격히 저하된다. 로프웨이로 올라간 뒤 걸어서 내려올 때 들러도 충분하다.

📍 広島県尾道市長江1-3-3
☎ 0848-22-4900   🕘 09:00~17:15
💴 편도 320엔, 왕복 500엔
🌐 http://onomichibus.jp/ropeway

센코지 공원 전망대

오노미치 U2 Onomichi U2

세토 내해를 자전거로 여행하는 사람들이라면 꼭 둘러봐야 하는 복합 공간이다. LOG와 함께 오노미치의 혁신적인 면을 만나볼 수 있는 시설로, 바닷가 대형 해운 창고였던 공간에 편집숍, 카페, 베이커리, 레스토랑, 자전거 렌털 숍, 호텔까지 병렬식으로 들어서 있다. 입점된 호텔은 자전거를 가지고 체크인할 수 있으며, 자전거 렌털도 가능하다. 창고의 거친 분위기와 각각의 숍, 호텔의 세련된 인테리어, 아기자기하게 큐레이팅한 제품이 잘 어우러진다.

広島県尾道市西御所町5-11
0848-21-0550
www.onomichi-u2.com

로그 LOG

센코지로 올라가는 길 중턱에 위치한, 카페와 레스토랑을 갖춘 호텔. 일본 매체에서 자주 소개하는 핫 플레이스다. 이 호텔이 의미 있는 이유는 1963년에 지은 낡은 공동주택이 세련된 숙박·휴식 공간으로 거듭났기 때문이다. 호텔 이름이 오노미치 정원의 등대(LOG, Lantern Onomichi Garden)라는 뜻인 만큼, 예나 지금이나 관광지로 가는 산 중턱에서 부드럽게 도시를 비춘다. 인도 건축 스튜디오 뭄바이와 협업해 리모델링한 건물은 계단이나 복도 등 옛 형태를 살렸고 창 없이 열린 공간에는 테이블과 의자를 두어 편히 쉴 수 있게 했다.

広島県尾道市東土堂町11-12
0848-24-6669
https://l-og.jp/en

세토우치 시마나미 해도 しまなみ海道

시코쿠섬 이마바리에서 시작해 오노미치까지 6개의 섬이 6개의 다리로 이어진 70km의 자전거 도로다. CNN에서 추천한 '세계에서 가장 훌륭한 7대 사이클링 코스' 중 하나이기도 하다. 오노미치를 기준으로 다양한 코스를 소개한다. 자전거로 갔다가 페리로 돌아오는 여정도 괜찮다.

초급 코스

오노미치항~무카이시마~오노미치항
약 18km, 약 3시간

오노미치와 마주 보고 있는 섬 무카이시마를 자전거로 돌아보는 코스. 오노미치에서 무카이시마 사이에는 자전거 도로가 없으니, 오노미치 여객선 터미널에서 세토우치 크루즈 페리를 타고 건너간 뒤, 무카이시마에서 자전거를 타는 코스다. 무카이시마 초콜릿 가게나 카페, 베이커리 순례도 추천!

오노미치항~이쿠치지마(세토다항)~오노미치항
약 30km, 약 5시간

오노미치항에서 세토다(瀬戸田)항까지는 약 40분이 걸린다. 세토다항에 내려 이쿠치지마를 자전거로 여행하는 코스다. 이쿠치지마는 세토다 레몬의 원산지이고, 귤과 문어도 유명하니 틈틈이 맛보자.

중급 코스

오노미치항~무카이시마~이노시마~이쿠치지마~오노미치항
약 30km, 약 6시간

오노미치에서 관광 명소가 많은 이쿠치지마까지 약 30km 거리의 코스다. 자전거를 타고 갔다가 페리를 타고 오면 편하다. 종점인 세토다 항구 주변에는 고산지(耕三寺)나 히라야마 이쿠오 미술관(平山郁夫美術館) 등 돌아볼 만한 관광지가 많다.

고급 코스

오노미치항~무카이시마~이노시마~이쿠치지마~오미시마~하카타지마~오시마~이마바리
약 70km, 약 10시간

세토우치 시마나미 해도의 풀코스다. 오노미치항에서 무카이지마로 페리를 타고 간 뒤 자전거를 타고 이노시마, 이쿠치지마, 오미시마, 하카타지마, 오시마를 지나 이마바리까지 간다.

	성인	12세 이하	이용 가능 일
크로스 바이크, 시티 사이클	1일 3000엔	1일 1000엔	여러 날 가능
전기 어시스트 자전거	1일 4000엔	불가능	당일, 영업시간 내에만 가능
전기 자전거	1일 8000엔		
2인승 자전거	1일 4000엔		

* 자전거 빌리기

일반 자전거부터 전기 자전거까지 다양한 자전거를 빌려 세토우치 시마나미 해도를 달릴 수 있다. 그러나 각 자전거는 픽업과 반납 지점이 다르니 유의할 것. 자세한 내용은 홈페이지를 참조하자.

🌐 https://www.shimanami-cycle.or.jp

AREA 10 히로시마현 広島県

EAT 01

오노미치 라멘 다니 尾道ラーメン たに

오노미치 역사에 위치한 오노미치 라멘 전문점이다. 점심시간에는 220엔만 추가하면 라멘과 함께 매일 바뀌는 요리가 추가되는 세트 메뉴를 판매한다. 세트 메뉴라고 해도 거의 2인분이라 양이 많다면 흡족할 만하다. 오노미치 라멘은 간장 베이스로 깔끔하나 다소 짜다. 또 오노미치 라멘 특유의 돼지기름이 튀김처럼 둥둥 떠 있는 것이 특징. 현금만 가능하며, 입구에 있는 자판기로 식권을 구입해 제시하면 된다.

돼지기름이 튀김처럼 둥둥 떠 있는 모습이 특징

- 広島県尾道市東御所町ビル1-7
- 0848-23-7800
- 11:00~21:00(목요일 휴무)
- 오노미치 라멘 800엔, 런치 세트 메뉴 1000엔, 가라아게 & 오노미치 라멘 세트 1100엔
- www.onomichiramen-tani.com

EAT 02

주카 소바 슈 中華そば 朱

오노미치 라멘의 원조인 덕분에 식사 때가 되면 항상 긴 줄이 늘어서 있는 식당. 1947년부터 중화 소바로 시작해 지금까지 '오노미치 라멘'으로 인기를 얻고 있다. 오노미치 라멘 특성상 돼지기름을 넣어 느끼한 편이지만, 다소 짠 간장 베이스 국물 덕분에 어느 정도 해소된다. 야키소바도 인기인데, 1일 25인분만 판매해 일찍 가지 않으면 맛볼 수 없다.

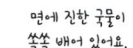

면에 진한 국물이 쏙쏙 배어 있어요.

- 広島県尾道市十四日元町6-12
- 0848-37-2077
- 11:00~19:00(화·목요일 휴무)
- 중화 소바 650엔, 구운 차슈 라멘 800엔, 야키소바 800엔

AREA 10
히로시마현 広島県

EAT 03

더 레스토랑 the restaurant

오노미치 U2 안에 있는 레스토랑이다. 상점과 호텔, 바이크 숍이 경계 없이 섞여 있는 틈에서도 고급스러운 분위기를 풍긴다. 세토 내해에서 잡고 키운 제철 식재료를 이용한 음식을 선보인다. 파스타와 해산물, 육류 요리가 주메뉴이며, 점심에는 550엔을 추가하면 샐러드와 피자 뷔페까지 이용 가능하다. 식사에 곁들일 수 있는 와인 리스트도 훌륭하다. 매일 바뀌는 오늘의 요리를 추천한다.

오늘의 요리, 생선 그릴 마늘 레몬소스

- 広島県尾道市西御所町5-11
- 0848-21-0550
- 점심 11:30~15:00, 저녁 17:30~21:30(L.O 21:00)
- 런치 파스타+뷔페 세트 1500엔, 디너 코스 6600엔
- onomichi-u2.com/meal

EAT 04

카페&바 애트모스피어
CAFÉ · BAR Atmosphere

로그 안에 있는 카페 겸 바다. 로그의 분위기처럼 인테리어와 컬러, 조명 등이 따뜻하고 편안하다. 여기에 턴테이블에서 나오는 음악은 카페 분위기를 더욱 따뜻하게 만든다. 커피와 홍차 등의 음료와 위스키를 판매하며, 간단한 베이커리도 있다. 시그너처 메뉴는 향신료를 넣어 직접 만든 인도식 차이. 센코지산 등반길에 위치해 오르는 길에 잠시 들르기 좋다.

향신료를 넣어 직접 만든 인도식 차이

- 広島県尾道市東土堂町11-12
- 0848-24-6669
- 카페 13:00~17:00
- l-og.jp/en

CITY 04

도모노우라 鞆の浦

영화 〈벼랑 위의 포뇨〉와 〈울버린〉 등의 무대가 된, 1000년 이상의 긴 역사를 지닌 항구도시다. 항구의 상야등이나 기러기 나무 등은 에도시대부터 지금까지 보전돼 옛 정취를 느끼게 한다. 특히 구시가지에는 나무로 만든 옛집이 늘어선 골목이 많아 사진 찍기 좋다.

ⓘ 가는 법 : JR 히로시마역에서 JR 후쿠야마역까지 간 뒤, 도모테츠 버스를 타고 종점인 도모코 정류장에 내린다. 신칸센을 탈 경우 히로시마역에서 후쿠야마역까지 26분 정도, 후쿠야마역에서 도모노우라까지는 30분 정도 소요된다.

SEE 01

조야토(상야등) 常夜燈

도모노우라의 랜드마크인 돌로 만든 등대다. 현존하는 에도시대 상야등 가운데 최대 규모로, 작아 보이지만 높이가 10m나 된다. 해 질 녘 아름다운 풍경으로 유명하다. 조야토를 비롯해 계단식 선착장, 항만 관리소였던 후나반쇼 터, 선박을 정비하던 터 등 에도시대 항만 시설이 그대로 남아 있다.

📍 広島県福山市鞆町鞆843-1
🌐 https://www.tomonoura.life

AREA 10 히로시마현 広島県

SEE 02

후쿠젠지 다이초로
福禅寺 対潮楼

후쿠젠지는 950년경 작은 언덕 위에 지은 유서 깊은 사찰인데, 경내에 있는 다이초로의 전망으로 더 유명하다. 에도시대에 조선통신사 영빈관으로 이용됐을 당시, 조선통신사가 '일본에서 가장 아름다운 경치'라며 경탄을 감추지 못했다는 일화가 전해질 정도다. 실제로 다이초로에 들어서는 순간 이 같은 찬사가 과장되지 않았음을 깨닫게 된다. 창밖으로 센스이지마와 벤텐지마, 세토 내해 등의 풍경이 그림처럼 펼쳐지기 때문이다.

📍 広島県福山市鞆町鞆2
📞 084-982-2705 🕗 08:00~17:00
💴 성인 200엔, 중·고등학생 150엔, 초등학생 100엔
🌐 www.fukuyama-kanko.com

SEE 03

이로하마루 전시관 いろは丸展示館

1867년 난파된 상선인 이로하마루에 대해 전시한 공간이다. 배 안에는 일본 역사에서 빼놓을 수 없는 인물인 사카모토 료마가 타고 있었는데, 침몰 직후 가장 가까운 항구인 도모노우라에 머물면서 사고를 수습했다고 한다. 난파된 배에서 수습한 유품과 침몰 상황을 표현한 디오라마 등이 전시돼 있다. 에도시대에 지은 창고를 그대로 이용하며, 2층에는 료마가 머물렀던 방이 당시 모습으로 복원돼 있다.

📍 広島県福山市鞆町鞆843-1 📞 084-982-1681
🕗 10:00~16:30(12월 29일~1월 1일 휴무) 💴 초등학생 이상 200엔
🌐 www.tomonoura.jp/tomo/irohamaru.html

SEE 04

오타 고택 太田家住宅

17세기 말 호메이주를 처음 만든 오타 집안의 고택이다. 이 집안은 1710년부터 메이지 시대가 시작될 때까지 호메이주 독점 생산권을 부여받아 번성했다. 이후 사업이 기울면서 집을 팔았지만 건물의 특징은 많은 부분 그대로 유지되고 있다. 입장료를 내고 들어가면 고택 내에 있는 여러 개의 다다미 방, 다도방과 호메이주 창고를 둘러볼 수 있다. 오타 고택을 중심으로 에도시대 분위기의 거리가 100m 정도 형성돼 있다. 특산품인 호메이주 상점, 커피숍, 음식점, 기념품 가게 등이 늘어서 있어 가볍게 둘러보고 사진 찍기 좋다.

- 広島県福山市鞆町鞆843 ☎ 084-982-3553
- 09:30~16:30(화요일, 화요일이 공휴일인 경우 다음날 휴무, 12월 29일~1월 3일)
- 1일 중학생 이상 400엔, 초등학생 200엔
- https://tomonoura.life/spot/12674

SEE 05

호메이주야 保命酒屋

오타 주택 거리에서 호메이주를 파는 가게. 이곳 호메이주는 다른 브랜드 제품에 비해 먹기 쉬운 맛이 특징이다. 시음도 가능하니 열린 마음으로 경험해봐도 좋다.

- 広島県福山市鞆町鞆841-1
- 084-982-2011
- 10:00~17:00
- 호메이주 300ml 1200엔

SEE 06 데라마치 거리 (사찰 거리)
寺町筋

해안가 마을답게 도모노우라에는 신사와 절이 많다. 19개의 절과 수십 개의 신사가 마을 곳곳에 흩어져 있으며, 이는 마을 북쪽으로 갈수록 더 많이 발견된다. 오죽하면 '길을 잃으면 아마 신사나 절 중 하나로 들어서고 있을 것'이라는 말이 있을 정도다. 누나쿠마 신사로 가는 길에 안코쿠지, 쇼보지, 지토쿠인, 겐쇼지, 묘렌지 등이 늘어서 있는데, 이렇게 사찰이 늘어선 거리를 데라마치(사찰 거리)라 부른다. 이러한 도시 구조는 에도시대 초기, 도모 성을 세운 후쿠시마 마사노리가 설계했다. 절은 성을 보호하기 위한 역할을 하며, 성을 일종의 요새로 만들었다. 현재는 일부 절에서 명상이나 경전 쓰기 등의 전통 체험을 진행한다.

📍 広島県福山市鞆町一円

AREA 10
히로시마현広島県

SEE 07 사사야키바시 (속삭이는 다리) ささやき橋

사찰 거리에 있는 낮은 다리로, 일본에서 가장 짧은 다리로 꼽힌다. 솔직히 다리라고 하기에는 너무 낮은 방지턱 같은 모습이라 그냥 지나치기 쉽다. 그런데 이 다리에 얽힌 이야기는 애절해서 눈길을 끈다. 외국에서 온 통신사를 접대하기 위해 파견 온 관리인 와타리는 무희 에노우라를 보고 사랑에 빠졌다. 두 사람은 본분을 잊고 밤마다 다리 위에서 만났다. 그러다 소문이 나게 되면서 두 사람은 끔찍한 형벌을 받는다. 두 사람이 껴안지 못하도록 등을 서로 맞대서 묶은 뒤 바다 위에 던진 것. 이후 밤마다 이 다리에서 두 사람의 목소리가 들린다는 소문이 돌았고, 그런 이유로 '속삭이는 다리'라는 이름이 붙었다.

📍 広島県福山市鞆町後地1203 📞 084-928-1042

도모노우라의 작은 섬
센스이지마 즐기기

도모노우라 선착장에서 배로 불과 5분 정도 가면 닿을 수 있는 작은 섬이다. '신선도 도취할 정도로 아름다운 섬(仙醉島)'이라는 뜻으로, 둘레가 6km 정도 되는 작은 섬에 해안선을 따라 걷기 좋은 산책로를 마련해놓았다. 편도 30분, 왕복 1시간 정도 산책할 수 있는데, 해안선을 따라 산책로를 걸으면 바다 위를 걷는 듯 아슬아슬한 기분과 함께 탁 트인 전망을 만끽할 수 있다. 본격적인 등산도 가능하며, 여름에는 해수욕장으로 인기다.

ⓘ 도모노우라 선착장에서 20분 간격으로 배를 운항한다.
¥ 왕복 240엔

1 벤텐지마 弁天島

도모노우라와 센스이지마 사이에 떠 있는 작은 무인도. 어부들의 수호신인 변재천을 모신 신사가 있다. 일반인은 들어갈 수 없지만, 매년 5월 벤텐지마 불꽃놀이 대회에서 이곳에서 쏘아 올린 불꽃을 건너편 육지에서 감상할 수 있다.

2 소금 디저트

센스이지마의 특산품은 소금이다. 일본 100대 소금 중 하나인 소금 공방이 센스이지마에 있어서다. 선착장 인근 가게에서는 예쁘게 포장한 선물용 소금과 소금을 넣은 음료나 디저트를 판매한다. 소금을 넣은 레모네이드와 소금 아이스크림은 소금이 들어 있지만 짠맛뿐 아니라 깊은 단맛도 난다.

3 고코카라 ここから

주거용 시설이 거의 없는 작은 섬이지만, 선착장 인근에 온천이 세 곳이나 있다. 산책하고 나서 온천으로 피로를 푸는 코스로 이용하기에도 좋다. 그중 선착장에서 가까운 고코카라는 숙박 시설과 식당을 겸한 곳이다. 동굴 찜질방, 고농도 소금물 목욕, 노천탕, 모래 온천(옵션) 등 5개 코스를 거치는 '에도 목욕'을 할 수 있다.

ⓒ ここから

📍 広島県福山市鞆町後地3373-2 ☎ 084-982-2111
🕐 10:00~18:00(입장 마감 16:30, 동굴탕은 21:00까지)
¥ 에도 목욕 코스 1700엔(90분), 동굴탕 500엔

AREA 10 히로시마현 広島県

EAT 01 🍴
오후나야도 이로하 御舟宿いろは

선박 충돌 사건을 겪은 사카모토 료마가 선박 침몰에 대한 보상을 놓고 담판을 벌인 장소다. 당시의 모습은 사라졌으나 〈벼랑 위의 포뇨〉 개봉 이후 도모노우라가 배경 마을로 인기를 얻으면서 지브리 스튜디오의 작화를 바탕으로 재탄생했다. 1층은 식당으로, 2층은 숙박 시설로 운영한다. 식당 안쪽에는 료마가 담판을 했다고 알려진 공간을 재현해놓았다. 도미 정식, 이로하 정식 등 해산물로 만든 요리를 판매하며, 케이크와 커피 등 카페 메뉴도 제공한다.

케이크, 커피와 함께 지브리의 감성을 느껴보세요.

📍 広島県福山市鞆町鞆670
📞 084-982-1920
🕐 11:00~13:00 (재료 소진 시 영업 종료)
💴 이로하 정식 2420엔, 커피 500엔, 케이크 700엔 (커피, 케이크 동시 주문 시 200엔 할인)
🌐 https://www.tomo-iroha.jp

\ 지카 덴푸라 정식 /

EAT 02 🍴
고자카나 아모친 산스테 小魚 阿も珍 さんすて

도모노우라에 가려면 반드시 거쳐 가는 JR 후쿠야마역에 위치한 향토 음식점. 세토 내해에서 잡은 제철 생선으로 차린 정식을 판매한다. 이 집의 가장 큰 매력은 오징어 젓갈을 무한 제공한다는 것인데, 유자를 넣어 숙성시킨 하얀 오징어 젓갈은 그리 짜지 않고 상큼해 밥반찬이나 맥주 안주로 최고다. 이 집 명물인 오징어 튀김은 부드럽고 감칠맛이 엄청나다.

유자 오징어 젓갈은 무한 리필!

미니 오징어 '지카 튀김'

📍 広島県福山市三之丸町30-1
📞 084-959-5080
🕐 11:00~20:30
💴 지카 덴푸라 정식 1780엔, 벤텐 세트 1380엔
🌐 www.amochinmi.com/sunstefukuyama.html

AREA 11·12

Tottori
Shimane

돗토리·시마네현
鳥取·島根県

사구에서 낙타를 타볼까
돗토리

요괴들이 사는 마을
사카이미나토

〈명탐정 코난〉 마니아의 성지
구라요시

교토에 앞선 '신의 도시'
이즈모

화과자에 이토록 진심이라니
마츠에

Tottori·Shimane

FOOD STORY

" 돗토리·시마네현은 동해를 끼고 있고 남쪽으로는 산으로 둘러싸여 다양한 해산물과 제철 농산물, 질 좋은 와규까지 식재료가 풍부하다. "

돗토리 카레 鳥取カレー
돗토리는 일본에서 카레 소비량이 제일 많은 지역으로 꼽힌다. 일명 '집 카레' 스타일로, 감자 등의 재료가 골고루 들어가며, 오래 끓여 깊고 진한 맛이 난다. 신기한 건 카레를 대부분 커피숍(喫茶店)에서 판매한다는 것. JR 돗토리역을 중심으로 카레를 판매하는 커피숍이 집중돼 있다. 최근에는 핑크 카레, 오징어 먹물 카레, 수프 카레 등 다양한 카레도 판매한다.

마츠바 대게 松葉ガニ & 홍게 ベニズワイガニ
산인 지방 겨울철 대표 먹거리는 마츠바 대게로, 성장한 수컷 대게다. 단맛이 나서 굽거나 삶는 것은 물론 회로 먹어도 맛있다. 풍미 깊은 내장도 사케와 잘 어울린다. 11월 4일부터 3월까지가 대게 철이고, 9월부터 이듬해 6월까지는 홍게(베니가니) 철이다. 사카이미나토항은 일본 1위 홍게 어획량을 자랑한다. 홍게는 게살덮밥이나 찜으로 먹는다. 이 밖에도 산인 지방은 바위굴(イワガキ), 도루묵(ハタハタ), 진흙새우(モサエビ), 한치(シロイカ) 등 해산물의 천국이다.

©鳥取県

규코츠 라멘(사골 라멘)
牛骨ラーメン
일본 라멘은 대부분 돼지 뼈와 닭, 해산물 등을 우려낸 육수를 베이스로 하는데, 돗토리 라멘은 사골을 우려 육수를 만든다. 사골 국물의 깔끔한 맛과 향이 특징. 구라요시 인근에서 만나볼 수 있다.

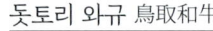

돗토리 와규 鳥取和牛
돗토리는 에도시대부터 와규 산지로 유명한 곳이다. 이 지역 소에는 올레인산이 많이 함유돼 있어 육질이 부드럽다. 돗토리 와규는 스테이크나 구이로 먹어도 맛있지만, 샤부샤부로 요리하면 더욱 맛있게 먹을 수 있다. 돗토리 버거도 유명하다.

©鳥取県

20세기 배 二十世紀梨
구라요시는 일본에서 가장 맛있는 배인 '20세기 배' 재배지로 유명하며, 배 박물관이 있을 정도. 20세기 배는 과육이 달고 단단하며, 과즙이 풍부하다. 배 아이스크림은 꼭 맛보자.

©鳥取県

시마네 시지미(재첩) しじみ

신지코 호수에서 나는 시마네 시지미는 미네랄 성분이 풍부한 민물 조개다. 맛도 있지만, 간을 깨끗이 해독해주는 효능으로 알려져 있다.

이즈모 소바 出雲そば

이즈모 소바는 '일본 3대 지역 소바' 중 하나로 꼽힌다. 메밀을 껍질까지 통째로 갈아 만든 이즈모 소바는 다른 지역의 소바보다 색이 진하고 향이 풍부한 것이 특징이다. 이즈모 소바는 와리고 소바와 가마아게 소바, 두 가지로 즐긴다. 와리고 소바는 우리가 흔히 먹는 판 메밀을 떠올리면 쉽다. 면은 3단 칠기 그릇에 담고, 츠유와 고명(김, 양파 등)은 따로 담아 제공한다. 그러나 판 메밀과는 먹는 방식이 다르다. 면을 츠유에 찍어 먹는 것이 아니라, 면에 츠유를 부어 먹는다. 가마아게 소바는 온 메밀로 다양한 고명과 함께 뜨거운 육수에 담아 먹는다.

이즈모 젠자이 出雲ぜんざい

일본식 단팥죽으로 젠자이의 고향은 바로 이즈모다. 젠자이는 신이 있다는 뜻인 '진자이'에서 발음이 변형되었다고 한다. 이즈모 젠자이는 삶은 팥을 으깨지 않고 있는 그대로의 모양을 살려낸 것이 특징이며, 그 위에 구운 찹쌀떡을 얹어 낸다.

말차와 화과자에 진심인 '마츠에'

마츠에는 교토, 가나자와와 함께 일본 3대 화과자의 도시로 꼽힌다. 정치보다 다도에 심취했던 에도시대 번주 마츠다이라 하루사토가 통치한 도시였기 때문이다. 그는 차 못지않게 화과자도 중요하게 여겨, 화과자를 고안하고 장인을 육성해 마츠에를 3대 화과자의 도시로 발전시켰다. 마츠에의 화과자는 꽃, 단풍과 같은 장식을 통해 계절감을 느끼게 하면서 차 맛을 보완하도록 했다.

❶ 와카쿠사 若草

마츠다이라 하루사토가 만든 화과자 중 특히 좋아한 것으로 '후마이(하루사토의 호)공 3대 명과'로도 불린다. '봄의 어린 풀'이라는 뜻처럼 하나하나 수작업으로 찹쌀로 만든 과자에 가루를 뿌려 만들었다.

❷ 야마카와 山川

일본 3대 화과자다. 붉은색과 흰색 화과자가 한 세트인데, 이는 단풍의 산과 맑은 강물을 표현한다고. 촉촉하면서도 옅은 짠맛이 절묘하다는 평이다.

❸ 나타네노사토 菜種の里

봄의 유채꽃밭을 훨훨 날아다니는 나비를 표현해 노란색으로 만든 화과자다. 입에 넣으면 살짝 부서지면서 촉촉한 단맛을 느낄 수 있다.

Tottori·Shimane
TRANSPORTATION

" 돗토리현과 시마네현은 서일본 북부에 위치하며 동해와 닿아 있다. 이 두 현은 주고쿠 지방에 속하며, 두 곳만 묶어 '산인 지방'이라 부른다. 이 지역은 상대적으로 번화한 동남쪽과 달리 한적한 시골이다. 돗토리현은 관광지가 넓게 퍼져 있지만, 시마네현의 경우 유명 관광지가 돗토리현과 가까워 두 현을 함께 돌아보기 좋다. "

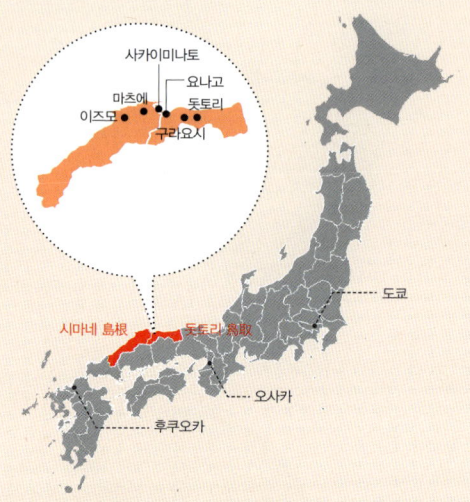

돗토리·시마네현 여행의 시작, 요나고까지 어떻게 갈까?

인천국제공항에서 출발하는 요나고행 직항 항공편이 있다. 현재 에어서울에서 수·금·일요일 주 3회 운항 중이다. 만일 다른 요일에 출발하고 싶다면 후쿠오카 국제공항이나 간사이 국제공항으로 입국한 뒤 원하는 도시로 이동하자. 그러나 요금이 비싸고, 시간도 오래 걸리는 편이다. 후쿠오카에서 오사카까지 사용 가능한 산요·산인 패스 7일권을 사용하면 부담을 덜 수 있다.

요나고 기타로 공항에 내린 뒤에는 가장 멀리 떨어진 돗토리시부터 돌아봐도 되고, 가장 가까운 사카이미나토나 마츠에부터 돌아볼 수도 있다. 모두 공항에서 기차로 연결돼 이동하기 편하지만, JR 마츠에역은 기차보다 리무진이 빠르고 편하다.

산인 지방 여행이 시작되는 JR 요나고공항역

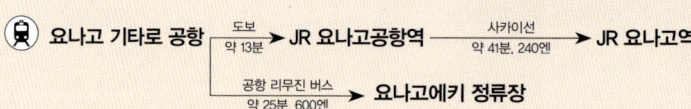

산인 지역 패스

JR 돗토리 & 마츠에 패스
돗토리, 구라요시, 요나고, 사카이미나토, 마츠에, 이즈모시까지 모두 이용할 수 있는 패스다. 서일본 여객 철도 특급 열차와 보통 열차 자유석을 이용할 수 있다.

3일권 12세 이상 4000엔, 6~11세 2000엔

JR 간사이 산인 패스
오사카 간사이 국제 공항으로 입국해 간사이 지방을 둘러보고, 돗토리·시마네현까지 둘러보고 싶을 때 요긴한 패스다. 돗토리, 구라요시, 요나고, 사카이미나토, 마츠에, 이즈모시까지 모두 이용할 수 있으며, 오카야마와 오사카, 교토, 나라까지 가능하다. JR 서일본 기존선의 신쾌속열차, 쾌속 열차, 보통 열차를 이용할 수 있고, 하루카, 아쿠모, 고노토리, 슈퍼 하쿠토 등 특급열차는 반드시 사전 예약 후 지정석을 이용해야 한다. 서일본 JR버스는 구역 내 노선만 가능하다.

7일권 12세 이상 1만8000엔, 6~11세 9000엔

돗토리현 무제한 버스 승차권 鳥取藩乗放題手形
돗토리현만 버스로 여행할 계획이라면 합리적인 패스. 돗토리현 내 운행하는 모든 버스를 자유롭게 이용할 수 있다. 관광지 할인 혜택도 주어지며, 무엇보다 나무로 된 티켓이 예쁘다.

3일권 1800엔　www.nihonkotsu.jp/bus_local/tegata

JR 산인 본선 JR 요나고역과 JR 돗토리역 사이를 운행하는 명탐정 코난 열차 블루 레드 차량

시내 교통

100엔 순환버스 구루리 くる梨
JR 돗토리역에서 출발하는 순환버스다. 빨강, 초록, 파랑 등 3개의 노선을 운영하며, 시내 곳곳을 운영하지만 돗토리 사구는 가지 않는다.

루프 기린 사자 버스 ループ麒麟獅子
돗토리 사구, 돗토리 성터 등 관광 명소를 중심으로 운행하는 순환버스다. 평일은 운행하지 않고 주말과 공휴일에만 운행한다. 돗토리 버스 터미널과 돗토리시 관광 안내소, 버스 내에서 구입할 수 있다.

1일권 600엔, **1회** 12세 이상 300엔, 6~11세 150엔

구룻토 마츠에 레이크라인 순환버스 ぐるっと松江レイクライン
마츠에 관광 순환버스다. JR 마츠에역부터 마츠에 성, 호리카와 유람선, 현립 미술관, 신지코 호수 등 대부분의 관광 명소를 모두 아우른다. 마츠에 관광 명소를 한 바퀴 도는 데 걸리는 시간은 약 50분. 호수와 강으로 둘러싸인 도시는 관광지마다 내려서 둘러봐도 좋지만, 차내에서 바라만 봐도 충분히 만족스럽다. 특히 버스는 유럽 복고풍 스타일로 꾸몄는데, 내부 역시 나무로 마감해 따뜻하고 아늑한 느낌을 준다.

1일권 12세 이상 520엔, 6~11세 260엔,
1회 12세 이상 210엔, 6~11세 110엔

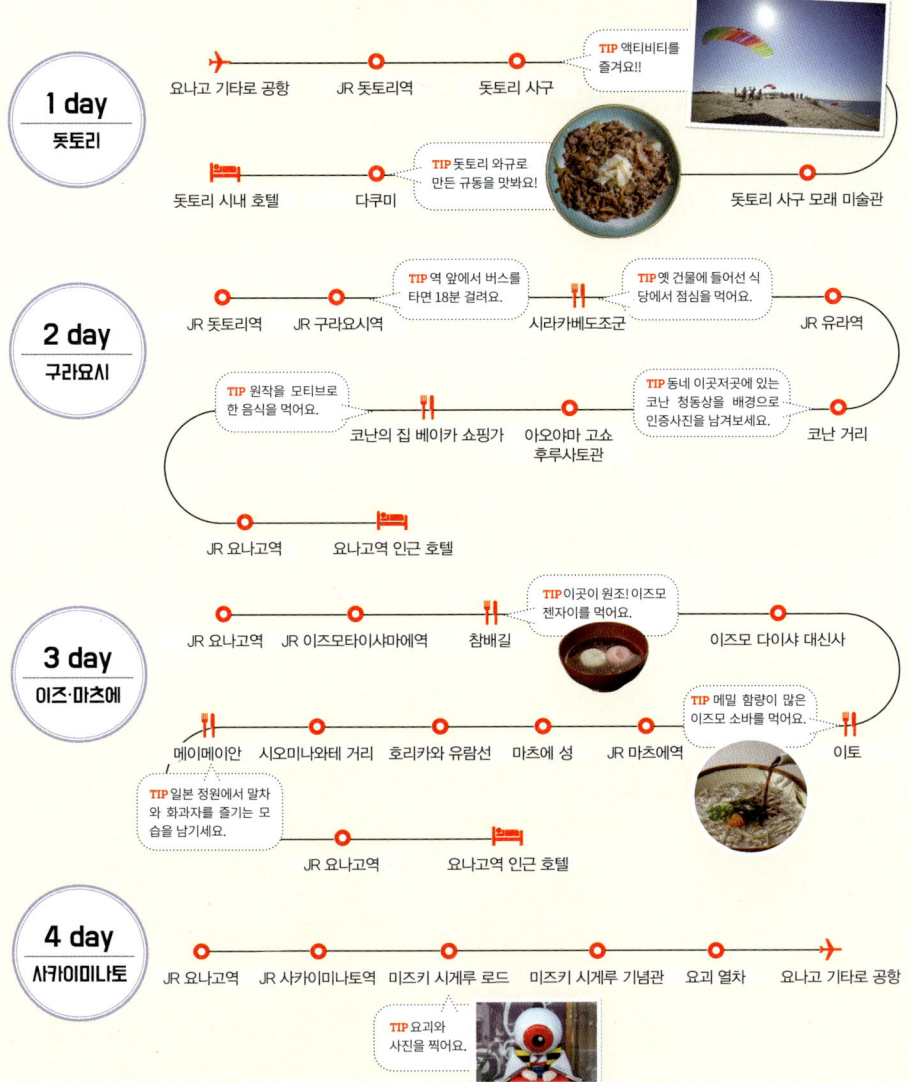

자연과 예술을 사랑하는 사람을 위한 2박 3일 코스

"때로는 자연과 문화를 즐기며 혼자만의 시간을 갖고 싶어진다. 가성비 좋은 요나고 가이케 온천 마을과 물의 도시 마츠에에서 몸과 마음이 충만한 시간을 보내는 코스다."

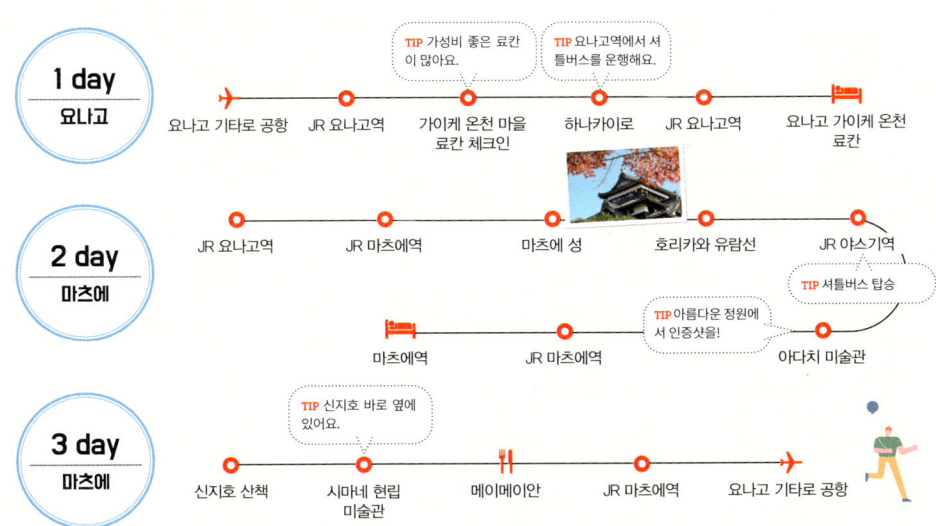

당일치기 만화 마니아 코스

"오사카나 후쿠오카 등 다른 지역에서 갈 수 있는 일본 만화 마니아 코스."

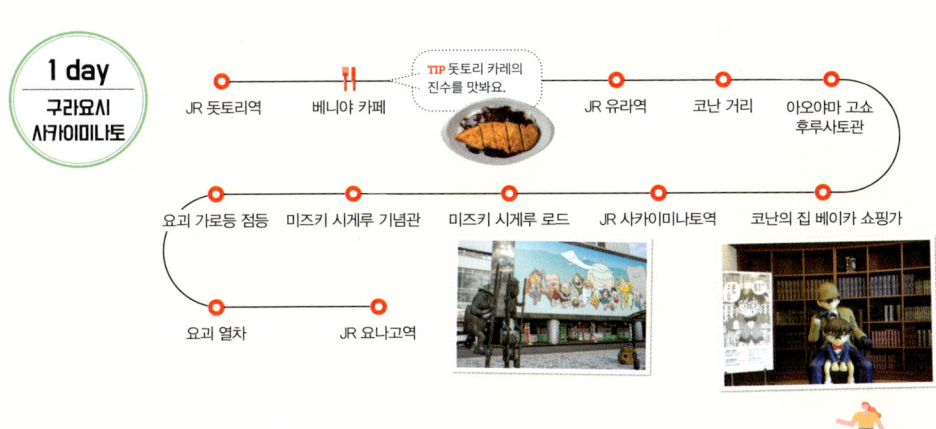

CITY 1

돗토리 鳥取

돗토리 현청 소재지인 돗토리는 모래언덕인 돗토리 사구로 유명한 도시다. 돗토리 와규나 카레 등 미식 여행을 하기에도 좋다. 그러나 요나고 기타로 공항과는 거리가 좀 있으므로 사구를 볼 마음이 없다면 건너뛰어도 좋다. JR 돗토리역 인근에 숙소를 잡고 구라요시와 요나고 등 소도시로 이동하는 것도 좋다.

ⓘ 가는 법 : JR 돗토리역에서 100엔 순환버스 구루리나 루프 기린 사자 버스를 타고 이동한다.

SEE 01

돗토리 사구 鳥取砂丘

돗토리 관광에서 빼놓을 수 없는 돗토리 사구. 산인 해안 지오파크 돗토리 사구 구역에 위치하며 남북 2.4km, 동서 16km로 뻗어 있는 일본 최대급 해안 사구다. '우마노세(말의 등)'라고 불리는 높직한 언덕에서 바라보는 바다 풍경이 아름답다. 사구를 내려다볼 수 있는 언덕 위에서 입구까지 연결하는 리프트가 있어 편하게 이동할 수 있다.

📍 鳥取県鳥取市福部町湯山2164-971
📞 0857-22-0021 (돗토리 사구 방문자 센터)
🌐 www.sakyu-vc.com/en

사구를 더 신나게 즐기는 법

1 신발을 갈아 신자!
발이 푹푹 빠지는 사구를 편하게 관람하려면 신발을 갈아 신어야 한다. 돗토리 사구 회관과 라쿠다야에서는 장화를, 돗토리 사구 방문자 센터에서는 슬리퍼를 빌려준다.

2 사구에서만 가능한 체험을 하자!
돗토리 사구에서는 관광용 마차와 낙타를 탈 수 있다. 사막에서 즐길 수 있는 샌드보드, 패러글라이딩, 모래 조각 체험 등 액티비티도 즐길 수 있다.

3 신나게 놀았다면 발을 씻자!
돗토리 사구 방문자 센터에서는 모래에 대한 다양한 체험과 학습이 가능할 뿐 아니라, 발을 씻는 장소와 어린이 샤워 시설도 이용할 수 있다. 또 모래언덕 휠체어도 대여해준다.

돗토리 사구 모래 미술관 鳥取砂丘 砂の美術館

SEE 02

돗토리 사구 옆에 위치한 모래 미술관은 전 세계에서 유일하게 '모래'로 만든 조각 작품을 전시하는 실내 미술관이다. 매년 주제가 바뀌며, 전시 기간은 보통 3월부터 이듬해 1월까지(2023년 기준)다. 모래 조각가 겸 프로듀서 차엔 가츠히코가 총지휘를 맡고, 매년 해외 모래 조각가를 초빙해 환상적인 모래 조각을 선보인다. 미술관 내의 유리벽과 야외 광장에서는 돗토리 사구를 내려다볼 수 있다. 해가 진 뒤에는 조명이 켜져 낮과는 또 다른 분위기를 낸다.

- 鳥取県鳥取市福部町湯山2083-17 ☏ 0857-20-2231
- 평일·일요일 09:00~18:00(마지막 입장 17:30) / 매년 모래 조각 제작 기간은 휴관
- 성인 800엔, 초·중·고등학생 400엔 www.sand-museum.jp

돗토리 성터 & 진푸카쿠 鳥取城跡 & 仁風閣

SEE 03

©鳥取県

돗토리 성은 16세기 중반에서 메이지유신(1867년)에 이르기까지 규쇼잔산을 중심으로 지은 산성이다. 산 정상에는 중세 성곽 터인 산조노마루(山上の丸)가 있고, 산기슭에는 16세기 후반~17세기 초반부터 메이지시대에 걸쳐 정비된 니노마루(二の丸)·덴큐마루(天球丸)·산노마루(三の丸) 등의 성터가 남아 있다. 400그루가 넘는 벚꽃나무가 심어져 있어 봄이면 벚꽃 명소로 유명하다. 백조가 날아다니는 해자와 여러 겹으로 쌓은 돌담 등도 볼거리다. 인근에 있는 진푸카쿠는 돗토리 번주였던 이케다 나카히로(池田仲博) 후작의 명으로 지은 건물로, 프랑스 르네상스 양식을 기초로 백악의 목조 기와를 얹은 2층 건물이다. 우아한 외관과 일본식 정원이 아름답게 조화를 이루어 일본 국가 지정 중요문화재로 선정됐다. 현재 진푸카쿠는 문화재 수리 공사 중이며, 2028년 하반기에 재개관할 예정이다. 단, 정원과 외관 일부는 이 기간에도 관람할 수 있다.

- 鳥取県鳥取市東町2丁目105
- 0857-30-8421(돗토리 성터), 0857-26-3595(진푸카쿠)
- www.tottori-tour.jp/ko/sightseeing/108(돗토리 성터), www.tbz.or.jp/jinpuukaku(진푸카쿠)

EAT 01

카페 기노카오리 Café 木の香り

30년간 약사로 활동해온 주인이 건강한 음식을 선보이기 위해 2002년 오픈한 카페 겸 레스토랑이다. 주인은 건강한 음식의 재료로 카레를 선택했는데, 5색 채소와 14~20종류의 향신료를 배합해 100시간이나 걸려 카레를 만든다고. 오므라이스 카레, 카레 우동 등 다양한 카레 메뉴를 판매하고, 카레 시폰 케이스, 카레 아이스크림, 카레 빙수 등 카레로 만든 디저트도 판매한다. 제철 샐러드, 오므라이스 카레, 카레 시폰 케이크, 카레 아이스크림, 커피(차)까지 제공하는 야쿠젠 카레 코스를 추천한다.

- 鳥取県鳥取市栄町659
- 0857-29-0035
- 화~금요일 07:30~19:00,
  토요일 09:00~19:00,
  일요일 09:00~17:00(월요일 휴무)
- 야쿠젠 카레 코스 1800엔
- https://cafe-kinokaori.jp

EAT 02

베니야 카페 喫茶 ベニ屋

돗토리 카레 거리의 대표 주자, 베니야 카페는 1948년 창업한 노포로, 꾸덕한 검은색 카레로 승부를 본다. 판매하는 메뉴는 단순하다. 일반 카레라이스와 카레에 돈가스와 고로케 등 소박한 토핑을 올린 카레다. 대표 메뉴는 얇은 치킨 커틀릿을 바삭하게 튀겨내 올린 치킨 커틀릿 카레. 베니야 오리지널 소스에 찍어 먹으면 더 맛있다. 이 집의 또 다른 대표 메뉴는 사계절 판매하는 빙수다. 얼음을 곱게 갈아 시럽을 뿌려주는 일본 스타일의 빙수로 코코아와 우유를 뿌려 만든 인도 밀크(インドミルク)를 추천한다.

- 鳥取県鳥取市末広温泉町129
- 0857-22-2874
- 08:00~17:30(수요일 휴무)
- 치킨가스 카레 900엔
- www.instagram.com/kissabeniya

EAT 03

다쿠미 たくみ割烹店

돗토리시 대표 향토 맛집으로, 돗토리 특산물 중 하나인 돗토리 와규를 사용한 요리를 선보인다. 샤부샤부와 규동, 카레, 하야시라이스 등의 메뉴가 있는데, 돗토리 와규의 참맛을 느끼려면 샤부샤부와 규동을 골라야 한다. 샤부샤부는 재료를 직접 고를 수 있어서 좋다. 돗토리 와규를 듬뿍 넣은 규동은 가격 대비 맛과 퀄리티가 좋고, 곁들여 나오는 반찬도 맛있다. 음식을 담아 내오는 식기는 도자기 작품을 사용하니 눈여겨보자.

- 鳥取県鳥取市栄町653
- 0857-26-6355
- 11:30~14:00, 17:00~21:00(셋째 주 월요일 휴무)
- 규동 1500엔, 하프 앤드 하프 카레 1300엔, 돗토리 와규 스키나베(샤부샤부) 4200~1만 엔

EAT 04

수미야 기초 炭屋吉鳥

돗토리산 닭과 동해에서 잡은 해산물로 만든 고급 꼬치구이 전문점이다. 카운터석, 개인실, 단체실 등이 있어 느긋하게 코스 요리를 즐기기 좋다. 2시간 30분간 술과 음료를 무제한으로 마실 수 있는 노미호다이(飲み放題) 메뉴가 있으니, 시간을 넉넉하게 잡고 찾아가보길 권한다. 프리미엄 코스 요리는 저렴한 미니 코스까지 다양하게 구비했으며, 코스 메뉴 선택 시 노미호다이를 저렴한 가격에 이용할 수 있다.

- 鳥取県鳥取市扇町92
- 0857-22-8343
- 일~목요일 17:00~23:30, 금·토요일 17:00~24:00
- 야키토리 5종 모둠 898엔, 미니 코스 10종 2800엔, 노미호다이 1998엔
- www.sumiya-kiccho.net

구라요시 倉吉

JR 돗토리역에서 1시간 정도 거리에 있는 구라요시. 에도시대와 메이지시대에 걸쳐 건설된 건축물이 고스란히 보존되어 작은 교토로 불린다. 옛 성 마을에 보존된 우츠부키 다마가와 상점가에서 그 정취를 느낄 수 있다. 또 인근 미사사 온천과 코난 거리도 함께 돌아보면 완벽 코스!

① 가는 법 : 미사사 온천과 시라카베도조군으로 가려면 JR 구라요시역에서 시내버스를 타고 이동하고, 코난 거리로 가려면 JR 유라역에서 내려 도보로 이동한다.

SEE 01
시라카베도조군 白壁土蔵群

JR 구라요시역에서 버스로 15분 정도 가면 하얀색 벽(시라카베도조군)과 빨간 기와지붕(아카가와라)이 아름다운 옛 건물들이 보인다. 에도시대(1603~1867) 말부터 메이지시대(1868~1912)에 지은 시라카베도조군이다. 이곳은 한때 성이 있던 도시에서 상점가 역할을 했던 우츠부키 다마가와 상점가 거리에 있으며, 현재는 역사 건물 보존 구역으로 지정됐다. 이 전통 건물들은 다마가와 강변길을 따라 400m 정도 이어지며, 잉어가 사는 수로 곳곳에 작은 돌다리가 놓여 있다. 이 건물들은 간장과 사케 제조 등과 같은 전통 사업에 사용되었는데, 그중 일부 회사는 오늘날까지도 계속 운영된다. 대부분은 지역 장인들의 수공예 상점이나 디저트 가게, 음식점 등으로 쓰인다. 시라카베도조군에는 엄선해서 지정된 총 16호관의 아카가와라 상점이 있다.

◎ 鳥取県倉吉市魚町2568-1(시라카베도조군 관광 안내 센터)
🌐 www.kurayoshi-kankou.jp/ko

SPOT TO GO

1 아카가와라 1호관 赤瓦一号館
다이쇼시대에 지은 간장 양조장을 개조해 만든 건물로, 지역 사케와 옷감, 대나무 제품, 아이스크림 가게, 액세서리 공방 등이 들어서 있다.

2 아카가와라 5호관 赤瓦五号館 久楽
맷돌로 간 원두를 내려, 설탕 대신 팥을 넣어주는 맷돌 커피(石臼珈琲)를 판매하는 카페다. 1층에서는 기념품도 판매한다.

3 아카가와라 6호관 赤瓦六号館 桑田醤油醸造場
현 지정 보호문화재인 구와다 간장 양조장. 내부에 들어서면 커다란 나무 통에 간장을 숙성시키는 모습을 볼 수 있다. 간장 아이스크림도 판매한다.

4 아카가와라 7호관 赤瓦七号館 元帥酒造
1700여 년의 역사를 지닌 젠수이 주조(元帥酒造) 본점이다. 시음도 가능하며, 사전 예약하면 양조장 견학도 할 수 있다.

SEE **02**

미사사 온천 三朝温泉

만병이 낫는다는 전설의 온천 마을로, 발견된 지 850년이 됐다. 미토쿠강을 따라 고풍스러운 료칸 거리가 늘어서 있고, 미사사 다리를 중심으로 하류에는 가지카하시 다리, 상류에는 고이타니바시 다리 등이 있으며 그림처럼 아름답다. 온천을 즐기고 가볍게 산책하기에 좋다.

◎ 鳥取県東伯郡三朝町

SPOT TO GO

1 후지 주조 일본 술
藤井酒造酒蔵併設店舗

주인의 안내를 받으며 시음할 수 있는 양조장이다. 돗토리현에서 만드는 다양한 사케를 경험할 수 있다.

◎ 鳥取県東伯郡三朝町三朝868-2
☎ 0858-43-0856
🕙 09:00~21:00
🌐 www.fujii-sake.co.jp

2 가와라부로 노천탕 河原風呂

미사사 다리 밑 하천에 커다란 바위를 동그랗게 쌓아 만든 무료 혼욕탕이다. 졸졸 흐르는 개울물 소리를 들으며 온천을 즐길 수 있다.

◎ 鳥取県東伯郡三朝町

3 아쿠시노유 薬師の湯

온천 거리에 있는 무료 족욕탕이다. 마을을 산책하다가 잠시 쉬면서 피로를 풀기에 좋다.

◎ 鳥取県東伯郡三朝町三朝933

SEE 03

코난 거리 コナン通り

아오야마 고쇼 후루사토관으로 가기 위해서는 JR 유라역에서 1.4km, 걸어서 20분 정도 걸린다. 그러나 유라역부터 박물관까지 이어지는 길은 '코난 거리'로 조성돼 지루함 없이 걸을 수 있다. 걷기 전에 유라역이나 홈페이지를 통해 코난 거리 가이드맵을 받자. 코난 청동상이 붙어 있는 코난대교, 동네 곳곳에서 발견할 수 있는 16종류의 청동상, 15종류의 컬러 오브제, 코난 거리를 따라 기념석에 프린트된 명탐정 코난 표지 28개, 코난 그림이 조각된 맨홀 뚜껑 등 동네 곳곳에서 코난을 찾는 재미가 쏠쏠하다.

◎ 鳥取県東伯郡北栄町由良宿573-1(관광 정보 센터)

SEE 04

아오야마 고쇼 후루사토관
青山剛昌ふるさと館

코난 덕후라면 반드시 찾아가야 하는 곳. 우리나라에서도 유명한 만화 〈명탐정 코난〉의 작가 아오야마 고쇼의 생애와 작품을 소개하는 체험형 박물관이다. 작가의 일대기를 알 수 있는 자료와 작가가 작업하는 작업실, 원화, 일러스트를 비롯해 〈명탐정 코난〉 관련 콘텐츠, 역대 영화 포스터, 단행본 등을 만날 수 있다. 또 〈명탐정 코난〉에 등장하는 각종 발명품과 트릭 등을 직접 보고 듣고 체험할 수 있는데, 음성 변조 마이크, 터보엔진을 부착한 스케이트보드 타기 등 흥미로운 체험으로 채워져 있다. 곳곳에 놓인 열쇠 구멍 속 퀴즈와 박물관 내 숨겨진 단서로 수수께끼를 푸는 이벤트도 있다. 모든 퀴즈의 정답을 맞히면 탐정 수료증을 준다. 또 최근에는 전용 앱을 다운로드받아 코난에 등장하는 다양한 캐릭터와 함께 사진을 찍을 수도 있다.

- 鳥取県東伯郡北栄町由良宿1414
- 0858-37-5389 09:30~17:30(마지막 입장 17:00)
- 성인 700엔, 중·고등학생 500엔, 초등학생 300엔(여권 제시 시 100엔 할인)
- www.gamf.jp/korean/

SEE 05

코난의 집 베이카 쇼핑가
コナンの家 米花商店街

코난 거리에 있는 복합 공간으로 〈명탐정 코난〉을 테마로 한 쇼핑과 식사를 즐길 수 있다. 원작의 배경을 재현해 건물 자체로도 흥미로워 둘러보면서 사진 찍기에도 좋다. 입구는 원작에 등장하는 구도 저택의 문이다. 인터폰을 누르면 캐릭터의 목소리가 들려온다. 안으로 들어서면 구도 신이치 저택 '구도 저택의 서재'가 조성돼 있다. '코난의 키친'에서는 아오야마 작가가 어릴 때 즐겨 먹던 맛을 재현한 카레와 코난 코페빵 등을 판매한다.

- 鳥取県町由良宿
- 0858-37-4057 09:00~18:00
- https://conan-town.jp/free/beika

CITY 3

요나고·사카이미나토 米子·境港

요나고시 서쪽에는 홍게와 참다랑어의 어획량이 일본 최고인 사카이미나토가 있다. 요괴 만화 〈게게게의 기타로(ゲゲゲの鬼太郎)〉 작가 미즈키 시게루의 고향으로도 유명하다. 이 만화에 대한 지식이 없어도 충분히 흥미롭게 즐길 수 있다.

① 가는 법 : 미즈키 시게루 로드로 가려면 JR 사카이미나토에서 내려 도보로 이동하고, 가이케 온천으로 가려면 JR 요나고역에서 버스(가이케센)로 이동한다.

SEE 01
미즈키 시게루 로드
水木しげるロード

JR 사카이미나토역을 시작으로 혼마치 아케이드까지 이어지는 약 800m에 달하는 길이다. 이 거리에는 미즈키 시게루의 만화 〈게게게의 기타로〉에 등장하는 요괴 동상 177개(2018년 기준)가 늘어서 있다. 요괴 오브제가 인상적인 '갓파노이즈미'를 비롯해 요괴 소인이 찍힌 우편물을 받을 수 있는 '요괴 우체통' 등이다. 이 거리에서는 '게게게의 기타로 날리기 대회', '요괴 검정', '토요일 야시장' 등 요괴 행사가 열리기도 한다.

📍 鳥取県境港市大正町　📞 0859-47-0121
🌐 http://mizuki.sakaiminato.net/road

TO DO LIST

1 밤에만 볼 수 있는 요괴들?!

©水木プロダクション

미즈키 시게루 로드 양쪽에 설치된 요괴 가로등이 켜지면 길 바닥에 요괴들의 그림자가 선명히 나타나 기괴한 느낌을 더한다.

2 요괴 열차 妖怪列車

요나고역에서 사카이미나토역을 잇는 사카이선은 모든 역 이름에 요괴 이름이 별명으로 붙어 있다. 이 구간에는 요괴 열차가 다니는데, 〈게게게의 기타로〉 등장인물을 래핑한 열차다. 열차 외관은 물론 내부 천장과 의자, 창문 등 모든 곳에 캐릭터가 새겨져 있다. 안내 방송 역시 기타로 성우들의 더빙으로 흘러 나온다.

SEE  미즈키 시게루 기념관
水木しげる記念館

미즈키 시게루의 일대기, 철학, 다양한 작품 세계를 만날 수 있는 곳. 그가 만들어낸 요괴의 세계를 전시와 영상 등으로 소개하는 박물관이다. 그의 작품 원화뿐 아니라, 요괴가 많은 일본 가옥이며 미즈키의 가정 생활을 재현한 작업실 등을 만날 수 있다.

- 鳥取県境港市本町5番地 0859-42-2171
- 성인 1000엔, 중고등학생 400엔, 초등학생 200엔
- http://mizuki.sakaiminato.net

— INFORMATION —

1 미즈키 시게루 水木しげる
일본 요괴 만화의 대표 주자이자 일본 국민 만화 〈게게게의 기타로〉 작가다. 오늘날 현대 일본인이 생각하는 요괴의 이미지는 미즈키의 작품에서 크게 영향받았다고 해도 과언이 아니다. 해외에서는 역사 만화 작가로 더 유명한 그는 〈미즈키 시게루의 일본 현대사〉 등을 통해 일본의 역사를 만화로 그려내 평론가들에게 찬사받았다.

2 게게게의 기타로 ゲゲゲの鬼太郎
마지막 남은 유령족 소년 기타로가 사람에게 해를 끼치는 악한 요괴를 눈알 모양을 한 아버지와 친구인 쥐 남자와 함께 물리치고 사라지는 이야기다. 우리나라에서는 투니버스에서 〈요괴인간 타요마〉로 제목을 바꾸어 방영한 적이 있다.

SEE 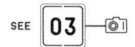 요카이 신사 妖怪神社

미즈키 시게루 로드에 있는 작은 신사로 요괴 점괘를 볼 수 있다. 신사 건립 때 미즈키 시게루가 다녀가기도 했다. 모든 것이 요괴 캐릭터로 되어 있는데, 참배 전 손을 씻는 조즈야부터 요괴 눈알 모양이다. 참배를 하고 싶다면 요괴들에게 정중히 인사한 뒤, 박수를 두 번 쳐서 요괴를 불러 마음속 소원을 빌자. 그러고 나면 부탁을 들어준 요괴에게 인사를 하고 물러나면 된다.

- 鳥取県境港市大正町62-1
- 0859-47-0520

오션 당일치기 온천
日帰り温泉 オーシャン

가이케 온천 마을에 위치한 대규모 당일치기 온천이다. 인도네시아 발리 리조트 콘셉트로 꾸며 이국적인 느낌을 물씬 풍긴다. 1층 정원과 입구에서부터 발리에서 직접 공수한 건축·인테리어 자재와 소품으로 꾸며 리조트에 온 듯하다. 1층에는 널찍한 노천탕과 고온 원적외선 사우나, 저온 미스트 사우나 등이 있다. 2층에는 바다 전망이 파노라마로 펼쳐지는 대욕탕과 노천탕을 갖추었으며, 선베드를 놓아 동남아 분위기를 만끽할 수 있다. 1층 정원에는 족욕탕이 있는데, 입장객이 아니더라도 무료로 즐길 수 있다.

- 鳥取県米子市新開3丁目2-46
- 0859-23-0303 10:00~24:00
- 중학생 이상 1480엔, 4세~초등학생 650엔
- www.ocean-g.com

가이케 해변 공원 皆生海浜公園

요나고시와 사카이미나토시를 잇는 유미가하마(弓ヶ浜)를 따라 이어진 가이케 온천 지역에 조성된 해변 공원이다. 바다를 바라보며 족욕도 하고, 해안선을 따라 산책하기에도 좋다. 특히 이 마을은 '일본의 석양과 일출 100선'으로 지정된 곳이기도 하다. 게다가 가이케 온천 지역 료칸은 가성비가 좋은 편이다.

- 鳥取県米子市皆生温泉4丁目20
- 0859-33-0001

SEE 06

하나카이로 花回廊

다이센산의 우아한 경관을 배경으로 연간 400품종 200만 송이의 꽃을 즐길 수 있는 일본 최대급 플라워 파크다. 대온실과 전시관을 갖추어 날씨와 계절에 상관없이 언제든 꽃과 식물을 감상할 수 있다. 특히 둘레 1km의 전망 회랑을 통해 비 오는 날에도 우산을 쓰지 않고도 돌아볼 수 있다. 메인 꽃인 백합은 연중 전시하며, 일본에서 자생하는 야생 백합 15품종을 모두 보유·전시한다. 전망 회랑으로 둘러싸인 약 7,933㎡(2400평)의 광대한 정원에 100만 개의 조명으로 환상적인 분위기를 낸 야간 정원 '문라이트 플라워 가든'도 인기다. JR 요나고역에서 약 25분이면 갈 수 있는 무료 셔틀버스도 운행한다.

하나카이로행 셔틀버스

- 鳥取県西伯郡南部町鶴田110 ☎ 0859-48-3030
- 4~10월 09:00~17:00, 11·1~3월 09:00~16:30(11~3월 화요일 휴무)/12~1월 13:00~21:00(일루미네이션 기간)
- 4~6월 고등학생 이상 1200엔, 초등·중학생 600엔 / 7~11·3월 고등학생 이상 960엔, 초등·중학생 480엔 / 12~2월 고등학생 이상 500엔, 초등·중학생 250엔 / 오후 5시 이후 입장 시 할인
- www.tottorihanakairou.or.jp

EAT 01

슌몬 旬門 米子駅前本店

사카이미나토항에서 잡은 해산물과 지역 농산물로 음식을 만드는 식당이다. 직접 구매하는 제철 식재료를 사용해 영양가 높고 신선한 음식을 선보인다. 총 세 곳의 지점을 운영하는데, 그중에서도 요나고역점은 옛 민가 스타일의 인테리어가 인상적이다. 맛있는 회와 생선 구이, 꼬치 요리 등을 맛볼 수 있으며 다양한 음식으로 구성한 점심 메뉴는 가성비가 좋다.

- 鳥取県米子市明治町154-1
- 0859-21-7088
- 11:30~13:30, 17:00~24:00
- 점심 메뉴 1100엔
- https://shunmongr.com

마츠에 松江

도심 한가운데 오하시강이 가로지르는 마츠에는 물의 도시라 불린다. 마츠에 북쪽에서는 옛날 일본 거리의 모습을 그대로 간직한 마츠에 성과 시오미 나와테 거리, 성을 둘러싼 해자(적의 침입을 막는 인공 수로)를 볼 수 있다. 남쪽으로는 아름다운 노을을 감상할 수 있는 시마네 현립 미술관이 신지코 호숫가에 있다. JR 마츠에역에서 관광지까지 모두 도보로 이동할 수 있어 둘러보기 편하다.

ⓘ 가는 법 : JR 마츠에역에서 구룻토 마츠에 레이크라인 순환버스를 타고 이동한다.

마츠에 성 松江城

400년 전 축성 시 모습이 그대로 남아 있는 몇 안 되는 일본의 성이다. 본래 모습을 간직한 일본 성은 전국에 단 12개뿐이며 국보로 지정된 성은 다섯 곳. 그중 하나가 바로 마츠에 성이다. 1607년 마츠에 번주 호리오 요시하루가 축성을 시작해 1611년에 완성했다. 지붕 모양이 물떼새가 날개를 펼친 것처럼 보인다고 해서 '물떼새 성'이라고도 불린다. 이 성은 대부분 마츠다이라 가문이 소유했는데, 이 가문의 7대 번주이자 다도 문화를 이끈 마츠다이라 후마이 덕분에 마츠에가 다도의 3대 중심지 중 하나로 자리 잡게 됐다. 이 성을 둘러싸고 있는 시로야마 공원은 봄마다 벚꽃이 만발해 벚꽃 명소로도 사랑받는다.

- 島根県松江市殿町1-5　☎ 0852-21-4030
- 4~9월 08:30~18:30, 10~3월 08:30~17:00
- 고등학생 이상 680엔, 초등·중학생 290엔
- www.matsue-castle.jp

TO DO LIST

1. 성 중심부 꼭대기에서 360도 전망을 즐기자.
2. 성 내부에 전시된 옛 사무라이의 갑옷과 무기를 구경하자.
3. 1903년에 메이지 일왕을 위해 지은 목재 서양식 저택 고운카쿠를 둘러보자. 1층에는 마츠에의 역사를 담은 전시물이 있고, 2층 방은 왕족의 품격에 걸맞은 가구와 인테리어로 꾸며놓았다.
4. 시로야마 공원을 산책하자. 여러 개의 길을 통해 성의 가파른 돌담, 숲이 우거진 산등성이, 해자를 따라 걸을 수 있다. 조잔 이나리 신사 등 신사도 세 곳이나 있다.

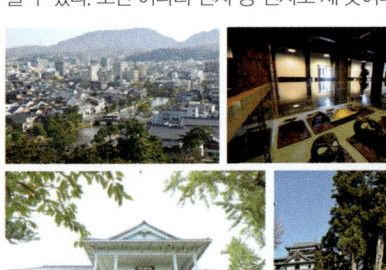

호리카와 유람선
ぐるっと松江堀川めぐり

마츠에 성을 둘러싼 호리카와강을 운항하는 유람선이다. 이 강은 적의 침입을 막기 위해 인공적으로 파놓은 해자다. 작은 배로 해자를 도는 시간은 50분 남짓. 마츠에 성을 둘러싼 아름다운 풍경을 배 위에서 느긋하게 감상할 수 있고, 인근 유적이나 유명한 건물도 돌아볼 수 있다. 뱃사공은 노를 저으면서 마츠에 역사와 인근 관광 명소에 대한 이야기를 들려준다. 배에는 비를 피할 수 있는 지붕이 있고, 겨울에는 고타츠와 담요가 준비돼 편안하게 돌아볼 수 있다.

- 島根県松江市黒田町507-1(선착장)
- 0852-27-0417
- 3월 1일~10월 10일 09:00~17:00, 10월 11일~2월 말 09:00~16:00
- 성인 1600엔, 중·고등학생 1300엔, 초등학생 800엔, 성인 동반 유아 1인 무료
- www.matsue-horikawameguri.jp/language/kr

시오미나와테 거리 塩見縄手

마츠에 성 해자를 따라 형성된 고풍스러운 거리로 함께 둘러보기에 좋다. 사무라이들이 살던 저택이 줄지어 들어서 있어 에도시대에 와 있는 듯한 기분이 들게 한다. 일본의 길 100선에도 뽑혔다.

신지호 宍道湖

신지호는 일본에서 일곱 번째로 큰 호수로 둘레 길이가 거의 50km에 달한다. 지역 명물인 시지미라는 재첩이 잡히는 곳이기도 하다. 신지호는 일몰 풍경으로 유명한데, 유람선을 타고 호수 위에서 감상하거나 야외 조각 정원이 있는 호숫가의 시마네 현립 미술관에서 즐길 수 있다. 일몰 풍경을 사진에 담고 싶다면, 미술관에서 도보로 7분 정도 떨어진 곳에 위치한 전망대(宍道湖夕日スポット とるぱ)로 가보자. 또 호수 북쪽 마츠에 신지코온센역 주변에는 현대식 온천 리조트가 들어서 있다. 시간이 있다면 호수를 따라 이즈모 다이샤까지 달리는 이치바타 철도를 타보자. 그림 같은 신지호의 절경을 누릴 수 있다.

신지호 유람선

- 島根県松江市東朝日町150-7(유람선 선착장)
- 0852-24-3218 홈페이지 참조
- 중학생 이상 1800엔, 초등학생 900엔
- https://hakuchougo.jp

프레임 너머로 보는 풍경이 포인트

SEE 04

아다치 미술관 足立美術館

아름다운 자연 풍경을 그림처럼 걸 수 있다면 얼마나 좋을까. 이 같은 상상이 이루어지는 미술관이 있다. 아다치 미술관은 일본 최고의 정원을 자랑하는 미술관으로, 아름다운 정원을 미술관 내부에서 창을 통해 감상할 수 있다. 일본화의 거장 요코야마 다이칸을 비롯해 근대에서 현대 일본화, 도예 등 일본 유수의 근현대미술 컬렉션도 함께 만날 수 있다. 계절마다 다른 풍경을 즐길 수 있는 일본 정원은 프랑스 여행 가이드북에서 최고라는 평가를 받았으며, 미국 일본 정원 전문지 랭킹에서 20년 연속 일본 제일의 정원으로 선정됐다. 작품과 정원을 감상했다면, 다실 슈라쿠안(茶室 寿楽庵)에서 다도를 즐겨보자. JR 야스기역에서 셔틀버스를 운행한다.

- 島根県安来市古川町320 ☎ 0854-28-7111
- 4~9월 09:00~17:30, 10~3월 09:00~17:00
- 성인 2300엔, 대학생 1800엔, 고등학생 1000엔, 초등·중학생 500엔 / 다실 슈라쿠안 말차 체험료 1000엔 🌐 www.adachi-museum.or.jp

EAT 01

메이메이안 明々庵

마츠에가 다도의 도시가 된 데는 마츠번 7대 번주 마츠다이라 하루사토(후마이 공)의 공이 크다. 그는 형식에 치우치지 않는 다도 '후마이류'라는 다도파를 세우고 보급했다. 메이메이안은 후마이 공이 설계한 다실로, 마츠에 성 천수각을 한눈에 바라볼 수 있는 높은 지대에 위치한다. 정원에는 200년 전 그대로의 모습인 팔작지붕 다실이 남아 있다. 입장료와 별개의 비용을 지불하면 말차와 화과자가 나온다. 여기서 내주는 화과자는 마츠에 대표 3대 화과자로 꼽히는 와카쿠사와 나타네노사토다. 부드러우면서 씁쓸한 말차와 잘 어울린다. 널찍한 다실은 창이 정원을 향해 나 있어 풍경을 바라보며 다도를 즐길 수 있다.

- 島根県松江市殿町279
- 0852-21-9863
- 4~9월 입장 08:30~18:30, 말차 09:50~16:30 / 10~3월 입장 08:30~16:00, 말차 09:50~16:30
- 입장료 410엔(중학생 이하 200엔), 말차 & 화과자 세트 410엔
- 🌐 http://www.meimeian.jp

EAT 02

공방 기쇼 工房きしょう

마츠에 성 바로 옆에 위치한 체험관 겸 카페다. 말차와 화과자를 간단히 즐길 수 있지만, 원한다면 말차를 직접 만드는 체험도 가능하다. 무엇보다 마츠에 성과 호리카와강 풍경이 펼쳐지는 창가 전망이 일품이다. 말차 체험뿐 아니라 다양한 일본 공예 체험도 마련돼 있다.

- 島根県松江市北堀町318 まつえごころ2F
- 0852-61-8611
- 10:00~16:00
- 말차 체험 700엔
- koubokisyou.com

EAT 03

로바타카바 마츠에역점
炉端かば 松江駅前店

산인 지방에 점포가 몰려 있는 체인 이자카야집이다. 돗토리산 와규와 해산물, 닭고기, 채소 등 산인 지방의 식재료를 활용한 다양한 메뉴를 선보인다. 꼬치구이가 특히 맛있으며, 신선한 제철 식재료로 만든 메뉴를 추천한다. 메뉴판에 현지 식재료와 음식을 소개해 이곳의 요리를 먹기만 해도 지역 여행을 할 수 있다.

- 島根県松江市御手船場町564-2
- 0852-26-9900
- 11:00~14:00, 17:00~24:00
- 꼬치구이 각 130엔~
- https://shop-robata.jp

이즈모 出雲

고대 일본 역사서에는 이즈모가 신들이 자리 잡고 일본을 다스린 곳이라고 기록되어 있다. 지금은 전형적인 일본 해안가 마을이지만, 당시 누리던 영화가 곳곳에 남아 있다. 이즈모 다이샤 대신사를 비롯해 유서 깊은 보물을 간직한 박물관, 대신사까지 뻗어 있는 번화한 거리 등에서. 또 일본 3대 소바로 알려진 '이즈미 소바'와 일본 최고의 모래사장 해변을 따라 이어진 절경 등 아기자기한 재미로 채워져 있다.

ⓘ 가는 법 : 마츠에신지코온센역에서 이치바타 전차 기타마츠에선을 타고 가와토역에서 내려 이치바타 전차 다이샤선으로 갈아탄 뒤, 이즈모타이샤마에역에서 내려 도보로 이동한다.

SEE 01

이즈모 다이샤 대신사 出雲大社

전설에 따르면, 일본의 신들은 1년에 한 번 모두 모여 회의(가무하카리)를 연다고 한다. 그 장소가 바로 이즈모 다이샤 대신사다. 일본에서 가장 오래된 신사로 알려진 이곳에는 매해 음력 10월이 되면 이즈모는 가미아리즈키(신이 있는 달)가 되고, 나머지 지역은 간나즈키(신이 없는 달)가 된다고. 이들은 모여서 인간의 화합과 행복을 의논한다고 한다. 또 이 신사는 사랑과 결혼의 신으로 알려진 '오쿠니누시노 오카미'를 모신 신사다. 일본 전역에서 많은 사람이 찾아와 결혼 상대를 찾게 해달라고 기도하는 곳으로도 유명하고, 전통 일본 결혼식이 열리기도 한다. 현재 본전의 높이는 24m지만, 고대에는 지금의 2~4배였다고 한다. 본당 서까래에 걸려 있는 일본 최대의 시메나와(금줄)는 길이 13.6m, 무게 5.2톤에 달한다. 그만큼 참배 방법도 일반 신사와 다르다. 두 번 절하고 네 번 박수 치고 한 번 더 절한다.

- 島根県出雲市大社町杵築東195
- 0853-53-3100
- 06:00~19:00
- https://izumooyashiro.or.jp

SEE 02 시마네 현립 고대 이즈모 역사 박물관
島根県立古代出雲歴史博物館

고대 이즈모와 이즈모 다이샤 대신사의 역사와 문화를 소개하는 박물관이다. 박물관은 크게 3개의 테마로 전시관을 나누어 운영한다. 이즈모 다이샤 대신사와 이즈모국의 후도키와 청동(시마네 주민들의 삶과 역사), 이즈모 신화다. 이즈모 다이샤의 옛 모습은 어땠을까? 당시 48m나 되었다고 하는 이즈모 다이샤 대신사 본당 건물을 1/10 크기로 축소한 모형을 통해 가늠해볼 수 있다. 로비에는 이즈모 다이샤 본당을 떠받쳤던 거대한 기둥 우즈바시라(국가 지정 중요문화재)도 전시돼 있다. 또 고진다니 유적에서 발굴된 358자루의 동검을 전시하는데, 이는 일본의 나머지 지역에서 출토된 검보다 더 많은 수다.

- 島根県出雲市大社町杵築東99-4 ☎ 0853-53-8600
- 3~10월 09:00~18:00, 11~2월 09:00~17:00(셋째 주 화요일 휴무)
- 성인 620엔, 대학생 410엔, 초·중·고등학생 200엔(여권 제시하면 외국인 할인 50%) ⊕ https://www.izm.ed.jp

SEE 03 참배길(신몬 거리) 神門通り

이즈모타이샤마에역부터 이즈모 다이샤로 향하는 거리로, 이치노토리에서 니노토리까지 약 700m 길이로 뻗어 있다. 이 거리를 따라 수많은 기념품 상점과 카페, 식당 등이 늘어서 있다. 특히 이 지역은 이즈모 소바로 유명한 곳으로 대신사와 거리 곳곳에 소바 가게가 많다.

- 이즈모타이샤마에역~이즈모 다이샤 대신사

히노미사키 등대 出雲日御碕灯台

시마네반도 가장 서쪽에 있는 등대다. 1903년 세운 이 등대는 높이 43.65m, 해면에서 등대 꼭대기까지 높이가 63.3m로 일본에서 제일 높은 등대로 꼽힌다. 등대 내부에는 163개의 나선형 계단이 있어 등대 꼭대기 전망대까지 올라갈 수 있다. 전망대에서는 바다와 주변 경치가 한눈에 보이며, 맑은 날에는 주고쿠산맥도 볼 수 있다. 바로 인근에 괭이갈매기 번식지인 후미시마섬이 있으며, 해안 침식으로 형성된 기암절벽이 사진 찍기 좋은 포인트다. 등대 주변에 소나무 숲이 있어 산책하기도 좋고 해 질 무렵 풍경도 아름답다.

- 島根県出雲市大社町日御碕1478
- 0853-54-5341
- 3~9월 월~금요일 09:00~16:30, 토·일요일·공휴일 09:00~17:00 / 10~2월 09:00~16:30
- 중학생 이상 300엔, 초등학생 이하 무료
- www.tokokai.org/tourlight/tourlight12

이나사노하마 해변 稲佐の浜

이즈모 다이샤 대신사에서 서쪽으로 1km 정도 떨어져 있는 해변으로, 일본 고대 신화에 등장하는 나라를 양도하는 신화의 배경이 되는 곳이기도 하다. 이 해변이 유명한 건, 바닷가에 '벤텐지마(弁天島)'라 불리는 커다란 바위 위 아담한 신사와 도리이가 있어서다. 이 신사에서는 어업의 신을 모신다. 음력 10월 일본의 신들이 이즈모 다이샤 대신사에 모일 때 이 해변을 통해 들어온다는 전설이 있는데, 이 시기에 맞춰 신을 맞는 제례(가미무카에 제례)도 열린다. 벤텐지마섬을 실루엣으로 석양이 지는 풍경이 아름다워 '해가 저무는 성지 이즈모'의 상징으로 일본유산에 등재됐다.

- 島根県出雲市大社町杵築北2711
- 0853-53-2112
- www.izumo-kankou.gr.jp/213

EAT 01 이토 いとう

이즈모 다이샤 대신사로 올라가는 큰길에 있는 소바집이라 점심때마다 많은 손님으로 북적인다. '이즈모 소바'라 쓰인 간판처럼 직접 만든 수타 면을 사용하는데, 넓적한 형태의 부드러운 것이 특징이다. 가마아게 소바는 일반적으로 달걀 토핑이 기본이고, 와리고 소바는 3종 토핑을 다 추가하면 더 맛있다. 메뉴가 다양하지 않아 선택의 폭이 좁은 게 흠.

- 島根県出雲市大社町杵築南 1370-16
- 0853-53-2945
- 츠키미 소바 700엔, 와리고 소바 900엔(토핑 3종 추가)

EAT 02 기즈키 きずき

신몬 거리에 있는 인기 소바집. 수타 면이 쫄깃하고 양념 또한 절묘한 맛이다. 함께 제공하는 츠유도 너무 달지 않고 맛있다. 토핑을 추가해 다양한 맛을 즐길 수 있다. 가마아게 소바는 있는 그대로의 국물도 맛있으니 충분히 즐긴 다음 입맛에 맞게 양념과 츠유를 넣어 먹어보자. 와리고 소바는 3단부터 5단까지 양을 조절할 수 있고, 가마아게 소바도 대와 소가 있어 양에 따라 골라 먹을 수 있다. 도미와 죽순을 넣어 지은 밥도 맛있다. 인기 맛집이지만 골목길에 위치해 그나마 대기가 적은 편이다.

- 島根県出雲市大社町杵築東 387-1
- 0853-53-6077
- 11:30~14:00(화요일 휴무)
- 와리고 소바 870엔(3접시), 가마아게 소바(소) 870엔

AREA 13

Ehime

에히메현 愛媛県

〈센과 치히로의 행방불명〉 속 그곳
도고 온천

우아한 곡선 뒤 숨겨진 이야기
마츠야마 성

온천 후 마시는 지역 맥주
도고 맥주

예스럽고 고즈넉한 분위기
우치코

어디서든 불쑥 나타나는 귀염둥이
미캉

― Ehime ―

FOOD STORY

❝ 산과 바다로 둘러싼 에히메현에는 신선하고 맛있는 식재료가 풍부하다. 그중 도미는 일본 최대 어획량을 자랑해 어느 지역보다 신선하고 값싼 도미 요리를 맛볼 수 있다. 또 '감귤 왕국'으로 불릴 정도로 감귤 생산량이 많아 다양한 품종의 감귤을 맛볼 수 있으며, 감귤로 만든 스위츠도 다양하다. ❞

도미밥(다이메시)
たいめし

도미밥은 조리 방식과 먹는 방법에 따라 크게 세 가지로 나뉜다.

알면 더 재밌다!
일본에서 도미는 축복을 상징하는 생선입니다. 축하한다는 말이 일본어로 '메데타이'인데, '타이'와 도미의 일본어 발음인 '타이(다이)'가 같아서예요. 그래서 결혼이나 입학, 취직 같은 경사가 있으면 도미를 먹는다고 합니다.

1 우와지마 도미밥
宇和島鯛めし

신선한 도미회를 간장, 날달걀, 사케 등으로 만든 소스에 찍어 밥에 올려 먹는다. 회와 소스, 달걀이 따로 나와 본인이 취향에 맞게 조합해 먹는 경우가 많으며, 아예 도미회에 소스를 묻혀 회덮밥 형식으로 내오는 경우도 있다.

2 도미찜밥 鯛めし

쌀 위에 도미와 파 등을 얹어 지은 밥. 도미 한 마리를 통째로 넣어 밥을 지은 도미 솥밥도 있지만(6인분가량), 1인용 솥에 밥을 해서 내오는 경우가 대부분이다.

3 도미회

마츠야마에 왔으면 도미회를 먹어야 한다. 쫀득쫀득한 식감은 한번 맛보면 잊지 못할 정도로 감동적이다. 특히 지역 맥주인 도고 맥주와 잘 어울린다.

나베야키 우동 鍋焼きうどん

반짝반짝한 알루미늄 냄비에 담아 내오는 우동. 어느 가게나 고기와 유부, 오뎅 등 토핑이 비슷비슷하다. 에히메현 나베야키 우동의 특징은 단맛이 난다는 것. 원조집인 아사히에 걸려 있는 '단것이 귀하던 시절 증조부의 고안으로 아사히의 나베야키 우동이 탄생했다'라는 글귀에서 그 이유를 알 수 있다.

자코텐 じゃこ天

에히메현 바다에서 잡은 생선을 뼈째 갈아 만든 어묵으로, 씹는 질감이 독특하다. 어묵 그대로 조리해 밥반찬이나 안주로 먹기도 하며, 고로케같이 튀겨서 간식으로 먹기도 한다.

감귤 디저트

감귤 주스, 감귤 젤리, 감귤 아이스크림 등 다양한 감귤 디저트가 있다. 특히 감귤 주스는 품종에 따라 맛이 달라, 달콤, 새콤 등 본인이 원하는 맛을 골라 마실 수 있다. 또 유자술, 감귤 젤리, 감귤빵, 감귤소스 등 감귤로 만든 다양한 제품이 있다.

타루토 タルト

시코쿠산 유자를 넣은 달콤한 팥을 스펀지케이크로 돌돌 말아 만든 롤케이크다. 계절에 따라 밤이나 딸기 등을 넣어 만들기도 한다.

봇짱 단고 坊っちゃん団子

소설 《도련님(봇짱)》에 등장하는 도고 온천의 대표 과자. 말차, 달걀, 팥 세 가지 맛으로 구성됐다.

도고 맥주 道後ビール

소설 《도련님(봇짱)》 등장인물 이름을 딴 맥주다. 네 가지 맛이 있으며, 이중 봇짱 맥주와 마돈나 맥주가 인기다. 봇짱 맥주는 맑은 색의 쾰시 맥주이고, 마돈나 맥주는 캐러멜색이 나는 알트 맥주다. 이 밖에 흑맥주인 소시키 맥주, 바이스 맥주인 노보상 맥주가 있다. 구수한 맛이 일품이라 한번 마시면 멈출 수 없다는 것이 문제. 안주로 자코텐이나 도미회가 잘 어울린다.

참을 수 없는 귀여움, 미캉

에히메현의 캐릭터 미캉은 귤 얼굴을 한 강아지다. 일본 전역에는 각 지역을 대표하는 인기 캐릭터가 있기 마련인데, 미캉은 이들과 차원이 다른 귀여움과 사랑스러움으로 승부한다. 다양한 캐릭터 상품뿐 아니라 도시 이곳저곳에서도 미캉을 만날 수 있다.

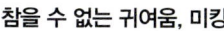

미캉 이요캉 타르트
에히메현의 캐릭터와 특산품이 만난 귤 맛 타르트다. 틴 케이스가 예뻐서 선물용으로 좋다.

미캉 츄츄 젤리
에히메산 귤로 만든 젤리.

미캉 라멘
에히메현의 특산품인 도미를 넣어 만든 고급 라멘.

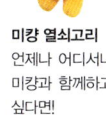

미캉 열쇠고리
언제나 어디서나 미캉과 함께하고 싶다면!

미캉 택시
에히메현을 달리는 미캉 택시를 찾아보자. 귤색은 어떤 색과도 잘 어울린다.

미캉 안내판
"에히메의 안전은 제가 책임집니다."

Ehime
TRANSPORTATION

> 에히메는 일본 남서부에 위치한 시코쿠에 있는 현으로, 세토 내해에 접한 온난한 지역이다. 크게 동부 지방인 도요, 중부 지방인 주요, 남부 지방인 난요로 나뉜다. 에히메현청이 있는 마츠야마는 주요 지방에 자리한다. 마츠야마 시내와 도고 온천은 노면전차, 전철, 버스 등 교통망이 거미줄처럼 촘촘히 연결돼 있어 관광하기 편리하다. 난요 지방에 자리한 우치코는 마츠야마에서 이요테츠 전철로 연결된다.

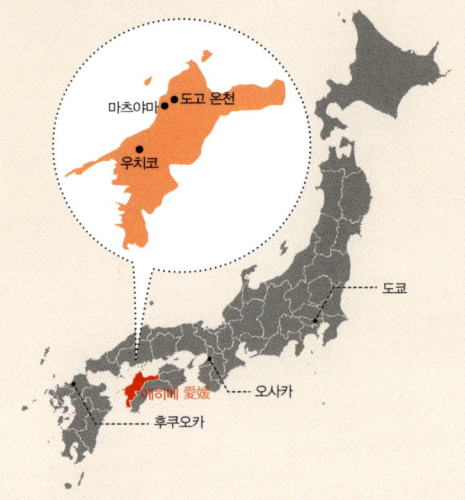

에히메현 여행의 시작, 마츠야마까지 어떻게 갈까?

현재 제주항공에서는 인천국제공항에서 마츠야마 공항까지 가는 직항 노선을 운항 중이라 쉽게 갈 수 있다. 만일 제주항공의 시간이 맞지 않거나 올 시코쿠 패스로 여러 현을 둘러볼 예정이라면, 에어서울에서 항공편을 운항 중인 가가와현 다카마츠 공항으로 들어가는 방법도 있다. 에히메현 관광청에서는 공항 리무진 무료 이용권 증정 등 외국인 대상 이벤트를 자주 마련하고 있으니, 떠나기 전 반드시 확인할 것.

🌐 www.visitehimejapan.com/ko

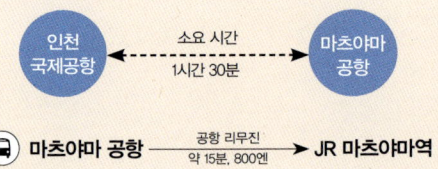

이요테츠 마츠야마시역 vs JR 마츠야마역

마츠야마에는 중요한 두 역이 있는데, 이요테츠 마츠야마시역과 JR 마츠야마역이다. 이요테츠 마츠야마시역은 노면전차, 이요 철도 등이 출발하는 시작점이며, 역사는 백화점인 이요테츠 다카시마야로 이어져 번화하다. 그에 비해 시코쿠의 다른 현으로 이동하기 위해 JR 열차를 탈 수 있는 마츠야마역은 소박한 편.

봇짱 열차 坊っちゃん列車

1888년부터 68년간 마츠야마를 달리던 소형 증기기관차를 2001년 복원한 것으로, 소설 《도련님(봇짱)》에 등장해 '봇짱'이라는 이름이 붙었다. 도고온센역에서 출발해 오카이도·마츠야마시·JR 마츠야마·고마치역에서 승차할 수 있다. 주말과 공휴일, 하루에 3~4편 정도 운행하며, 열차가 작고 인기가 많아 예약하고 표를 받아야 탑승할 수 있다. 열차가 출발하기 전 승무원이 열차에 대한 설명뿐 아니라 마츠야마 명물에 대해서도 소개하니(일어) 귀담아 들어보자.

- 토·일요일·공휴일 09:00~17:00
- 성인 1300엔, 11세 이하 초등학생 650엔

시내 교통

시내 전차 패스

마츠야마 시내는 노면전차로 연결된다. 속도가 좀 느리긴 하지만 노선도 많고 구간도 짧아 원하는 곳은 편리하게 갈 수 있다. 모두 5개의 노선이 있으며, 이요테츠 마츠야마시역에서 출발해 순환하거나 도고온센역, 혼마치로쿠로메역으로 간다. 티켓은 따로 없으며, 내릴 때 현금으로 지불하면 되는데, 여러 번 탑승할 예정이라면 기간별 전차 패스를 구입하는 게 이득이다. 게다가 이요테츠 다카시마야 대관람차 할인권(500엔으로 이용)도 포함돼 있어서 더 좋다.

- 06:04~22:30
- 1회권 180엔, **1일권** 800엔, **2일권** 1100엔, **3일권** 1400엔, **4일권** 1700엔(11세 이하 초등학생은 반값)

* 패스는 모바일 미짱앱에서만 사용 가능하다.
  미짱 앱 사용법 https://mican-app.jp/manual/#traffic

시코쿠 패스

올 시코쿠 패스

시코쿠 4개 현을 모두 돌아볼 수 있는 패스다. 하나 이상 현을 둘러볼 예정이라면 유용하지만 시코쿠에는 신칸센이 다니지 않아 패스의 매력은 떨어지는 편이다. 마츠야마 시내를 오가는 노면전차나 에히메현의 모든 기차를 이용할 수 있으므로 이 패스 하나만 있으면 교통비가 따로 들지 않는다. 단, 마츠야마 이벤트 열차인 봇짱 열차는 탑승할 수 없다. JR 시코쿠선, 이요 철도(에히메 내 교통), 도사덴 교통(고치), 도사구로시오 철도(고치), 다카마츠코토히라 전기 철도(가가와), 쇼도시마 페리(가가와), 쇼도시마 올리브 버스(가가와) 등을 이용할 수 있다.

기간	국내 구입	일본 구입
3일	1만2000엔	1만2500엔
4일	1만5000엔	1만5500엔
5일	1만7000엔	1만7500엔
7일	2만 엔	2만500엔

- https://shikoku-railwaytrip.com/kr
* 6~11세는 일반 요금의 반값

— Ehime —

COURSE FOR YOUR TRIP

에히메 3박 4일 추천 코스

"도고 온천 료칸에서 이틀을 보내고, 나머지 하루는 마츠야마 시내에서 보내는 일정이다. 마츠야마가 그리 넓지 않아 우치코에 다녀와도 여유롭게 일정을 짤 수 있다."

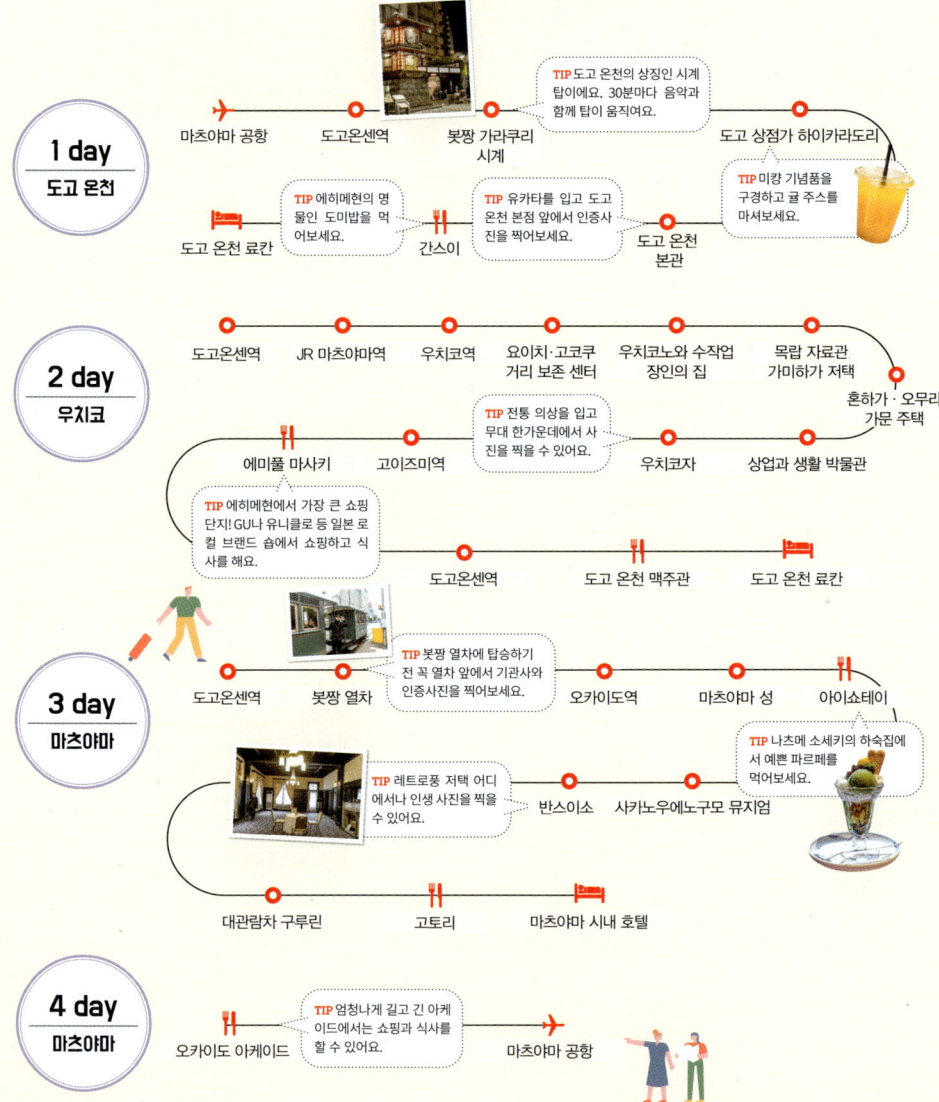

1 day 도고 온천
마츠야마 공항 → 도고온센역 → 봇짱 가라쿠리 시계 → 도고 상점가 하이카라도리 → 도고 온천 본관 → 간스이 → 도고 온천 료칸

- TIP 도고 온천의 상징인 시계탑이에요. 30분마다 음악과 함께 탑이 움직여요.
- TIP 미캉 기념품을 구경하고 귤 주스를 마셔보세요.
- TIP 유카타를 입고 도고 온천 본점 앞에서 인증사진을 찍어보세요.
- TIP 에히메현의 명물인 도미밥을 먹어보세요.

2 day 우치코
도고온센역 → JR 마츠야마역 → 우치코역 → 요이치·고코쿠 거리 보존 센터 → 우치코노와 수작업 장인의 집 → 목랍 자료관 가미하가 저택 → 혼하가·오무라 가문 주택 → 상업과 생활 박물관 → 우치코자 → 고이즈미역 → 에미풀 마사키 → 도고온센역 → 도고 온천 맥주관 → 도고 온천 료칸

- TIP 전통 의상을 입고 무대 한가운데에서 사진을 찍을 수 있어요.
- TIP 에히메현에서 가장 큰 쇼핑단지! GU나 유니클로 등 일본 로컬 브랜드 숍에서 쇼핑하고 식사를 해요.

3 day 마츠야마
도고온센역 → 봇짱 열차 → 오카이도역 → 마츠야마 성 → 아이쇼테이 → 사카노우에노구모 뮤지엄 → 반스이소 → 대관람차 구루린 → 고토리 → 마츠야마 시내 호텔

- TIP 봇짱 열차에 탑승하기 전 꼭 열차 앞에서 기관사와 인증사진을 찍어보세요.
- TIP 나츠메 소세키의 하숙집에서 예쁜 파르페를 먹어보세요.
- TIP 레트로풍 저택 어디에서나 인생 사진을 찍을 수 있어요.

4 day 마츠야마
오카이도 아케이드 → 마츠야마 공항

- TIP 엄청나게 길고 긴 아케이드에서는 쇼핑과 식사를 할 수 있어요.

올 시코쿠 패스 소지자를 위한 1박 2일 마츠야마 압축 코스

" 도고 온천은 여유롭게 쉬면서 여행하는 것이 가장 좋지만, 시코쿠에 온 이상 두세 개의 현은 돌아보고 싶은 사람을 위한 마츠야마 압축 코스! 저녁이 되기 전 바로 가가와현으로 가면 좋다. "

1 day 도고 온천
마츠야마 공항 → 도고온센역 → 봇짱 가라쿠리 시계 → 도고 상점가 하이카라도리 → 도고 온천 본관 → 도고 온천 료칸 → 도고 온천 맥주관

2 day 마츠야마 시내
도고온센역 → 봇짱 열차 → 오카이도역 → 마츠야마 성 → 아이쇼테이 → JR 다카마츠역 → JR 마츠야마역 → 고토리 → 반스이소

피곤한 직장인을 위한 2박 3일 도고 온천 휴양 코스

" 온천 마을에서 유유자적하며 휴식을 취하고 싶은 사람을 위한 코스다. 금요일 하루 연차 쓰고 도고 온천에서 온천과 산책, 미식의 즐거움을 만끽하다 보면 어느새 스트레스가 풀리고 마음은 말랑말랑해질 것이다. "

1 day 도고 온천
마츠야마 공항 → 도고온센역 → 봇짱 가라쿠리 시계 → 도고 상점가 하이카라도리 → 도고 온천 본관 → 도고 온천 료칸 → 도고 온천 맥주관

2 day 도고 온천
도고 기야만 유리 미술관 → 니키타츠의 길 → 도고 온천 양조장 → 다이코쿠야 → 도고 공원 · 유즈키 성 유적 → 도고 온천 료칸 → 긴베에 → 도고 온천 별관 아스카노유

3 day 마츠야마
도고온센역 → 봇짱 열차 → 아이쇼테이 → 반스이소 → 마츠야마 공항

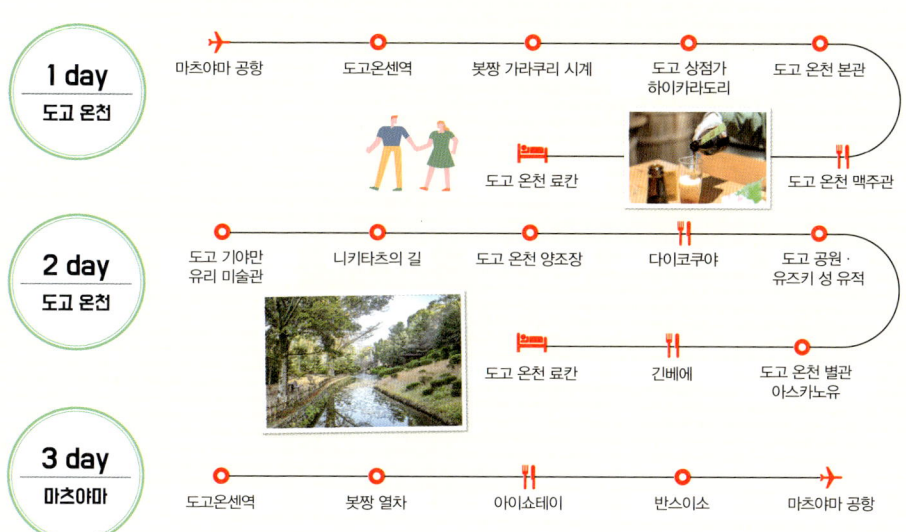

CITY 1

마츠야마 松山

마츠야마 시내의 대표 관광지는 크게 마츠야마 성과 반스이소가 있는 공원이다. 두 곳을 중심으로 천천히 돌아보면 한나절이 금방 가겠지만, 시간이 남는다면 오카이도역부터 시작해 마츠야마시역까지 연결된 아케이드를 돌아보며 쇼핑과 먹거리를 즐겨보자.

ⓘ 가는 법 : 이요테츠 마츠야마시역이나 JR 마츠야마역에서 내려 이요테츠 철도를 타고 이동한다.

SEE 01
마츠야마 성 松山城

마츠야마 성은 시코쿠에서 가장 유명한 성으로 21개 동의 중요문화재가 보존돼 있다. 성벽 모서리는 '부채 경사'라 불리는 우아한 곡선으로 이루어져 미학적인 가치를 지닌다. 맑은 날 천수각에 오르면 세토나이카이해협부터 이시즈치 산맥까지 360도로 펼쳐진다. 천수각은 대천수각과 소천수각으로 나뉘는데, 모서리 망루까지 포함해 일본의 대표적인 연립식 성곽이다. 대천수각은 에도시대 말에 지은 완전한 성곽 건축으로 유명하다. 일본에서 현존하는 12개의 천수각 중 유일하게 기와에 축성주의 가문 모양이 붙어 있다. 성안에는 유물이 전시돼 있고, 갑옷 투구를 입어볼 수 있는 체험 공간도 마련돼 있다. 내려오는 길에 니노마루 사적 공원(松山城二之丸史跡庭園)을 함께 둘러봐도 좋다.

📍 愛媛県松山市丸之内1　☎ 089-921-4873
🕐 로프웨이·리프트 08:30~17:00, 천수각 09:00~16:30 / 니노마루 09:00~17:00(계절에 따라 변동), 12월 셋째 주 수요일 휴무　💴 천수각 중학생 이상 520엔, 초등학생 이하 160엔 / 니노마루 사적 공원 중학생 이상 200엔, 초등학생 이하 100엔
🌐 www.matsuyamajo.jp

마츠야마 성 리프트 & 로프웨이 케이블카

마츠야마 성까지는 걸어갈 수 있으나, 로프웨이 케이블카와 리프트를 타면 도보 20~30분의 시간이 3~5분으로 줄어든다. 나머지 두 가지 방법은 로프웨이 케이블카와 리프트 탑승이다. 둘 중 선택해서 탑승하면 3~6분 소요된다. 리프트는 별도의 안전장치 없는 개별 의자다. 리프트의 경우 처음 보면 허술함에 당황할 수 있으나, 막상 탑승해보면 속도도 빠르지 않고 그리 높지 않아 주변을 천천히 둘러보며 올라갈 수 있어서 좋다.

💴 로프웨이 케이블카·리프트 편도 270엔, 왕복 520엔

마츠야마 성의 역사

가토 요시아키라가 1603년에 건축을 시작해 1627년 완공됐는데, 당시 천수각은 5층짜리였다. 이후 여러 사람의 손을 거쳐 1635년 마츠다이라 사다유키가 성주가 된 뒤, 1639년 3층짜리 천수각으로 개축됐다. 지반이 약하고 에도 막부를 배려한다는 이유에서라고 전해진다. 1784년 번개로 천수각이 소실된 후 12대 번주 마츠다이라 가츠요시가 1854년 성곽 복원에 착수해 지금의 모습에 이르게 됐다.

> tip 마츠야마성 가는 길, 왼쪽에 반스이소·사카노우에노구모 뮤지엄·아이쇼테이, 세 건물이 넓은 정원 안에 함께 위치한다. 한 번에 돌아볼 것을 권한다.

AREA 13
에히메현 愛媛県

SEE  02

사카노우에노구모 뮤지엄
坂の上の雲ミュージアム

'언덕 위의 구름'이라는 뜻의 박물관으로, 일본의 역사 소설가 시바 료타로의 소설이 주제다. 박물관에는 등장인물의 생애와 그들이 살았던 메이지시대를 중심으로 전시돼 있다. 그러나 박물관의 진짜 매력은 건물에 있다. 건축가 안도 다다오의 특징인 노출 콘크리트 건물은 2개의 삼각형을 포갠 모양이다. 내부는 계단이 아닌 완만한 슬로프로 이어져, 층간 이동 시 산책길을 걷는 기분이 들게 한다. 또 2층부터 4층까지는 지지하는 기둥 없이 하나로 연결된 '공중 계단'으로 이어져 있는데, 이는 일본에서도 보기 드문 구조다.

- 愛媛県松山市一番町3-20 ☏ 089-915-2600
- 09:00~18:30(월요일 휴무) 성인 400엔, 고등학생 200엔, 중학생 이하 무료
- www.sakanouenokumomuseum.jp

SEE 03

반스이소 萬翠荘

1922년에 지은 마츠야마 옛 번주의 후손 히사마츠 사다코토의 별장으로 프랑스풍 건물이다. 번주의 명성답게 화려한 건물 외부만큼이나 내부도 훌륭하다. 문을 열고 들어서면 빨간 카펫이 깔린 우아한 계단이 나오며 계단 끝에는 바다 위에 배가 떠 있는 모습이 스테인드글라스로 장식돼 있다. 당시 각계 사교 모임이 이루어지던 곳으로 세련된 인테리어, 고급스러운 가구, 소품 등을 통해 당시의 부를 짐작할 수 있다.

- 愛媛県松山市一番町3-3-7
- ☏ 089-921-3711
- 09:00~18:00(월요일 휴무)
- 성인 300엔, 고등학생 이하 100엔, 6세 이하 무료
- www.bansuisou.org

SEE 04

오카이도 아케이드

노면전차 오카이도역에서 내리면 바로 보이는 대형 아케이드다. 마츠야마 긴텐가이와 연결돼 꽤 길고 규모가 크다. 맛집, 카페, 기념품 가게, 서점, 잡화점, 호텔까지 다양한 업종이 들어서 있다. 아케이드 폭도 넓어 주말뿐 아니라 평소에도 거리 사이에 시장이 들어설 정도. 오카이도 상가와 연결된 긴텐가이를 따라 걸으면 지하도 마츠치카타운으로 이어지고 바로 마츠야마역, 이요테츠 다카시마야 백화점까지 닿을 수 있다.

◎ 오카이도역에서 마츠야마역까지 연결

SEE 05

대관람차 구루린 大観覧車くるりん

이요테츠 다카시마야 백화점 옥상에 있는 대관람차다. 내부는 넓고 쾌적하며 에어컨도 설치돼 있다. 85m까지 올라가 마츠야마 시내가 한눈에 보이며, 15분 정도 운행한다. 봇짱 열차 승차권, 이요테츠 패스, 노면전차 패스 등을 구입하면 무료로 탑승할 수 있다.

◎ 愛媛県松山市湊町5-1-1
☎ 089-948-7056 ⏱ 10:00~21:00
💴 일반 관람차 800엔, 유리 관람차 1300엔
🌐 www.iyotetsu.co.jp/kankou/kururin

EAT 01

아사히 アサヒ

1947년 문을 연 냄비 우동 원조집. 고토리보다 단맛이 조금 더 강하다. 메뉴는 일반적인 나베야키 우동과 달걀을 넣은 나베야키타마고 우동이다.

◎ 愛媛県松山市湊町3-10-11
☎ 089-921-6470
⏱ 10:00~18:00(수요일 휴무)
💴 나베야키 우동 550엔, 나베야키타마고 우동 600엔

EAT 02

고토리 ことり

1949년 문을 연 오래된 우동집. 나베야키 우동과 유부초밥, 단 두 가지 메뉴만 있는데, 우동에 유부초밥을 곁들이면 든든한 한 끼가 되어준다. 우동 국물은 우리나라 우동에 비해 단맛이 강한 편.

냄비에 끓여 내오는 나베야키 우동

노포 분위기를 물씬 풍기는 지역 음식점

- 愛媛県松山市湊町3-7-2
- 089-921-3003
- 10:00~14:00(수요일 휴무)
- 나베야키 우동 700엔, 유부초밥 300엔

EAT 03

아이쇼테이 愛松亭

나쓰메 소세키가 마츠야마 중학교 교사로 일할 때 하숙했던 집을 카페로 만들었다. 공원 한쪽에 있어 반스이소와 사카노우에노구모 뮤지엄을 둘러본 뒤, 들르기 좋다. 커피와 말차, 파르페 등 음료뿐 아니라 피자나 카레 등 식사 메뉴도 판매한다. 자연을 만끽하고 싶다면 야외 좌석을 추천한다.

- 愛媛県松山市一番町3-3-7
- 089-993-7500
- 10:30~17:30(월·목요일 휴무)
- 과일 파르페 1300엔, 카페오레 780엔
- www.bansuisou.org/aishotei

AREA 13

에히메현 愛媛県

도고 온천 道後温泉

마츠야마시 북동쪽에 위치한 온천 마을로 무려 3000년의 역사를 지니고 있다. 마을 자체가 크지 않고 도고 상점가 하이카라도리로 연결되어 늦은 시간까지 돌아보기 좋다. 중심가를 둘러싸고 자그마한 박물관이나 미술관, 사케 양조장도 있어 반나절 산책 코스로도 그만이다.

ⓘ 가는 법 : 이요테츠 도고온센역에서 내려 도보로 이동한다.

SEE 01

호죠엔 & 봇짱 가라쿠리 시계
放生園 & 坊っちゃんカラクリ時計

도고온센역 앞 광장에는 온천 마을을 상징하는 두 가지 시설이 있다. 하나는 메이지시대 도고 온천 본관에서 사용했던 유가마(목욕물 끓이는 솥)를 이용한 족욕탕 호죠엔이다. 또 하나는 도고 온천 본관을 본떠 만든 봇짱 가라쿠리 시계로, 그 자체로도 아름답지만 매시 진행되는 공연이 백미다. 시계탑이 음악과 함께 위아래는 물론 양옆까지 확장되고 그 안에서 소설 《도련님(봇짱)》 주인공들이 등장한다. 마지막에는 맨 아랫부분이 열리며 온천과 온천을 하는 사람들의 모습을 형상화한 모습이 등장하는데, 캐릭터가 등장할 때마다 감탄을 연발하게 만들 정도, 밤에 켜놓은 상야등과 생울타리, 수로 등 옛날 모습을 그대로 재현했다.

⌖ 愛媛県松山市道後湯之町6-7
☏ 089-948-6555 ⏱ 24시간 (공연 시간 08:00~22:00)
🌐 www.city.matsuyama.ehime.jp

SEE 02

도고 상점가 하이카라도리
道後商店街

도고온센역부터 도고 온천 본관까지 250m 정도 ㄴ자로 이어지는 아케이드다. 이마바리 수건 전문점, 에히메 토산품점, 음식점 등이 모여 있어 쇼핑과 식사를 즐기기 좋다.

⌖ 愛媛県松山市道後湯之町15-23

선물용으로 좋은 이마바리 수건과 목욕용품

AREA 13

에히메현 愛媛県

SEE 03 📷

도고 온천 본관 道後温泉 本館

애니메이션 〈센과 치히로의 행방불명〉의 모티브가 된 도고 온천은 일본에서 가장 오래된 온천으로 알려진 명탕이다. 도고 온천 본관은 1894년 개축된 이래 몇 차례 변화를 거치면서 어엿한 도고 온천의 상징으로 자리 잡았다. 1994년 온천 시설로는 최초로 국가 지정 중요문화재가 됐고, 2009년 미슐랭 최고 점수인 별 3개를 획득하기도 했다. 이곳 온천수는 알칼리성 단순천으로 부드러운 질감이 특징이며, 피부 미용에 좋다고 알려져 있다. 그러나 최근 진행한 리모델링을 통해 고풍스러운 외관은 기존 구조를 유지한 채 좀 더 현대적인 분위기로 바뀌었다. 목욕 이외에 휴게실 이용, 다과 제공 등 다양한 플랜이 있으니 홈페이지를 통해 확인해보자.

리모델링 전 도고 온천 본관의 모습

📍 愛媛県松山市道後湯之町5-6
☎ 089-921-5141 ⏰ 06:00~23:00
💴 12세 이상 700엔, 2~11세 350엔
🌐 www.dogo.or.jp

유신덴

본관 동쪽에 있는 일본 유일의 황실 전용 욕실이다. 전실, 거실, 교쿠자노마(일왕의 방)로 이루어져 있으며 금빛 찬란한 방인 교쿠자노마는 쇼와시대에 일왕이 사용하기도 했다. 15분간 가이드 투어로 돌아볼 수 있는데, 목욕료 이외의 추가 요금이 필요하다. 다미노유를 이용하면 무료로 둘러볼 수 있다.

⏰ 06:00~21:30(입장은 21:00까지)
💴 성인 260엔, 아동 130엔

SEE 04
도고 온천 별관 아스카노유
道後温泉別館 飛鳥乃湯泉

2017년 12월에 지은 별관은 6세기 아스카시대의 건축양식을 적용했다. 1층은 넓은 대욕실과 노천탕으로 구성돼 있고, 2층에는 화려한 휴게실과 일왕의 욕실인 유신덴을 재현한 개인탕이 있다. 특히 넓은 휴게실은 공기 정화 기능이 있는 금빛 일본 종이와 조명, 소품으로 화려하게 꾸며 인증사진을 남기기에 그만이다. 특히 개인탕을 이용할 경우 옛날 유카타인 유초를 입어볼 수도 있다. 건물 곳곳에 수건, 칠기, 매듭공예, 기와 등 에히메현의 수공예품으로 꾸며 박물관과도 같다. 가격은 별관보다 약간 비싼 편. 모든 플랜은 90분간 이용 가능하다. 휴게실에서는 동백을 모티브로 한 다과도 서빙된다.

- 愛媛県松山市道後湯之町19-22 ☎ 089-932-1126
- 07:00~23:00(휴게실과 개인실은 22:00까지)
- 12세 이상 610엔, 2~11세 300엔 / 입욕+휴게실 12세 이상 1280엔, 2~11세 630엔 / 개인실 1690엔
- https://dogo.jp/onsen/asuka

SEE 05
츠바키노유 道後温泉椿の湯

아스카노유 맞은편에 있지만 건물이 하나로 이어져 있어 같은 온천으로 오해하기 쉽다. 도고 온천 자매 목욕탕으로, 목욕 본연의 목적에 맞게 운영해 관광객보다는 주로 지역 주민들이 선호한다.

- 愛媛県松山市道後湯之町19-22
- ☎ 089-935-6586 06:30~23:00
- 12세 이상 450엔, 2~11세 150엔
- https://dogo.jp/onsen/tsubaki

> **니키타츠의 길**
> 츠바키노유에서 더 걸으면 양쪽 끝에 개울이 흐르고 납작한 돌이 깔린 길이 나온다. 길 중간에 세키 미술관이나 도고 온천 양조장이 위치한다.
> - 愛媛県松山市道後湯之町
>
>

도고 온천, 제대로 누려보자

도고 온천에는 본관, 아스카노유(별관), 츠바키노유 총 세 곳의 목욕탕이 있다. 우선 인기 있는 본관은 번호표를 뽑고 차례를 기다려야 한다. 저렴한 가격으로 목욕에 집중하고 싶다면, 동네 주민들이 이용하는 츠바키노유가 답이다. 본관, 별관과 수질이 동일한 온천을 즐길 수 있다. 본관과 별관에는 유카타를 입고 차를 대접받을 수 있는 휴게실을 갖추어 료칸에 머무는 듯한 체험을 할 수 있다.

도고 온천 별관 아스카노유 플랜

PLAN 1
대욕탕
다른 부대시설 이용 없이 대욕탕만 이용하는 플랜이다. 입욕권을 구입한 뒤 남성은 왼쪽, 여성은 오른쪽 탈의실로 입장한다.
- 12세 이상 610엔, 2~11세 300엔

PLAN 2
대욕탕+휴게실
대욕탕과 휴게실을 이용하는 플랜이다. 목욕을 마친 뒤 원하는 유카타를 골라 입고 휴게실에 들어서면 직원이 다과를 내온다.
- 12세 이상 1280엔, 2~11세 630엔

PLAN 3
대욕탕+개인 휴게실
대욕탕과 개인 휴게실을 이용하는 플랜이다. 직원의 안내에 따라 개인 휴게실을 배정받은 뒤 자유롭게 목욕과 휴식을 취하면 된다. 유카타 대여와 다과 서비스도 제공한다.
- 12세 이상 1690엔, 2~11세 830엔

PLAN 4
특별 욕실+개인 휴게실
욕실과 휴게실 모두 개인 공간을 이용하는 플랜이다. 목욕 시 입을 수 있는 옛 유카타 '유초'가 제공되고, 차 과자도 2개 중 하나를 고를 수 있다. 대욕탕 이용도 가능하다. 예약 필수.
- 12세 이상 3730엔, 2~11세 2870엔

SEE  06

도고 기야만 유리 미술관
道後ぎやまんガラス美術館

도고 온천 본관의 상징인 신로 가쿠의 빨간 판유리를 비롯해 에도시대의 희귀한 유리 제품부터 메이지·다이쇼시대의 유리까지 약 300점을 전시하는 미술관. 입장료를 내지 않아도 들어갈 수 있는 미술관 정원이 아름답다. 블루와 화이트로 마감된 산토리니풍 정원은 어느 방향에서 셔터를 눌러도 작품이 된다.

- 愛媛県松山市道後鷺谷町459-1
- 089-933-3637
- 09:00~18:00
- 고등학생 이상 800엔, 중학생 550엔, 초등학생 이하 무료(정원 견학은 무료)
- www.dogo-yamanote.com/gardenplace/museum

SEE 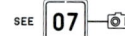 07

도고 공원·유즈키 성 유적
道後公園コンソーシアム

14세기부터 16세기까지 이요국(옛 에히메)을 다스린 고노 씨의 본거지 유즈키 성이 있던 곳이다. 지금은 해자와 성터의 흔적만 남았지만, 무사 저택 터와 토담 자취 등을 발굴해 복원했다. 공원 안에는 유즈키 성에 대한 자료뿐 아니라 일본에서 가장 오래된 목욕물을 데우는 유가마도 전시돼 있다. 적당한 높이의 성터는 가볍게 산책하기에 좋으며, 계단을 따라 올라가면 닿을 수 있는 정상에서는 도고 온천 마을 전체가 보인다.

- 愛媛県松山市道後公園　089-941-1480

AREA 13
에히메현 愛媛県

EAT 01 간스이 丸水

제대로 된 도미밥을 먹을 수 있는 고급 식당으로 100년 된 도미밥의 원조집이다. 도미회, 간장소스, 도미 뼈 미역국 등이 나오는데, 도미회가 양식인지 자연산인지에 따라 가격이 차이 난다. 짭짤한 간장소스는 그야말로 밥도둑이라 밥은 무제한 제공된다. 도고 온천 아케이드 안에 위치해 접근성도 좋다.

양식과 자연산 중 선택할 수 있는 도미회

간장소스를 곁들인 우아지마 도미밥

- 愛媛県松山市道後湯之町13-10
- 089-968-1861
- 11:00~15:00, 17:00~21:00 (공휴일 영업 시간 변동 있음)
- 우아지마 도미밥 정식 자연산 2400엔, 양식 1850엔
- www.gansui.jp

EAT 02 다이코쿠야 大黒屋

도미회덮밥, 도미솥밥 등 도미 요리뿐 아니라 우동, 비빔국수 등 다양한 지역 요리를 맛볼 수 있는 가성비 좋은 식당이다. 구성이 좋은 정식 메뉴는 여러 요리를 한번에 맛보고 싶은 욕심쟁이에게 추천. 총 세 곳의 지점을 운영 중인데, 도고점과 혼마치점 두 곳이 접근하기 좋다.

우동과 튀김까지 곁들인 도미찜밥 정식

우아지마 도미밥

- 도고점 愛媛県松山市 道後喜多町8-21 / 혼마치점 本町6-9-5
- 도고점 089-925-5005 / 혼마치점 089-924-0557
- 11:00~21:30 (수요일 휴무)
- 도미찜밥 정식 2070엔, 우아지마 도미밥 1080엔
- www.daikokuya-udon.co.jp

EAT 03

도고 맥주관 道後麦酒館

온천욕 후 마시는 맥주는 얼마나 달콤한가! 도고 온천 본관 바로 옆에 도고 맥주 직영점이 있다. 도고 맥주인 마돈나와 봇짱, 도고 소주, 안주 등을 판매한다. 도고 온천 별관 아스카노유 바로 앞에는 별관이 위치한다.

- 愛媛県松山市道後湯之町 20-13
- 089-945-6866
- 11:00~21:00
- 도고 맥주 500ml 900엔, 250ml 650엔
- www.dogobeer.co.jp

EAT 04

니키타츠 구라부 にきたつ蔵部

1894년에 창업해 도고 맥주와 사케 등을 빚고 도고 맥주관을 운영하는 미나구치 주조의 창고형 직영 숍. 시음도 가능해 본인 입맛에 맞는 술을 고를 수 있다. 바로 옆에 자리한 고급 음식점 니키타츠안에서는 이곳의 술과 잘 어울리는 음식도 맛볼 수 있다.

- 愛媛県松山市道後喜多町3-3-23
- 089-924-6616
- 10:30~18:00(월요일, 첫째 주 화요일 휴무)
- www.dogobeer.co.jp/club

EAT 05

긴베에 金兵衛

도고 온천 별관 앞에 위치한 이자카야. 지역 명물인 도미회를 비롯해 튀김덮밥이나 돈가스덮밥 등 식사 메뉴도 판매한다. 도고 맥주는 마돈나와 봇짱 맥주, 두 종류만 취급한다. 온천 후 가볍게 도미회를 안주 곁들여 맥주 한잔하기 좋다.

- 愛媛県松山市道後湯之町14-17
- 089-993-5511
- 11:00~15:00, 17:00~22:00
- 도미회 모둠 1783엔, 모둠 튀김 1078엔
- dogo-kinbei.com

도미회 모둠과 모둠 튀김

EAT 06

스타벅스 도고온천역사점
スターバックスコーヒー 道後温泉駅舎店

도고 온천 여행의 시작점인 이요테츠 도고온센역 역사는 메이지 시대 역사를 그대로 복원한 것이다. 현재는 역사 겸 스타벅스 콘셉트 매장으로 사용 중이다. 카페 안은 당시 시대의 모습으로 완벽하게 재현해 놓아 특별한 시간 여행이 가능하다. 여기에 봇짱 열차까지 역으로 들어오면 진짜 그 시대에 온 듯한 기분이 든다.

- 愛媛県松山市道後町1-10-12
- 089-915-8155
- 08:00~21:00
- www.starbucks.co.jp

EAT 07

로쿠지야 六時屋

도고 상점가 하이카라도리 안에 있는 일본식 디저트 전문점이다. 홋카이도 팥으로 만든 단팥죽과 에히메의 대표적인 디저트인 타루토 등을 판매한다. 녹차나 말차와 함께 먹으면 더 맛있다.

- 愛媛県松山市道後湯之町14-22
- 089-943-6060
- 10:00~18:00
- https://matsuyama-shotengai.com/shop/d0_s022

EAT 08

다니모토가마보코텐 谷本蒲鉾店

에히메현 서남부 해안 지역의 향토 음식 자코텐(じゃこ天)을 판매하는 어묵 가게다. 농어의 한 종류인 하란보를 주재료로 만든다. 제3회 시푸드 구루메 전국 대회에서 우승한 자코텐이 시그너처 메뉴이며, 막대기에 갈치를 말아 올린 다치우오마키(太刀魚巻)와 감자를 섞어 반죽한 뒤 튀김가루를 입혀 튀겨낸 자코텐카츠도 인기다.

고로케풍 자코텐카츠

- 愛媛県松山市道後湯之町20-17
- 089-933-3032
- 08:30~22:00 (공휴일은 시간 변동 있음)
- 자코텐 280엔
- www.jyakoten.co.jp

CITY 3

우치코 内子

마츠야마에서 특급 기차로 25분 정도 가면, 19세기 분위기를 그대로 간직한 작은 도시가 나온다. 옛 마을의 정취와 시골 마을의 한가로움이 느껴져 소도시를 사랑하는 사람들에게 제격이다. 거리 전체가 민속촌이나 사극 세트장 같은 분위기지만, 그렇다고 소박하지만은 않다. 목랍으로 번성했던 도시답게 도시 곳곳에 부유했던 당시의 흔적이 남아 있다.

> tip 우치코 내 주요 건물인 우치코자, 상업과 생활 박물관, 목랍 자료관 가미하가 저택을 한번에 돌아볼 수 있는 티켓을 900엔에 판매한다. 각각 티켓을 구입하는 것보다 200엔 저렴하다.

ⓘ 가는 법 : JR 마츠야마역에서 이요테츠 전철 우치코·오즈행을 타고 우치코역에서 내린다. 특급 열차로 25분 소요.

SEE 01

요카이치·고코쿠의 거리
八日市·護国の町並み

1982년 국가 중요 전통적 건조물군 보존 지구로 선정된 고즈넉한 마을. 이 마을은 에도시대 말기부터 메이지·다이쇼시대에 걸쳐 세운 아담한 상가와 주택 등이 600m 정도 이어져 시간 여행을 온 듯한 기분이 든다. 특히 목랍 생산으로 번성했던 곳이라 이를 통해 부를 이룩한 가문의 고급스러운 집을 구경하는 재미가 있다. 각 건물에 독특한 장식을 더해 디자인 요소가 돋보이는 조형미를 즐길 수 있다. 공방이나 갤러리, 카페 등이 들어서 있으니 쉬엄쉬엄 돌아보자.

🌐 www.we-love-uchiko.jp/spot_center

SEE 02

요이치·고코쿠 거리 보존 센터
護国町並保存センター

렌터카 방문객에게는 여행의 시작점이고 기차 이용 방문객에게는 종착지가 되는 곳에 위치한 관광 안내 센터. 거리의 역사와 구조에 대해 소개하며, 건물 보존에 사용하는 도구 등도 전시한다.

📍 愛媛県喜多郡内子町城廻211
📞 0893-44-5212
🕘 09:00~16:30(화요일, 공휴일 휴무)
🌐 www.town.uchiko.ehime.jp/site/hozonsenta

SEE

우치코자 内子座

1916년 지은 2층짜리 목조건물로, 현재도 분라쿠와 가부키, 교겐 등의 공연이 열리는 공연장이다. 650명을 수용할 수 있는 객석이 인상적인데, 사각형으로 칸을 나눈 좌석인 '마스세키'를 갖췄다. 회전 무대와 하나미치(무대에서 객석을 종단하는 긴 통로) 등이 있어 굉장히 화려하다. 1982년 우치코 유형문화재, 20215년 일본 국가 지정 중요문화재로 지정됐다. 현재는 2028년까지 보수 공사가 진행 중이라 내부는 볼 수 없으나, 건물 뒤편에 우치코자의 역사, 공사 상황 등을 전시하는 공간을 따로 마련해 아쉬움을 달래고 있다.

- 愛媛県喜多郡内子町内子2102 ☎ 0893-44-2840
- 09:00~16:30(12월 29일~1월 2일 휴무)
- 성인 400엔, 초등·중학생 200엔
- www.town.uchiko.ehime.jp/site/uchikoza

무대에서 객석을 종단하는 긴 통로인 하나미치

SEE

우치코노와 수작업 장인의 집
うちこの和 手しごと職人の家

우치코의 전통 공예와 수공예품을 만날 수 있는 곳이다. 이곳에서 기모노를 빌려 입고 우치코를 산책할 수 있으며 술잔 만들기, 수제 종이 만들기 등의 체험도 가능하다.

- 愛媛県喜多郡内子町内子2899-1
- ☎ 0893-44-7776
- 10:00~16:00(화·수·목요일 휴무)
- 술잔 만들기 체험 880엔, 수제 종이 만들기 체험 550엔~, 기모노 렌털 3300엔~

SEE 05
목랍 자료관 가미하가 저택
木蠟資料館 上芳我邸

시가지 경관 보존 지구 중에서도 으뜸인 건물로 마을의 역사를 함축해놓은 곳이기도 하다. 입장권을 구입하면 고급스러운 옛 일본식 저택을 구경할 수 있는데 다다미방, 거실, 부엌뿐 아니라 흙으로 만든 창고나 보일러실, 양초를 만들던 헛간 등도 보존해 집 구경하는 재미가 쏠쏠하다. 정원 안쪽에 자리한 목랍 자료관도 함께 둘러볼 수 있다.

- 愛媛県喜多郡内子町内子2696
- 0893-44-2771
- 성인 500엔, 초등·중학생 250엔

SEE 06
혼하가·오무라 가문 주택
本芳我家住宅·大村家住宅

혼하가 가문은 우치코 목랍 생산의 기초를 세운 거상이다. 1889년에 건축된 이 가문의 집은 거상의 집답게 기와와 흙손 벽화 등 훌륭한 장식으로 꾸몄다. 집 안에는 들어갈 수 없으나, 정원은 열어두어 누구나 구경할 수 있게 했다. 국가 지정 중요문화재로 바로 옆에는 1801년에 지은 오무라 가문 주택이 있으나, 비공개다.

- 愛媛県喜多郡内子町内子2888
- 0893-44-5212
- 09:00~16:30

SEE 07

상업과 생활 박물관
商いと暮らし博物館

에도시대부터 메이지시대까지 사용하던 상가 건물에 1921년경 상가 사람들의 생활 모습을 재현해 놓은 작은 박물관. 마치 민속촌처럼 당시 가구나 소품을 현실감 있게 배치하고 인형을 통해 재현했는데, 상황에 맞는 대화까지 흘러나와 더욱 생동감 넘친다. 사장과 직원과의 대화나 부엌에 있는 어머니의 혼잣말, 밥상머리에서 나누는 가족의 대화 등을 들을 수 있다. 작지만 알차게 꾸며놓아 입장료가 아깝지 않을 정도.

◎ 愛媛県喜多郡内子町内子1938
☎ 0893-44-5220 ⓘ 09:00~16:30(12월 29일~1월 2일 휴무)
¥ 성인 200엔, 초등·중학생 100엔

SEE 08

에미풀 마사키 emifull Masaki

에히메현에서 제대로 된 쇼핑을 할 수 있는 대형 쇼핑몰. 이요시역에서 이요 철도 군주선으로 갈아탄 뒤 고이즈미역에서 내리면 도보로 10분 정도 거리에 어마어마한 쇼핑 타운이 있다. 그 중심에 있는 에미풀 마사키에는 유니클로, 갭, 무지 등 인기 브랜드 숍이 입점해 있고, 츠타야 서점이나 대형 슈퍼마켓 등도 있어 다 돌아보려면 하루가 모자랄 정도. 바로 옆에는 일본의 이케아로 불리는 니토리나 아기용품 아까짱 혼포, 전자 제품 매장 에디온, 물량이 어마어마한 GU 매장, 대형 드러그스토어 등이 별도의 건물에 옹기종기 모여 쇼핑 타운을 이룬다. 다양한 식당이 있어 입맛대로 골라 먹을 수 있으나, 슈퍼마켓에서 파는 도시락이 '가성비' 갑이다.

◎ 愛媛県伊予郡松前町筒井850番 ☎ 0899-84-2111
ⓘ 10:00~21:00 ⊕ www.emifull.jp

AREA 14

kagawa

가가와현 香川県

우동 하나로 충만한 도시
다카마츠

미슐랭 별 3개를 획득한
다이묘의 정원
리츠린 공원

섬 전체가 하나의 미술관
나오시마

올리브로 아름다운 지중해 섬
쇼도시마

에도시대 분위기가 고스란히
고토히라

Kagawa
FOOD STORY

> 가가와현은 일본 3대 우동인 사누키 우동(讚岐うどん)의 본고장으로 지역명보다 '우동현'이라는 별칭으로 더 유명하다. 밀가루와 소금, 육수에 사용하는 간장과 멸치 등 식재료가 풍부해 우동 생산에 최고의 환경을 갖춘 지역이기도 하다. 또 일조량이 풍부한 지중해성기후로 현 내 섬에서는 올리브와 레몬도 재배하는 등 다채로운 자원을 지니고 있다.

사누키 우동 讚岐うどん

현 내 600여 개의 우동 가게에서 다양한 우동을 만나볼 수 있고 사이드 메뉴도 발달해 진정한 미식의 세계를 경험할 수 있다. 사누키 우동은 쫄깃하고 매끈한 면발이 특징이지만, 그보다 일본에서는 '사누키 우동'에 대한 꽤 까다롭고 명확한 법적 정의가 있다. ① 가가와현 내에서 제조한 것 ② 수타로 제조한 것 ③ 가수량(물의 비율은 소맥분 중량 대비 40% 이상 ④ 식염은 소맥분 중량 대비 3% 이상 ⑤ 2시간 이상 숙성 ⑥ 삶는 경우에는 삶는 시간이 약 15분간으로 충분히 알파화된 것

가케 우동 かけうどん
기본적인 우동으로 면에 츠유로 맛을 낸 국물을 부어 내온다. 테이블에 있는 덴가스(튀김 부스러기)나 파, 조미료 등을 취향껏 올려서 먹는다.

붓카케 우동 ぶっかけうっどん
차가운 면에 츠유를 뿌려 비벼 먹는 우동으로, 가가와 스타일의 우동으로 불린다.

니쿠 우동 肉うどん
가케 우동에 달짝지근한 양념을 해서 볶은 고기를 얹은 우동. 일본 전역에서 사랑받는 스타일이다.

가마아게 우동 釜揚げうどん
가가와현을 대표하는 우동으로, 막 삶아낸 우동 면을 면수에 담아 내온다. 이때 면을 채반에 밭쳐 물기를 빼내면 판 모밀과 비슷한 '자루 우동'이 된다. 두 우동 모두 간단히 츠유에 찍어 먹는다.

가마타마 우동 かま玉うどん
뜨거운 면 위에 날달걀을 풀어 비벼 먹는 우동. 비비는 동안 달걀이 일부 익어 담백한 맛을 즐길 수 있다.

카레 우동 カレーうどん
카레에 밥 대신 면을 비벼 먹는 우동이다. 우동의 쫄깃함과 카레의 맛이 카레 우동 맛을 결정한다.

우동과 찰떡궁합! 사이드 메뉴

❶ 튀김(덴푸라)
담백한 우동에는 역시 고소한 튀김이 제일이다. 새우 튀김, 채소 튀김 등을 그냥 먹어도 맛있고, 우동 국물에 넣어 먹어도 맛있다.

❷ 유부초밥(이나리즈시)
밀가루 음식의 아쉬움을 달래줄 짭조름한 맛이 일품인 치트키!

❸ 오니기리
밥 안에 재료를 넣고 김으로 싸서 내오는 일본의 주먹밥. 약간 심심한 맛이 짠 우동과 잘 어울린다.

❹ 오뎅
우동과도 잘 어울리는 일본 오뎅은 어묵뿐 아니라 삶은 달걀, 곤약, 무, 소 힘줄 등 종류가 다양한 것이 특징!

일반 음식점 vs 셀프 타입 vs 제면소 타입

일본의 우동 가게는 크게 세 가지로 나뉜다. 하나는 일반적인 음식점처럼 주문하면 우동을 내주는 스타일이고, 또 하나는 구내식당처럼 원하는 우동을 주문하고 사이드 메뉴 바에서 원하는 품목을 직접 골라 계산하는 셀프 타입이다. 제면소 타입은 제면소 한쪽에 국물, 간장, 고명, 식기 등이 있는 취식 공간을 두어 손님이 갓 뽑은 우동을 직접 조리해 먹는 방식이다. 가가와현에는 셀프 타입 우동집이 많으므로 사전에 숙지해야 한다.

셀프 타입 가게 이용 방법
❶ 카운터에서 원하는 우동과 사이즈를 결정해 주문한다.
❷ 바로 그 자리에서 우동을 받는다.
❸ 사이드 메뉴를 골라 쟁반에 담는다.
❹ 고른 음식을 계산한다.
❺ 파, 생강, 튀김 부스러기, 깨 등 원하는 토핑을 올린다.
❻ 자리로 가져가 맛있게 먹는다.
❼ 먹은 그릇을 퇴식구에 가져다 둔다.

오이리 おいり

찹쌀로 만든 떡을 건조시킨 뒤 작게 잘라 가마에 볶아 만든 전통 과자다. 예쁜 색감과 바삭거리는 식감 덕분에 아이스크림이나 케이크 등 디저트 토핑으로 사용된다. 일본에서는 결혼식이나 축하 파티 등의 답례품으로도 사랑받는다.

와삼본 和三盆

에도시대부터 가가와현에서 생산되는 고급 설탕을 말한다. 주로 화과자의 재료로 쓰이며, 와삼본을 굳혀 만든 건조 과자는 다카마츠의 특산품으로 꼽힌다. 와삼본은 커피와 홍차 등과 잘 어울리며, 아이스크림이나 과자 등의 재료로도 쓰인다.

호네츠키도리 骨付鶏

닭 넓적다리에 소금, 후추, 마늘 등으로 밑간을 해 오븐 솥에 구워 만든 요리다. 어른 닭과 어린 닭, 두 가지를 판매하며, 어른 닭은 질기지만 씹는 맛이 있고, 어린 닭은 부드러워서 누구나 좋아한다.

TRANSPORTATION

Kagawa

> 가가와현은 시코쿠의 4개 현 중 하나로, 현청 소재지는 다카마츠다. 인접한 세토 내해에는 110개의 크고 작은 섬이 있으며, 성을 중심으로 번영한 다카마츠시는 이들 물자를 운반하는 교통의 요충지로 중심 역할을 해왔다. 다카마츠 여행은 보통 섬 여행과 함께한다. 다카마츠항에서 고속선으로 30~40분 거리인 올리브섬 쇼도시마와 예술의 섬 나오시마는 필수 코스이며, 다카마츠에서 고토덴으로 40여 분 걸리는 신사의 도시 고토히라도 추천한다.

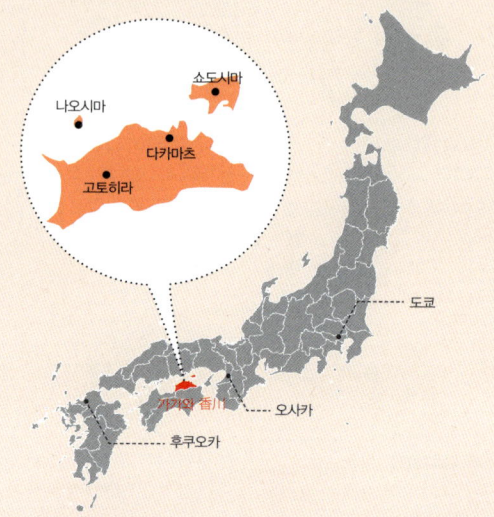

가가와현 여행의 시작, 다카마츠까지 어떻게 갈까?

인천국제공항에서 출발하는 다카마츠행 직항 항공편이 있다. 현재 에어서울에서 운항 중이며, 휴항이거나 시간이 맞지 않는다면 마츠야마 공항으로 들어가 기차를 타고 2시간 정도 이동해도 된다. 시코쿠 내 도시 중 비교적 혼슈와 가깝고 교통이 편리한 도시라 혼슈에서 이동도 가능한데, 이 경우 JR 오카야마역에서 기차로 1시간 20분, JR 오사카역에서 기차로 2시간 30분이면 도착한다.

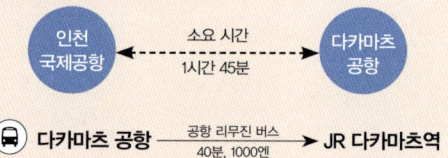

페리

가가와현 여행에는 섬 투어를 빼놓을 수 없다. 다카마츠에는 두 곳의 페리 선착장이 있다. 두 곳으로 다니는 배가 각각 다르니 확인하고 탑승해야 한다. JR 다카마츠역에서 나와 고층 타워가 보이는 방면으로 걸어가면 왼쪽이 일반 페리, 오른쪽이 고속선을 운항하는 터미널이다.

고속선 선착장

일반 페리 선착장

가가와현 패스

가가와현 미니 레일 & 페리 패스 2일

다카마츠와 함께 쇼도시마를 둘러볼 예정이라면 유용한 패스. 가가와현 내 JR 시코쿠선, 다카마츠고토히라 전기철도(고토덴)와 함께 쇼도시마 페리와 쇼도시마 올리브 버스에 탑승할 수 있다.

¥ 12세 이상 6000엔, 6~11세 3000엔

AREA 14 가가와현 香川県

시내 교통

고토덴 ことでん
고토덴이라는 애칭으로 불리는 다카마츠고토히라 전기 철도다. JR 다카마츠역에서 5분 정도 거리에 있는 다카마츠칫코역에서 출발한다. 가와라마치역을 터미널 역 삼아 가가와현을 연결하는 고토히라선, 나가오선, 시도선을 운행한다. 일본 곳곳에서 들여온 오래된 객차를 이용해 열차의 박물관으로도 불린다.

💰 **1일권** 12세 이상 1400엔, 6~11세 700엔

고토덴 승차권+온천 입욕 티켓
붓산지 온천 이용권과 고토덴 1일 승차권으로 이루어진 티켓이다. 재미있는 건 티켓이 부채 형태라 부채질을 하며 들고 다닐 수 있다는 점이다. 전통 방식으로 만든 고급 부채라 소장 가치도 있다. 붓산지 온천에서는 티켓을 제시하면 수건도 증정한다. 고토덴은 제한된 구간(360엔 구간)에서만 이용할 수 있다.

💰 성인 1300엔

나오시마 버스
버스는 집 프로젝트가 있는 모토무라 지구를 거쳐 베네세 하우스 뮤지엄까지 안내한다. 이우환 미술관이나 지추 미술관에 가기 위해서는 베네세 하우스에서 출발하는 셔틀버스를 타면 된다.

💰 성인 100엔, 아동(초등학생 이하 5세까지) 50엔

우동 택시
유명하거나 희귀한 우동 가게로 안내하는 관광 택시다. 택시 지붕에는 우동 그릇 모양의 표시등이 부착돼 있다. 차량을 제공하는 것뿐 아니라 우동에 대한 설명도 들을 수 있어 유용하다. 이렇다 보니 우동 택시 기사가 되는 조건도 까다롭다. 우동 지식에 관한 필기시험과 실전 면접에 통과한 뒤, 수타로 면을 뽑는 실기시험까지 합격해야 한다.

💰 **60분 코스** 5400엔(1군데), **90분 코스** 8100엔(1~2군데), **120분 코스** 1만800엔(2~3군데), 우동값은 별도, 4명까지 가능
📞 050-3537-5678
🌐 www.udon-taxi.com

ⓒ KOTOHIRA BUS CO.,LTD.

우동 버스(부정기 운행)

유명한 우동집에 데려다주는 버스로, 단순히 우동집만 도는 것이 아니라 인근 관광지도 함께 돌아볼 수 있다. 주말과 공휴일에만 운행하며, A~D 네 코스 중 선택 가능하다. 방문하는 가게는 코스마다 조금씩 차이가 있다. 부정기로 운행하니 여행 전 운행 여부를 확인하자. 버스 탑승은 JR 다카마츠역 9번 승강장, 리가 호텔 제스트 앞 등에서 가능하다.

💰 12세 이상 3000엔, 6~11세 1500엔, 미취학 어린이는 성인 1명당 1명 무료
📞 087-851-3155 🌐 http://www.kotosan.co.jp/sp

우동 마니아를 위한 2박 3일 우동 투어

" 우동을 먹기 위해 다카마츠를 찾는 사람들을 위한 코스다. 우동 택시를 타고 우동 맛집을 투어하고, 우동 학교에 입학해 우동 수업을 받는 일정이다. 물론 우동 투어 사이사이 소화도 시킬 겸 관광 명소도 포함했다. "

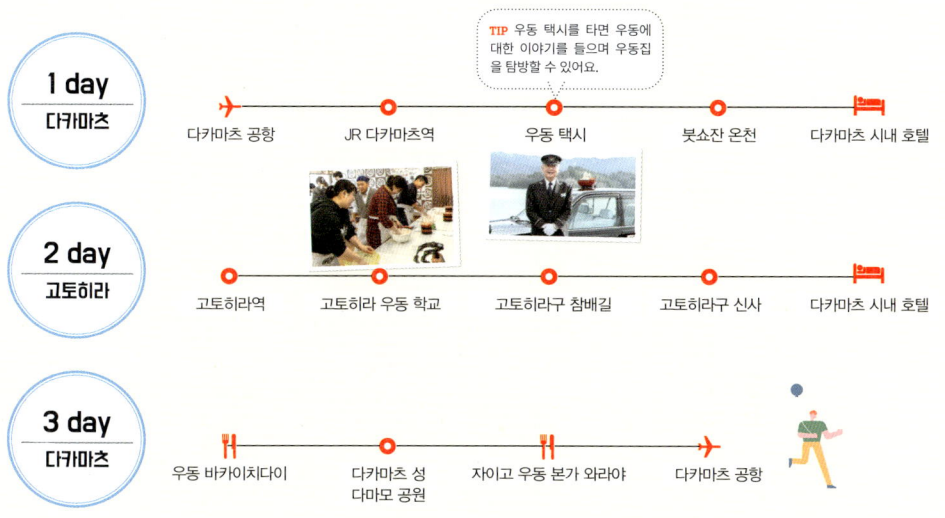

1 day 다카마츠
다카마츠 공항 → JR 다카마츠역 → 우동 택시 → 붓쇼잔 온천 → 다카마츠 시내 호텔

TIP 우동 택시를 타면 우동에 대한 이야기를 들으며 우동집을 탐방할 수 있어요.

2 day 고토히라
고토히라역 → 고토히라 우동 학교 → 고토히라구 참배길 → 고토히라구 신사 → 다카마츠 시내 호텔

3 day 다카마츠
우동 바카이치다이 → 다카마츠 성 다마모 공원 → 자이고 우동 본가 와라야 → 다카마츠 공항

나오시마 예술 기행을 위한 2박 3일 섬 투어

" 나오시마에 가기 위해 가가와현을 찾은 사람들을 위한 코스다. 베네스 하우스에서 하룻밤 머물면서 섬을 충분히 돌아볼 것을 권한다. "

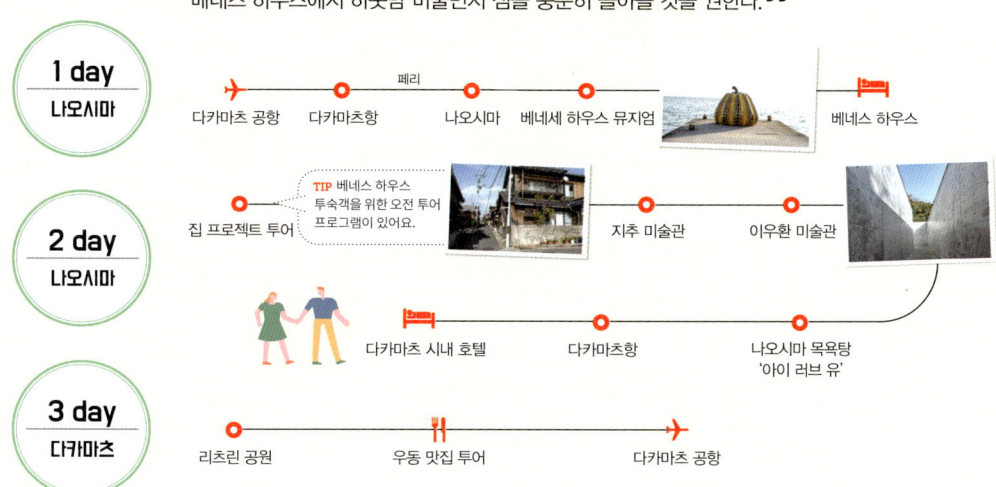

1 day 나오시마
다카마츠 공항 → 다카마츠항 →(페리) 나오시마 → 베네세 하우스 뮤지엄 → 베네스 하우스

2 day 나오시마
집 프로젝트 투어 → 지추 미술관 → 이우환 미술관 → 나오시마 목욕탕 '아이 러브 유' → 다카마츠항 → 다카마츠 시내 호텔

TIP 베네스 하우스 투숙객을 위한 오전 투어 프로그램이 있어요.

3 day 다카마츠
리츠린 공원 → 우동 맛집 투어 → 다카마츠 공항

다카마츠 高松

17세기 에도시대에는 마츠타이라 가문의 성곽도시로 번영했으며, 현재도 다카마츠 성터에 있는 다마모 공원을 비롯해 리츠린 공원 등 아름다운 관광지가 많다. 무엇보다도 한 집 건너 한 집이 우동 가게일 정도로 우동 천국이니 일단 우동부터 한 그릇 먹고 여행을 시작하자.

ⓘ 가는 법 : JR 다카마츠역에서 고토덴을 타고 이동한다.

자전거를 타세요!
고토덴이 도시 유명 명소로 데려다 주지만, 구석구석 숨어 있는 유명 우동집까지는 닿지 못한다. 이럴 때는 자전거가 유용한다. 외국인 대상 렌털 바이크를 이용해보자. 여권은 필참할 것!
📍 JR 다카마츠역 앞 광장 지하(유인)
🕐 07:00~23:00
💰 1일 200엔

 SEE 01

다카마츠 성 다마모 공원
玉藻公園(高松城跡)

다카마츠 고토히라 전철의 종점 바로 옆, 다카마츠 해안가에 위치한 공원이다. 공원 부지는 이제는 허물어진 다카마츠 성터로, 1587년 에도시대 다이묘이자 사누키국 영주였던 이코마 치카마사가 지은 물 위의 성(수성)이다. 다카마츠 성은 일본의 3대 수성이자 일본 100대 명성 중 하나로 꼽으며, 바닷가에 자리해 해자를 바닷물로 채운 독특한 형식을 띤다. 80㎡(2만 4000평)의 넓은 대지에 천수각은 소실됐지만, 츠키미야구라, 미즈테고몬, 와타리야구라, 돌담, 해자 등은 그대로 남아 있다. 특히 해자는 성터 안까지 호수처럼 이어져 있으며, 해자를 유람하는 작은 배도 있다. 공원은 오랫동안 마츠다이라 요리시게 가문의 소유였다가 1955년 공원으로 정비돼 공개됐다.

📍 香川県高松市玉藻町2-1
☎ 087-851-1521
🕐 08:30~17:00(계절마다 다름)
💰 16세 이상 200엔, 6~15세 100엔(가가와 현립 박물관이나 리츠린 공원을 함께 이용할 경우 할인 혜택이 주어진다)
🌐 www.takamatsujyo.com

SPOT TO GO

1 사야바시 鞘橋
성의 중심 건물과 성의 외곽을 연결하는 유일한 다리다. 당초 난간 다리였지만, 에도시대 중기 말 무렵 지붕을 얹었다.

2 수문(해자) 水門
성과 바다가 연결된 지점. 조수 간만에 의한 수위 조절을 위해 수문이 설치됐다. 해자에는 도미 등 바닷물고기가 있고, 먹이주기 체험도 있다.

3 나이엔노니와 정원 内苑御庭
1917년 재건된 일본식 정원. 11톤이나 되는 거대한 분주(손 씻는 물을 담는 그릇), 에도시대에 만든 삼존석, 쇼와시대 일왕이 심은 소나무 등이 있다.

4 츠키미야구라 月見櫓
1676년 완성된 망루 츠키미야구라는 북쪽에 있는 성의 모퉁이 성루로, 배의 출입을 감시하는 장소였다.

SEE 02

리츠린 공원 栗林公園

《미슐랭 그린 가이드 재팬》에서 최고 평가인 별 3개를 받은 대표적인 다이묘 정원으로, 일본에서 가장 넓은 공원으로 꼽힌다. 400년 가까운 역사를 지닌 에도시대 초기의 회유식 다이묘 정원으로, 토지 분할과 자연석 배치가 뛰어나다고 평가받는다. 후지산을 본떠 만든 인공 산인 히라이호 봉우리에 서면 기쿠게츠테이와 그 앞에 엔게츠교 다리가 그림같이 펼쳐진다. 6개의 연못과 13개의 인공 산이 조화롭게 배치되어 있어 '걸음을 내디딜 때마다 풍경이 바뀔(一步一景)' 정도로 다채로운 아름다움을 느낄 수 있다.

- 香川県高松市栗林町1-20-16
- 087-833-7411
- 07:00~17:00(계절에 따라 오픈 시간 다름, 홈페이지 확인)
- 고등학생 이상 410엔, 초등학생 170엔
- https://www.my-kagawa.jp/ko/ritsurin

리츠린 공원의 역사

16세기 후반 세력가 집안이었던 사토 씨가 정원을 지은 것으로 시작해, 사누키국 영주 이코마 다카토시가 현재의 정원 형태를 만들었고, 다카마츠번 5대 번주 마츠다이라 요리타카 시절 정원 내 60경에 이름을 붙여 정원을 완성해 대대로 가문 별장으로 이용했다. 이들이 성보다 더 애용하던 곳이라고 전해진다. 1875년에 현립 공원으로서 일반인에게 공개되었고, 1953년 문화재 보호법에 따라 특별명승지로 지정됐다.

---SPOT TO GO---

1 와센(회유선)

뱃사공의 해설을 들으며 공원을 돌아보자. 배를 타고 가야만 볼 수 있는 경치와 정원이 있다.

- 09:00~17:00
- 승선료 성인 620엔, 아동 310엔

2 기쿠게츠테이 掬月亭

동서남북 어디에서 보든 정면으로 보이는 구조가 특징으로, 다도를 위한 건물이다. 이 건물에서 난코 연못을 바라보면 그 경치가 매우 아름다워 역대 영주의 사랑을 받았다고 한다. 현재는 관광객을 대상으로 다도 체험이 이루어진다.

- 09:00~16:00

SEE 03

붓쇼잔 온천 仏生山温泉

도시 분위기에 맞게 현대적이고 세련된 온천이다. 입구에는 지역 특산품과 수공예품을 판매하는 숍이 있고, 안쪽에는 북 카페로 꾸몄다. 온천은 내탕과 노천탕이 있는데, 노천탕은 정원처럼 아름답게 꾸며놓아 자연의 변화를 느끼며 온천을 즐길 수 있다. 온천수는 미인탕으로 알려진 중조천이라 목욕을 하고 나면 피부가 매끈해지는 느낌이 든다. 이곳을 방문하려면 고토덴 온천 이용권을 구입해야 이득이다. 입욕권과 함께 고토덴 이용권과 부채(패스 겸용), 목욕 수건이 포함돼 있다.

📍 香川県高松市仏生山町乙114-5
☎ 087-889-7750 🕐 11:00~24:00(토·일요일, 공휴일 09:00부터, 넷째 주 화요일 휴무) 💰 12세(중학생) 이상 700엔, 3~11세 350엔, 고토덴 온천 이용권 1300엔(부채와 수건, 입욕료, 고토덴 이용권 포함) 🌐 http://busshozan.com

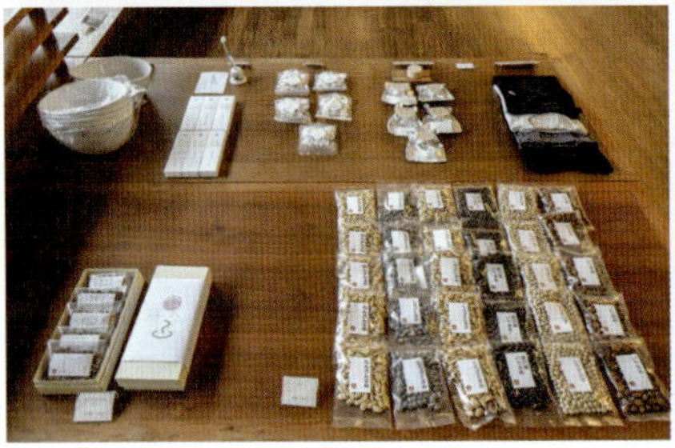

고토덴 승차권과 온천 입욕 티켓

SEE 04

기타하마 거리 北浜アリー

오래된 해양 창고가 카페나 레스토랑, 상점, 서점 등 문화 공간으로 거듭났다. 해양 창고 특유의 거친 분위기와 달리 세련되고 아기자기하게 꾸며 SNS용 사진 찍기에 안성맞춤이다. 다카마츠에서는 가장 트렌디한 골목으로, 해안선을 따라 산책하다가 커피도 마실 겸 잠깐 쉬었다 가기 좋다.

📍 香川県高松市北浜町4-14
📞 087-834-4335
🌐 www.kitahama-alley.com

SEE 05

우미에 Umie

기타하마 거리에서 가장 유명한 공간이다. 하마엘리-h 2층. 좁은 계단을 따라 올라가면 편집숍이나 서점과 함께 넓은 카페가 비밀 공간처럼 들어서 있다. 너무도 유명해 주말이면 자리를 잡기 힘들 정도. 분위기는 좋지만, 가격도 비싸고 음식 맛도 평범한 수준. 흡연 가능한 카페니, 담배 연기에 민감하면 피하자.

📍 香川県高松市北浜町3-2 北浜alley-h
📞 087-811-7455
🕐 월·화·목~일요일 11:00~19:00, 토요일 11:00~21:00(수요일 휴무)
🌐 http://umie.info

EAT 01 — 뷔위

잇카쿠 骨付鳥 一鶴

무려 1952년 창업해 70년 가까이 명성을 이어오고 있는 잇카쿠는 호네츠키도리로 유명한 식당이다. 호네츠키도리는 다카마츠 향토음식으로 닭 넓적다리를 오븐 솥에 구워 만든 요리다. 저녁 식사 시간에는 1시간 이상 대기해야 될 정도로 인기가 많다. 우선 호네츠키도리를 주문하려면 육질이 부드러운 어린 닭과 씹는 재미가 있는 어른 닭, 둘 중 하나를 골라야 한다. 여기에 도미밥(도리메시)과 장국, 그리고 생맥주를 곁들이면 더 바랄 것이 없다.

부드러운 맛의 히나도리

씹는 맛이 좋은 오야도리

香川県高松市鍛冶屋町4-11
087-823-3711
평일 17:00~22:30, 주말 11:00~22:30
오야도리(어른 닭) 1129엔, 히나도리(어린 닭) 1001엔, 도리메시 534엔
https://www.ikkaku.co.jp

EAT 02 — 뷔위

우동 바카이치다이 うどんバカ一代

가마바타 우동, 즉 버터 우동 하나로 유명해진 우동집이다. 작고 낡은 우동집에 언제나 긴 대기 줄이 늘어서 있고, 가게 내부에는 일본 유명 스타들의 사인이 벽에 빼곡히 걸려 있다. 가마바타 우동은 갓 삶아낸 뜨끈뜨끈한 우동에 버터를 올린 뒤 파와 후추를 뿌려 내온다. 뜨거운 우동 면에 버터가 사르르 녹고 후추 맛이 어우러져 크림 파스타같이 고소하고 담백한 맛이 난다. 이때 날달걀을 추가하면 더욱 촉촉하고 부드러운 맛을 경험할 수 있는데, 흰자 빼고 노른자만 넣어야 깔끔한 맛이 난다. 먹다가 느끼하다 싶을 때쯤 간장을 두 방울 정도 넣으면 끝까지 먹을 수 있다. 반숙 달걀과 불고기를 넣은 니쿠 우동도 인기다.

달걀을 추가한 가마바타 우동

香川県 高松市 多賀町1-6-7
087-862-4705
06:00~18:00
가마바타 우동 530엔
https://www.udonbakaichidai.co.jp

EAT 03

우동 야마다야 본점 うどん本陣 山田家

엄청난 규모의 우동집이다. 약 2,644㎡(800평) 부지에 지은 저택은 1751년부터 무사 주택으로 사용하던 일본 가옥으로, 정원은 국가 지정 유형문화재로 등록됐다. 야마다 가문이 1978년부터 우동집을 시작했다. 가게는 본관과 홀, 신관, 별관 등 네 동으로 나뉘어 있다. 본관은 야마다 가문의 자랑인 정원이 한눈에 펼쳐진다. 붓카케 우동 원조집답게 대표 메뉴는 붓카케 우동이며, 가마 붓카케 우동은 등록상표를 출원했다. 붓카케 우동은 우동 면 위에 츠유를 뿌려 먹는데, 이때 츠유에 쪽파, 생강, 레몬 등을 취향대로 넣어 먹을 수 있다. 우동은 차갑거나 따뜻한 면 중 고를 수 있는데, 차가운 것이 훨씬 쫄깃하다. 대중교통으로 가려면 고토덴 야쿠리역이나 버스 정류장에서 내려 20분 이상 오르막길을 걸어야 하기 때문에 될 수 있으면 택시나 렌터카로 찾아가길 권한다.

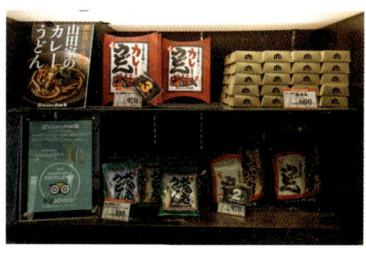

쪽파, 레몬, 생강 등을 넣은 츠유를 우동에 뿌려 먹어요.

- 香川県高松市牟礼町牟礼3186
- 087-845-6522
- 10:00~20:00
- 가마 붓카케 우동 정식 1180엔, 자루 붓카케 우동 600엔
- https://yamada-ya.com

무난하게 먹을 수 있는 니쿠 우동

따끈한 우동 면에 날달걀을 풀어 올린 가마타마 우동

EAT 04

메리켄야 다카마츠 역전점 めりけんや

메리켄야는 가가와현을 중심으로 도쿄와 오사카에도 진출한 인기 우동 체인점이다. 그중 다카마츠 역전점은 다카마츠역과 페리 터미널 가는 길에 있어 아침부터 많은 사람으로 북적인다. 대표적인 셀프 우동집인데, 다양한 우동을 선보여 결정 장애가 일어날 정도다. 대표적인 메뉴는 뜨끈한 우동 면에 달걀을 올린 가마타마 우동인데, 여기에 버터나 불고기 등을 추가해서 먹으면 더 맛있다.

- 香川県高松市西の丸町6-20
- 087-811-6358
- 07:00~20:00
- 니쿠 우동(중) 700엔, 가마타마 우동(중) 500엔
- www.merikenya.com

EAT 05

자이고 우동 본가 와라야
ざいごうどん 本家わら家

에도시대 민가를 복원해 만든 우동집 내부

가가와현을 대표하는 우동 '가마아게 우동' 하나로 유명한 우동 가게다. 가마아게 우동이란 우동을 삶은 뒤 면수를 빼지 않고 그대로 내오는 뜨끈한 우동으로, 면을 건져 츠유에 찍어 먹는다. 우리에게는 생소하지만, 사누키 우동의 자랑인 면발에 집중할 수 있어 현지인에게는 인기다. 면을 냉수에 넣지 않아 부드러운 식감이 특징이며, 그럼에도 쫄깃한 상태를 유지해야 해서 반죽의 숙성 시간과 보관 온도를 세심하게 조절한다고. 특히 이 가게는 츠유를 호리병 모양의 도자기에 담아 넉넉하게 제공하는데, 주문 시 육수를 다시 데워 제공하는 것이 아니라 처음부터 호리병에 담아 중탕한 것을 꺼내 오는 것이기 때문에 늘 최고의 상태를 유지한다. 가게 건물도 볼거리다. 야시마산 중턱에 위치한 옛 민가를 이축해 만든 야외 박물관 시코쿠무라 한편에 자리하며, 가게도 에도시대 민가를 복원해 만들었다. 큰 나무 대야에 나오는 '가족 우동'도 볼거리다.

갓 삶은 우동을 면수가 있는 그대로 담아 내오는 가마아게 우동

📍 香川県高松市屋島中町91番地
📞 087-843-3115
🕐 09:30~18:00
💰 가마아게 우동(소) 540엔(2인분)
🌐 www.wara-ya.co.jp

EAT 06

하나마루 우동 はなまるうどん

유명한 우동 체인점으로, 일본 전국에 지점이 있어 친숙하다. 우동 전문점답게 기본적인 우동부터 계절 한정 메뉴까지 선보여 골라 먹는 재미가 있다. 다양한 사이드 메뉴를 고르는 재미도 쏠쏠하다.

우동 잘하는 집은 카레도 맛있다.

판 메밀과 먹는 방식이 같은 자루 우동

📍 香川県高松市兵庫町10-1(다카마쓰 효고초점)
📞 087-811-5870
🕐 10:00~21:30
💰 자루 우동(중) 500엔, 카레 우동(중) 730엔
🌐 www.hanamaruudon.com

EAT 07

시미즈야 清水屋

자전거나 렌터카 아니면 가기 힘든 애매한 위치에 있는 우동 가게다. 가장 가까운 엔자역에서 내려 걸으면 무려 20분이나 걸린다. 그럼에도 이곳을 찾는 이유는 시내에서 먹는 우동과는 차원이 다른 맛을 느낄 수 있어서다. 우동 면발은 탱탱하고 카레 우동, 니쿠 우동, 붓카케 우동 등 어떤 우동이든 맛있다. 사이드 메뉴인 튀김이나 오뎅까지 환상적이다. 바로 앞에는 우동 학교 다카마츠 지점이 있으니 묶어서 돌아봐도 좋다. 우동 버스의 코스 중 하나이기도 하다.

- 香川県高松市成合町8
- 087-886-3212
- 10:00~14:00(일요일 휴무)
- 카레 우동 470엔
- https://twitter.com/mutchiudon

EAT 08

신페이 우동 しんぺいうどん

아케이드의 거의 끝까지 걸어가야 찾을 수 있는 우동 가게다. 그럼에도 힘들게 찾아간 보람이 있다. 면발이 쫄깃한 우동에 바삭한 튀김의 조화는 왜 이곳이 우동현이라 불리는지 알게 된다. 우동의 참맛을 느끼려면 이곳에서 가장 기본적인 가케 우동과 붓카케 우동을 시키자. 최소한의 양념에 면만으로도 최고의 우동이 완성되는 감격을 느낄 수 있다. 우동만큼이나 튀김도 맛있다.

가케 우동·튀김 세트

붓카케 우동

- 香川県高松市田町13-6
- 087-834-6334
- 17:30~21:00(월요일 휴무)
- 붓카케 우동 450엔, 가케 우동 350엔, 모듬 튀김 450엔

CITY 2

나오시마 直島

섬 전체가 미술관인 나오시마는 수많은 예술 작품과 건축물, 미술관 등이 작은 섬에 흩어져 있다. 관광지를 연결해주는 대중교통이나 음식점, 커피숍, 숙소 등도 잘 조성돼 있어 불편함 없이 둘러보기도 좋다.

- 가는 법 : 다카마쓰항에서 미야노우라항까지 일반 페리로 50분, 고속선으로 25분 소요
- 일반 페리 중학생 이상 520엔, 초등학생 이하 260엔 / 고속선 중학생 이상 1220엔, 초등학생 이상 610엔

구사마 야요이의 빨간 호박
赤かぼちゃ
선착장에 도착하면 구사마 야요이의 '빨간 호박'이 관광객을 맞이한다. 작품은 생각보다 크고 예쁘며, 사람들이 들어갈 수 있도록 구멍을 뚫려 있다.

SEE  01

베네세 하우스 뮤지엄 ベネッセハウス ミュージアム

'자연, 건축, 예술의 공생'을 콘셉트로 1992년 개관한 미술관과 호텔이 결합된 시설이다. 숙박동과 일반인도 이용할 수 있는 레스토랑, 카페, 스파숍 등으로 구성돼 있다. 회화, 조각, 사진, 설치미술 등이 영구 전시되어 있으며, 전시물은 전시 공간을 벗어나 해안과 숲에 흩어져 있어 산책하며 둘러볼 수 있다. 모든 건축물은 안도 다다오가 설계했으며, 그의 시그니처인 긴 슬로프와 계단, 빛을 경험할 수 있다. 여유롭게 감상하고 싶다면 이곳에서 숙박하며 돌아보는 것도 좋다.

- 香川県香川郡直島町琴弾地 ☎ 087-892-3223
- 08:00~21:00(마지막 입장은 20:00)
- 1500엔(온라인 예매 1300엔), 15세 미만·투숙객 무료 ⊕ http://benesse-artsite.jp

월터 드 마리아 'Unseen Known/Unknown'(2000)

니키 드 생팔 '낙타'(1991)

니키 드 생팔 '의자'(1989)

> **베네세 하우스 뮤지엄 갤러리 투어**
> 베네세 하우스 호텔 직원이 뮤지엄에 전시된 작품을 제작할 당시 에피소드와 함께 돌아보는 투어다. 베네세 하우스 입장료 외 추가 요금은 없으며, 투숙객은 무료다.
> 🕐 16:00~16:45

가타세 카지오 'Drink a cup of tea'

신로 오타케 'Shipyard Works(Stern with Hole)'(1990)

구사마 야요이 '호박'(1994)

SEE 02

집 프로젝트 家プロジェクト

나오시마 특유의 가옥이나 사찰 및 신사 등을 리모델링해 공간 자체를 작품화한 집 프로젝트. 현재도 실제로 사람들이 생활하는 지역으로, 사람이 살던 때의 시간과 기억이 깃들어 있다. 1998년에 시작해 현재 일곱 채를 공개 중이다.

⏰ 10:00~16:30(월요일 휴관) 💰 집 프로젝트 패스 1400엔(온라인 예매 1200엔)(미나미데라와 긴자를 제외한 다섯 곳 모두 돌아볼 수 있다) / 원 사이트 티켓(1개만 감상) 700엔(온라인 예매 600엔), 15세 미만 무료 🌐 http://benesse-artsite.jp

— SPOT TO GO —

1 미나미데라 南寺
집 프로젝트 중 한 곳만 간다면 이곳을 추천한다. 안도 다다오가 설계한 건물 안에서 제임스 터렐의 작품을 만날 수 있다. 어두운 집 안에서 아무것도 보이지 않는 몽환적인 경험을 할 수 있다.

2 긴자 きんざ
200년 이상 된 집의 구조를 그대로 사용하면서 집 전체를 예술 작품으로 완성했다. 미술가 레이 나이토가 낸 새로운 공간이다. 사전 예약 필수.

3 가도야 角屋
200년 정도 된 가옥을 복원한 집이다. 미술가 미야지마 다츠오는 집 내부에 넓은 수조를 파고 그 안에 125개의 LED 디지털 카운터를 설치했다.

4 고오 신사 護王神社
에도시대에 지은 신사를 개축한 작품이다. 미술가 스기모토 히로시는 전통 신사의 계단을 광학 유리로 바꿔 지하에서 지상으로 연결되도록 했다.

5 이시바시 石橋
메이지시대 소금으로 번성한 이시바시 가문의 집을 복원했다. 집 내부에는 센슈 히로시가 폭포를 그려 넣은 폭 15m에 달하는 대작 '더 폴즈'가 전시되어 있다.

6 고카이쇼 碁会所
과거 섬사람들이 바둑을 두던 건물 터에 당시의 모습을 재현한 집이다. 스시 히로타로의 '봄의 나무'가 전시돼 있다. 진짜라고 착각할 정도로 정교한 나무 조각품이다.

7 하이샤 はいしゃ
과거 치과 겸 가옥이었던 건물을 오타케가 통째로 작품화한 작품이다. 건물 안팎에 다양한 오브제나 폐자재, 간판, 네온관 등을 콜라주해 혼돈의 공간을 이룬다.

SEE 03

나오시마 목욕탕 'I♥유'
直島銭湯 'I♥湯'

예술가 신로 오타케가 현재 목욕탕으로 사용하는 건물을 관광객과 지역 주민이 교류하는 곳으로 만들었다. 목욕탕의 외관과 인테리어는 물론 욕조, 타일, 화장실에 이르기까지 예술가의 손길로 재탄생했다. 단순히 구경만 하는 것이 아니라 목욕도 가능하니, 온몸으로 예술을 느껴보는 건 어떨까. 선착장 바로 앞에 위치해 배를 타기 전 피로를 풀기도 좋다. 내부는 작지만 충분히 좋은 경험이 된다.

- 香川県香川郡直島町宮ノ浦2252-2
- 087-892-2626
- 13:00~21:00(마지막 입장은 20:30, 월요일 휴무)
- 16세 이상 660엔, 15세 이하 310엔, 3세 미만 무료

SEE 04

안도 뮤지엄 安藤ミュージアム

일본을 대표하는 건축가 안도 다다오에 관련된 전시관으로, 나오시마에서 그가 작업한 베네세 하우스 뮤지엄 등 건축물에 대해 알 수 있다. 규모가 작고 전시된 내용도 그리 새롭지 않지만, 건물 자체에서 안도 다다오가 빛을 사용하는 방식을 경험할 수 있다. 마당에 있는 유리 원뿔을 유심히 보고 입장하면 더 즐겁게 전시를 관람할 수 있다.

- 香川県香川郡直島町本村736-2
- 087-892-3754
- 10:00~16:30(마지막 입장 16:00, 월요일 휴무)
- 700엔(온라인 예매 600엔), 15세 이하 무료
- https://benesse-artsite.jp

SEE 05

나오시마 홀 直島ホール

나오시마 집 프로젝트의 시작점에 있는 건물이다. 나오시마의 지형과 특성을 표현한 외관과 '환경 도시 나오시마'에 어울리는 태양, 바람, 지하수 등 자연 에너지를 적극 활용한 건축물로 이루어져 있다. 시설은 홀과 집회소, 2개 동으로 구성돼 있어 지역 주민들이 활용하며, 각종 행사 등 단체 활동의 거점 시설로도 사용한다. 건물 안에는 들어가보지 않아도 정원이나 건물 주변을 감상하는 것만으로도 의미 있다.

- 香川県香川郡直島町本村696-1
- 087-892-2882
- 10:00~16:00(월요일 휴무)
- www.town.naoshima.lg.jp

SEE 06

이우환 미술관 李禹煥美術館

이우환과 건축가 안도 다다오의 협업 미술관이다. 안도 다다오가 설계한 반지하 구조의 건물에는 1970년대부터 현재에 이르기까지 이우환이 선보인 회화와 조각이 전시되어 있다. 돌과 철판, 여백, 공간으로 표현된 작품은 조금 허무할 수 있는데, 오히려 미술관 앞 정원, 바다가 펼쳐지는 공간에 설치된 작품이 더욱 와닿는다. 또 안도 다다오가 설계한 높은 벽으로 둘러싸인 미로 같은 입구는 인증숏을 남기기 딱 좋은 장소다.

- 香川郡直島町字倉浦1390
- 087-892-3754
- 3~9월 10:00~18:00, 10~2월 10:00~17:00(마지막 입장은 폐장 30분 전, 월요일 휴관)
- 1400엔(온라인 예매 1200엔), 15세 이하 무료
- http://benesse-artsite.jp

SEE 07

지추 미술관 地中美術館

'자연과 인간을 생각하는 장소'를 모토로 2004년 문을 열었다. 아름다운 경관을 해치지 않도록 건물의 대부분이 지하에 조성됐으며, 안도 다다오가 설계한 미술관에는 클로드 모네, 제임스 처지, 월터 드 마리아의 작품이 영구 설치되어 있다. 건물은 지하에 있지만, 자연광이 쏟아져 내리도록 설계해 하루 동안, 또 계절에 따라 작품과 공간이 시시각각 바뀌는 현상까지 예술로 승화된다. 또 모네의 작품에 등장하는 꽃과 나무로 조성한 땅속 정원도 만나볼 수 있다. 티켓은 사전 예약이 필수이며, 미술관 내 카페에서 간단한 식사도 가능하다.

- 香川県香川郡直島町積浦3449-1 087-892-3755
- 3~9월 10:00~18:00, 10~2월 10:00~17:00(마지막 입장은 폐장 1시간 전, 월요일 휴무) 월~금요일 2800엔, 토·일요일·공휴일 3000엔(온라인 예매 시 300엔 할인), 15세 이하 무료 http://benesse-artsite.jp/art/chichu.html

EAT 01 미카즈키쇼텐 ミカヅキショウテン

선착장에서 올라가다 보면 보이는 아담하고 예쁜 카페다. 스페셜티 커피와 가벼운 디저트는 물론 아기자기한 소품도 판매한다. 드립백, 스티커, 티셔츠, 엽서, 기념품 등 다양하다. 카페 이름은 초승달이라는 뜻으로 초승달 이미지 로고를 컵이나 제품에 사용한다.

- 香川県香川郡直島町宮ノ浦2291-5
- 087-813-1322
- 08:30~17:00(목요일 휴무)
- 카페라테 550엔, 아메리카노 500엔
- www.mikazukishoten.jp

EAT 02 시마쇼쿠도 미얀다 島食DOみやんだ

나오시마에는 밥을 먹을 곳이 마땅치 않고 있더라도 가격이 비싼 편이다. 미얀다는 미야우라항 맞은편 주택가에 있는 식당으로, 적당한 가격에 좋은 요리를 선보인다. 식당 메뉴는 해산물덮밥, 생선구이, 생선조림으로 단출하다. 그러나 모든 음식이 맛있으며, 특히 거북손을 넣은 미소 장국은 여행으로 피곤한 몸과 마음을 달래주기에 충분하다.

©島食DOみやんだ

- 香川県香川郡直島町2268-2
- 090-4691-9618
- 11:30~13:30(월~목요일 휴무)

CITY 3

쇼도시마 小豆島

쇼도시마는 일본에서 최초로 올리브 재배에 성공해 '올리브 섬'으로 알려져 있다. 세토 내해에서는 이와 지섬에 이어 두 번째 큰 섬이다. 나오시마, 데시마 등 다른 섬에 비해 크지만, 버스가 자주 다니는 편이 아니라 하루 만에 모든 곳을 돌아보기는 어렵다.

ⓘ 가는 법: 다카마츠항에서 일반 페리로 1시간, 고속선으로는 35분 소요(성인 690엔, 아동 350엔)

올리브 버스 이용권
쇼도시마를 다니는 올리브 버스를 하루나 이틀 동안 자유롭게 이용할 수 있는 패스다. 1일권 성인 1000엔, 아동 500엔 / 2일권 성인 1500엔, 아동 750엔

SEE 01

엔젤 로드 エンジェルロード

밀물일 때는 섬이었다가, 썰물일 때는 길이 생기는 신기한 길이다. 소중한 사람과 손을 잡고 이 길을 건너면 소원이 이루어진다는 속설이 있어 연인들의 성지로 사랑받는다. 최대 간조 시간을 중심으로 전후 3시간씩(총 6시간) 모랫길이 모습을 드러낸다. 길이 열리는 시간을 잘 맞춰 가지 않으면 낭패를 볼 수 있으니, 이 시간에 맞춰 계획을 짜자. 썰물 시간은 배에서 내리면 바로 보이는 안내판에 공지된다. 노을이 질 때면 더욱 로맨틱한 풍경이 펼쳐진다.

📍 香川県小豆郡土庄町銀波浦
📞 0879-62-7000
🕘 09:00~17:00
🌐 https://www.shodoshima-kh.jp/angel(길이 열리는 시간 확인)

약속의 언덕 전망대 約束の丘展望台

엔젤 로드 입구에 있는 야트막한 야산으로, 엔젤 로드를 조망할 수 있는 전망대 역할을 한다. 언덕 위에는 약속의 언덕 전망대가 있고, 엔젤 로드를 배경으로 행복의 종을 울릴 수 있다. 연인과의 약속을 조개껍데기에 적어 매달아놓을 수도 있다. 조개껍데기는 인근 매점에서 판매한다.

📍 香川県小豆郡土庄町銀波浦
📞 0879-62-7004

SEE 02

쇼도시마 올리브 공원
小豆島オリーブ公園

약 2000그루의 올리브나무를 심은 올리브밭과 허브 가든, 그리스풍 풍차 등 지중해 연안을 닮은 풍경이 펼쳐진 공원이다. 올리브 농사를 소개하는 올리브 기념관이 있으며, 올리브 관련 음식을 파는 식당이나 기념품 가게도 크게 들어서 있다. 공원 곳곳에 예쁜 사진을 찍을 만한 포토존이 마련돼 있으니 하나씩 찾아보며 사진을 남겨보자. 공원 내에는 피로를 풀 수 있는 천연 온천도 있다. 바로 앞에 있는 올리브 가든과 헷갈릴 수 있으니 주의할 것.

◎ 香川県小豆郡小豆島町西村甲1941-1
☎ 0879-82-2200
⏰ 08:30~17:00
🌐 www.olive-pk.jp

─── SPOT TO GO ───

1 만남의 광장
고대 그리스를 모티브로 만든 아름다운 건축물이 있는 가든이다. 눈앞에는 에게해를 연상시키는 세토 내해가 펼쳐져 있다. 영화 촬영이나 웨딩 촬영 장소로 인기다.

2 올리브 기념관
쇼도시마에 올리브를 심기까지의 역사와 올리브에 대한 정보를 만날 수 있는 전시관과 레스토랑, 기념품관 등이 모여 있는 건물이다.

3 그리스 풍차
만화 영화 <마녀 배달부 키키>를 촬영한 곳이기도 하다. 만화영화 속 장면과 비슷한 포즈로 사진 찍는 것이 필수. 올리브 기념관에서는 마녀 빗자루를 무료로 빌려준다.

4 기념품 숍
쇼도시마에서 생산한 올리브로 만든 다양한 제품을 만날 수 있다.

5 선 올리브
올리브와 소면을 주제로 한 여러 음식을 판매한다. 올리브 아이스크림은 꼭 맛보자!

TO DO LIST

1 통 터널
창업 당시 간장을 만들때 사용했던 큰 통으로 만든 터널. 이 터널을 빠져나가면 100년 시대로 타임 슬립한다. 당시 간장을 만들 때 사용했던 다양한 도구를 볼 수 있다.

2 고지 무로
간장 만들기에 가장 중요한 공정 중 하나인 누룩을 만드는 누룩 실이다. 당시의 지혜가 집약된 곳으로 쇼도시마 독자 기술을 사용했다.

3 기념품 가게
마루킨 간장과 계절 한정 간장, 간장으로 만든 과자, 쇼도시마의 특산품 등을 판매한다. 이곳에서 생산한 간장으로 만든 간장 소프트아이스크림이 단연 인기다.

SEE 03

마루킨 간장 박물관
マルキン醬油記念館

400년 이상의 역사를 자랑하며 옛날 방식으로 간장을 만들고 있는 쇼도시마. 이곳에는 옛날 그대로의 제조법을 고집하는 수제 공장이 여럿 있는데, 그중 가장 유명한 마루킨 간장 공장에서 만든 간장 박물관이다. 1987년 창업 80주년을 기념해 다이쇼시대 초기에 지은 공장 중 하나를 박물관으로 조성했고, 1996년 국가 등록 유형문화재로 지정됐다. 에도시대부터 쇼와시대에 걸친 간장에 관한 문헌과 도구 등을 전시하고, 간장의 제조 공정도 이해하기 쉽게 소개해놓았다.

- 香川県小豆郡小豆島町苗羽甲1850
- 0879-82-0047 09:00~16:00 성인 500엔, 아동 250엔
- moritakk.com/know_enjoy/shoyukan

ⓒ二十四の瞳映画村

SEE 04

24개의 눈동자 영화 마을
二十四の瞳映画村

쇼도시마 출신의 작가 쓰보이 사카에의 소설 〈24개의 눈동자〉를 바탕으로 1954년 제작된 영화의 오픈 세트장이다. 무려 10,000㎡(3025평)에 달하는 세트장에는 목조 학교 건물과 어부의 집을 비롯해 작가의 문학관, 영화 갤러리 등이 들어서 있다. 또 당시 문화를 보여주는 소품을 전시해 당시의 정취를 느끼기에 충분하다. 영화나 소설에 대해 잘 모르더라도 둘러보고 사진 촬영하기 좋은 관광지다.

- 香川県小豆郡小豆島町田浦
- 0879-82-2455 09:00~17:00
- 중학생 이상 850~1000엔, 초등학생 430~500엔(시즌에 따라 달라짐)

CITY 4

고토히라 琴平

전국 곤피라 신사의 총 본궁인 고토히라구 신사가 있는 작은 마을이다. 고토히라구 신사를 향하는 긴 참배길(몬젠마치)에는 상점가가 조성돼 있어 고풍스러운 풍경 속 떠들썩한 관광지 분위기를 느낄 수 있다. 고토히라역에서 가까운 곤피라 온천 마을도 있으니, 편안하게 하루 머물며 쉬다 와도 좋다.

ⓘ 가는 법: JR 다카마츠역에서 열차를 타고, JR 고토히라역에서 내리면 40분 소요, 다카마츠칫코역에서 고토덴을 타면 고토덴 고토히라역까지 1시간 소요된다.

SEE 01

고토히라 궁 金刀比羅宮

해발 521m 조즈산 중턱에 있는 신사다. '사누키 곤피라상'으로 불리며, 일본 각지에 있는 고토히라 신사의 총 본궁으로 바다의 수호신을 모신다. 건강과 액막이에도 영험이 있는 신으로, 예로부터 신앙의 대상이 되어왔다. 1368개로 이루어진 매우 긴 계단을 걸어 올라가야 하는데, 곳곳에서 대나무 지팡이를 무료로 빌려준다. 민간신앙이 성행했던 14세기의 무로마치시대에는 곤피라 참배가 많이 행해졌으며, 현재도 전국에서 참배하기 위해 찾아오는 사람들이 끊이지 않는다. 785 계단을 오르면, 신사의 중심인 본궁이 있다.

📍 仲多度郡琴平町892-1 📞 0877-75-2121

--- SPOT TO GO ---

5인 백성 五人百姓

365계단을 오르면 나타나는 오몬을 지나면 바로 커다란 양산을 펴고 있는 5채의 노점상이 보인다. 5인의 백성이라고 부르는 이들은 중세부터 유일하게 경내에서 장사를 할 수 있도록 허락받은 상인이다. 이들이 판매하는 건 옛날 방식 그대로 만든 '가미요아메'라는 엿이다. 잘 깨 먹을 수 있도록 망치도 넣어 판매한다.

우동 만드는 법 배우기

나카노 우동 학교 고토히라점 中野うどん学校 琴平

우동현까지 온 당신은 분명 우동에 진심일 테 우동 순례의 필수 코스 중 하나인 우동 학교다. 고토히라와 다카마츠에 각각 하나씩 있지만, 다카마츠점은 대중교통으로는 가기 애매해 고토히라점이 더 인기다. 일어로 진행하지만 외국인이 많은 관계로 영어 브로슈어를 제공해 어렵지 않게 따라 할 수 있다. 게다가 강사의 유머러스한 설명 중간중간 음악과 함께 흥겹게 진행하기 때문에 나름 재미있다. 우동 만들기 수업은 면 만들기로 시작해 거꾸로 반죽 만들기로 진행하는데, 자신이 만든 반죽은 집에 가져가 면 만들기 방법을 복습하며 우동을 만들어 먹을 수 있다. 체험이 끝나면 자신이 만든 우동을 시식하는 시간이 주어지고, 졸업장도 수여된다. 이 졸업장은 수료증, 우동 레시피, 밀대, 고지도를 합한 족자 형태라 매우 유용하다.

밀가루로 반죽 만들기

❶ 소금물과 밀가루를 넣고 반죽한다.
❷ 파트너와 번갈아가면서 반죽을 하는데, 반죽을 하지 않는 파트너는 탬버린을 흔들어 지치지 않도록 흥을 돋운다.
❸ 반죽을 비닐봉투에 넣는다.
❹ 봉투에 담긴 밀가루 반죽을 발로 반죽할 차례. 이때 흥겨운 음악이 나와서 춤을 추며 반죽할 수 있다.

반죽으로 면 만들기

❶ 반죽을 손바닥으로 적당히 눌러 납작하게 만든다.
❷ 반죽을 밀대로 밀어 얇게 만든다. 이때 길이는 밀대 길이를 참조한다.
❸ 반죽을 접어 올린다.
❹ 반죽을 칼로 썬다. 샘플을 보고 굵기를 맞춘다.
❺ 자신이 만든 면으로 우동을 끓여 먹는다. 우동 재료와 사이드 메뉴는 우동 학교에서 제공!

- 香川県仲多度郡琴平町796
- 0877-75-0001
- 09:00~15:00(가게는 08:30~18:00)
- 1760엔(2인 이상 예약), 소요 시간 체험 40~50분, 식사·쇼핑까지 약 90분
- https://www.nakanoya.net

긴료노사토 박물관 金陵の郷

에도시대에 문을 연 유명 양조장 긴료가 창업 당시의 양조장의 모습을 재현해놓은 자료관이다. 그 시대에 사용하던 주조 도구와 실물 크기의 인형을 통해 사케 주조 과정을 이해하기 쉽게 전시해놓았다. 시음도 가능하며, 입맛에 맞는 술도 구입할 수 있다. 마당에 있는 800년 된 녹나무도 볼거리다. 무료 전시라 가볍게 들르기 좋다.

- 香川県仲多度郡琴平町 623
- 0877-73-4133
- 평일 09:00~16:00, 주말 09:00~18:00
- www.nishino-kinryo.co.jp/museum

800년 된 녹나무

오이리요코초 おいり横丁

소프트아이스크림에 가가와현 전통 과자인 오이리를 붙여서 만든 디저트를 판매하는 가게다. 아이스크림의 부드러움과 오이리 특유의 바삭거리는 식감이 잘 어우러진다. 오이리는 씹어 먹거나 녹여 먹어도 좋다. 특별한 맛은 없지만 인증사진용으로 좋은 먹거리다. 초코 맛도 있다.

- 香川県仲多度郡琴平町795-1
- 0877-75-0001
- 09:00~16:00
- 350엔

EAT 02

곤피라 쇼유 마메 혼포
こんぴらしょうゆ豆本舗参道店

쇼도시마산 누에콩으로 빚은 간장을 베이스로 한 간식을 파는 곳이다. 가마타마 소프트아이스크림은 간장과 파를 얹어서 내온다. 보기만 해도 깜짝 놀랄 만한 조합이지만 막상 먹어보면 그럭저럭 괜찮다. 크림 우동을 먹는 맛이라고나 할까. 아래쪽으로 갈수록 간장이 고여 있어 약간 짠맛이 나니 주의할 것. 화로에 구워주는 미타라시 당고 역시 이곳에서 만든 간장을 발라 내온다.

- 香川県仲多度郡琴平町 811
- 0877-75-3788
- 10:00~17:00
- 가마타마 소프트아이스크림 350엔, 미타라시 당고 400엔
- www.konpira-syouyumame.com

EAT 03

기노쿠니야 본점
紀の国屋本店

센베이와 전병을 즉석에서 만들어 파는 가게다. 전병은 단팥을 넣어 예상할 수 있는 맛이고, 센베이는 계란과자 같은 달콤한 맛이 난다. 즉석에서 만들어 따끈따끈한 것을 먹으면 더 맛있다. 선물용으로 인기가 많다.

- 香川県仲多度郡琴平町 983
- 0877-75-2474
- 09:00~17:00
- 센베이 100엔, 전병 150엔

AREA 14
가가와현 香川県

AREA 15

Saga

사가현 佐賀県

미인 온천과 녹차의 마을
우레시노

거리 전체가 도자기 갤러리
이마리

깊은 산속 고즈넉한 도자기 마을
오카와치야마

3000년 된 녹나무를 신묘로 모시는
다케오 신사

카페 분위기의 시립 도서관
다케오시 도서관

―― Saga ――
FOOD STORY

" 사가현은 산지와 평야가 고루 분포해 농업과 축산업이 주요 산업이다. 사가 전역에서 품질 좋은 사가규를 키우는데, 그중에서도 이마리에서 키운 이마리규가 가장 유명하다. 우레시노에서는 온천수로 끓인 온천 두부와 드넓은 녹차밭에서 재배한 녹차가 특산품으로 꼽힌다. **"**

온천 두부 温泉湯どうふ
온천수에 다시마를 넣고 우리고 두부를 넣어 끓이는데, 온천의 알칼리 성분이 녹아들어 더 맛있다. 입안에서 녹는 듯한 부드러운 식감이 특징이며, 감칠맛이 있고 두유같이 고소한 맛이 난다.

녹차
1648년부터 차를 재배해온 우레시노는 드넓은 녹차밭 풍경과 품질 좋은 녹차로 유명하다. 우레시노에서는 녹차로 만든 만주나 국수, 아이스크림, 녹차 샤부샤부, 녹차 온천탕 등을 즐길 수 있다.

이마리규 햄버거 伊万里牛ハンバーグ
이마리에서 정성스럽게 키워낸 이마리규는 육질이 섬세하고 부드러운 것으로 유명하다. 이마리규 햄버그스테이크는 4등급 이상의 이마리규 100%를 사용해 이마리산 양파를 다져 넣고 달걀이나 우유 등을 사용하지 않아 이마리규 본래의 맛을 느낄 수 있다. '규슈 B급 구루메 그랑프리'에서 3년 연속 1위를 차지할 정도로 인기 높다.

이마리야키 만주 伊万里焼饅頭
이마리에 있는 역사 깊은 베이커리 에토아루 호리에에서 1951년에 처음 만들어 지금까지 일본 전역에서 사랑받는 지역 과자다. 2013년 일본 과자 박람회에서 대상을 받았으며, 현재 일본항공(JAL) 기내식으로 제공된다. 부드러운 빵에 팥앙금을 넣은 평범한 맛이지만, 이마리를 상징하는 도자기 형태의 종이컵에 담아 더 의미가 있다.

AREA 15

사가현 佐賀県

조선인이 만든 사가현 도자기

사가현 도자기의 역사는 임진왜란 직후로 거슬러 올라간다. 임진왜란에서 우리나라가 승리했지만, 약 7년간 이어진 전쟁 중 많은 사람이 일본에 포로로 끌려갔고, 그중에는 수많은 사기장(도공)이 있었다.

1 화려한 아리타야키(이마리야키)

사가현이 유명해진 건 다름 아닌 조선인 이삼평 덕분이다. 임진왜란 때 사가 번주인 나베시마 나오시게에게 끌려간 공주의 사기장 이삼평은 도공들을 이끌고 아리타 덴구다니에 정착했고, 1616년 인근 이즈미산에서 백자석 도광을 발견해 도자기를 빚었다. 이런 기구한 역사를 기반으로 아리타 도자기 '아리타야키'가 탄생했고, 일본 도자기의 원조가 됐다. 이삼평은 도자기에 색을 넣어 화려한 도자기를 만들었다. 이렇게 완성된 도자기는 이곳에서 12km 떨어진 이마리항을 통해 일본에서 세계 전역으로 팔려나가 이마리 도자기(이마리야키)로도 불린다. 게다가 독일 마이센으로 흘러 들어가 유럽 최초의 도자기를 만드는 데 큰 역할을 하기도 했다. 이 모든 건 조선 도공들 덕분이다.

2 소박한 다케오야키

아리타 도자기의 시초가 이삼평이라면, 아리타 도자기의 어머니는 백파선이다. 백파선은 임진왜란 때 끌려온 도공 중 김태도의 아내다. 이 부부는 다케오 지방의 영주 이에노부에게 끌려갔고, 그곳에서 도자기를 만들다가 아리타로 옮겨 96세까지 도자기를 만들었다. 소박하고 따뜻하고 차분한 색조의 다케오야키는 화려한 이마리·아리타야키와는 구분되는 개성을 지닌다. 17세기에 동남아까지 수출돼 세계적으로 사랑을 받았다고 전해진다. 현재 다케오 내에는 90군데의 도자기 가마가 있다.

사가현 캐릭터

사가현에는 귀엽고 깜찍한 캐릭터가 여럿 있다. 사가현을 대표하는 '츠보자무라이', 우레시노를 대표하는 '윳츠라쿤', 아리타를 대표하는 '있어 가래', '세라미', 이마리를 대표하는 '이마린 모모씨' 등이다. 그중 가장 인기 있는 두 가지 캐릭터를 소개한다.

윳츠라쿤 ゆっつらくん

우레시노시 출신으로 온천 연기와 탕 통을 모티브로 한 요정이다. 사가현 캐릭터 중 가장 많은 사랑을 받으며, 귀여운 모습 덕분에 일본 캐릭터 대회에서 여러 번 우승했다. 우레시노 표지판이나 지도, 가이드북에서 볼 수 있으며, 윳츠라쿤 인형으로 제작돼 많은 사람의 사랑을 받고 있다.

츠보자무라이·츠보냥 壺侍·壺にゃん

사가현을 대표하는 캐릭터는 아리타 도자기에 사무라이의 모습을 새긴 츠보자무라이(壺侍)다. '츠보'는 항아리를 뜻한다. 수염을 기르고 상투를 튼 사무라이가 항아리에 들어가 있는 엉뚱한 모습이 재밌다. 사가현 앱을 비롯해 사가현 관광 이벤트에서 자주 볼 수 있다. 사무라이의 모습에 조금 거부감이 든다면, 항아리에 고양이가 든 캐릭터는 어떨까? 츠보냥(壺にゃん, つぼにゃん)도 사가현을 대표하는 사랑스러운 캐릭터다.

TRANSPORTATION

Saga

> 사가현은 규슈의 북서부, 후쿠오카현과 나가사키현 사이에 위치한다. 특히 동해를 사이에 두고 우리나라와 마주하고 있기 때문에 오래전부터 우리나라와 활발하게 교류했다. 그러나 사가현 내 도시 간 교통은 그리 좋은 편은 아니다. 다케오는 니시큐슈 신칸센의 출발점으로 규슈 내 교통의 요지로 꼽히지만, 우레시노는 열차가 다니지 않아 버스로만 찾아갈 수 있다. 이마리는 열차는 다니나 배차 간격이 긴 편이다.

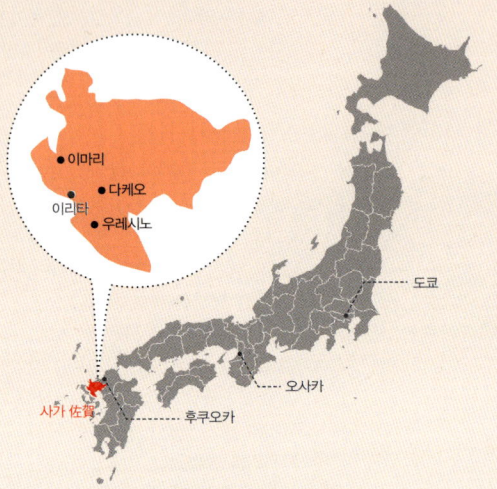

사가현 여행의 시작, 다케오까지 어떻게 갈까?

티웨이항공은 인천국제공항에서 규슈 사가 국제공항까지 가는 직항 항공편을 주 4회 운항 중이다. 그러나 공항이 워낙 외진 곳에 있고 교통편도 그리 좋지 않은 데다 운행 편수도 적어 이용하기 불편하다. 특히 사가 공항에서 우레시노, 이마리, 다케오까지 이동하는 데 많은 시간이 걸리므로, 후쿠오카 공항도 좋은 대안이다.

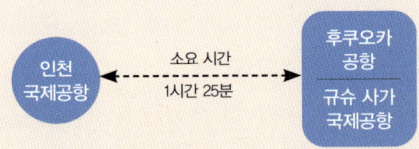

🚆 규슈 사가 국제공항 ─사가공항선 버스 약 60분, 600엔→ JR 사가역 ┬특급 릴레이 가모메 약 20분, 1850엔→ JR 다케오온센역
└나가사키 본선 약 14분, 280엔→ JR 고호쿠역 ─JR 사세보선 약 18분, 280엔→ JR 다케오온센역

🚆 후쿠오카 공항 ─공항 버스 약 20분, 270엔→ JR 하카타역 ─특급 릴레이 가모메 약 1시간, 3410엔→ JR 다케오온센역

* 후쿠오카 공항에서 JR 하카타역까지 지하철로 이동하려면 국제선 터미널에서 무료 순환버스를 타고 국내선 터미널로 가야 한다.

북규슈 지역 패스

사가는 솔직히 교통이 편한 편은 아니다. 기차가 서지 않는 곳도 있고, 도시를 연결하는 교통편도 운행 횟수가 적거나 갈아타야 한다. 특히 작은 도자기 마을을 찾아다니려면 렌터카가 훨씬 편하다. 사가현만을 위한 패스는 없고, 그나마 북규슈 패스나 산큐 패스를 이용할 수 있지만, 사가현에서만 있을 거라면 가성비는 떨어진다.

북규슈 산큐 패스

후쿠오카, 유후인, 벳푸, 나가사키, 사가 등 규슈 북부에서 사용 가능한 가성비 좋은 버스 패스다. 우레시노와 이마리를 이동할 때도 유용하게 사용할 수 있다.

◎ **2일권** 8000엔(3일 안에 2일 사용), **1만엔**(5일 안에 3일 이용)

JR 북규슈 레일 패스

우레시노는 기차로 갈 수 없다. 그러나 다케오, 이마리, 아리타는 기차도 다니며, 우레시노도 JR 다케오온센역에서 내려 JR 버스를 타고 갈 수 있어서 레일 패스만 있으면 문제없다.

◎ **3일권** 12세 이상 1만2000엔, 6~11세 6000엔,
5일권 12세 이상 1만5000엔, 6~11세 7500엔(지정석 6회)

규슈 고속도로 패스(KEP)

렌터카로 규슈를 여행하는 사람들을 위해 톨게이트 요금을 정액제로 부과하는 패스다. 지정된 렌터카 회사에서 제공한 ETC 카드를 이용하면 하이패스처럼 지나갈 수 있다. 2~10일권이 있어 자신의 여행에 맞게 선택할 수 있다. 단, 해당되지 않는 구간도 많으니 확인하고 구입하자. 사용 가능한 렌터카 회사나 자세한 사용 방법은 홈페이지 참조.

◎ **2일권** 6200엔, **3일권** 8400엔, **4일권** 1만600엔, **10일권** 2만3800엔
🌐 https://global.w-nexco.co.jp/kr/kep

규슈올레 사가현 코스

제주올레를 응용한 올레길이 규슈에도 있다. 아름다운 자연과 온천을 갖춘 규슈의 이곳저곳을 걸으며 느끼는 트레일이다. 규슈올레는 제주올레를 만들고 운영하는 (사)제주올레에서 코스 개발 자문과 브랜드 사용, 표식 디자인 등을 제공해 우리나라 사람들에게 익숙하다. 사가현에는 다케오 코스, 우레시노 코스가 있다. 모두 주요 관광 명소를 지난다.

❶ 다케오 코스 (난이도 중상)

JR 다케오온센역 → 시라이와 운동 공원(1.3km) → 기묘지 절(2.5km) → 이케노우치 호수 입구 → 보양촌 모요오시 광장(4.0km) → 산악 유보도 종점(6.2km) → 다케오시 문화 회관(9.0km) → 다케오 녹나무(9.8km) → 다케오 시청(11.3km) → 다케오 온천 누문(12km) (사쿠라야마 공원은 선택)

⏱ **소요 시간** 3시간 30분~4시간 30분

❷ 우레시노 코스 (난이도 중상)

히젠 요시다 도자기 회관 → 다이조지 · 요시우라 신사(0.5km) → 니시요시다 다원(1.8km) → 니시요시다의 곤겐 불상과 13 보살상(3km) → 보즈바루 파일럿 다원(4km) → 22세기 아시아의 숲(5.5km) → 시이바 산소(8.7km) → 도도로키 폭포(10.2km) → 시볼트 노유(공중목욕탕)(12km) → 온천 공원 · 상점가 → 시볼트 족욕탕(12.5km)

⏱ **소요 시간** 4~5시간

Saga
COURSE FOR YOUR TRIP

후쿠오카 공항을 이용한 사가현 3박 4일 기본 코스

"후쿠오카 공항으로 입국해 우레시노 온천 마을 료칸에서 이틀간 머무르며 힐링하는 코스다. 이마리에는 적당한 숙소가 없으니, 후쿠오카에서 나머지 1박을 하면 좋다."

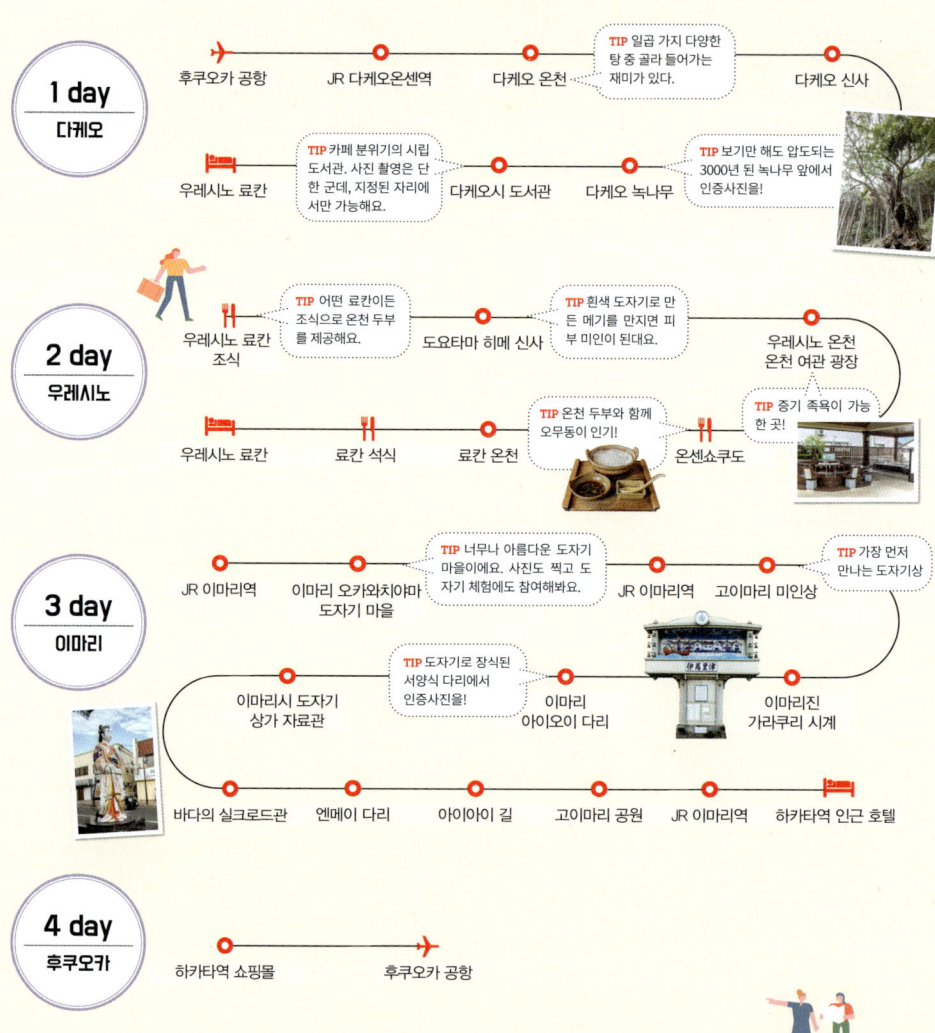

1 day 다케오
- 후쿠오카 공항 → JR 다케오온센역 → 다케오 온천 [TIP 일곱 가지 다양한 탕 중 골라 들어가는 재미가 있다.] → 다케오 신사
- 우레시노 료칸 ← 다케오시 도서관 [TIP 카페 분위기의 시립 도서관. 사진 촬영은 단 한 군데, 지정된 자리에서만 가능해요.] ← 다케오 녹나무 [TIP 보기만 해도 압도되는 3000년 된 녹나무 앞에서 인증사진을!]

2 day 우레시노
- 우레시노 료칸 조식 [TIP 어떤 료칸이든 조식으로 온천 두부를 제공해요.] → 도요타마 히메 신사 → [TIP 흰색 도자기로 만든 메기를 만지면 피부 미인이 된대요.] → 우레시노 온천 온천 여관 광장
- 우레시노 료칸 ← 온센쇼쿠도 [TIP 증기 족욕이 가능한 곳!] ← 료칸 온천 ← 료칸 석식 [TIP 온천 두부와 함께 오무동이 인기!]

3 day 이마리
- JR 이마리역 → 이마리 오카와치야마 도자기 마을 [TIP 너무나 아름다운 도자기 마을이에요. 사진도 찍고 도자기 체험에도 참여해봐요.] → JR 이마리역 → 고이마리 미인상 [TIP 가장 먼저 만나는 도자기상]
- 바다의 실크로드관 ← 이마리시 도자기 상가 자료관 ← 엔메이 다리 ← 아이아이 길 ← 이마리 아이오이 다리 [TIP 도자기로 장식된 서양식 다리에서 인증사진을!] ← 이마리진 가라쿠리 시계
- 고이마리 공원 → JR 이마리역 → 하카타역 인근 호텔

4 day 후쿠오카
- 하카타역 쇼핑몰 → 후쿠오카 공항

온천을 사랑하는 사람들을 위한 2박 3일 힐링 코스

"후쿠오카 공항으로 입국해 우레시노 온천 마을에서 편히 쉬다 오는 일정이다. 온천 마을에서 느긋하게 시간을 보내며 도시에서 쌓인 스트레스를 풀어보자."

1 day 우레시노
후쿠오카 공항 → 우레시노 온천 마을 → 료칸 체크인 → 우레시노 온천 마을 산책 → 우레시노 료칸 → 료칸 온천 → 료칸에서 석식

2 day 우레시노
우레시노 료칸 조식 → 도요타마 히메 신사 → 우레시노 온천 온천 여관 광장 → 우레시노 오차차무라 → 우레시노 료칸 → 료칸 석식 → 료칸 온천 → 소안 요코초

TIP 녹차밭을 거닐고 녹차 디저트를 맛보고, 질 좋은 우레시노 녹차도 구입해요.

TIP 우레시노에서 가장 유명한 식당에서 제대로 된 온천 두부를!

3 day 우레시노 / 후쿠오카
우레시노 버스 터미널 → 하카타 버스 터미널 → 후쿠오카 공항

도자기 마니아를 위한 1박 2일 도자기 투어

"도자기 쇼핑(트레저 헌팅)을 위해 사가현을 찾은 사람들을 위한 1박 2일 코스. 도자기 쇼핑 후에는 무게와 안전상의 문제로 관광하기는 어려우니, 길게 일정을 짰다고 해도 도자기 쇼핑은 꼭 마지막 날에 하자."

1 day 우레시노
후쿠오카 공항 → JR 이마리역 → 온센쇼쿠도 → 우레시노 온천 온천 여관 광장 → 우레시노 료칸

2 day 우레시노
우레시노 버스 터미널 → 우레시노 요시다사라야 도자기 쇼핑 → 우레시노 버스 터미널 → 하카타 버스 터미널 → 후쿠오카 공항

CITY 1

다케오 武雄

다케오는 전통과 현재가 공존하는 흥미로운 도시다. 1300년의 역사를 지닌 온천과 3000년 된 녹나무의 풍경, 그리고 핫 플레이스로 떠오른 카페형 시립 도서관과 세계적인 체험형 전시 공간이 매력적이다.

ⓘ 가는 법 : JR 다케오온센역에서 내려 도보나 버스를 이용한다.

SEE 01

다케오 온천 武雄温泉

다케오의 상징인 온천으로 피부에 부드러운 수질로 유명하다. 온천가 중앙에 있는 공동 온천장 입구에는 옛이야기에 전해지는 용궁성의 모양을 본뜬, 빨갛게 칠한 '로몬'이 서 있다. 1915년에 지은 로몬은 빨간 벽돌의 도쿄역으로 유명한 건축가 다츠노 긴고가 설계한 것이다. 못을 전혀 사용하지 않은 것이 특징. 에도시대 유명 검객 미야모토 무사시나 독일인 의학자 시볼트 등 많은 유명인이 방문했다는 일화가 내려온다. 온천은 2003년 복원돼 자료관으로 사용되는 신관과 공중목욕탕, 전세탕이 있는 본관으로 나뉜다. 또 공중목욕탕은 분위기가 서로 다른 다시 3개의 공중목욕탕과 2개의 전세탕이 있어 선택 장애가 올 정도. 규슈올레의 다케오 코스 종료 지점이라 피로를 풀고 쉬었다 가기도 좋다.

📍 佐賀県武雄市武雄町大字武雄7425
📞 0954-23-2001   🌐 www.takeo-kk.net/spa

SPOT TO GO

1 모토유

1896년 만든 전통적 분위기의 온천. 천장이 높은 내탕에는 온도가 다른 2개의 탕이 있다. 옛날 그대로의 모습을 원하는 사람들에게 인기.

🕐 06:30~24:00 (23:00까지 입장)
💰 중학생 이상 500엔,
　 3세~초등학생 250엔

2 호라이유

현대식 목욕탕. 분위기에 상관없이 좋은 물에서 목욕하고 싶은 사람에게 적합하다.

🕐 06:30~21:30
💰 중학생 이상 500엔,
　 3세~초등학생 250엔

3 사기노유

모토유와 호라이유에는 없는 노천탕을 갖춘 목욕탕. 일본 온천은 역시 노천탕이라고 생각하는 사람들을 위한 선택이다. 다른 곳보다는 약간 비싸다.

🕐 06:30~24:00 (23:00 전까지 입장)
💰 중학생 이상 740엔,
　 3세~초등학생 370엔

©Takeo City Tourist Association

SEE 02

다케오 신사 武雄神社

미후네야마 중턱에 위치한 이곳은 다케오시에서 제일 오래된 신사다. 다케우치노 스쿠네를 비롯한 5신을 모신다고 해서 '다케오 5신 다이묘진'이라고도 불린다. 다케우치노 스쿠네는 대신으로서 5명의 천황에게 봉사하고, 360세까지 산 장수의 신이다. 이 신사에서는 뒤편에 있는 녹나무를 상징으로 한 부적도 판매한다. 규슈올레길 다케오 코스 중 하나다.

佐賀県武雄市武雄町大字武雄5335
0954-22-2976
takeo-jinjya.jp

SEE 03

다케오 녹나무
武雄の大楠

다케오 신사 왼쪽 뒤로 작은 도리이가 하나 있다. 그 도리이를 통과하면 하늘이 보이지 않을 정도로 높은 대나무 숲과 오솔길이 나오고, 그 오솔길을 따라가면 무려 3000년이나 된 녹나무가 하늘에 닿을 듯 솟아 있다. 이것이 바로 다케오 신사의 신목이다. 녹나무는 높이 30m로 크기만으로도 압도되는데, 가지는 동서로 30m, 동북으로는 33m, 나무뿌리 둘레만 무려 26m다. 코끼리 발 같은 뿌리가 울퉁불퉁한 껍질에 쌓여 있고, 중앙에는 큰 구멍이 뚫려 있다. 그 구멍 내부에는 학문의 신 덴진사마를 모셨다. 일본에서 거목 7위로 기록됐으며, 천연기념물로 지정됐다. 녹나무까지 펼쳐진 대나무숲 오솔길도 아름다워 찾아가볼 가치가 있다.

佐賀県武雄市武雄町武雄5337

SEE 04

다케오시 도서관 武雄市図書館

다케오를 매력적인 관광 도시로 만든 명소는 바로 시에서 지은 도서관이다. 2013년 리뉴얼한 이곳은 도서관 특유의 딱딱한 분위기에서 탈피해 카페 분위기로 꾸몄다. 입구에는 스타벅스 매장이 자리해 도서관 어디에서든 커피를 마시며 책을 볼 수 있다. 층고가 높아 탁 트인 분위기이며, 조명도 적당해 편안하게 책을 읽거나 공부를 하는 학생들의 모습이 눈에 띈다. 책을 대출하는 코너 외에도 츠타야 서점이 위치해 잡지나 신간 등도 구입할 수 있다. 카페 같은 분위기와 달리 일반 도서관은 희귀 도서 코너, 역사 자료관, 미디어 홀, 학습실 등으로 전문성 있게 구성했다.

📍 佐賀県武雄市武雄町武雄5304-1
📞 0954-20-0222 🕘 09:00~21:00 🌐 https://takeo.city-library.jp

SEE 05

규슈 팀랩 전시 チームラボ

teamLab, Forest and Spiral of Resonating Lamps – One Stroke, Autumn Mountain © teamLab

teamLab, Megaliths in the Bath House Ruins © teamLab

팀랩은 다케오의 신비로운 분위기를 잘 살린 체험형 전시를 선보인다. 미후네야마 라쿠엔 호텔 로비에서 시작해 주변 거대한 바위, 동굴과 숲 등의 자연에 디지털 예술을 접목해 환상적인 분위기를 연출한다. 전시 일정이 수시로 바뀌니 홈페이지를 통해 확인하고 방문하자.

📍 佐賀県武雄市武雄町大字武雄4100 🕘 11:00~20:00
🌐 www.teamlab.art/ko/e/mifuneyamarakuen

AREA 15 사가현 佐賀県

EAT 01
TKB 어워즈 TKB AWARDS

TKB는 '다케오 버거'라는 뜻으로, 다케오를 대표하는 수제 햄버거집이다. 지역 브랜드 와카쿠스 돼지를 사용한 버거를 선보인다. 겉은 바삭하고 속은 부드러운 빵을 사용하고, 부드러운 패티에 직접 만든 소스는 약간 매콤한 맛이 나 느끼하지 않게 버거를 즐길 수 있다. 저렴한 편이나 그에 맞게 버거가 작아 사이드 메뉴와 함께 즐기길 권한다. 멜론 소다나 아이스크림도 맛있다. 와카쿠스 로스카츠 버거는 규슈 버거 대회에서 1위를 차지한 메뉴다.

© TKB AWARDS

- 佐賀県武雄市武雄町武雄7811-5
- 080-3958-3411
- 화~토요일 11:00~15:00, 18:00~21:00, 일요일 11:00~15:00(월요일 휴무)
- 다케오 치즈 버거 620엔, 로스카츠 버거 620엔

EAT 02
가이로도 カイロ堂

JR 다케오온센역 안에 있는 작은 카페. 카페 메뉴보다 도시락으로 더 유명하다. 사가규 스키야키 도시락은 규슈 에키벤 그랑프리에서 세 번이나 우승을 차지했으며, 또 다른 메뉴인 갈비 도시락 역시 우승을 차지했다. 사가규 스키야키 도시락은 A5 등급인 사가 소고기와 우엉을 간장으로 양념해 밥 위에 올린 것이 특징이다. 도시락 외에 카레, 돈가스, 우동 같은 메뉴나 커피, 아이스크림 등의 카페 메뉴도 판매한다.

사가규 고쿠조 갈비 야키니쿠 도시락

세 번이나 규슈 에키벤 대회 그랑프리를 수상한 사가규 스키야키 도시락

- 佐賀県武雄市武雄町大字富岡8249-4
- 0954-22-2767
- 10:00~18:00
- 사가규 스키야키 도시락 1620엔, 사가규 고쿠조 갈비 야키니쿠 도시락 1900엔
- kairodo.com

EAT 03
유메타운 다케오 ゆめタウン武雄

다케오시 도서관 바로 앞에 있는 대형 쇼핑몰이다. 우레시노와 이마리 모두 쇼핑할 곳이 마땅치 않은 상황에서 오아시스와 같은 곳이다. 유메타운에는 슈퍼마켓과 ABC마트 등 쇼핑 공간과 회전 초밥집을 비롯한 푸드코트도 있다. 바로 옆에는 대형 드러그스토어도 있다.

- 佐賀県武雄市武雄町大字武雄4992
- 0954-22-3000
- 09:00~21:00
- www.izumi.jp/takeo

CITY 2

우레시노 嬉野

녹차 명산지로 알려진 우레시노는 산으로 둘러싸여 있으며, 완만한 기슭에 녹차밭이 펼쳐져 있다. 우레시노강을 따라 온천이 형성돼 약 60채의 료칸이 있고, 걸어서 돌아볼 수 있을 만큼 동네가 작아 조용히 산책하며 쉬다 올 수 있다. 우레시노 온천은 일본의 3대 미인 온천으로 꼽히며, 료칸은 유후인 등 유명 온천 마을에 비해 가격 대비 만족도가 높다.

ⓘ 가는 법 : ① 하카타 버스 터미널에서 고속버스를 타고 우레시노 버스 터미널로 간다(2시간 소요, 2200엔). ② JR 다케오온센역 남쪽 출구에서 우레시노선 버스를 타고 우레시노 노인 복지 센터 앞 정류장에서 내린다.

우레시노 버스 터미널

버스 터미널 건물 안에는 한국어 응대 가능한 관광 안내소가 있다. 우레시노 지도나 가이드북 등 무료 관광 안내 브로슈어를 받을 수 있으며, 버스가 올 때까지 앉아서 쉴 수 있다.

SEE 01

우레시노 공동 목욕탕 시볼트 온천
嬉野温泉公衆浴場シーボルトの湯

유럽형 건물이 아름답다. 당일치기 여행객을 위한 온천 시설. 에도시대에 독일인 의학자 프란츠 시볼트가 우레시노를 방문해 온천수를 연구하고 외국에 소개했다. 이를 기념하기 위해 만든 공중 온천 시설이다. 수질이 좋고 관리가 잘돼서 깔끔하며, 가격도 저렴해 만족도가 높다. 온천을 마친 뒤 2층에 마련된 휴게실에서 쉴 수 있는데, 별도의 요금을 지불해야 한다. 가족 여행객이 선호하는 히노키로 이루어진 전세탕도 있다. 온천을 즐긴 뒤 바로 옆 강가와 공원을 산책해보자.

📍 佐賀県嬉野市嬉野町下宿乙818-2 📞 0954-43-1426
🕐 06:00~22:00(셋째 주 수요일 휴무, 21:30까지 입장)
💰 중학생 이상 450엔, 초등학생 220엔, 70세 이상 340엔 / 전세탕 2500엔(50분)

SEE 02

시볼트 족욕탕 シーボルトのあし湯

시볼트 온천 바로 뒤에 있는 족욕탕이다. 지붕을 비롯해 시볼트 온천과 비슷한 분위기로 조성했다. 또 인공적이지만 노천 온천처럼 꾸며 온천 마을에 왔다는 것이 실감 난다. 바로 옆 바위에서 온천수가 솟아나는 모습도 볼 수 있다. 규슈올레 길 가까이에 있어 걷다가 잠시 쉬어 가기 좋다.

📍 佐賀県嬉野市嬉野町大字下宿乙822-1

AREA 15 사가현 佐賀県

SEE  03

우레시노 온천 여관 광장
嬉野温泉 湯宿広場

애니메이션 〈좀비랜드 사가〉에 등장해 일본 내에서는 인기 높은 족욕탕. 일반적인 족욕탕뿐 아니라 물 없이 증기로 할 수 있는 족욕 시설도 있다. 의자에 앉아 다리를 넣으면 온천 수증기가 발을 편안하게 해준다. 와이파이도 갖추어 족욕을 하면서 스마트폰을 하기에도 좋다. 단, 증기 족욕탕은 저녁 8시까지만 이용 가능하다.

📍 佐賀県嬉野市嬉野町大字下宿乙2186-2

SEE 04

도요타마 히메 신사(메기 신사)
豊玉姫神社

바다의 신, 물의 신을 모신 곳이다. 이곳에서 모시고 있는 도요타마 히메는 유명한 설화에 등장하는, 용궁에 사는 용왕의 딸인 오토 히메다. 하얗고 아름다운 피부 덕분에 아름다운 피부의 신으로도 사랑받는다. 신사 내부에는 도요타마 히메의 수호신인 메기를 모신 나마즈 신사도 있는데, 하얀 도자기로 이루어진 메기를 만지면 하얀 피부의 미인이 될 수 있다고 알려져 여성 관광객들에게 사랑받는다.

📍 佐賀県嬉野市嬉野町大字下宿乙2231-2
📞 0954-43-0680
🌐 https://toyotamahime.wixsite.com/bihada

만지면 피부 미인이 된다는 메기 조형물

EAT 01
소안 요코초 宗庵よこ長

1959년부터 우레시노의 명물 온천 두부를 만들어온 가게로 온천 두부 전문점과 두부 공장을 직영으로 운영한다. 국내에서도 인기 있는 만화 《맛의 달인》에 소개돼 더 유명해졌다. 100% 우레시노산 콩만 사용해 두부를 만든다. 하얀 순두부탕에 해산물과 어묵을 넣어 끓여 내오는데, 간이 적당하고 감칠맛이 나서 국물을 끝까지 비우게 된다. 어린이용 세트도 있어 아이와 함께 가기도 좋다. 유명한 가게라 대기 시간이 길고, 주문 후 만드는 시간도 오려 걸려 인내가 필요하다.

- 佐賀県嬉野市嬉野町大字下宿乙2190
- 0954-42-0563
- 10:30~15:30, 17:00~21:00(수요일 휴무, L.O 20:30)
- 온천 두부 550엔, 특선 두부 정식 1230엔
- http://yococho.com

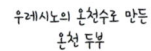
우레시노의 온천수로 만든 온천 두부

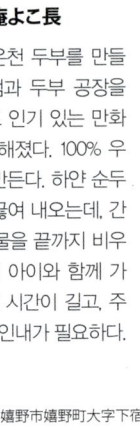

EAT 02
온센쇼쿠도 温泉食堂

우리나라 관광객 사이에서도 맛집으로 소문난 식당이다. 대표 메뉴는 오무동 온천 두부 세트. 오무동은 반숙에 가깝게 부드러운 달걀에 치즈를 넣어 더욱 부드럽고 고소한 맛을 즐길 수 있으며, 여기에 담백한 온천 두부를 곁들이면 더 바랄 것이 없다. 온천 두부는 고소하고 담백해 단품으로 시켜도 좋다. 오무동과 소고기 두부 스키야키풍 정식 등도 인기다.

- 佐賀県嬉野市嬉野町大字岩屋川内甲321
- 0954-43-0511
- 11:00~14:00, 17:30~19:30(일요일 휴무)
- 오무동과 온천 두부 세트 1200엔, 온천 두부 550엔

EAT 03

린쿠 輪来

시볼트 족욕탕 바로 앞에 있는 기념품 가게 겸 카페다. 다양한 녹차나 우레시노 특산품을 판매하고 커피와 디저트, 아이스크림, 맥주까지 간단한 음식과 음료도 갖추었다. 특히 녹차로 훈증한 달걀이 볼거리다. 간단한 음료수는 족욕을 하면서도 마실 수 있다.

📍 佐賀県嬉野市嬉野町大字下宿乙915
📞 0954-43-3058
🕐 09:00~21:00(수요일 휴무)

녹차로 훈증한 달걀

EAT 04

우레시노 오차차무라 お茶ちゃ村

넓은 녹차밭 한쪽에 자리 잡은 녹차 공장이다. 차를 만드는 과정을 견학하고, 갓 볶은 신선한 녹차와 홍차, 차로 만든 오미야게, 다기 등을 구입할 수 있다. 녹차 시음도 할 수 있으며, 녹차 아이스크림이나 디저트도 판매한다. 우레시노 온천 마을에서 걸어서 가면 30분 정도 걸리지만 버스를 타고 갈 수도 있다. 우레시노 버스 정류장에서 우레시노 온천 버스를 타고 히라노미치 정류장에서 내린다.

📍 佐賀県嬉野市嬉野町大字岩屋川内乙3537
📞 0954-43-1188
🕐 08:30~18:00
🌐 http://www2.saganet.ne.jp/ochacha

가성비 좋은 료칸 베스트 3

물이 좋기로 유명한 우레시노에서는 반드시 하룻밤 이상 료칸에 머물길 권한다. 우레시노 온천 마을 료칸은 시설이나 온천, 음식이 좋고 유후인이나 벳푸에 비해 가성비가 뛰어나다.

와타야 벳소 和多屋別荘

우레시노 온천을 대표하는 우레시노 최대 규모 온천 료칸이다. 약 66,115㎡(2만 평) 대지에 5개의 숙박동과 강을 끼고 있는 넓은 일본 정원, 족욕탕, 넓은 휴게실 등으로 구성돼 온천 리조트에 가깝다. 건물끼리 미로처럼 이어져 길을 잃기 쉬우나 이 역시 즐거운 탐험이 된다. 강을 사이에 두고 2개의 건물로 구분되는데, 현대식 호텔풍 본관과 메이지시대 전통 가옥풍 별관으로 상반된 분위기라 구경하는 재미가 있다. 다양한 분위기의 크고 작은 온천을 갖추어 다양한 온천을 즐길 수 있다. 로비와 복도 등 공용 공간에는 독특한 가구와 예술 작품이 곳곳에 있어 료칸 전체가 갤러리 같은 분위기가 난다. 료칸 안에만 있어도 지루하지 않을 정도다.

◎ 佐賀県嬉野市嬉野町大字下宿乙738
☎ 0954-42-0210 🌐 https://www.wataya.co.jp

---- TO DO LIST ----

1 노천탕 우키요 온천

자연 속에서 온천을 만끽할 수 있다. 별관 대욕탕과 노천탕은 숙박객이 아니어도 입욕료를 내고 이용 가능하다.
🕐 12:00~21:00(20:00까지 입장)
💰 성인 1100엔, 아동 550엔

2 조식 뷔페

규모가 워낙 크다 보니 식당도 여러 개인데, 이 중 아침을 뷔페식으로 제공하는 식당도 있다. 거대한 가마에 담겨 있는 온천 두부를 중심으로 30여 가지 음식을 맛볼 수 있다.

료칸 오무라야 우레시노 온천
旅館 大村屋 嬉野温泉

작은 규모에 다양한 시설을 갖춘 료칸. 일반적인 다다미방 외에 침대방, 다다미방에 테이블이 놓인 퓨전식도 있다. 이 료칸만의 자랑은 다양한 전세탕이다. 숙박객이라면 누구든 4개의 전세탕 중 하나를 골라 50분간 이용할 수 있다. 히노키탕부터 돌로 된 탕, 가족 모두 들어갈 수 있는 넓은 탕까지 다양하다. 아침은 원하는 시간에 가이세키로 준비되며, 온천 두부를 중심으로 온천 달걀(온센타마고), 생선, 장국 등 일본식 아침으로 제공한다.

佐賀県嬉野市嬉野町嬉野町大字下宿乙848
0954-43-1234
http://www.oomuraya.co.jp

AREA 15
사가현 佐賀県

다른 온천도 궁금하다면?
우레시노 료칸에 머무는 숙박객에 한해 다른 료칸의 온천을 이용할 수 있는 입욕 우대권을 200엔에 판매한다.

유젠노 야도 도카이 悠然の宿 東海

여성 취향의 료칸. 1층 라운지에서 자신이 원하는 유카타를 골라 입을 수 있다. 방 안에 있는 소박한 다기도 아름답다. 대욕탕은 작고 소박하고, 전세탕은 아기자기하다. 예쁜 그림이 그려진 도기탕, 히노키탕으로 이루어져 몸으로 한번, 눈으로 한번 더 힐링할 수 있다. 1층 로비에는 안마 의자와 만화책이 꽂힌 서가가 있다.

佐賀県嬉野市嬉野町大字下宿乙871-5
0954-42-1216
http://toukai.main.jp

그릇 마니아들의 천국
사가 도자기 헌팅

도자기 헌팅은 도자기로 유명한 사가현 아리타와 우레시노에서 인기 있는 도자기 쇼핑 방식이다. '사냥(헌팅)'이라는 뜻의 이름처럼 조명도 제대로 켜지 않은 창고의 그릇 더미 속에서 원하는 그릇을 찾아야 한다. 밥그릇이나 국그릇, 다기, 컵, 접시 등 일상적으로 쓸 수 있는 도자기도 많지만, 일본 료칸에서 볼 수 있는 간장 통, 사케 잔, 달걀찜 그릇 등 애매한 그릇이 더 많다. 또 그릇별로 짝도 맞춰 찾아야 하는 등 나름 고된 과정일 수 있다. 게다가 대중교통으로는 가기 힘든 곳이 대부분이다. 그러나 분명 가성비 좋은 쇼핑이며, 과정 자체가 즐거움일 수 있으니, 그릇을 사랑하는 사람이라면 한 번쯤 방문해도 좋을 것 같다.

INFORMATION
도자기 쇼핑 방법

1 인터넷이나 전화로 예약한다.
방문할 날짜를 정한 뒤, 각 홈페이지에서 양식을 작성하거나 전화로 예약한다.

2 가격을 결정한다.
가격은 바구니 사이즈나 구역에 따라 결정된다.

3 보물을 찾는다.
목장갑을 끼고 손전등을 든 채 창고를 구석구석 탐험한다. 진열된 도자기도 있으나 박스째 쌓여 있는 도자기 중에 보물이 있을 확률이 더 높다. 원하는 콘셉트를 정하고 찾는 것이 좋다.

4 차곡차곡 담는다.
원하는 도자기는 일단 한쪽에 모아 놓은 다음, 차곡차곡 포개 담는 것이 좋다. 생각보다 몇 개 안 담기니 잘 쌓아보자.

5 안전하게 포장한다.
다 담았다면 주인에게 보여준 뒤 신문지로 잘 포장하자. 미리 '뽁뽁이'를 준비해서 포장해도 좋다. 비행기를 탈 때 그릇만 배낭에 넣어 핸드 캐리하는 것이 가장 안전하다.

요시다사라야 트레저 헌팅
吉田皿屋 トレジャーハンティング

우레시노 버스 터미널에서 1시간에 1대꼴로 운행하는 버스를 타고 30분 정도 달리면 조용한 시골 마을이 나온다. 이 마을에는 도자기 유통업체 야마다이의 창고가 있는데, 이곳에서 먼지를 잔뜩 뒤집어쓴 도자기를 만날 수 있다. 고르는 시간에 제한은 없으나 오전에만 영업하고, 버스도 자주 다니지 않기 때문에 주로 몇 명이 모여 택시를 타거나 렌터카로 가는 편이 좋다. 시간제한은 없지만 영업시간이 정오까지라 시간이 촉박한 편이다. 구역 구분 없이 작은 가방은 5000엔, 바구니는 1만 엔으로, 여러 명이 바구니 하나만 사용할 수도 있다. 주인 인심이 좋아서 가방이나 바구니 위로 그릇을 넘치게 담아도 용인된다.(예약 전 영업 확인 필요)

◎ 佐賀県嬉野市嬉野町大字吉田丁4051
☎ 0954-43-9194 ⓒ 09:30~12:00 🌐 https://owatari.com

아리타야키 고라쿠 가마 트레저 헌팅
幸楽窯トレジャー·ハンティング

JR 아리타역에서 택시로 5분, 걸어서 20분 정도 거리에 위치한 도자기 창고다. 우레시노보다 규모가 크고 더 유명하다. 바구니 규격은 하나이고, 금액(6600엔, 1만3200엔)에 따라 구역이 나뉜다. 대개 6600엔짜리 구역에는 소박한 것이 많고, 1만3200엔짜리 구역은 6600엔짜리 구역을 포함해 좀 더 색감 있는 도자기가 쌓인 공간까지 허용된다. 단, 우레시노와 달리 엄격한 기준이 적용된다. 바구니 위로 솟아나오면 덜어내거나 다시 쌓아야 하는 상황이 벌어진다. 또 시간도 딱 90분이라 알찬 시간 계획이 필요하다. 도자기 헌팅뿐 아니라 도자기 공장 견학, 도자기 체험 등 다양한 활동도 가능하다.

◎ 佐賀県西松浦郡有田町丸尾丙2512 ☎ 0955-42-4121
ⓒ 10:00~12:00, 13:00~16:00 🌐 https://kouraku.jp.net/experience/hunting

이마리 伊万里

이마리는 이마리만에 있어, 에도시대에는 도자기 수출항으로 번영했다. 그 덕분에 동서 교류의 거점이 됐으며, 산속에 위치한 도자기 마을인 오카와치야마에서는 엄격한 감시 속에 조정이나 장군에게 납품할 도자기를 만들었다. 도시 곳곳에 도자기 무역상의 집과 창고가 남아 있으며, 도자기로 장식한 거리와 다리 덕분에 도시 자체가 갤러리 같은 분위기를 풍겨 산책하며 둘러보기 좋다.

① 가는 법 : JR 다케오온센역에서 미도리 하우스텐보스선을 타고 JR 아리타역에서 내려 미츠우라 철도로 갈아탄 뒤 JR 이마리역에서 내린다.

이마리 3개의 다리
이마리는 이마리강을 가로지르는 3개의 다리를 중심으로 돌아보면 좋다. 각 다리는 저마다 다른 아름다운 도자기와 사연이 담겨 있어 더 아름답다.

SEE 01 아이오이 다리 相生橋

'아이오이'는 상생이라는 뜻. 강변에 있는 소나무 두 그루가 부부처럼 사이좋게 나란히 서 있다. 그 때문에 부부나 연인이 함께 건너면 사이가 좋아진다는 속설이 전해진다.

📍 佐賀県伊万里市伊万里町

SEE 02 엔메이 다리 延命橋

'엔메이'는 '연명'이라는 뜻으로 건강과 관련이 있는 다리다. 옆에 있는 '엔메이 지장' 덕분에 건강을 기원하며 건너면 장수한다는 이야기가 있다.

SEE 03 사이와이 다리 幸橋

두 다리를 건넌 후 마지막에 건너면 행복해진다는 다리다. 부부가 평생 행복하게 산다고 해서 아이와바시로도 불린다.

SEE 04 아이아이 길 あいあい通り

이마리강변에 조성된 산책로. 난간은 에도시대 시라카베 도조즈쿠리 양식 가옥 그림과 당시의 지도 등으로 장식돼 있다. 강과 다리, 아름다운 난간이 어우러져 기분 좋게 걸을 수 있다.

ⓘ 佐賀県西松浦郡有田町丸尾丙2512

SEE 05 고이마리 공원 古伊万里公園

아이아이 길을 걷다 보면 나오는 공원이다. 길 쪽 전면은 흰 벽에 뾰족한 지붕을 한 일본 창고 형태를 띠는데, 문 안쪽으로 들어가면 나무를 중심으로 의자가 놓인 작은 공원이 나온다. 잠시 쉬었다 가기 좋다.

📍 佐賀県伊万里市伊万里町甲594

SEE 06 이마리진 가라쿠리 시계 伊万里津からくり時計

아이오이 다리 남단. 사가 은행 건물에 설치된 시계로 '마리온'이라는 애칭이 있다. 21세기에 들어서면서 작동하기 시작했다. 오전 9시부터 오후 6시까지 매시 정각에 음악이 나오고 인형과 네덜란드 선박이 움직이는 모습을 볼 수 있다.

📍 佐賀県伊万里市伊万里町甲614
🕐 09:00~18:00

SEE 07
고이마리 미인상
古伊万里美人像

JR 이마리역에서 마을 입구로 들어서는 길에 있는 도자기상으로, 고이마리 미인상으로 불린다. 이 길을 따라가면 도자기 상가나 음식점 등이 나오다 아이오이 다리로 이어진다.

SEE 08
이마리시 도자기 상가 자료관
伊万里市陶器商家資料館

에도시대 이마리에는 많은 도자기 상인이 활약했는데, 그중 이누즈카(犬塚) 가문은 이마리 굴지의 도자기 상인 집안으로 꼽힌다. 이마리시 도자기 상가 자료관은 이 가문이 사용하던 집을 기증받아 전시관으로 꾸민 공간으로, 건물 자체도 역사적인 가치를 지닌다. 건물 입구는 좁고 폭이 긴 형태이고, 지붕은 산같이 뾰족하다. 흰 외벽에 작은 창문, 일본식 기와를 얹은 지붕 등은 전형적인 일본식 창고 형태다. 건물 안에는 전국에서 도자기를 사러 온 도기 상인이 숙박하던 방과 상인이 손님을 맞이하던 방이 있다. 서랍이 딸린 계단이나 천장을 뚫어 2층으로 짐을 편하게 옮기도록 만든 밀차도 있어 당시 생활상을 접할 수 있다.

- 佐賀県伊万里市伊万里町甲 甲555-1
- 0955-22-7934
- 10:00~17:00(월요일, 연말연시 휴무) • 무료

바다의 실크로드관
海のシルクロード館

이마리시 중심 시가지는 본래 이마리진이라 불리며 도자기를 출하하는 항구로 번창했다. 도자기는 유럽까지 운반돼 세계에 알려졌는데, 이러한 이마리의 역사를 보여주는 전시관이다. 1층에는 도자기 판매 코너가 있고, 2층에는 옛날 이마리 도자기를 전시한 갤러리가 있다. 도자기에 그림을 그리는 체험도 가능하다.

佐賀県伊万里市伊万里町甲554-1 0955-23-1189
https://www.eimari.com/silkroad

이마리 나베시마 박물관
伊万里・鍋島ギャラリー

JR 이마리역은 도기 상가의 특징인 흰 벽과 도자기를 굽는 가마의 굴뚝을 모티브로 한다. 역사 안에는 이마리시가 소장한 나베시마와 고대 이마리 도자기 320점을 전시하는 미술관이 조성돼 있다. 시가 소장한 나베시마야키(鍋島焼) 85건 163점, 고이마리(古伊万里) 75건 129점을 순차적으로 바꿔가면서 전시한다.

佐賀県伊万里市新天町622-13 MR伊万里ビル2F
0955-22-2267 10:00~17:00(월요일, 연말연시 휴무)

이마리 신사
伊萬里神社

이마리강 건너편, 엔메이 다리와 사이와이 다리 사이에 있는 작은 신사다. 과자의 신 '다지마모리노미코토'가 불로장수의 열매 '도키지쿠노 가구노코미'를 구해 일본으로 돌아온 장소가 바로 이 신사가 있는 이와쿠리야마였다. 이러한 전설에 따라 신사 내 과자의 신 나카시마 신사를 마련했다. 이마리 출신 모리나가제과 창업자의 흉상도 있다.

佐賀県伊万里市立花町83 0955-23-2093

이마리 오카와치야마 도자기 마을
伊万里大川内山秘窯の里

사진 제공 : 佐賀県観光連盟

도자기를 좋아하는 사람뿐 아니라 고즈넉한 시골을 선호하는 사람들을 위한 작은 마을이다. 오카와치야마는 1675년 조성돼 1871년까지 일반인 출입을 금한 도자기 마을이었다. 사가 나베시마 영주는 도자기 기술이 유출되지 않도록 일부러 산 아래 요새와 같은 지형에 도자기 마을을 만들었고, 관문을 만들어 도공들이 들고나는 것을 관리했다. 이렇게 철저한 감독 아래 만든 도자기는 '나베시마 도자기'로 부르며 다이묘나 장군, 조정 등 고위층에게 납품했다. 그 덕분에 마을에는 도공을 지키는 관문, 도공의 집, 가마터, 당시 모습을 재현한 나베시마 영주 가마 공원 등도 있다. 안내판부터 다리, 표지판, 담벼락 등 마을 전체가 도자기로 이루어져 독특한 매력이 넘친다. 곳곳에 도자기 가마와 도자기를 파는 가게 등이 있어 둘러보며 산책할 수 있다.

◎ 佐賀県伊万里市大川内山町乙
☎ 0955-23-7293　🌐 www.imari-ookawachiyama.com

조선인 이삼평의 고장, 아리타 有田

이마리와 함께 도자기의 고향으로 알려진 아리타는 기차로 30분 정도 떨어진 곳에 위치한다. 아리타는 일본에서 처음으로 도자기를 만들어낸 역사적인 마을이다. 아리타 도자기는 조선의 도예가 이삼평 씨에게서 비롯되었다. 이삼평이 도자기의 원료인 백자 광맥을 아리타의 이즈미산에서 발견했고, 이후 아리타는 세계적인 도자기 마을로 성장했다. 그의 공을 기리기 위해 도잔 신사에 이삼평 기념비를 세웠다. 많은 도공이 모여 살았다고 전해지는 아리타에는 아직도 흰 벽으로 된 1930년대 가옥이나 서양식 저택이 남아 있으며, 옛날식 도자기 가마도 볼 수 있다. 역 주변에는 규슈 도자기 문화관과 아리타 도자기 미술관이 자리해 도자기를 사랑하는 사람이라면 꼭 방문해야 할 마을이다.

EAT 01

치무니 Chimney チムニー

이마리규 햄버거로 유명한 레스토랑이다. JR 이마리역을 중심으로 관광지 반대편에 있지만, 미식가들의 발길이 끊이지 않는다. 치무니의 이마리규 햄버거는 이마리규와 이마리산 양파를 사용해 부드러운 식감과 풍부한 육즙이 특징이다. 주문을 할 때는 데미글라스·데리야키·일본식 소스 중 하나를 고르고, 원하는 크기에 햄버거를 고르면 된다. 햄버거는 뜨거운 철판에 올려 서빙되어 식사가 끝날 때까지 따뜻하게 먹을 수 있다. 세트 메뉴를 주문하면 샐러드와 수프, 빵(또는 밥)이 딸려 나와 든든하다.

사진 제공: 佐賀県観光連盟

- 佐賀県伊万里市立花町3321-1
- 0955-23-0515
- 12:00~14:00, 17:30~19:00 (목요일 휴무)
- 이마리규 햄버거 세트 150g 1700엔

EAT 02

에토아루 호리에 본점 エトワール・ホリエ本店

1900년에 창업해 이마리·아리타 지역에서 100년이 넘는 시간 동안 지역 주민에게 사랑받아온 제과점. 대표 메뉴는 1951년에 처음 만든 이마리야키 만주인데, 이마리 도자기에서 영감받아 도자기 모습을 한 작은 종이컵에 담은 모습이 인상적이다. 2013년 일본 과자 박람회에서 대상을 받았으며, 현재 일본항공(JAL) 기내식으로 제공된다. 기본적인 만주와 녹차 맛, 두 가지다. 이마리에 위치한 본점은 이마리 만주뿐 아니라 케이크와 다양한 빵을 선보인다.

- 佐賀県伊万里市伊万里町甲585番地
- 0955-23-1515
- 08:30~19:00
- 이마리 만주(5개 세트) 780엔
- www.etoile-horie.com

AREA 15 사가현 佐賀県

AREA 16

Nagasaki

나가사키현 長崎県

진정한 코즈모폴리턴의 도시
나가사키

오페라 〈나비부인〉의 초초상을
찾아서
구라바엔

유황 냄새와 수증기로 가득한
또 하나의 지옥
운젠 지옥

아름다운 해안가 산책
오바마 온천

나가사키 짬뽕과 비슷하지만
더 맛있다!
오바마 짬뽕

Nagasaki

FOOD STORY

> 지역 명물 음식이 이토록 다채로운 지역도 드물다. 16세기 말 나가사키 항구가 개항되면서 동서양의 문화가 흘러 들어왔고, 이는 음식에도 많은 영향을 미쳤다. 이렇게 전파된 음식은 현지인 입맛에 맞게 변화하고 발전해 지금에 이르렀다. 각 음식의 원조집만 찾아다녀도 역사 공부가 될 정도다.

나가사키 짬뽕 長崎ちゃんぽん

시카이로(四海楼) 창업자 천핑순 씨는 중국 푸젠 성에서 나가사키로 이주한 뒤, 중국에서 유학 온 학생들에게 영양가 높고 맛 좋은 음식을 싸게 대접하고 싶다는 마음으로 나가사키 짬뽕을 고안했다고 한다. 나가사키 짬뽕은 돼지고기, 해산물, 채소, 어묵 등을 강한 불로 볶아낸 뒤 돼지 뼈와 닭 뼈로 우려낸 국물을 붓고 푹 끓여 만든다.

오바마 짬뽕 小浜ちゃんぽん

나가사키 짬뽕이 전해져 오바마 온천 지역에서 독자적으로 발전한 것으로, 일본 3대 짬뽕 중 하나로 꼽힌다. 언뜻 보기에는 나가사키 짬뽕과 다를 바 없는 듯하지만, 맛은 차이가 있다. 기본적인 재료는 비슷하나, 나가사키 짬뽕이 돼지고기를 베이스로 한다면 오바마 짬뽕은 해산물로 국물을 내고 건더기로도 사용한다. 나가사키 짬뽕 특유의 돼지 냄새가 싫다면 오바마 짬뽕이 답이다.

사라 우동 皿うどん

사라 우동은 기본적으로 나가사키 짬뽕과 같은 재료를 사용하지만, 접시 위에 국물 없이 자작하게 소스를 만든 뒤 튀긴 면 위에 끼얹는다. 면은 얇은 엔젤 헤어를 사용하거나 우동 면을 그대로 사용하기도 한다.

카스텔라 カステラ

나가사키가 개항하면서 기독교도 번성했다. 이때 선교사들이 서양식 과자를 선보였는데, 이를 발전시킨 것이 바로 카스텔라다. 나가사키 카스텔라는 촉촉하고 쫀득한 식감이 일품이다. 여기에 빵 바닥에는 굵은 설탕이 깔려 있어 바삭바삭한 식감이 더해진다.

나가사키 밀크셰이크
長崎 ミルクセーキ

나가사키의 역사 깊은 카페인 즈루찬에서 처음 만든 메뉴로, 일반적으로 생각하는 부드러운 밀크셰이크와는 완전히 다르다. 음료보다는 빙수에 가까운 형태로, 스푼으로 떠먹는다. 우유와 달걀을 넣어 만들고, 얼음이 씹히는 노란색 셰이크 위에 빨간 통조림 체리를 올리는 게 정석이다.

도루코 라이스 トルコライス

돈가스, 필래프(볶음밥), 나폴리탄 스파게티를 한 접시에 모은 재미있는 음식이다. 확실치 않지만, 1950년대에 '도루코롤'이라는 카페 레스토랑에서 처음으로 여러 가지 서양 음식을 한 접시에 담아 판매한 것이 시초라고 전해진다. 딱히 맛있다고 할 수는 없지만, 한꺼번에 다양한 음식을 맛보는 재미가 쏠쏠하다.

싯포쿠 요리 卓袱料理

일본식 중국요리로, 나가사키를 대표하는 연회 상차림이다. 중국요리를 먹는 것처럼 다리가 둥근 식탁에 서너 사람이 둘러앉아 큰 그릇에 담긴 요리를 나누어 먹는다. 에도시대에 중국인들과 교류하면서 생겨난 스타일이다. 시간이 지나면서 일본 요리, 네덜란드 요리 등 다양한 음식을 올리게 됐다. 3~4인용이며, 가격도 비싸기 때문에 개인 여행객은 먹기 힘든데, 요즘은 간결한 1인용 코스 요리로도 제공한다.

나가사키현 캐릭터
간바쿤과 란바짱
がんばくん・らんばちゃん

나가사키에 사는 원앙을 모티브로 한 캐릭터다. 이 두 캐릭터는 '나가사키 간바란바 국제 대회'를 응원하기도 했다. 간바쿤은 체육복을 입은 건강한 스포츠 소년으로 '간바란바'라는 말을 좋아한다고. '간바란바'는 힘내자(간바로)는 말의 사투리 표현이다. 란바짱은 치어리더의 모습을 한 활발한 소녀로 간바쿤의 소꿉친구다.

하야시라이스(하이라이스)
ハヤシライス

100여 년 전, 외국인들의 휴가지로 인기 있던 운젠에는 이들을 위해 개발한 메뉴인 하야시라이스가 있었다. 하이라이스라고도 불리는 이 메뉴는 당시 한 레스토랑에서 가츠동(돈가스덮밥)에 데미글라스소스를 뿌린 것이 시초였다고 한다. 언뜻 보기에는 카레와 비슷하다. 돈가스를 곁들인 형태부터 비프 하야시, 오믈렛을 결합한 형태 등 운젠에서는 다양한 맛의 하이라이스를 맛볼 수 있다. 일반적인 데미글라스소스에 토마토 베이스 소스를 더해 산미가 있는 것이 특징.

오바마 온천 캐릭터
오윳피 おゆっぴー

오바마 온천관광협회가 만든 캐릭터다. 2009년 7월 7일에 태어났으며, 초롱초롱한 눈망울이 눈길을 사로잡는다. 오바마 짬뽕을 좋아하고 온천 순례가 취미라고. 언제 어디서나 온천욕을 할 수 있도록 목욕 바구니와 수건을 가지고 다니며, 105℃라는 온도에 걸맞게 머리에 불타오르는 강렬한 빨간색 온천 마크가 있다.

Nagasaki
TRANSPORTATION

> 나가사키현은 규슈 북서 끝에 위치하며, 5개의 반도와 여러 섬으로 구성되어 있다. 무인도를 포함해 971개나 되는 섬이 현 면적의 거의 절반을 차지한다. 나가사키반도 남서부에 위치한 나가사키시는 나가사키만을 품고 있으며, 산 중턱의 급사면까지 시가지가 발달한 항구도시다. 운젠과 오바마는 나가사키현 남동부의 시마바라반도에 위치하는데, 버스로만 찾아갈 수 있다.

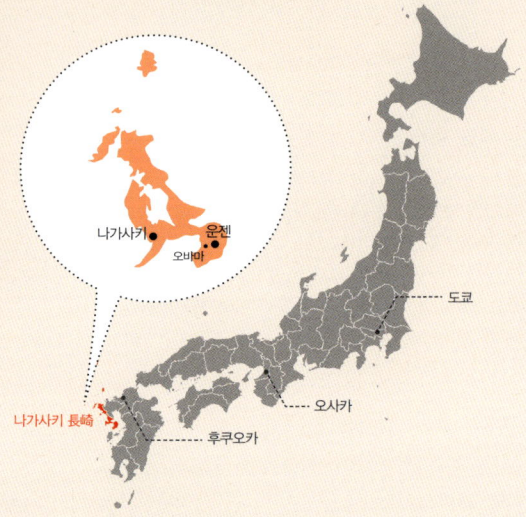

나가사키까지 어떻게 갈까?

2024년 12월 기준, 대한항공에서 인천국제공항에서 나가사키 공항까지 주 4회 직항 항공편을 운항 중이다. 그러나 여행객 대부분이 후쿠오카 공항으로 입·출국하므로 이용률이 낮았는데, 2022년 JR 하카타역에서 나가사키역까지 운행하는 니시큐슈 신칸센이 개통된 뒤로는 이용자 수가 더 줄어들었다.

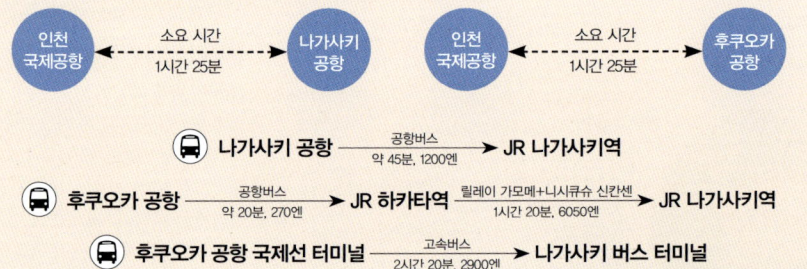

JR 나가사키역

나가사키 여행의 시작점이다. 바로 건너편에는 나가사키 버스 터미널이 있고, 도로 한가운데에는 나가사키 노면전차가 다닌다. 또 이나사야마 전망대로 가는 나가사키 로프웨이 무료 셔틀버스, 후쿠노유 무료 셔틀버스, 호텔 송영 버스도 운행해 편리하나 복잡하므로 탑승 위치를 잘 확인해야 한다.

시내 교통

노면전차

나가사키는 노면전차로 관광지 대부분을 둘러볼 수 있어 초행인 여행자도 쉽게 이동할 수 있다. 주요 관광지에 접근하기 좋고 지하철보다 타고 내리기 편리하며 그 자체로 좋은 체험이므로 꼭 이용하기를 권한다. 2019년에는 역 이름을 관광 명소 명칭으로 전면 개편해 관광이 더 편리해졌다. 1·2(3)·4·5호선, 4개의 노선을 운영 중이며 배차 간격도 짧은 편이다. 2호선과 3호선은 한 방향으로만 운행하므로 헷갈리지 말자. 1일권은 JR 나가사키역 인포메이션 센터(현금만 가능)나 열차 티켓 발매소(카드도 가능)에서 구입할 수 있다. 그러나 노면전차가 구간이 짧고 1회 탑승 요금도 저렴하기 때문에 여러 곳을 돌아볼 계획이 아니라면 굳이 구입할 필요는 없다.

💰 **1회** 중학생 이상 140엔, 초등학생 70엔,
1일권 중학생 이상 600엔, 초등학생 300엔

니시큐슈 신칸센

2022년 나가사키행 신칸센 열차(니시큐슈 신칸센)가 완공됐다. 아쉽게도 JR 하카타역에서 JR 나가사키역까지 직행은 아니다. 하카타역에서 다케오온센역까지는 기존의 재래선(릴레이 가모메)를 유지하고, 다케오온센역에서 나가사키역까지만 신칸센을 운영한다. 이 덕분에 기존 2시간 11분 거리의 하카타-나가사키 이동 시간이 30~40분 정도 단축됐다. JR 규슈 레일 패스 소지자는 지정석을 예매하고 탑승해야 한다. 주말과 공휴일에는 열차 시간이 달라질 수 있다. 하카타역 3번 플랫폼에서 출발하나 하우스텐보스를 경유하는 열차는 4번 플랫폼을 이용한다.

북규슈 지역 패스

북규슈 산큐 패스

후쿠오카, 유후인, 벳푸, 나가사키, 사가 등 규슈 북부에서 사용 가능한 가성비 좋은 버스 패스다. 우게시노와 이미리를 이동할 때도 유용하게 사용할 수 있다.

💰 **3일권** 1만엔

JR 북규슈 레일 패스

우레시노는 기차로 갈 수 없다. 그러나 다케오, 이마리, 아리타는 기차도 다니며, 우레시노도 JR 다케오온센역에서 내려 JR 버스를 타고 갈 수 있어서 레일 패스만 있으면 문제없다.

💰 **1일권** 12세 이상 1만2000엔, 6~11세 6000엔,
2일권 12세 이상 1만5000엔, 6~11세 7500엔(지정석 6회)

나가사키 전망을 즐길 수 있는 두 가지 수단

❶ 구라바 스카이로드 グラバースカイロード

나가사키 전망은 언덕 위 구라바엔에서 바라보는 것이 가장 좋다. 나가사키만과 건너편 수많은 조선소 등을 볼 수 있지만, 이 전망만 보고 싶다면 구라바엔 입구 맞은편(후문) 구라바 스카이로드를 이용하자. 힘들지도 않고 탁 트인 전망을 감상할 수 있다. 게다가 무료!

❷ 이나사야마 전망대 로프웨이

구라바엔에서 나가사키만 건너편에 있는 해발 333m에 위치한 전망대. 나가사키 시내는 물론 운젠, 고토 열도, 아마쿠사 등의 지역도 한눈에 들어온다. 전망대까지는 로프웨이를 타면 된다. JR 나가사키역에서 로프웨이 정류장까지 무료 셔틀버스를 운행한다. 단, 홈페이지(http://reserve.nagasaki-ropeway.jp)에서 예약해야 탑승할 수 있다.

💰 성인 1250엔, 중·고등학생 940엔, 초등학생·유아 620엔

COURSE FOR YOUR TRIP

나가사키 3박 4일 추천 코스

> 후쿠오카 공항에서 바로 나가사키로 가는 고속버스를 타고 3박 4일 동안 꽉 찬 일정을 보내는 코스다. 여러 스폿을 돌아야 하니 부지런히 움직이자.

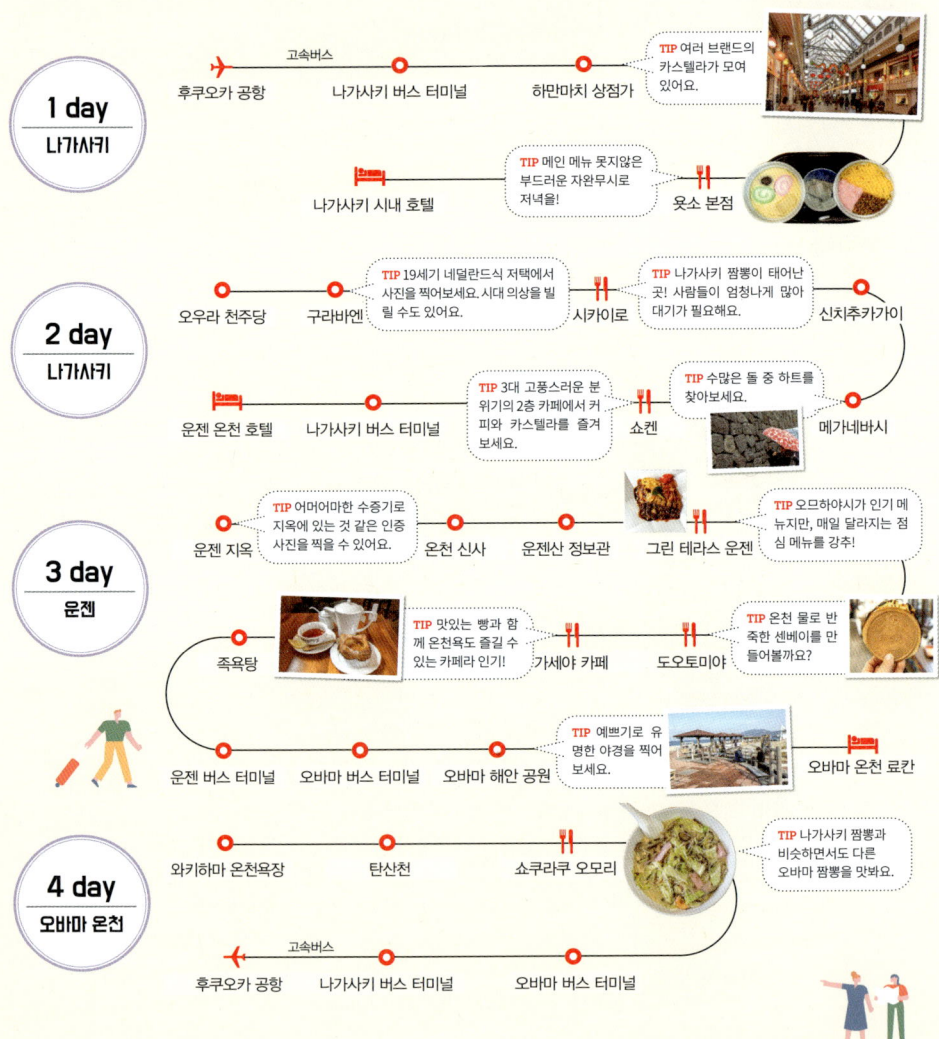

1 day 나가사키
후쿠오카 공항 — (고속버스) → 나가사키 버스 터미널 → 하만마치 상점가
TIP 여러 브랜드의 카스텔라가 모여 있어요.
→ 욧소 본점
TIP 메인 메뉴 못지않은 부드러운 자완무시로 저녁을!
→ 나가사키 시내 호텔

2 day 나가사키
오우라 천주당 → 구라바엔
TIP 19세기 네덜란드식 저택에서 사진을 찍어보세요. 시대 의상을 빌릴 수도 있어요.
→ 시카이로
TIP 나가사키 짬뽕이 태어난 곳! 사람들이 엄청나게 많아 대기가 필요해요.
→ 신치추카가이 → 메가네바시
TIP 수많은 돌 중 하트를 찾아보세요.
→ 쇼켄
TIP 3대 고풍스러운 분위기의 2층 카페에서 커피와 카스텔라를 즐겨보세요.
→ 나가사키 버스 터미널 → 운젠 온천 호텔

3 day 운젠
운젠 지옥
TIP 어머어마한 수증기로 지옥에 있는 것 같은 인증 사진을 찍을 수 있어요.
→ 온천 신사 → 운젠산 정보관 → 그린 테라스 운젠
TIP 오므하야시가 인기 메뉴지만, 매일 달라지는 점심 메뉴를 강추!
→ 도오토미야
TIP 온천 물로 반죽한 센베이를 만들어볼까요?
→ 가세야 카페
TIP 맛있는 빵과 함께 온천욕도 즐길 수 있는 카페라 인기!
→ 족욕탕 → 운젠 버스 터미널 → 오바마 버스 터미널 → 오바마 해안 공원
TIP 예쁘기로 유명한 야경을 찍어보세요.
→ 오바마 온천 료칸

4 day 오바마 온천
와키하마 온천욕장 → 탄산천 → 쇼쿠라쿠 오모리
TIP 나가사키 짬뽕과 비슷하면서도 다른 오바마 짬뽕을 맛봐요.
→ 오바마 버스 터미널 → (고속버스) → 나가사키 버스 터미널 → 후쿠오카 공항

후쿠오카 여행객을 위한 나가사키 당일치기 코스

후쿠오카를 여행하면서 당일로 나가사키를 둘러보는 코스다. 요금은 비싸더라도 니시큐슈 신칸센을 타고 아침 일찍 JR 나가사키역에 도착해야 충분히 주어진 코스를 소화해낼 수 있다.

1 day 나가사키

니시큐슈 신칸센
JR 하카타역 — JR 나가사키역 — 오우라 천주당 — 구라바엔 — 시카이로 — 신치추카가이
JR 나가사키역 — 쇼켄 — 츠루찬 — 메가네바시 — 올림픽 카페 — 하마마치 상점가

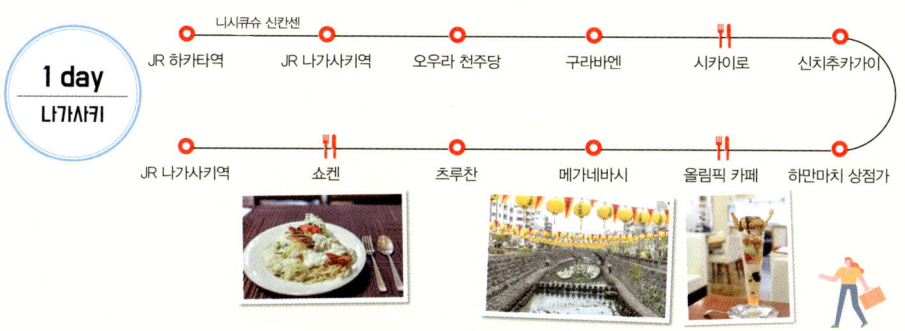

가톨릭 신자를 위한 2박 3일 성지순례 코스

나가사키에는 선교사들에 의해 가톨릭이 전파됐는데, 도요토미 히데요시의 천주교 금지령으로 많은 사람들이 순교했다. 가톨릭 신자를 위한 성지순례 코스다.

1 day 나가사키

고속버스
후쿠오카 공항 — 나가사키 버스 터미널 — 오우라 천주당 — 시카이로 — 나가사키 시내 호텔

2 day 나가사키·운젠

우라카미 천주당 — 평화 공원 — 나가사키 원폭 조선인 희생자 추도비 — 일본 26 성인 기념관 — 나카마치 성당 — 하마마치 상점가
운젠 료칸 — 그린 테라스 — 운젠 지옥(크리스천 순교 기념비) — 운젠 버스 터미널 — 나가사키 버스 터미널 — 욧소 본점

3 day 운젠

고속버스
가세야 카페 — 족욕 — 운젠 버스 터미널 — 나가사키 버스 터미널 — 후쿠오카 공항

CITY 1

나가사키 長崎

나가사키는 일본에서 개항과 함께 서양 문물을 제일 먼저 받아들인 곳이다. 17세기 이후에는 포르투갈과 네덜란드 등과 교류하는 무역항도 설치되었으며, 기독교 포교의 중심지였기 때문에 오우라 천주당 등 이국적인 정서가 넘치는 사적과 건물이 곳곳에 남아 있다. 또 제2차 세계대전 중 히로시마와 함께 원자폭탄이 투하되는 아픔을 겪은 도시다.

ⓘ 가는 법 : JR 나가사키역에서 내린 뒤 노면전차를 타고 이동한다.

SEE 01 📷

구라바엔(글로버 가든) グラバー園

나가사키 시내에 있던 개항 초기에 지은 오래된 서양식 건물 8채를 고스란히 옮겨놓은 정원이다. 동서양의 분위기가 공존하는 목조와 석조 건물 안에는 가구나 소품, 식탁까지 세팅해놓아 당시의 생활상을 생생히 느낄 수 있다. 특히 이곳에서 내려다보는 나가사키 항구의 풍경이 아름답기로 유명하다. 구라바 주택 위에 있는 광장에는 오페라 〈나비부인〉에 출연했던 미우라 다마키(三浦環)의 동상과 이탈리아에서 기증한 푸치니(Puccini)의 동상이 서 있다. 꽤 넓기 때문에 시간을 넉넉히 잡아야 제대로 둘러볼 수 있다.

- 📍 長崎県長崎市南山手町8-1
- ☎ 095-822-3359
- 🕐 08:00~18:00(성수기에는 연장 개장)
- 💴 성인 620엔, 고등학생 310엔, 초등·중학생 180엔
- 🌐 http://glover-garden.jp

SPOT TO GO

1 구 미츠비시 제2 독 하우스 旧三菱第2ドックハウス

에스컬레이터를 타고 올라가면 구라바엔의 가장 꼭대기인 구 미츠비시 제2 독 하우스에 닿는다. 배가 수리를 위해 독에 정박해 있는 동안 선원들의 숙소로 이용하던 건물로 메이지 초기에 유행하던 양식으로 지었다. 1896년 항만에 지은 건물을 1972년에 이곳으로 옮겨 왔다. 건물 안에는 당시 모습을 재현한 여러 개의 방이 있으며, 2층 테라스에는 나가사키항의 풍경이 한눈에 들어온다.

3 구 링가(링거) 저택 旧リンガー住宅

일본 국가 지정 문화재로 지정된 또 하나의 건물로, 초기 거류지 건축의 표본으로 인정받는다. 목조 건물의 외벽에 돌을 덧씌워 마감해 일본식과 서양식이 혼재하는 것이 특징. 나가사키에 처음으로 상수도를 설치한 영국 상인 프레더릭 링거(Frederick Ringer)가 살던 저택으로 거상답게 저택 내부도 화려하게 꾸며져 있다.

5 구 와카(워커) 저택 旧ウォーカー住宅

메이지시대 중기에 세운 건물로 당시 나가사키 거류 무역상 사이에서 중추적인 역할을 하던 로버트 워커(Robert Walker)가 살던 주택이다. 워커는 현재 기린 맥주의 전신인 재팬 브루어리 컴퍼니를 창립했는데, 이곳은 일본 최초의 청량음료인 '반자이 사이다'를 개발한 회사로도 유명하다.

2 구 구라바(글로버) 저택 旧グラバー住宅

일본이 쇄국정책을 포기한 직후인 1863년에 지은 건물이다. 서양식 목조건물로는 일본에서 가장 오래되었으며, 건축적 가치를 인정받아 일찌감치 일본 국가 지정 중요 문화재로 지정됐다. 이 집의 주인이던 토머스 글로버(Thomas Glover)는 스코틀랜드에서 건너온 무역업자로 조선, 탄광, 어업 등을 통해 일본의 산업화를 앞당기는 데 일조한 것으로 평가받는다. 글로버 씨의 아내 츠루 씨의 의상을 비롯해 〈나비부인〉에서 쓴 소품도 전시돼 있다.

4 구 오루토(앨트) 저택 旧オルト住宅

영국인 차 무역상 윌리엄 존 앨트(William Jhon Alt)가 살던 저택으로 메이지 말기의 건축양식을 잘 보여준다. 그리스 신전을 연상시키는 둥근 기둥과 대조적으로 우리나라 한옥이나 초가집에서 흔히 볼 수 있는 사다리꼴의 우진각 형태를 띠는 점이 독특하다. 구라바엔 내에 있는 세 군데 국가 지정 문화재 중 하나다.

6 지유테이

일본 최초의 서양 음식점인데, 지금은 카페로 운영 중이다. 앤티크한 유럽풍 인테리어로 잘 꾸며놓았다. 1593년부터 1680년까지 레스토랑에서 사용한 커틀러리를 유리 박스에 넣어 전시하고 있다.

⏰ 09:00~17:00
💴 카스텔라 세트 780엔, 케이크 세트 820엔

SEE 02

나가사키 평화 공원 平和公園

원폭의 폐해를 알리기 위해 조성한 공원. 산책하듯 걸으며 평화의 샘과 평화의 상 등을 천천히 둘러보자. 평화의 샘은 원폭 투하 당시 타는 듯한 갈증에 괴로워하며 숨진 사람들의 넋을 위로하기 위해 만들었다. 매년 8월 9일 희생된 사람들을 추모하는 위령제가 열린다.

📍 長崎県長崎市松山町9 📞 095-829-1171
🌐 http://nagasakipeace.jp

SPOT TO GO

1 원자폭탄 낙하 중심지 공원 原子爆弾落下中心地公園

원자폭탄이 실제로 투하됐을 것으로 짐작되는 곳을 공원으로 조성했다. 원폭이 떨어진 지점인 원폭 낙하 중심지(폭심지)에 추모의 탑이 서 있고, 그 뒤편으로 폭발 당시 3000℃가 넘는 고온에 녹아버린 유리, 벽돌, 기와 등이 전시돼 있다.

📍 長崎県長崎市松山町6

2 나가사키 원폭 조선인 희생자 추도비
追悼長崎原爆朝鮮人犠牲者

원폭에 직간접적으로 노출돼 유명을 달리한 조선인 1만여 명의 넋을 기리기 위해 건립된 추도비. 원자폭탄 낙하 중심지 공원에서 나가사키 원폭 자료관으로 가는 길목에 있는데 작고 외진 곳에 위치해 잘 살펴보지 않으면 찾기 어렵다.

📍 長崎県長崎市平野町 5-18

3 나가사키 원폭 자료관 長崎原爆資料館

원폭 피해 사실에 관한 자료를 모아놓은 곳. 원폭 투하 피해 상황을 알리는 전시물이 주를 이루며, 핵무장의 심각성을 일깨우고 평화를 염원하는 전시물도 있다. 하지만 왜 원

폭 피해를 당했는지는 전혀 설명하지 않고 전범 국가라면 마땅히 해야 할 참회와 사과는 찾아볼 수 없어 씁쓸한 기분이 든다.

📍 長崎県長崎市平野町7-8 📞 095-844-1231
🕐 08:30~17:30(5~8월은 18:30까지, 12월 29~31일 휴무)
💴 성인 200엔, 초등·중·고등학생 100엔, 초등학생 미만 무료

SEE 03 오우라 천주당 大浦天主堂

1863년 프랑스 선교회가 지은 이곳은 일본에서 가장 오래된 목조 성당이다. 나가사키에서 처형당한 순교자 26명의 혼을 모신 곳이니만큼 성지순례 필수 코스로 꼽힌다. 구라바엔 올라가는 길에 있어 함께 보기 좋으며, 사진도 잘 나온다.

- 長崎県長崎市南山手町5-3
- 095-823-2628 08:00~18:00
- 성인 1000엔, 중·고등학생 400엔, 초등학생 300엔
- http://nagasaki-oura-church.jp

©나가사키현 관광협회

SEE 04 일본 26 성인 기념관 日本二十六聖人記念館

도요토미 히데요시가 천주교 금지령을 내린 1597년, 26명의 선교사와 신자가 순교한 장소다. 일본에서는 최초로 국가 명령으로 크리스천이 처형된 사건이다. 1862년 교황 비오 9세가 당시 희생자들을 성인으로 추대했으며, 이들을 기리고 일본 가톨릭의 역사를 소개하는 곳이다. 높이 오르지 않아도 나가사키 시내를 내려다볼 수 있는 곳에 위치하며 기념관은 스페인 바르셀로나 성가족 성당을 닮았고 정원도 아름다워 역사적·종교적 의미가 아니더라도 둘러볼 가치가 있다.

- 長崎県長崎市西坂町7-8
- 095-822-6000 09:00~17:00(12월 31일~다음 해 1월 2일 휴무)
- 성인 500엔, 중·고등학생 300엔, 초등학생 150엔
- http://26martyrs.com

SEE 05 우라카미 천주당 浦上天主堂

오랫동안 탄압받던 일본 가톨릭 신자들이 1895년부터 30년에 걸쳐 지은 성당이다. 본래 로마네스크 양식 대성당으로 유명했으나, 원폭 피해를 입어 모두 파괴됐다. 현재의 건물은 1959년 재건에 이어 1980년 재정비한 것이다. 원폭 피해를 비켜간 종이 하루에 세 번 시각을 알린다.

- 長崎県長崎市本尾町1-79
- 095-844-1777 09:00~17:00(월요일 휴무)
- http://www1.odn.ne.jp/uracathe

SEE 06

데지마 出島

나가사키항으로 들어온 서양인과 일본인의 접촉을 막기 위해 1636년에 만든 부채꼴의 인공 섬이다. 초기에는 포르투갈인들이 살았으며, 쇄국정책 이후에는 네덜란드 무역 상사들이 이전해 왔다. 200년이 넘는 시간 동안 일본에서 유일하게 서양을 상대로 교역했으며, 일본 근대화에 큰 역할을 해왔다. 당시의 모습을 재현해 놓은 건물과 유물이 전시되어 있다.

📍 長崎県長崎市出島町6-1 📞 095-829-1194
🕐 08:00~21:00(마지막 입장 20:40)
💴 성인 520엔, 고등학생 200엔, 초등·중학생 100엔
🌐 https://nagasakidejima.jp

SEE 07

메가네바시 眼鏡橋

수면에 비친 모습이 안경을 닮았다고 해서 '안경 다리'라는 뜻의 이름이 붙은 다리다. 일본 곳곳에 있는 메가네바시 가운데 가장 오래됐다. 인근 산책로에서 하트 모양의 돌을 찾아내면 사랑이 이뤄진다는 이야기가 있어 늘 사람들로 북적인다.

📍 長崎県長崎市魚の町2

 SEE 08

나가사키현 미술관 長崎県美術館

미술관 건물 사이로 운하가 있고 건물 자체가 예술 작품처럼 아름다워 주변을 산책하기만 해도 좋다. 게다가 미술관 옥상 정원에 오르면 나가사키항을 한눈에 볼 수 있다. 시간이 있다면 그림도 감상하자. 전시실에는 파블로 피카소의 '비둘기가 있는 정물'을 비롯해 유명 작가의 작품이 전시돼 있다. 바로 이어지는 미즈베노모리 공원도 함께 둘러보기 좋다.

- 長崎県長崎市出島町2-1 095-833-2110
- 10:00~20:00(둘째·넷째 주 월요일(공휴일인 경우 화요일), 연말연시 휴무)
- 성인 420엔, 대학생 310엔, 초등·중·고등학생·70세 이상 210엔
- www.nagasaki-museum.jp

 SEE 09

나가사키 수변 공원 長崎水辺の森公園

나가사키항에 조성된 아름다운 공원이다. 드넓은 공원은 항에 정박한 크루즈선, 해안선을 따라 달리는 외국인, 곳곳에 우뚝 서 있는 야자수가 어우러져 나가사키 중심가의 고풍스러운 분위기와는 전혀 다른 느낌을 풍긴다. 나가사키만의 아름다움을 만끽할 수 있는 코스로 수변 공원, 나가사키현 미술관, 메트라이프 건물로 이어지는 산책로를 추천한다. 공원은 물의 정원(水の庭園), 대지의 광장(大地の広場) 등으로 조성되었고, 공원 사이로 운하가 흘러 독특한 정취를 느낄 수 있다.

- 長崎県長崎市常盤町22-17 www.mizubenomori.jp

 SEE 10

도진야시키아토 唐人屋敷跡

도진야시키는 에도시대 쇄국정책에 따라 나가사키에 설치한 중국인 주거 지구다. 한때 이곳에는 2000명이 넘는 중국인이 거주했지만, 큰불이 나면서 간테이도(関帝堂)를 제외하고 대부분 소실됐고, 나머지 건물 4채만 재건됐다. 중국 뒷골목의 정취를 느낄 수 있다.

- 長崎県長崎市籠町6

SEE **11**

오란다자카 オランダ坂

히가시 야마테에 위치한 오란다자카는 번역하면 네덜란드의 언덕이라는 뜻이다. 19세기 중반부터 외국인이 선호하던 거주 지역으로, 그들이 살았던 서양식 주택은 독특한 분위기를 풍기며 보존돼 있다. 지금은 대부분 박물관과 카페, 레스토랑 등으로 사용해 원한다면 모두 둘러볼 수 있다.

📍 長崎県長崎市東山手町2

SPOT TO GO

1. 히가시 야마테 13 하우스 東山手甲十三番館

오란다자카 초입에 위치한 건물이다. 프랑스 영사관으로 쓰인 건물이었는데, 현재 1층은 카페로, 2층은 나가사키 정보 관광관으로 이용 중이다. 나가사키 카스텔라와 음료 등을 판매하는데, 가격이 저렴해 부담 없이 들러서 분위기를 만끽하기 좋다.

1. 지구관 슬로 카페 地球館 cafe slow

외국인의 주택으로 쓰던 건물로, 현재는 레스토랑으로 개조해 커피와 디저트뿐 아니라 다양한 식사 메뉴도 판매한다. 레스토랑 이름처럼 식사 메뉴는 가능한 한 첨가물을 사용하지 않고 나가사키현 식재료를 이용해 만든다. 2층은 유학생, 이민자 등을 위한 국제 교류 공간으로 쓰인다.

SEE 12

하만마치 상점가 浜町商店街

나가사키 최대의 번화가로 온갖 상점이 즐비하다. 하만마치 아케이드와 간코도리 아케이드가 십자 모양으로 교차하는데, 이 둘을 합쳐 하만마치 상점가라 부른다. 아케이드 내에 하마야 백화점(浜屋百貨店)과 돈키호테, 마츠모토 기요시 등이 있고, 패션 상품과 잡화를 파는 점포며 레스토랑과 패스트푸드점, 유명한 카스텔라 브랜드의 매장 등이 모여 있어 쇼핑과 식도락을 즐기기 좋다.

📍 長崎県長崎市浜町10-21
📞 050-3525-6127
🌐 www.hamanmachi.com

SEE 13 📷

신치추카가이 新地中華街

커다란 중화풍 문과 집집마다 달린 붉은 등 덕분에 멀리서도 차이나타운이라는 것을 한눈에 알 수 있다. 규모는 크지 않지만 꽤 번성한 일본의 3대 차이나타운 중 하나. 상점 대부분이 나가사키 짬뽕을 파는 중화요리 전문점과 만둣집이며, 중국식 후식이나 기념품 등을 접할 수 있다. 길거리 음식으로는 가쿠니만주가 인기다. 나가사키 랜턴 페스티벌 기간에는 더 멋진 풍경을 볼 수 있다.

📍 長崎県長崎市新地町10-13
📞 095-822-6540
🌐 https://nagasaki-chinatown.com

SEE 14 📷

후쿠노유 ふくの湯

일본 3대 야경 중 하나를 바라보며 온천욕을 할 수 있는 온천이다. 실내에는 월풀 욕조와 탄산천까지 갖췄다. 여기에 한증막과 소금 사우나도 있어 우리나라 관광객이라면 만족할 만하다. 야경을 즐긴 뒤 이곳에서 피로를 풀면 딱! JR 나가사키역에서 출발하는 무료 셔틀버스를 타고 갈 수 있다. JR 나가사키역 코인 로커 구역을 지나자마자 보이는 정류장에서 탑승한다.

📍 長崎県長崎市岩見町451-23
📞 095-833-1126
🕐 09:30~다음 날 01:00(금·토요일, 공휴일 전날은 02:00까지)
💰 성인 850엔, 3세~초등학생 450엔, 가족탕(4명 기준) 1시간 2800엔
🌐 www.fukunoyu.com/nagasaki

©ふくの湯

EAT 01

시카이로 四海楼

나가사키 짬뽕의 역사가 시작된 곳이다. 천핑순 씨가 1899년 창업한 이래 4대째 운영 중이며, 지금도 전통적인 방법을 지켜 짬뽕을 만든다. 짬뽕 특유의 불 맛이 느껴지고 재료의 맛과 식감이 잘 살아 있지만, 다소 짠 편이라 음식 맛은 호불호가 갈린다. 건물은 5층으로 으리으리해 보이지만 식사 공간은 5층뿐이다. 원조집답게 늘 관광객으로 북적이는 데다 시간에 관계없이 오래 기다려야 한다는 것이 단점. 건물 2층에는 나가사키 짬뽕과 사라 우동의 역사를 알 수 있는 당시 물건과 자료를 전시한 짬뽕 박물관이 있다. 포장 제품도 판매한다.

원조집에서 만드는 나가사키 짬뽕

바삭한 식감의 사라 우동

- 長崎県長崎市松が枝町4-5
- 095-822-1296
- 11:30~15:00, 17:00~20:00
- 나가사키 짬뽕 1210엔, 사라 우동 1210엔
- https://www.shikairou.com

EAT 02

고잔로 江山楼

차이나타운에 위치한 60년 된 중국집이다. '아버지의 맛, 어머니의 정성'을 모토로 공들여 만든 맛있는 음식을 제공한다. 대표 메뉴인 나가사키 짬뽕은 닭을 우려 만든 육수를 사용해 부드러운 맛이 나며, 채소와 해산물의 씹히는 맛이 살아 있다. 바삭한 사라 우동과 고슬고슬한 볶음밥도 인기 메뉴. 상어 지느러미와 해삼을 넣은 특상 짬뽕은 이 집 특선 메뉴다.

상어 지느러미를 넣은 특상 짬뽕

- 長崎県長崎市新地町13-13
- 095-824-5000
- 11:30~15:00, 17:00~20:30(휴일은 홈페이지 참조)
- 특상 나가사키 짬뽕 2310엔, 나가사키 짬뽕·사라 우동 각 1320엔
- https://www.shikairou.com

EAT 03

욧소 본점 吉宗 本店

일본식 달걀찜인 자완무시가 맛있기로 소문난 일본 정식집. 보통 자완무시 그릇보다 큰 그릇에 어묵, 닭고기, 버섯, 새우, 은행, 죽순 등이 들어 있는 달걀찜은 메인 메뉴로도 손색이 없다. 곱게 간 새우, 고기, 달걀 등을 올린 무시즈시와 함께 나오는 세트가 인기다. 나가사키를 대표하는 연회상 차림인 싯포쿠 요리도 판매한다.

가장 부담 없이 먹을 수 있는 자완무시와 무시즈시 세트

- 長崎県長崎市 浜町8-9
- 095-821-0001
- 11:00~15:30, 17:00~21:00(월·화요일 휴무)
- 요시무네 정식 2750엔, 자완무시와 무시즈시 세트 1540엔
- http://www.yossou.co.jp

EAT 04

J오하치 라멘 J大八ラーメン

JR 우라카미역 건너편에 있는 소박한 동네 식당. 2대째 라멘집을 운영하고 있다. 오뎅과 라멘, 나가사키 짬뽕 등을 판다. 나가사키 짬뽕은 불 맛 나는 어묵과 돼지고기, 오징어 등 토핑을 올려 씹는 맛이 있다. 부담 없이 한 끼 먹기 좋다.

- 長崎県長崎市岩川町2-20
- 095-849-0430
- 09:00~21:00
- 나가사키 짬뽕 650엔, 라멘 550엔

AREA 16 나가사키현 長崎県

EAT 05

츠루찬 つる茶ん

1925년에 개업한 규슈 최초의 다방이다. 앤티크한 가구나 낡은 테이블, 유명 인사의 사인과 사진이 멋스러움을 더한다. 그동안 이 카페는 서양 문물을 소개하는 창구로 다이쇼 아이스크림, 나가사키 셰이크 등을 직접 고안해 선보였다. 인기 메뉴는 도루코 라이스지만, 이를 조금 변형한 메뉴도 눈길을 끈다. 돈가스 대신 새우튀김이, 나폴리탄 파스타 대신 크림소스 파스타가 나오는 레이디스 라이스도 있다. 전통 방식으로 만든 원조 나가사키풍 밀크셰이크도 이 집의 대표 메뉴다.

- 長崎県長崎市油屋町2-47
- 095-824-2679
- 10:00~21:00
- 레이디스 라이스 1480엔, 도루코 라이스 1580엔, 밀크셰이크 780엔

EAT 06

후쿠사야 福砂屋

1624년 문을 연 유서 깊은 가게로 나가사키 카스텔라를 처음 선보인 곳이기도 하다. 이러한 상징성 때문에 본점은 언제나 많은 관광객으로 붐빈다. 원조라는 타이틀에 걸맞게 카스텔라의 맛 또한 최고로 인정할 만한데, 특히 쫀득한 식감은 이곳을 따라올 수 없다. 맛에 자부심이 있기 때문인지 상품의 종류를 늘리기보다는 오리지널 상품 판매에 주력하는 편. 기존 포장을 현대식으로 바꾼 큐브 카스텔라는 귀엽고 예쁘고 저렴해서 선물용으로 인기다.

- 長崎県長崎市船大工町3-1
- 095-821-2938
- 08:30~20:00
- 1박스(0.6호) 1188엔, 큐브 카스텔라(1개) 270엔
- http://fukusaya.co.jp

AREA 16 나가사키현 長崎県

EAT 07

쇼켄 松翁軒

1681년에 개업해 지금까지 전통적인 방법으로 카스텔라를 만드는 곳이다. 나가사키 3대 카스텔라 본점 중 유일하게 카페를 겸한다. 1층은 카스텔라를 파는 매장으로, 2층은 카페로 운영해 카스텔라를 커피와 함께 맛볼 수 있다. 특히 레트로 스타일의 인테리어가 아름다워 사진 찍기도 좋다. 이곳 카스텔라는 다른 곳보다 단맛이 강해 커피와 먹기 좋다. 카스텔라 박스 포장이 예쁘고 맛이 다양한 것도 특징.

- 長崎県長崎市魚の町3-19
- 095-822-0410
- 1층 09:00~18:00, 2층 카페 11:00~17:00
- 커피와 카스텔라 세트 800엔, 0.3호(5조각) 648엔, 0.6호(10조각) 1296엔
- www.shooken.com

EAT 08

분메이도 文明堂

데지마 옆, 대로변에 있어 누구나 들렀다 가는 곳이다. 고풍스러운 검은색 외관에 금빛 마크가 인상적이라 눈에 확 띈다. 1900년, 일본 3대 카스텔라로 꼽히는 세 곳 중 가장 늦게 문을 열었지만 말차 맛, 초콜릿 맛 등 다양한 카스텔라를 선보여 주목받고 있다. 다른 집보다 담백한 맛이 인기 요인. 손님이 없을 때는 가게 안 좌석에 앉아 카스텔라를 먹을 수 있으며, 녹차를 서비스로 제공하기도 한다.

- 長崎県長崎市江戸町1-1
- 095-824-0002
- 08:30~19:30(1월 1일 휴무)
- 카스텔라(5조각) 810엔
- www.bunmeido.ne.jp

EAT 09

카페 드 니시긴 cafe de 西銀

또 하나의 나가사키 명물 디저트 '시스 케이크(シースケーキ)'의 원조 베이커리 겸 카페다. 시스 케이크란 스펀지빵 중간에 커스터드 크림을 바르고 그 위에 생크림, 복숭아, 파인애플을 올려 만든 케이크를 말한다. 특별할 것 없는 평범한 맛이지만, 현지인들에게 향수를 불러일으키는 디저트로 사랑받는다. 가성비 좋은 아침 메뉴로도 유명해 아침부터 사람들로 북적인다.

- 長崎県長崎市浜町7-4
- 095-816-1201
- 10:00~20:00
- 시스 케이크 370엔, 나가사키 밀크세이크 650엔, 모닝 세트 590엔~

EAT 10

아틱 アティック

바다가 보이는 테라스에서 운치 있는 시간을 보낼 수 있는 이곳은 나가사키의 역사적 인물을 모델로 삼은 라테 아트로 유명하다. 일본의 무사였던 사카모토 료마, 구라바엔의 주인이던 토머스 글러버 등이 대상. 자신이 원하는 모양으로 주문 가능하다. 카페가 있는 건물은 나가사키만을 바라보고 있는 데지마 와프로 카페나 레스토랑 잡화점 등이 늘어서 있으며, 밤이 되면 바다와 어우러진 야경이 펼쳐져 더 멋지다.

- 長崎県長崎市出島町1-1長崎出島ワーフ1F
- 095-820-2366
- 월~목요일·일요일 11:00~23:00, 금·토요일 11:00~23:30
- 아틱 케이크 세트 780엔, 료마 카푸치노 380엔
- http://www.attic-coffee.com

AREA 16 나가사키현 長崎県

EAT 11

일본식 카페 시라미즈 和風喫茶 志らみず

하마마치 아케이드 안에 있는 일본 전통 디저트 전문 카페 겸 상점이다. 가게 앞쪽에는 일본 전통 과자를 판매하는 상점이, 안쪽에는 세련된 분위기의 카페가 있다. 단팥죽, 당고, 나가사키 카스텔라 등의 디저트와 나가사키 밀크셰이크, 말차 같은 음료를 판매하며, 가고시마 명물인 시로쿠마 빙수도 맛볼 수 있다.

- 長崎県長崎市油屋町1-3(白水堂内)
- 095-826-0145
- 10:00~18:30
- 밀크세이크 700엔

EAT 12

카페 올림픽 カフェ オリンピック

하마마치 상점가 2층에 위치한 카페. 나가사키 명물 도루코 라이스와 나가사키식 밀크셰이크를 판매한다. 또 크기가 엄청난 파르페로 유명세를 타고 있는데, 파르페는 일반적인 높이인 35cm부터 어린이 키만 한 120cm 높이까지 다양하게 선보여 푸드 파이터나 먹방러의 성지가 됐다.

- 長崎県長崎市浜町8-13, 2F
- 095-824-3912
- 11:30~21:30
- 파르페 35cm 990엔, 40cm 1320엔, 50cm 1980엔

EAT 13

나카야마히로유키 로스팅 숍 本格自家焙煎 中山洋行

나가사키는 일본에 커피가 처음 전파된 도시로, 일찌감치 카페 문화와 로스터리 기술이 발달했다. 나카야마히로유키는 나가사키에서 1952년부터 원두를 판매해온 로스터리로, 나가사키 카페에 커피콩을 공급한다. 다양한 원산지의 커피를 판매해 원하는 맛의 커피를 찾을 수 있다. 100g 단위의 소량 구매도 가능하며, 간편하게 먹을 수 있는 드립백도 판매한다.

- 長崎県長崎市新地町13-9
- 095-827-2733
- 월~금요일 09:00~18:00, 토요일 10:00~17:00(일요일·공휴일 휴무)

운젠 雲仙

바닷가에 있는 오바마 온천과 비교해 산 중턱에 있어 완전히 다른 느낌을 주는 온천 마을이다. 게다가 지옥을 연상시키는 유황 냄새 나는 뿌연 수증기가 산을 뒤덮어서 다른 세계로 들어선 것 같은 기분이 든다. 약 350년 전 온천 여관이 들어섰으며, 해발 700m에 자리 잡아 여름에도 시원한 덕분에 메이지시대 이후는 주로 외국인을 위한 온천 휴양지로 번창했다. 이름 없이 '온천(溫泉)'으로만 표기하고 '운젠(うんぜん)'이라 읽었으나, 1934년 국립공원으로 지정되며 다른 온천지와 혼동되지 않도록 '운젠(雲仙)'으로 개정했다.

ⓘ 가는 법 : 나가사키 버스 터미널에서 운젠행 버스를 타고 운젠 온천에서 하차(2시간 소요).

SEE 01

운젠 지옥 雲仙地獄

운젠을 대표하는 관광 명소다. 후루유지구와 신유지구 사이, 흰 흙으로 덮인 일대가 운젠 지옥이다. 1927년 '일본 신팔경산악' 부문 1위를 차지했고, 1934년 일본에서 최초의 국립공원으로 지정된 지역이다. 여기저기 흩어진 바위 사이, 고온의 온천과 증기가 활발하게 분출되고 강한 유황 냄새와 수증기가 피어나는 광경은 지옥 그 자체다. 소리를 내며 뿜어져 나오는 증기의 최고 온도는 120℃. 대부분이 수증기지만 탄산가스, 황화수소가스를 포함해 강한 유황 냄새를 물씬 풍긴다. 오이토 지옥, 다이쿄칸 지옥 등 30군데 정도의 지옥이 있다. 각각의 이름과 관련한 전설이 내려오며, 진흙 화산같이 신기한 곳부터 에도시대에 순교한 크리스천을 위한 순교비까지 이야깃거리가 가득하다. 한 바퀴 돌면 30분 정도 걸린다. 표지판에는 한글 설명도 있어 편리하게 돌아볼 수 있다.

📍 長崎県雲仙市小浜町雲仙320
📞 0957-73-3434　🕘 09:00~17:00

SPOT TO GO

1 다이쿄칸 지옥 大叫喚地獄
운젠 지옥에서 가장 왕성하게 분화하는 장소로, 가까이에서 분화하는 모습을 지켜볼 수 있다. 전망대에는 비석이 있어 기념 촬영하기도 좋다.

2 데이카잔(진흙 화산) でいかざん
황화수소가 함유된 고온의 화산 가스로 녹은 암석이 하얀 진흙이 되어 뿜어져 올라와 화산 같은 형태를 만들었다. 점성에 따라 모양이 달라진다.

3 세이시치 지옥 清七地獄
1620년대 숨어 있던 크리스천 세이시치(清七)가 순교할 때 솟아올랐다고 해서 붙은 이름이다.

4 오이토 지옥 お糸地獄
운젠 지옥에서 손꼽히는 치열한 분출 장면을 볼 수 있는 곳이다. 메이지시대 초기 바람난 남편을 살해한 여자(이토)를 처형한 뒤 분출된 것으로 전해진다.

5 수증기 다리 湯けむり橋
뿌옇게 피어오르는 유황 냄새 나는 수증기 위로 다리가 놓여 있어 유황 사이를 걸어 들어가는 듯한 기분이 든다.

6 크리스천 순교 기념비
운젠 지옥에서는 1627년부터 1631년까지 기독교인을 박해하고 잔혹하게 고문해 33명이 순교했다. 이 지옥을 내려다보는 절벽 끝에 세운 십자가는 지금도 순교한 신도들을 위로하고 있다. 매년 5월 세 번째 일요일 운젠 지옥에서는 순교된 희생자들의 영혼을 기리는 나가사키 대사교구 주최 운젠순교제가 개최된다.

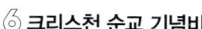

7 마치코 바위 真知子岩
1954년 개봉한 영화 〈너의 이름은(君の名は)〉 촬영지가 운젠이었다. 극 중 주인공 마치코가 손을 얹었다고 해서 마치코 바위가 됐다.

8 운젠 지옥 달걀
온천 마을에서 빼놓으면 섭섭한 온천수로 삶은 달걀이다. 온천 달걀을 1개 먹으면 1년, 2개 먹으면 2년, 3개 먹으면 장수한다고 전해진다. 이 지역에서만 맛볼 수 있는 레모네이드와 함께 먹으면 더 맛있다.

💴 온천 달걀 200엔(2개), 온천 레모네이드 250엔

AREA 16 나가사키현 長崎県

SEE 02
운젠산 정보관 雲仙お山の情報館

운젠의 자연에 대해서 알고 싶은 모든 것을 전시한 곳이다. 화산활동이나 산의 지형, 산에 사는 동물들에 대한 정보를 입체적으로 전시해놓았다. 인근에서 채취한 나무로 만든 목공품이나 토속 기념품도 판매한다. 운젠과 나가사키를 여행하는 데 필요한 지도와 가이드북 같은 것을 갖춰놓았다. 목공교실이나 강연회, 단체 등반 같은 이벤트도 열리니 관심이 있다면 미리 홈페이지를 통해 신청하자. 건물 밖에는 온천 시설과 무료 족욕탕이 있다. 맞은편 운젠산 정보관 별관에는 운젠의 넓은 공간에 운젠의 역사에 대해 전시한다.

📍 長崎県雲仙市小浜町雲仙320
📞 0957-73-3636 ⏰ 09:00~17:00(목요일 휴무)
🌐 http://www.unzenvc.com

SEE 03
운젠 온천 신사 温泉神社

일본 각지 온천 지역에 꼭 하나씩 있는 신사로, 시마바라반도에 있는 모든 온천 신사의 총 본궁이다. 운젠 지옥 바로 옆에 위치해 유황 냄새를 맡으며 산책할 수 있다. '파워 스폿'이라고 쓰여 있는 표지판을 따라가보면 연애 성취와 자손 번영에 효험이 있다고 알려진 부부 감나무가 서 있다. 양손으로 두 그루의 감나무를 안고 아래위로 쓰다듬으며 소원을 빌면 된다.

📍 長崎県雲仙市小浜町雲仙319

SEE 04
야생 늪 原生沼

운젠 지옥 반대편 습지에 있는 식물군은 일본 천연기념물로 지정돼 있다. 식물학자였던 쇼와 일왕도 두 번이나 이곳을 찾아왔을 정도. 식물에 대해 전문 지식이나 관심이 없더라도, 지옥과는 정반대의 푸르른 기운이 느껴져 산책하기 좋다.

📍 長崎県雲仙市小浜町雲仙

SEE 05 유노사토 공동 목욕탕 湯の里温泉共同浴場

운젠 상가 뒷골목 깊숙이 자리 잡은 소박한 목욕탕이지만, 운젠에서 가장 오래된 역사를 지니고 있다. 목욕탕 안에는 탕 하나만 덩그러니 있다. 우윳빛 온천수가 담긴 탕은 생각보다 깊은 편이라 몸이 충분히 잠긴다. 황산염천이라 은은한 유황 냄새가 나며, 물은 매우 부드럽다. 낡고 편의 시설도 없지만 예스러워서 더 정겹다. 샴푸와 비누, 수건 등은 꼭 지참하자.

- 長崎県雲仙市小浜町雲仙303-1
- 0957-73-2576
- 09:00~22:00(화요일 휴무)
- 성인 200엔, 아동 100엔

SEE 06 운젠 신유 온천관 雲仙新湯温泉館

단돈 200엔으로 운젠의 온천을 즐길 수 있는 시설. 남녀로 나뉜 탕으로 들어서면 작은 탕 하나가 기다린다. 우윳빛 온천물은 뜨겁지만, 여행 중 쌓인 피로를 푸는 데는 그만이다. 시설은 낡고 작으니 탕 외에는 기대하지 말 것. 수건, 샴푸나 비누 등 편의용품도 일절 없으니 꼭 지참하자. 바로 앞에는 족욕탕도 있다.

- 長崎県雲仙市小浜町雲仙320
- 0957-73-3233
- 09:00~23:00(수요일 휴무)
- 성인 200엔, 아동 100엔

SEE 07 족탕 광장 足湯広場

여느 온천 마을처럼 운젠도 인심이 넉넉해 가는 곳마다 무료 족욕탕이 있다. 그중 족탕 광장은 운젠 미야자키 료칸 바로 옆에 위치해 운젠 지옥 산책 후 잠시 들러서 피로를 풀기 좋다. 게다가 지붕이 달려 있어 날씨와 관계없이 이용 가능하다. 부드러운 유황 냄새가 나는 유윳빛 온천수는 발을 부드럽게 해준다.

- 長崎県雲仙市小浜町雲仙320
- 0957-73-2543
- 09:00~17:00

손가락 온천?

운젠 이와키 료칸 앞에는 자그마한 손가락 온천이 있다. 족욕할 상황은 안 되고, 온천물을 한번 만져보고 싶다면 손가락 온천에 손가락만이라도 담가보자.

©長崎県観光連盟

EAT 01

그린 테라스 운젠 グリーンテラス雲仙

운젠 오므하야시

운젠 맛집을 추천해달라고 하면 빼놓지 않고 꼽히는 곳이다. 오랫동안 외국인들의 휴양지였던 만큼 이 지역 명물 음식은 다름 아닌 하야시라이스, 즉 하이라이스다. 그린 테라스의 인기 메뉴는 오믈렛을 곁들인 오므하야시다. 치즈같이 부드러운 오믈렛과 새콤한 하야시소스가 잘 어우러져 한 그릇 뚝딱 하게 된다. 푸르른 들판에 지중해풍 분위기로 지은 건물도 아름다운데, 개방감 가득한 테라스와 정원 한쪽 조성한 족욕탕 등도 함께 누릴 수 있다.

메인 요리를 주문하면 수프와 샐러드가 딸려 나온다.

- 長崎県雲仙市小浜町雲仙320
- 0957-73-3277
- 11:00~15:30(홈페이지 통해 휴무 일정 확인)
- 운젠 오므하야시 1800엔, 나가사키 도로코 라이스 1980엔
- http://greenterrace-unzen.jp

실패할 확률이 없는 사라 우동

EAT 02

와추카 기쿠 和中華 喜久

저렴한 금액으로 부담 없이 한 끼 먹을 수 있는 곳이다. 카레, 돈가스, 나가사키 짬뽕, 우동 등 다양한 메뉴를 판매한다. 메뉴에 따라 평이 갈리나, 평범한 메뉴가 실패할 확률이 적다. 늦은 시간까지 영업한다는 점도 큰 장점이다.

- 長崎県雲仙市小浜町雲仙323
- 0957-73-3555
- 09:00~24:00
- 나가사키 짬뽕 700엔, 사라 우동 700엔, 우동 400엔

AREA 16 나가사키현 長崎県

EAT 03

가세야 카페 かせやカフェ

정성스럽게 만든 빵을 파는 베이커리 겸 카페로 온천을 겸해 유명세를 타고 있다. 온천 달걀을 넣은 빵이나 프렌치토스트 등이 인기다. 빵은 85엔부터 300엔까지 저렴한 편. 예쁜 인테리어 소품이나 지역 농산물도 판매하는데, 이것저것 구경하는 재미가 쏠쏠하다. 가게 옆에는 노천탕도 있다.

- 長崎県雲仙市小浜町雲仙315
- 0957-73-3321
- 09:00~16:00(수・목요일 휴무)
- 빵 85~300엔, 프리미엄 커피 270엔

EAT 04

도오토미야 遠江屋

가게 앞을 지나다 달콤하고 구수한 냄새에 이끌려 안으로 들어서게 된다. 옛 시마바라 번주 마츠다이라가 고안한 유센베이다. 유센베이는 온천수로 반죽해 만든 전병으로, 온천수가 몸에 좋다는 이유로 전병에 넣게 됐다고 한다. 얇게 찍어낸 센베이는 바삭바삭하고 고소한 맛이 일품이다. 함께 판매하는 아이스크림과 곁들여 먹으면 더 맛있다. 센베이 사이에 크림을 샌드한 고프레는 선물용으로도 좋다.

- 長崎県雲仙市小浜町雲仙317
- 0957-73-2155
- 08:30~19:00
- 유센베이 100엔(1개)
- https://tohtoumiya.theshop.jp

347

CITY 3

오바마 小浜

시마바라반도 서쪽에 위치한 온천 마을로 해안선을 따라 30여 채의 료칸과 관광호텔 등이 들어섰으며, 증기로 쪄낸 해산물과 오바마 짬뽕 등을 파는 식당이 줄지어 있다. 해안선을 따라 아름다운 풍경이 펼쳐지며, 특히 노을 지는 풍경이 아름답기로 유명하다. 30곳의 원천에서 100℃에 가까운 고온의 온천수가 1만5000톤이나 솟아나 어딜 가나 온천 수증기가 피어오르는 모습을 볼 수 있다.

ⓘ 가는 법 : 나가사키 버스 터미널에서 운젠행 버스를 타고 오바마 온천에서 하차.

SEE 01
오바마 온천 관광 안내소
小浜温泉観光案内所

바닷가를 향해 있는 하얀 2층 건물로 오바마 마네킹이 있는 곳으로 유명하다. 오바마 관광 안내 책자나 지도를 받을 수 있으며, 당일 입욕 가능한 온천이나 주차장 등에 관한 안내도 이루어진다. 이곳에서 무료로 배포하는 오바마 짬뽕 지도는 꼭 챙기자.

📍 長崎県雲仙市小浜町北本町14-39
📞 957-74-2672 🕘 09:00~17:00
🌐 www.obama.or.jp/korean

> **Tip** 오바마 전 미국 대통령과는 관계도 없고 다녀간 적도 없지만, 단순히 이름이 같다고 해서 미국 대선 때 오바마 전 대통령을 응원했고 오바마 전 대통령을 캐리커처한 캐릭터도 사용 중이다.

SEE 02
석양 광장 夕日の広場

오바마 온천 관광 안내소 바로 옆에 있는 해안가 광장이다. 오바마의 해안선 길은 다 아름답지만, 이곳에는 특별한 이야기가 담겨 있다. 시인 사이토 모키치가 나가사키 의과대학 교수 시절에 이곳을 찾아 다치바나만에서 보는 석양의 아름다움에 감동해 시를 지었다. '이곳에 와서 지는 해를 바라보는 것이 일상이 되었고, 바다로 저무는 석양 또한 잊을 수 없다.' 석양 광장에는 이 같은 노랫말이 적힌 시비가 서 있다. 산책로가 잘 조성돼 있어 걷기에 좋으며 이름처럼 석양이 물들 때쯤이면 더 아름답다.

📍 崎県雲仙市小浜町北本町14

시인 사이토 모키치의 시비
ⓒ 長崎県観光連盟

SEE  03

오바마 해안 공원 小浜マリンパーク

아름다운 오바마 해안가, 105℃ 천연 온천이 흘러나오는 온천지다. 이를 이용한 족욕탕과 찜 가마를 만들어 누구나 이용할 수 있게 조성해놓았다. 105℃의 온천수는 가마를 거쳐 족욕탕으로 흘러 들어가다가 맨 마지막 반려동물 전용 족욕탕을 거쳐 바다로 흘러간다.

- 長崎県雲仙市小浜町北本町905-71 ☎ 0957-74-2672
- 4~10월 10:00~19:00, 11~3월 10:00~18:00(찜 가마는 족욕장 폐장 30분 전까지)
- https://obama.or.jp

── SPOT TO GO ──

1 홋토훗토 105 족욕탕 ほっとふっと105

105℃라는 숫자에 맞춰 조성한 일본 최대 길이인 105m의 족욕탕이다. 105m 구간에는 용출된 온천수를 식혀주는 계단식 온천인 유다나, 음식을 쪄 먹을 수 있는 찜 가마, 걸터앉을 수 있는 족욕탕, 걸으며 즐길 수 있는 족욕탕, 반려동물 전용 족욕탕 등을 갖추어 지루하지 않게 족욕을 즐길 수 있다. 족욕탕이 지붕으로 덮여 있어 빛이 강할 때나 비가 올 때도 편안하게 이용할 수 있다. 특히 저녁 무렵, 노을 지는 풍경이 아름답기로 유명하니 이 시간대를 노려보자.

2 홋토훗토 105 찜 가마 ほっとふっと 蒸し釜

찜 요리가 비싸고 부담스럽다면, 이곳 무료 찜 가마를 이용해보자. 바로 옆 상점에서는 옥수수, 달걀, 고구마 등을 판매하는데, 이곳에서 재료를 구입하면 바구니에 음식을 담아준다. 바구니째 찜통에 넣으면 온천수의 열기로만 음식이 익는다. 음식마다 몇 분간 찜통에 넣으라는 설명이 있으니 누구든 쉽게 요리할 수 있다.

유다나

찜 가마

SEE 04 📷 탄산천 炭酸泉

평범한 집 마당에서 보글보글 솟아오르는 온천이다. 오바마 온천수는 보통 100℃지만, 오직 이곳에서만 시원한 탄산수가 흘러나온다. 고농도의 철과 탄산을 함유해 탄산천이라고 부른다. 다른 곳들은 모두 염천이지만, 이곳만은 유황 냄새가 나는 것이 특징. 푸른빛을 띠는 탄산천은 철분과 탄산을 다량 함유해 피부에 좋다고 한다. 신기한 현상을 관찰할 수 있는 매우 중요한 곳이라, 자세한 과학적 설명이 담긴 안내 표지판도 있다.

📍 長崎県雲仙市小浜町北本町999-3
☎ 0957-74-2672

SEE 05 📷 가미노카와 용천수 上の川湧水

오바마 지역의 대표 식용 온천수로 음료수, 생활용수로 이용되며, 나가사키 등 시외에서도 이 물을 받으러 올 정도다. 미네랄이 풍부하다고 알려져 있다. 1629년 기독교 순교자와 관련된 역사를 지닌 유서 깊은 온천이기도 하다. 지역 주민 사이에서는 장옥원전(庄屋元前)의 용천수로 통한다.

📍 長崎県雲仙市小浜町北本町849

SEE 06 📷 이보토리 지장보살 いぼとり地蔵

사마귀를 떼어주는 지장보살로 알려져 있다. 참배할 때 "고노 이보코레(내 사마귀를 떼어 가라)"라고 말하는 전통이 있다고.

📍 長崎県雲仙市小浜町北本町89-1

AREA 16

나가사키현 長崎県

SEE 07

오바마 신사 小浜神社

버스 터미널 바로 뒤에 위치한 작은 신사다. 후켄다케산의 분화를 진정시키는 용이 그려진 천장화로 유명하다. 이 그림은 하룻밤 사이에 그려졌다는 일화가 있는데, 이 용에 행운과 소원을 빌면 이루어진다고 전해진다.

長崎県雲仙市小浜町北本町862
0957-74-2672

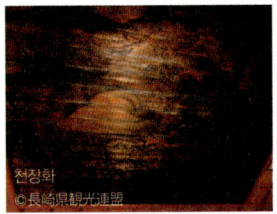

천장화
ⓒ長崎県観光連盟

SEE 08

오쿠수 공원 大楠公園

산책길 끝에 위치한 공원이다. 오르막길을 따라 올라가면 엄청나게 큰 오래된 녹나무가 서 있고 작은 신사도 있다. 녹나무 가지는 넓게 뻗어 있어 공원을 넘어 길가에까지 드리운다. 딱히 볼 건 없지만 산책하다가 잠시 들러서 쉬기에 좋으며, 겨울을 제외하고는 녹음이 가득해 자연을 만끽할 수 있다.

長崎県雲仙市小浜町北本町901-2

나미노유 아카네 波の湯 茜

바닷가와 닿아 있는 노천 온천이다. 눈앞에 바로 탁 트인 바다가 있어 바다에서 수영하는 듯한 기분을 만끽할 수 있다. 게다가 염분이 강한 온천이라 몸이 둥둥 뜨는 신나는 경험도 가능하다. 만조에는 해수면과 20cm밖에 차이 나지 않아 파도가 치면 바닷물이 튀기도 한다고. 특히 해 질 녘 석양을 바라보며 하는 노천 온천은 최고로 꼽힌다.

- 長崎県雲仙市小浜町マリーナ20
- 0957-74-2672
- 10:00~23:00
- 1그룹(4명까지 가능) 전세탕 3000엔(50분)
- https://www.obama.or.jp/onsen/naminoyu-akane

와키하마 온천욕장 脇浜温泉浴場

'규슈 88 온천' 중 하나다. 동네 주민들이 이용하는 작은 목욕탕인데, 유명세로 사람들의 발길이 끊이지 않는다. 2개의 탕을 갖추었으며, 온도가 무척 높으므로 찬물을 적절히 타줘야 한다. 덕분에 근육통 완화 효과가 있다고. 열쇠 없는 사물함이나 낡은 의자 등 오래된 시설이 정겨운 기분을 느끼게 한다. 샴푸나 비누, 수건은 없으니 꼭 지참할 것.

- 長崎県雲仙市小浜町南本町7
- 0957-74-3402
- 06:00~21:00
- 성인 200엔

EAT 01 쇼쿠라쿠 오모리 食楽大盛

오바마 짬뽕 지도가 있을 정도로 오바마 온천 거리 어디든 오바마 짬뽕을 판매한다는 현수막을 볼 수 있다. 솔직히 어느 가게나 맛있지만, 만일 이곳에서 짬뽕을 먹는다면 열광적인 오바마 짬뽕 마니아가 될 것이다. 우선 작은 새우는 껍질째 튀겨 넣었는데, 바삭거리는 식감과 고소한 맛에 깜짝 놀라게 된다. 여기에 고사리, 숙주, 배추 등의 채소와 여러 가지 어묵, 오징어, 돼지고기 같은 재료가 어우러져 씹는 맛과 함께 깊은 국물을 완성했다. 신선한 재료로 좋은 맛을 내는 것이 비결이다.

- 長崎県雲仙市小浜町南本町23-14
- 957-74-2470
- 11:30~14:00, 18:00~20:00
- 오바마 짬뽕 750엔

EAT 02 가이센 시장 무시카마야 海鮮市場・蒸し釜や

신선한 해산물을 온천 증기로 쪄 먹는 식당으로 찜 가마와 솟아오르는 증기가 시선을 사로잡는다. 해산물과 채소 중 원하는 종류를 선택해 주문하면 증기로 쪄서 나온다. 일반적인 해산물덮밥이나 생선회 정식 등도 판매한다. 나미노유 아카네 해상 노천탕 바로 옆에 위치해 온천 후 찾아가기 좋다.

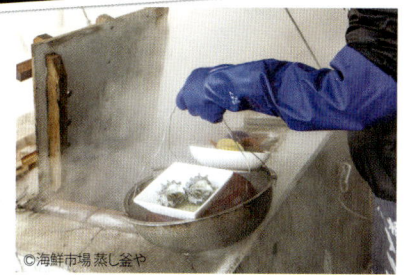

- 長崎県雲仙市小浜町マリーナ19-2
- 0957-75-0077
- 11:30~15:00, 17:30~21:00(화요일 휴무)
- 해산물 시가, 밥·된장국 세트 300엔, 생선회 정식 1600엔
- www.musigamaya.com/ko/top-ko

AREA 17

kagoshima

가고시마현 鹿児島県

고구마를 먹고 자라 맛있는
가고시마 흑돼지

온천이 흐르는 검은 모래에서 찜질을
이부스키

살아서 분화하고 있는 신비의 화산
사쿠라지마

그림보다 아름다운 곳
센간엔

용궁으로 안내하는 테마 열차
이부타마

―― Kagoshima ――
FOOD STORY

❝ 온난한 기후에 바다와 산으로 둘러싸인 가고시마는 다양한 식재료가 풍부한 축복받은 땅이다. 또 예부터 중국과 류큐(오키나와)의 영향을 받아 일본 다른 지역과는 구별되는 독자적인 음식 문화가 발달했다. ❞

가고시마 흑돼지 黑豚

일본에서 가장 맛있는 돼지고기는? 바로 가고시마 흑돼지다. 400년 역사를 지닌 가고시마의 특산품으로, 고구마를 먹고 자라 지방이 맛있고, 고기는 부드러워 고가에 팔린다고 한다. 또 양질의 콜라겐을 함유해 피부 미용에 좋다고. 가고시마 흑돼지는 먹이의 일정량을 고구마로 주어야 한다는 원칙이 있을 정도로 엄격하게 관리한다. 흑돼지 샤부샤부나 돈가스로 가장 많이 먹으며, 조림으로 만든 돈코츠도 향토 음식 중 하나로 꼽는다.

고구마 薩摩芋

일본 내에서 가장 유명한 고구마 산지가 바로 가고시마다. 가고시마의 옛 이름이 사츠마(薩摩)인데, 고구마를 일본어로 사츠마이모(薩摩芋)라 부를 정도다. 가고시마 고구마는 별로 달진 않지만 향이 깊어 파이나 쿠키, 음료수, 소금 등의 형태로 가공해서 판매한다. 이를 이용한 증류식 소주도 가고시마 대표 특산품이다.

가고시마 라멘 かごしまらーめん

돼지 뼈와 닭 뼈, 채소를 넣고 우려내 풍부한 맛이 나는 육수와 굵은 면발이 특징이다. 여기에 숙주나 파 등 다양한 채소를 얹어 먹는다. 돼지 누린내가 거의 나지 않아서 라멘 초심자도 맛있게 먹을 수 있다. 라멘을 주문하면서 차와 채소 절임을 같이 먹는 것이 가고시마 라멘 문화라고.

고구마 아이스크림

고구마 캐러멜

고구마 과자

잔보 모치 ぢゃんぼもち

떡에 대나무 2개를 꽂은 모양이 무사가 옆구리에 차고 있는 칼과 비슷하다는 데 착안해 만든 떡이다. 동그란 당고에 된장소스와 간장소스, 흑당소스를 발라 내온다. 일반적인 당고와 비교하면 단맛보다 짠맛이 더 강하다.

시로쿠마 빙수 白熊

무려 1947년 구보 다케시가 만든 빙수로, 시로쿠마는 백곰이라는 뜻이다. 얼음 위에 곰 얼굴 모양으로 과일을 올린 데 착안해 이름 붙였다. 간 얼음에 우유나 연유를 뿌리고 다양한 과일과 콩으로 장식한다. 이를 기본으로 초코 맛, 말차 맛, 커피 맛 등 다양한 맛으로 변형한 버전도 선보인다. 덴몬칸 무자키가 원조이며, 지금은 가고시마 시내 카페 어디서든 이 빙수를 쉽게 볼 수 있다.

누에콩 스위츠 蠶豆

일본 제일의 생산량을 자랑하는 누에콩. 이부스키에서는 누에콩으로 여러 가지 디저트를 만들어 판매한다. 누에콩 아이스크림, 누에콩 몽블랑, 누에콩 도넛, 누에콩 도라야키까지 다양하다.

도센쿄 소멘나가시 唐船峽そうめん流し

일본 명수 100선에 꼽히는 차가운 도센쿄 샘물에 익힌 소면을 헹궈 먹는 방식의 국수 요리다. 오직 이부스키에서만 맛볼 수 있다. 맛도 있지만 흐르는 물에 국수를 건져 먹는 방식 자체가 재밌다. 같이 딸려 나오는 간장에 찍어 먹으면 된다.

주의해야 할 역사 세고돈 西郷どん

가고시마현을 여행하다 보면 유카타 입은 일본 남성과 강아지 캐릭터를 볼 수 있다. 이 캐릭터는 일본을 근대화로 이끌었으나, 우리나라에는 위협적인 존재였던 역사적 인물을 모티브로 제작했다. 모델이 된 사이고 다카모리는 가고시마 출신의 무사로, 우리나라를 침략하자고 주장(정한론)한 사람이다. 자신의 주장이 관철되지 않자 그는 고향인 가고시마로 돌아왔다. 이후 자신을 따르던 무리와 정부 간에 갈등이 생겨 세이난 전쟁을 일으켰고, 결국 할복했다. 이 이야기는 영화 〈라스트 사무라이〉에 담겼다. 키 180cm, 몸무게 100kg이 넘는 거구였던 그는 생전에 개를 좋아해 10~20마리를 키웠다고 한다. 가고시마에서는 그를 영웅처럼 받들며 일본답게 수많은 캐릭터 상품으로 출시하고 동상을 세우며 그를 기리고 있다.

사이고 센베이 西郷せんべい

사이고군 모나카 西郷くんもなか

Kagoshima
TRANSPORTATION

> 가고시마현은 규슈 최남단에 위치하며, 면적은 북쪽 경계에서 남쪽 경계까지 약 600km에 이른다.
> 기복이 심한 해안선은 가고시마만으로 불리는 긴코만에 떠 있는 활화산 사쿠라지마를 팔로 안은 듯한 모습을 하고 있다. 남쪽으로는 야쿠시마를 비롯해 30여 개의 섬이 흩어져 있다. 가고시마현 여행의 출발점은 가고시마시다.
> 가고시마시에서 이부스키까지는 열차로 1시간 20분 거리에, 사쿠라지마는 가고시마시에서 페리로 15분가량 거리에 있다.

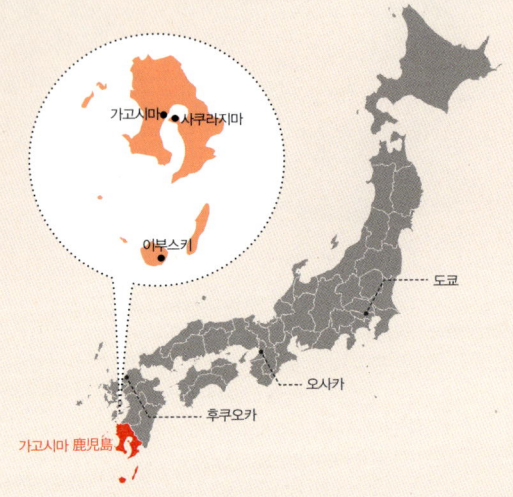

가고시마까지 어떻게 갈까?

인천국제공항에서 가고시마 공항까지 가는 직항 항공편을 운항해 편리하게 갈 수 있다. 2024년 12월 기준, 대한항공에서 주4회 운항 중이다. 그러나 스케줄이 맞지 않거나 직항편이 중단되었다면, 후쿠오카 공항이나 구마모토 공항에서 신칸센을 타고 이동하자. 특히 항공편이 많은 후쿠오카에서는 JR 하카타역에서 신칸센을 타면 JR 가고시마추오역까지 1시간 30분밖에 걸리지 않는다. 가격이 비싸니 JR 전 규슈 레일 패스가 있는 경우에만 추천한다. 그보다 저렴한 방법으로는 고속버스를 타는 방법이 있는데, 시간은 3배 이상 걸리지만(4시간 40분 이상) 가격은 신칸센의 절반이다.

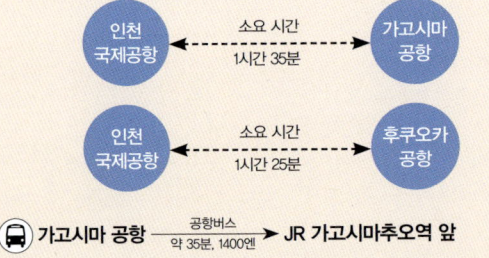

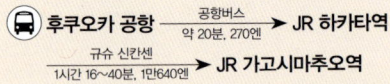

가고시마 노면전차

가고시마 시내를 누비는 노면전차다. 여느 일본 소도시에서 볼 수 있는 노면 전차와 다를 바 없는 듯하나 딱 한 가지 다른 점이 있다. 바로 노면전차 아래 잔디가 깔려 있다는 점이다. 2005년부터 도시를 친환경적인 이미지로 조성하기 위해 만든 것으로, 8.9km에 걸쳐 잔디가 깔려 있다.

¥ 1회 탑승 12세 이상 170엔, 6~11세 80엔

가고시마 시내 패스

큐트 패스
가고시마시에서 가고시마교통국이 운행하는 버스, 노면전차, 페리 등을 모두 탑승할 수 있는 패스다. 가고시마 관광지를 순회하는 시티뷰 버스와 사쿠라지마 페리, 사쿠라지마 아일랜드뷰 버스, 사쿠라지마 순환 크루즈 등을 탑승할 수 있다. 사쿠라지마에 갈 계획이라면 반드시 필요하다. 센간엔, 가고시마 수족관, 사쿠라지마 마그마 온센, 관람차 아뮤란 등을 이용할 때 할인 혜택을 받을 수 있다.

¥ **1일권** 12세 이상 1300엔, 6~11세 650엔,
2일권 12세 이상 1900엔, 6~11세 950엔

가고시마 1일 승차권
가고시마시에서 가고시마교통국이 운행하는 시영버스, 시 전차, 시티뷰 버스 등을 모두 탑승할 수 있는 패스다. 민영버스, 난고쿠 교통과의 공동 운행 노선인 난고쿠 버스에서는 이용할 수 없다.

¥ **1일권** 12세 이상 600엔, 6~11세 300엔

사쿠라지마 아일랜드뷰 1일 승차권
사쿠라지마항에서 사쿠라지마 방문자 센터, 사쿠라지마 국제 화산 방재 센터, 전망대 등 사쿠라지마 관광지를 순회하는 사쿠라지마 아일랜드뷰 버스를 하루 동안 이용할 수 있는 이용권이다. 30분 간격으로 운행해 관광 사이에 시간 맞추기도 편리하다. 한 바퀴 도는 데 걸리는 시간은 55분. 더욱이 파노라마 윈도우를 갖춘 대형 차량을 투입해 차 안에서도 아름다운 사쿠라지마의 풍경을 감상할 수 있다.

¥ **1일권** 12세 이상 500엔, 6~11세 250엔

규슈 지역 패스

JR 전 규슈 레일 패스
후쿠오카 공항을 이용할 경우 가장 유용한 패스다. 신칸센을 타면 JR 하카타역에서 JR 가고시마추오역까지 단 1시간 20분 만에 갈 수 있다. 그러나 거의 항공권과 맞먹는 금액에 쉽게 선택하기 쉽지 않다는 것이 단점. 규슈 여러 곳을 한 번에 둘러볼 경우에만 추천한다.

¥ **3일권** 12세 이상 2만엔, 6~11세 1만엔, **5일권** 12세 이상 2만2500엔, 6~11세 1만1250엔(지정석 무제한)

JR 남규슈 레일 패스
구마모토부터 가고시마까지 이용할 수 있는 패스다. 가격은 전 규슈 레일 패스의 반이지만, 사용할 수 있는 범위가 넓지 않고 3일권밖에 없다. 구마모토 일부 구간과 가고시마, 미야자키 일부 구간을 이용할 수 있다. 신칸센은 JR 구마모토역에서 JR 가고시마추오역까지 이용 가능하며, 가고시마에서 이부스키는 일반 열차를 이용한다. 이부스키까지 운행하는 특별 열차인 이부타마는 따로 추가금을 내고 좌석권을 구입해야 한다.

¥ **3일권** 12세 이상 1만엔, 6~11세 5000엔(지정석 6회)

남규슈 산큐 패스
가고시마를 포함해 구마모토, 미야자키현의 고속버스와 시내버스를 자유롭게 이용할 수 있는 패스다. JR 남규슈 패스보다는 3현의 모든 버스를 커버한다. 사쿠라지마 페리도 승선할 수 있다.

¥ **3일권** 8500엔(5일 중 3일 선택)

전 규슈 산큐 패스
규슈 모든 지역을 커버하는 패스다. 모든 고속버스, 시내버스뿐 아니라 시모노세키 고속 페리, 사쿠라지마 페리 등 총 5개 항로의 페리도 탑승할 수 있다. 후쿠오카로 입국한다면 이 패스가 유용하다. 그러나 후쿠오카에서 가고시마까지 버스로 이동하면 4시간 30분 정도가 걸리므로 인내가 꽤 필요하다.

¥ **3일권** 1만2000엔(5일 중 3일 선택),
4일권 1만5000엔(7일 중 4일 선택)

Kagoshima
COURSE FOR YOUR TRIP

가고시마현 3박 4일 추천 코스

"가고시마 공항으로 입국해 가고시마현의 베스트 관광지인 이부스키와 사쿠라지마, 가고시마를 두루 돌아보는 일정이다."

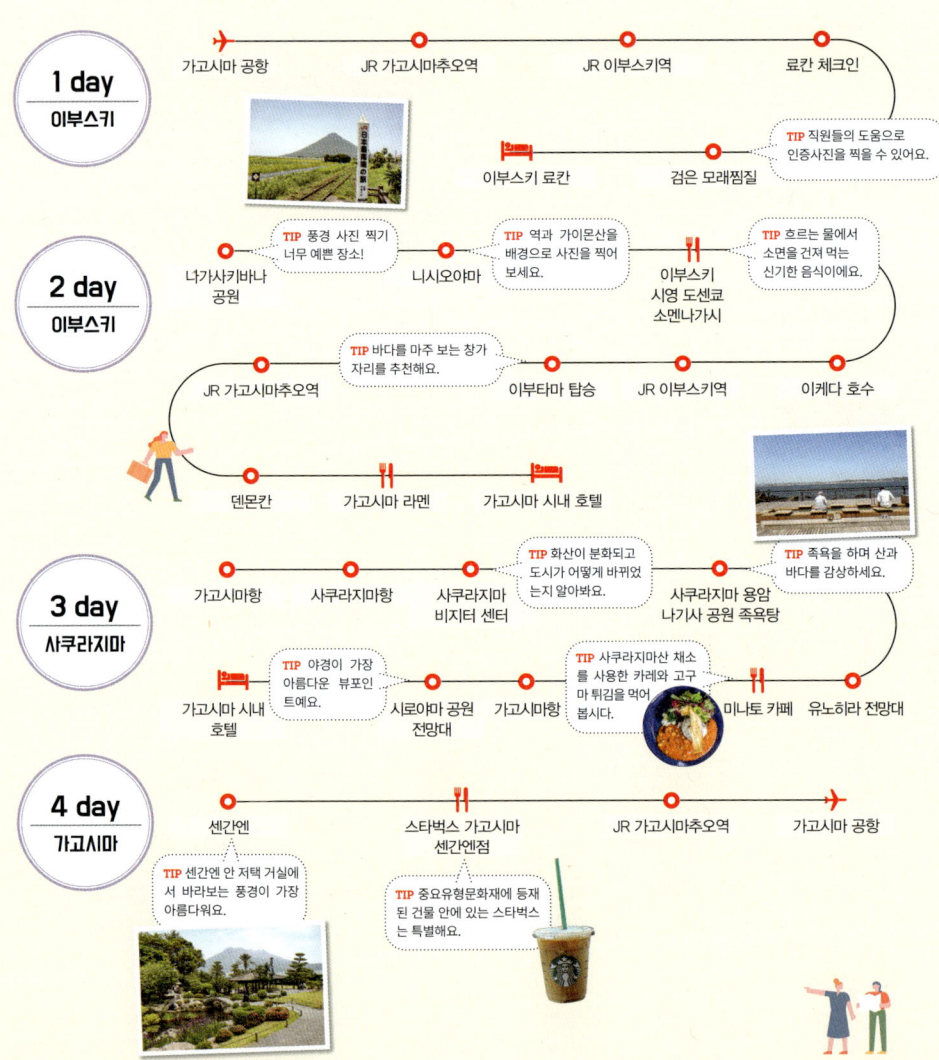

1 day 이부스키
가고시마 공항 → JR 가고시마추오역 → JR 이부스키역 → 료칸 체크인 → 이부스키 료칸 → 검은 모래찜질
TIP 직원들의 도움으로 인증사진을 찍을 수 있어요.

2 day 이부스키
나가사키바나 공원 → 니시오야마 → 이부스키 시영 도센쿄 소멘나가시 → JR 가고시마추오역 → 이부타마 탑승 → JR 이부스키역 → 이케다 호수 → 덴몬칸 → 가고시마 라멘 → 가고시마 시내 호텔
TIP 풍경 사진 찍기 너무 예쁜 장소!
TIP 역과 가이몬산을 배경으로 사진을 찍어 보세요.
TIP 흐르는 물에서 소면을 건져 먹는 신기한 음식이에요.
TIP 바다를 마주 보는 창가 자리를 추천해요.

3 day 사쿠라지마
가고시마항 → 사쿠라지마항 → 사쿠라지마 비지터 센터 → 사쿠라지마 용암 나기사 공원 족욕탕 → 가고시마 시내 호텔 → 시로야마 공원 전망대 → 가고시마항 → 미나토 카페 → 유노히라 전망대
TIP 화산이 분화되고 도시가 어떻게 바뀌었는지 알아봐요.
TIP 족욕을 하며 산과 바다를 감상하세요.
TIP 야경이 가장 아름다운 뷰포인트예요.
TIP 사쿠라지마산 채소를 사용한 카레와 고구마 튀김을 먹어 봅시다.

4 day 가고시마
센간엔 → 스타벅스 가고시마 센간엔점 → JR 가고시마추오역 → 가고시마 공항
TIP 센간엔 안 저택 거실에서 바라보는 풍경이 가장 아름다워요.
TIP 중요유형문화재에 등재된 건물 안에 있는 스타벅스는 특별해요.

유유자적 2박 3일 가고시마 코스

> 가고시마 시내와 사쿠라지마 화산섬을 돌아보는 코스.
> 가고시마에 짧게 다녀올 거라면, 과감히 이부스키를 빼야 한다.

AREA 17 가고시마현 鹿児島県

1 day 나가사키 
가고시마 공항 → JR 가고시마추오역 → 덴몬칸 → 가루후라멘 덴몬칸 본점 → 시로야마 공원 전망대 → 가고시마 후루사토 야타이무라(일본식 선술집) → 가고시마 시내 호텔

2 day 사쿠라지마 가고시마
가고시마항 →(페리)→ 사쿠라지마항 → 사쿠라지마 비지터 센터 → 사쿠라지마 용암 나기사 공원 족욕탕 → 유노히라 전망대 → 미나토 카페 → 가고시마항 → 워터 프론트 파크 → 회전 초밥 멧케몬 돌핀 포트점 → JR 가고시마추오역(쇼핑) → 가고시마 시내

3 day 가고시마
센간엔 → 상고 집성관 → 스타벅스 가고시마 센간엔점 → JR 가고시마추오역 → 가고시마 공항

JR 규슈 패스 이용자를 위한 가고시마 당일치기 코스

> 후쿠오카 공항으로 들어와 규슈 이곳저곳을 둘러볼 사람들을 위한
> 가고시마 핵심 코스다. 아침 일찍 신칸센을 타고 움직이면 하루 만에 돌아볼 수 있다.

1 day 가고시마
JR 가고시마추오역 → 센간엔 → 오카테이 → 사쿠라지마항 → 사쿠라지마 비지터 센터 → 사쿠라지마 용암 나기사 공원 족욕탕 → 사쿠라지마항 → 워터 프론트 파크 → 덴몬칸 → 흑돼지 요리 주안 → JR 가고시마추오역

CITY 1

가고시마 鹿児島

가고시마시는 가고시마현의 행정과 경제, 문화의 중심이다. 시내 곳곳에는 봉건국가에서 근대 통일국가로 변모시킨 메이지유신과 관련된 많은 역사적 흔적이 남아 있다. 긴코만 너머로 사쿠라지마를 바라볼 수 있는 시로야마 공원 전망대와 워터 프런트 파크, 센간엔 등 덕분에 도시는 더욱 풍요롭다. 1년에 수십 번씩 사쿠라지마가 분화해 재가 날리지만, 이마저도 가고시마의 매력이다.

ⓘ 가는 법 : JR 가고시마추오역에서 내려 노면전차를 타고 이동한다.

SEE 01
가고시마추오역 鹿児島中央駅

신칸센이 연결돼 일본 전역으로 빠르게 갈 수 있는 가고시마 교통의 중심이다. 역에는 아뮤 플라자, 도큐 핸즈, 빅 카메라 등 큰 쇼핑센터가 들어서 있어 대도시가 부럽지 않을 정도다. 아뮤 플라자 옥상에는 대관람차가 있는데, 밤이 되면 조명이 켜지며 더욱 아름답게 변한다.

📍 鹿児島県鹿児島市中央町1-1

SEE 02
덴몬칸 天文館

JR 가고시마추오역과 더불어 번화가인 상점가 거리이자 가고시마 시내 중심가다. 덴몬칸은 에도시대 이곳에 있던 사츠마번의 천문 관측소 '메이지관'에서 유래한 이름이다. 아케이드로 연결되어 계절과 날씨에 상관없이 돌아다니기 좋다.

📍 鹿児島県鹿児島市東千石町14
🌐 www.welove.tenmonkan.com/new

SEE 03

시로야마 공원 전망대
城山公園展望台

107m 높이에서 가고시마 시내와 사쿠라지마, 긴코만을 한눈에 내려다볼 수 있는 전망대. 사쿠라지마를 바라볼 수 있는 최고의 뷰포인트로 꼽혀, 사진을 남겨야 하는 인증사진 명소이기도 하다. 걸어가려면 등산을 해야 하니, 반드시 시티뷰 버스를 타길 권한다. 야경 명소로 인기가 많지만 해가 지기 전에 운행을 중단해 이동 시 어려움이 있다. 시로야마 호텔 앞에서 택시를 타고 가도 좋다. 단, 날씨가 좋지 않다면 앞이 잘 안 보일 수 있으니 계획을 세울 때는 날씨나 분화를 먼저 확인하자.

- 鹿児島県鹿児島市城山町照国町22-13
- 099-298-5111
- https://www.kagoshima-kankou.com/guide/10525

©K.P.V.B

SEE 04

워터 프런트 파크
ウォーターフロントパーク

가고시마 여객선 터미널이 있는 항구 일대에 조성된 공원이다. 긴코만 건너 사쿠라지마를 가까이에서 조망할 수 있는 훌륭한 뷰포인트이기도 하다. 바다를 따라 조성된 공원에는 앉아서 쉴 만한 정자나 예쁜 분수(미나미가제의 온천)가 있어 산책하기에 좋다. 눈에 띄는 빨간색 가고시마 구항 북방파제 등대는 일본 등록 유형문화재다.

- 鹿児島県鹿児島市本港新町5-4

거리 곳곳에서 볼 수 있는 화산재

SEE 05

센간엔 仙巌園

가고시마에서 가장 유명한 관광지다. 시내에서 버스를 타고 30분 정도 가야 하지만, 찾아가 반나절을 보낼 가치가 있다. 센간엔은 에도시대 초기인 1659년 다이묘 시마즈 미츠히사가 별장으로 만든 정원이다. 긴코만을 연못으로, 사쿠라지마를 석가산(산 모양으로 쌓은 돌 장식)으로 삼은 웅대한 경치가 아름답다. 덕분에 오래전에는 영빈관 역할도 했다. 정원 내에는 역사적으로 의미 깊은 사적이나 여러 식당, 기념품 가게 등이 들어서 있으며 계절별로 다양한 행사가 열린다. 2015년에는 유네스코 세계문화유산 구성 자산으로 등록됐다.

- 鹿児島県鹿児島市吉野町9700-1
- 099-247-1551
- 09:00~17:00
- 저택 코스(센간엔, 상고 집성관, 저택) 고등학생 이상 1600엔, 초등·중학생 800엔 / 정원 코스(센간엔, 상고 집성관) 고등학생 이상 1500엔, 초·중·고등학생 500엔
- https://www.senganen.jp

― SPOT TO GO ―

1 저택 御殿

센간엔 안에 있는 저택이다. 이곳은 에도막부 말기와 메이지시대에 영빈관으로 사용되어 러시아 황제 니콜라이 2세와 영국 국왕 에드워드 8세가 방문한 바 있다. 또 마지막 번주가 된 시마즈 다다요시도 사망할 때까지 이곳에서 살았다. 1884년 복원한 방을 중심으로 침실, 거실, 욕실, 정원 등이 잘 보존돼 있으며, 당시 의상이나 사용하던 물건도 잘 전시돼 있다. 특히 영주의 거실에서 바라보는 정원이 정말 아름답다. 저택 코스 티켓을 구입해야 입장 가능하다.

2 망악루 望嶽楼

19대 미츠히사시대에 류큐(오키나와) 국왕이 보내온 이국적인 정자. 28대 시마즈 나리아키라와 가쓰 가이슈(메이지 정부 고급 관리)도 여기에서 회담을 했다.

3 주석 문 錫門

지붕을 가고시마의 특산품인 주석으로 덮은 옛 정문. 오직 사쓰마 번주와 그의 후계자만 지나갈 수 있었다고 한다.

4 오니와 신사 御庭神社

츠루마루 성안에 있는 신사와 센간엔 외부에 있던 신사를 1918년 합쳐서 만든 신사다.

5 스이도 바시 水道橋

일본의 여러 사극이 센간엔에서 촬영됐다. 그중 스이도 바시는 일본 NHK 대하드라마 〈아츠히메〉 촬영지로도 유명한 다리다.

스타벅스 가고시마 센간엔점
スターバックスコーヒー 鹿児島仙巌園店

일본 스타벅스 지역 랜드마크 스토어 중 하나로 센간엔 가까이에 위치해 함께 둘러보기 좋다. 바로 인근에 있는 건물들이 그렇듯, 이 건물 역시 사츠마 번주 시마즈와 관련된 등록유형문화재다. 그런데 바로 이 역사적인 건물에 스타벅스가 입점했다. 고풍스러운 외관과 달리 내부는 최대한 원형을 유지하면서도 스타벅스의 아이덴티티를 잘 반영했다. 특히 1, 2층 천장에 매달린 모던한 금색 조명은 전체적인 분위기를 고급스럽게 만들어준다.

- 鹿児島県鹿児島市吉野町9688-1
- 099-248-6551 08:00~21:00
- www.starbucks.co.jp/store/search/detail.php?id=1441

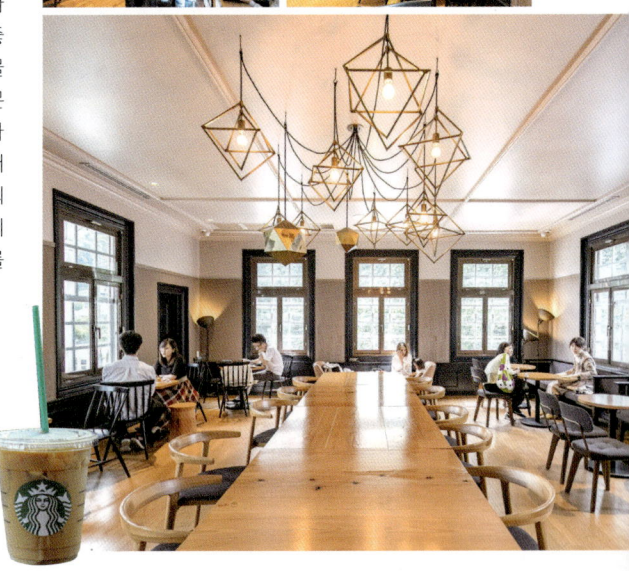

SEE 07

상고 집성관(옛 집성관 기계 공장)
尚古集成館

센간엔 바로 옆에 있는 석조 건물로, 1865년 시마즈 나리아키라가 지은 기계 공장이다. 일본에서 현존하는 가장 오래된 서양식 공장 건축물이며, 현재는 사츠마 가문의 역사와 문화, 가고시마 방적소 자료 등을 전시하는 박물관으로 이용한다. 센간엔 입장권으로 이곳도 함께 둘러볼 수 있다.

- 鹿児島県鹿児島市吉野町9698-1
- 099-247-3401 09:00~17:00
- 15세 이상 1000엔, 6~15세 500엔
- www.shuseikan.jp

SEE 08

옛 가고시마 방적소 기사관(이진칸)
鹿児島紡績所技師館(異人館)

1867년 사마즈 다다요시가 일본 최초로 서양식 방적소를 만들 때 영국인 기술자를 위해 지은 숙소. 일본의 초기 서양식 목조건축의 대표적인 예로, 서양풍 발코니 등이 인상적이다.

- 鹿児島県鹿児島市吉野町9685-15
- 099-247-3401
- 08:30~17:30
- 고등학생 이상 200엔, 초등·중학생 100엔
- www.city.kagoshima.lg.jp/kyoiku/kanri/bunkazai/shisetsu/kanko/048.html

AREA 17 가고시마현 鹿児島県

SEE 09

가고시마 수족관 かごしま水族館

구로시오해류가 휘감아 도는 남서제도 바다와 가고시마 바다에 서식하는 다양한 물고기를 소개하는 수족관이다. 2층에는 '구로시오의 바다', '난세이제도의 바다'가 있으며, 4층에는 '가고시마의 바다', '사츠마하오리무시'도 있다. 하오리무시(서관충)는 해저에서 분출되는 황화수소 가스로 살아가는 심해 생물을 말한다. 그중 거대한 수조 속에서 물고기 떼와 거대한 고래상어, 가오리가 유유히 헤엄치는 '구로시오의 바다'가 제일 인기 높다. 그 밖에도 돌고래 쇼나 바다표범에게 먹이 주기, 전기뱀장어 전기, 고래상어 식사 시간 등 생물의 특성을 가까이에서 경험하는 다양한 이벤트도 마련되어 있다.

📍 鹿児島県鹿児島市本港新町3-1 📞 099-226-2233
🕘 09:30~18:00(12월 첫째 월요일부터 4일간 휴관)
💴 성인 1500엔, 초등·중학생 750엔, 4세 이상 유아 350엔 🌐 http://ioworld.jp

사진 제공 : 가고시마 수족관

EAT 01 🍴

회전 초밥 멧케몬 돌핀 포트점
廻る寿司めっけもん ドルフィンポート店

가고시마에 왔으면 가고시마산 회나 스시를 한 번쯤 먹어야 한다. 회전 초밥집이 이곳은 한 접시에 130엔부터 시작하지만, 보통 300·400엔짜리가 먹을 만하다. 조금 비싸더라도 주방장 추천 메뉴(오스스메)는 꼭 먹어볼 것. 갓 잡은 가고시마산 제철 생선으로 만들어 맛이 뛰어나다. 생선을 다져 만든 완자를 넣은 미소국도 맛있다.

📍 鹿児島県鹿児島市本港新町5-4
📞 099-219-4550
🕘 11:00~21:00
💴 접시당 130~400엔
🌐 www.jf-group.co.jp

EAT 02

오카테이 桜華亭

센간엔 안에 있는 여러 음식점 중 가장 고급스러운 향토 요리를 파는 곳이다. 창가에 앉으면 사쿠라지마와 정문, 아름다운 정원이 펼쳐져 밥을 먹지 않아도 배부르다. 이곳의 인기 대표 메뉴는 도미 샤부 정식(鯛しゃぶ御膳)으로, 28대 시마즈 나리아키라가 도미를 좋아했다는 데서 착안했다. 먼저 채소를 샤부샤부 국물에 넣어 익힌 뒤 그 국물에 도미를 살짝 데쳐 참깨소스에 찍어 먹는다. 도미를 넣은 미소국도 맛있으며, 채소를 넣어 반죽한 어묵은 입맛을 돋운다.

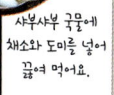
샤부샤부 국물에 채소와 도미를 넣어 끓여 먹어요.

신선한 도미

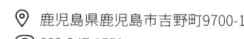

- 鹿児島県鹿児島市吉野町9700-1
- 099-247-1551
- 11:00~16:00(15:30 주문 마감), 18:00~21:00(별실, 10인 이상)
- 흑돼지 샤브 정식 2800엔

EAT 03

잔보모치야 両棒餅屋

센간엔 정문 입구에 있는 잔보 모치 가게. 센간엔의 명물인 잔보 모치를 판매한다. 잔보 모치는 떡에 꼬치 2개를 꽂은 형태로, 이는 무사가 허리에 칼 2개를 찬 모습을 보고 만들었다고 한다. 간장 맛, 된장 맛, 2개가 세트로 나오는 메뉴가 인기며, 녹차는 서비스로 제공한다. 흑당 맛도 있으니 입맛대로 골라 먹자.

- 鹿児島県鹿児島市吉野町9700-1
- 099-247-1551
- 목요일 08:30~17:30
- 잔보 모치 500엔(6개)

가고시마현 鹿児島県

EAT 04 먹을거리

가곳마 후루사토 야타이무라
かごっまふるさと屋台村

가고시마의 밤을 즐겁게 보내고 싶다면 이곳으로 가자. JR 가고시마추오역 인근에 있는 이곳에는 가고시마현 내 각지에서 엄선해 선발한 포장마차(야타이)가 모여 독특한 정취를 풍긴다. 무려 25개의 가게가 들어서 있다. 작은 가게에 주인을 중심으로 빙 둘러앉으면 낯선 관광객도 금방 친구가 된다. 현지인들도 많이 찾으며, 가고시마의 식재료로 만든 술이나 안주를 합리적인 가격에 즐길 수 있다.

- 鹿児島県鹿児島市中央町6-4
- 099-255-1588
- 12:00~14:00, 17:00~24:00 (가게마다 조금씩 다름)
- www.kagoshima-gourmet.jp

EAT 05

가루후 라멘 덴몬칸 본점
我流風 ラーメン 天文館本店

덴몬칸 입구에 있는 유명한 가고시마 라멘집이다. 1972년 창업해 현 내에 8개의 지점을 운영한다. 입구에 있는 자판기에서 원하는 메뉴를 골라 지불하면 되는데, 워낙 메뉴가 많아 결정 장애가 온다. 인기 메뉴는 가고시마 특제 라멘. 차슈 2점에 구운 김 2장, 마늘 칩, 양배추, 파, 콩나물 등을 듬뿍 넣었다. 라멘에 볶은 돼지고기에 반숙 달걀을 올린 돼지 볶음밥도 곁들여 먹으면 든든하다.

채소가 듬뿍 든 특제 라멘

곁들여 먹으면 좋은 돼지 볶음밥

AREA 17
가고시마현 鹿児島県

- 鹿児島県鹿児島市東千石町14-3 オークルビル1F
- 099-227-7588
- 월~목요일 11:00~22:00, 금~토요일 11:00~24:00, 일요일 11:00~21:00
- 돼지 볶음밥 380엔, 가고시마 특제 라멘 890엔

EAT 06

흑돼지 요리 주안 추오역 서쪽 출구점
黒豚料理 寿庵 中央駅西口店

흑돼지 샤부샤부를 파는 고급 식당이다. 흑돼지 샤부샤부를 주문하면 채소와 흑돼지가 함께 나온다. 돈가스는 등심, 안심 부위별로 파는데, 어떤 걸 먹어도 촉촉하고 부드러운 흑돼지를 맛볼 수 있다. 흑돼지 샤부샤부는 국물이 다소 싱겁게 느껴지지만, 함께 나오는 참깨소스와 간장소스를 입맛에 맞게 찍어 먹으면 맛있다. 흑돼지 츠케멘은 소스에 흑돼지와 된장을 넣어 끓여 만든 것으로 한번도 접해보지 못한 색다른 맛이 난다. 메뉴가 대부분 비싼 편이나 점심시간에 가면 조금 저렴하게 먹을 수 있다.

- 鹿児島県鹿児島市武1-3-1
- 099-297-5830
- 월~목요일 11:00~15:00·17:00~21:30, 토~일요일 11:00~21:20
- 흑돼지 돈가스(점심) 2420엔, 흑돼지 샤부샤부 런치 3278엔
- https://juan-chuouekinishiguchiten.gorp.jp

흑돼지 츠케멘

©가고시마시

CITY 2 사쿠라지마 桜島

가고시마의 랜드마크라고 할 수 있는 가장 유명한 관광 스폿이다. 사쿠라지마 화산을 중심으로 지형이 동그란 섬처럼 보이지만 육지와 아슬아슬하게 이어져 있다. 원래는 단독 섬이었으나 대폭발로 오스미 반도와 연결돼 육지가 됐다. 대폭발 이후 1년에 수십 번씩 분화를 반복하는 살아 있는 화산으로 엄청난 분화의 역사를 말해주듯 섬 안에서는 여기저기 용암으로 이루어진 들판을 볼 수 있다.

ⓘ 가는 법 : 가고시마항에서 사쿠라지마행 페리를 탄다.

― INFORMATION ―

1 사쿠라지마 페리

가고시마항과 사쿠라지마를 오가는 페리다. 24시간 운행하며, 15분 간격으로 자주 다니는 편이다. 가고시마시 큐트 패스를 사용하면 페리는 무료이며, 사쿠라지마 아일랜드 뷰 버스 1일권을 구입하면 요금을 할인해준다.

¥ 성인 200엔, 아동 100엔

2 사쿠라지마 아일랜드 뷰 버스

사쿠라지마항부터 유노히라 전망대까지 사쿠라지마 서부 지역 관광지를 돌아보는 순환버스다. 비슷한 코스의 두 노선을 운행하며, 30분 간격으로 운행하기 때문에 계획을 잘 세워야 효율적인 여행이 가능하다. 1일 승차권을 구입하는 게 좋다.

◷ 09:30~16:30
¥ 1회 성인 120~440엔(구간마다 다름), 아동 60~220엔 / 1일 성인 500엔, 아동 250엔

사쿠라지마에서 가장 아름다운 풍경을 볼 수 있는 전망대

SEE  01

사쿠라지마 용암 나기사 공원 족욕탕
桜島溶岩なぎさ公園&足湯

기리시마 긴코완 국립공원 입구로 들어서면 잘 조성된 공원과 전망대가 보인다. 오른쪽에는 길이가 무려 100m나 되는 족욕탕이 들어서 바다와 사쿠라지마 전망을 보면서 족욕을 할 수 있다. 오른쪽으로는 정자 형태의 전망대가 위치하고 그 앞바다와 바로 근처에 또 하나의 족욕탕이 마련돼 있다. 이곳에 앉으면 바다와 건너편 가고시마까지 훤히 보인다. 사쿠라지마에서 가장 아름다운 포인트다. 다시 입구로 나와 반대편으로 걸어가면 사쿠라지마 용암 나기사 산책로가 펼쳐진다. 족욕을 위한 개인 수건은 반드시 준비해 가자.

- 鹿児島県鹿児島市桜島横山町1722-3
- 099-216-1327
- 09:00~일몰
- www.sakurajima.gr.jp/tourism/000677.html

SEE  02

사쿠라지마 비지터 센터
桜島ビジターセンター

족욕탕 바로 맞은편에 위치한 비지터 센터. 사쿠라지마의 분화 역사, 화산이 지역 주민에게 미친 영향 등을 알기 쉽게 소개한 작은 박물관이다. 사진과 영상, 음향, 축소된 모형을 통해 설명하기 때문에 어렵지 않게 이해할 수 있다. 200인치 모니터에 상영하는 영상에는 한국어 자막도 있다. 지금 활발히 활동 중인 쇼와 화구의 라이브 영상, 실시간 지진계 데이터 등 살아 움직이는 화산의 정보를 파악할 수 있다. 한쪽에서는 사쿠라지마 관광에 대한 안내를 받고, 기념품도 구입할 수 있다. 입장은 무료다.

- 鹿児島県鹿児島市桜島横山町1722-29
- 099-293-2443
- 09:00~17:00
- www.sakurajima.gr.jp/tourism/000361.html

SEE 03

유노히라 전망대 湯之平展望所

사쿠라지마에서 화산을 가장 가까이에서 볼 수 있는 전망대다. 일반인이 들어갈 수 있는 곳 중 가장 높은 해발 373m, 미나미다케 분화구에 가장 가깝다. 사쿠라지마의 웅장함을 느낄 수 있는데, 눈앞에 화산의 거친 면을 볼 수 있고 용암이 흘러간 길도 관찰할 수 있다. 전망대에 오르면 360도 돌아가며 조망 가능하며, 서쪽으로는 긴코만을 사이에 두고 가고시마시가 보인다.

◉ 鹿児島県鹿児島市桜島小池町桜島横山町1025
☏ 099-298-5111 ⏰ 09:00~17:00
🌐 www.sakurajima.gr.jp/tourism/000350.html

SEE 04

가라스지마 전망대 烏島砲台跡

원래는 바다 위에 떠 있는 섬이었다. 대분화로 용암이 바다를 매립하면서 지금처럼 사쿠라지마의 일부가 됐고, 폭발 후 100년이 지난 지금 매립된 부분에도 식물이 자라나 예전 흔적이 없을 정도다. 예전에는 이 섬에 신사도 있었다고 한다. 기념 비석이 서 있으며, 어느 방향이든 절경이 보이는 전망대로 사랑받는다.

◉ 鹿児島県鹿児島市桜島横山町3629-12
☏ 099-298-5111

SEE 05 구로카미 매몰 도리이 黒神埋没鳥居

1914년 일어난 대분화로 2m나 매몰돼 윗부분(1m)만 겨우 남은 도리이다. 단 하루 만에 화산재가 마을을 뒤덮었다. 이후 도리이를 화산재에서 파내려 했지만 분화를 후세에 남기자는 촌장의 의견에 따라 그 모습 그대로 남겼고, 덕분에 관광 코스가 됐다. 이곳은 관광지 정반대에 위치해 아일랜드뷰 버스로는 갈 수 없고, 택시나 렌터카로만 가능하다.

鹿児島県鹿児島市黒神町647
https://www.sakurajima.gr.jp/tourism/000352.html

AREA 17 가고시마현 鹿児島県

EAT 01 미나토 카페 MINATO Café

사쿠라지마항 페리 터미널 안에 있는 카페다. 커피와 차, 음료는 물론 식사도 판매한다. 사쿠라지마 커리와 미나토 햄버거가 인기. 채식주의자를 위한 커리는 병아리콩을 비롯해 여러 종류의 채소를 넣고 오랫동안 끓여 만든 덕분에 깊고도 산뜻한 맛이 난다. 가고시마 특산품인 고구마를 튀겨 올렸다. 밥은 화산을, 카레는 마그마를 형상화한 것이 재밌다. 햄버거는 120g 패티에 상추와 토마토 등 채소를 듬뿍 넣고 치즈를 뿌려 완성했다. 여기에도 감자 튀김 대신 고구마 튀김을 곁들이며, 매일 한정 수량으로 제공한다.

鹿児島県鹿児島市桜島横山町61-4
099-293-2550
10:00~17:00
사쿠라지마 카레 1580엔(샐러드, 음료 포함), 미나토 햄버거 880엔(음료 포함)
https://note.com/minato_cafe

CITY 3 이부스키 指宿

일본 본토 최남단에 위치한 온천 도시다. 특히 모래로 몸을 덮고 입욕하는 세계 유일의 천연 모래찜질 온천으로 유명하다. 또 용궁 전설의 발상지로 전해지는 류구 신사와 엄청나게 큰 뱀장어가 서식한다는 이케다 호수 등이 있어 매우 흥미로운 지역이다.

ⓘ 가는 법 : JR 가고시마추오역에서 이부스키미쿠라자키선을 타고 JR 이부스키역에서 내린다.

SEE 01

이부스키역 指宿駅

이부스키의 대표 역으로, 이부스키 관광 안내소 역할을 겸한다. 내부에는 이부타마 콘셉트 포토 월과 작은 상점이, 외부에는 족욕탕이 자리해 기차를 기다리는 동안 지루함을 달랠 수 있다. 또 자전거 렌털 숍, 렌터카 지점, 버스 정류장이 있어 이부스키 관광을 시작하기에 중요한 지점이다.

TO DO LIST

1 이부스키 무료 족욕탕

2006년에 만든 나름 규모가 큰 족욕탕이다. 족욕탕 가운데 온천을 즐기는 듯한 모습을 한 3인 가족 동상인 '목욕상(湯浴みの像)'이 있다. 지붕 덕에 비가 와도 편안하게 즐길 수 있으며, 시계를 비치해 기차 시간에 늦지 않게 했다.

🕐 07:00~열차 종료 시간

2 이부타마 관광 택시

주요 관광지를 둘러볼 수 있는 택시다. 비록 일어지만 관광지에 대한 설명도 해준다. 택시 이용은 1명이든 4명(어린이 포함)이든 동일한 금액을 받는다.

🕐 09:00~17:00 💴 5000엔(2시간)

3 렌털 전동 자전거 이부린 いぶりん

이부스키 내 호텔에서도 빌릴 수 있으나 역 구내 종합 안내소가 가장 많은 대수를 보유하고 있다. 여권 지참 필수!

📞 0993-22-2111 🕐 09:00~18:00(이부스키역), 08:00~17:00 (니시오야마 역전 관광 안내소)
💴 2시간 600엔, 4시간 1100엔, 1일 2100엔(지정 반납 장소 이외 장소에 두고 싶으면 300엔 추가)
대여 장소 이부스키 역 내 종합 관광 안내소, 이와사키 호텔, 피닉스 호텔, 시사이드 해상 호텔, 코럴 비치 호텔, 로열 호텔 등

4 이부스키 관광 버스 のったり・おりたりマイプラン 놋타리 오리타리 마이프란

이부스키역 앞에서 60분 간격으로 출발하는 버스다. 모래찜질 회관, 헬시 랜드, 나가사키바나, 이케다 호수 등 주요 관광지를 모두 돌아볼 수 있다. 1일권과 2일권이 있는데, 2일권은 가고시마까지 가는 버스도 탑승할 수 있다.

💴 **1일권** 성인 1100엔, 아동 550엔 / **2일권** 성인 2200엔, 아동 1100엔

나가사키바나 長崎鼻

이부스키에서 가장 아름다운 풍경을 자랑하는 스폿이다. 사츠마반도 최남단에 삐죽하게 튀어나온 곳으로 류큐 신사와 등대, 바다로 이어진 산책로 등이 볼거리다. 이곳에서 바라본 가이몬산이 가장 아름답다. 산책로를 따라 바다로 내려서면 검은 모래사장이 펼쳐진다. 일몰 명소로도 인기다.

◎ 鹿児島県指宿市山川岡児ケ水長崎鼻
☎ 0993-22-2111
🌐 http://nagasakibana.com

AREA 17 가고시마현 鹿児島県

SPOT TO GO

1 사츠마 나가사키 비등대 薩摩長崎鼻灯台
높이 11m, 조명 높이 21m인 이 등대는 1957년 1월 세운 것이다. 나가사키바나와 함께 그림 같은 풍경을 연출한다.

2 우라시마 다로 浦島太郎
용궁 전설을 형상화한 조각이다. 우라시마가 거북이를 타고 어디론가 가는 모습을 표현했다. 조개껍데기에 소원을 써서 이곳에 놓으면 이루어진다고 해서, 소원을 쓴 수많은 쪽지가 쌓여 있다.

류구 신사(용궁 신사) 龍宮神社

교통, 항해의 안전과 어업의 번성을 기리는 신사다. 주홍색으로 칠한 신사는 주변 녹음과 대조적이라 멀리서도 눈에 띈다. 바다 쪽으로 바라보면 작은 붉은 도리이와 파란 바다가 대비를 이룬다. 이 신사는 용궁 전설의 발상지로 유명하다. 지금은 쉽게 볼 수 없지만, 예전에는 이곳에 거북이가 올라와 알을 낳았다고 전해진다. 그 덕분에 거북이에 대한 설화가 생겨난 것으로 짐작하고 있다.

◎ 鹿児島県指宿市山川岡児ケ水
☎ 0993-22-2111

용궁 전설 '우라시마 다로(浦島太郎)'

먼 옛날, 우라시마 다로라는 어부가 거북을 구해 바다로 돌려보냈는데, 거북은 그 보답으로 용궁으로 우라시마를 초대한다. 거북은 용궁의 공주였다. 공주와 즐거운 시간을 보내던 우라시마는 공주에게 고향으로 돌아가겠다고 이야기한다. 공주는 강하게 붙잡지만, 결국 상자(玉手箱, 다마테바코)를 하나 건네면서 절대 열어보지 말라고 당부한다. 다로가 고향으로 돌아와보니 바깥세상은 300년이 지난 후였고, 그의 집과 어머니는 모두 사라져 있었다. 슬픔에 빠진 다로는 공주가 준 상자를 열었는데, 그 안에서 하얀 구름이 나오더니 다로를 백발의 노인으로 변하게 했다.

SEE 04 📷

헬시 랜드 다마테바코
ヘルシーランド露天風呂 'たまて箱温泉'

바다와 다케야마를 바라보며 온천을 할 수 있는 시설. 물도 좋고 뷰도 좋아서 현지인들이 추천하는 곳이다. 넓은 부지에 바다가 보이는 노천탕이 있는데, 바다 위에 떠 있는 듯한 느낌을 준다. 매일 남녀탕을 바꿔 다양한 뷰를 볼 수 있게끔 했다. 2025년 4월까지 레노베이션을 진행된다고 하니 가기 전 영업 일정을 확인해보자.

🕐 다마테바코 온천 09:30~19:30 (목요일 휴무)
💴 중학생 이상 510엔, 아동 260엔

ⓒ이부스키 관광과

SEE 05 📷

사라쿠 모래찜질 회관
砂むし会館砂楽

이부스키 내에는 1000개의 원천이 있을 정도로 다양한 온천이 있다. 각각의 온천은 나트륨, 염소 이온이 주성분으로 신경통, 류머티즘, 관절통, 아토피 완화에 효능이 있다고 알려진다. 검은 모래찜질은 해안에서 자연적으로 솟아나는 온천수의 열로 뜨거워진 모래를 몸 전체에 덮는 것으로, 신진대사가 촉진되어 피로 해소와 미용 증진에 탁월한 효과가 있다. 목욕 타월은 따로 제공하지 않으나, 유카타와 슬리퍼는 무료로 이용할 수 있다.

📍 鹿児島県指宿市湯の浜5-25-18
📞 0993-23-3900 🕐 08:30~20:30
💴 모래찜질 중학생 이상 1500엔, 초등학생 이하 800엔 / 온천+찜질+수건 세트 중학생 이상 1800엔, 초등학생 이하 1100엔
🌐 http://sa-raku.sakura.ne.jp

AREA 17 가고시마현 鹿児島県

― TO DO LIST ―

1 유카타 입기

요금을 지불하고 유카타를 받아 탈의실에서 갈아입는다. 모래찜질을 하기 위해서는 개인용 수건이 꼭 필요하다. 수건은 추가 요금을 내고 빌려야 한다(료칸이나 호텔에서 제공하는 수건은 절대 사용 금지). 이때 유카타 안에 속옷은 입지 않는다.

2 모래 덮기

모래찜질 장소부터는 비치 샌들을 신는다. 안내에 따라 적당한 자리에 누우면 직원들이 모래를 덮어준다. 모래 안 온도는 50~55℃ 정도 된다. 게다가 모래 무게에 따른 지압 효과 덕분에 몸이 릴렉스된다.

3 모래찜질

찜질한 지 10분 정도 되면 땀이 나기 시작한다. 적정 시간은 10~20분이지만, 대기하는 사람이 많지 않다면 이보다 오래 있을 수 있다. 카메라나 스마트폰을 가져가면 직원이 직접 촬영해주는 서비스도 제공한다.

4 모래 털기

찜질을 다 마쳤다면 일어나서 남에게 방해되지 않게 조심스레 모래를 턴다. 유카타 덕분에 모래가 많이 묻지 않지만, 생각지도 못한 곳까지 모래가 묻어 있으니 잘 털어내자.

5 온천

탈의실로 가는 길에 목욕탕이 있다. 목욕탕 입구에 있는 전용 상자에 유카타를 반납하고 목욕탕으로 들어간다. 샤워로 나머지 모래를 완전히 씻어낸 뒤 온천욕을 한다.

6 휴식 & 셔틀버스 탑승

이부스키 내 료칸에서는 사라쿠까지 셔틀버스를 운행한다. 보통 30분~1시간 동안 운행하는데, 이를 위해 마련된 휴게실에서 휴식을 취한다. 휴게실에서 아이스크림이나 특산품도 구입할 수 있다.

SEE 06

니시오야마역 西大山駅

역사도 따로 없고, 열차도 몇 대 다니지 않는 무인 역이지만, 이부스키를 대표하는 관광 명소 중 하나로 꼽힌다. 일본 본토에서 가장 남쪽 끝에 위치한 역이라서다. 게다가 가이몬산을 배경으로 멋진 인증사진을 찍을 수 있어 많은 이들이 찾는다. 그 덕분에 역 주변에 포토존도 여럿 설치됐다. 규슈올레 가이몬 코스의 시작점이기도 하다.

📍 鹿児島県指宿市山川大山602

TO DO LIST

1 노란 우체통 사진 찍기
노란색 우체통은 보는 사람의 마음까지 환하게 한다. 12~2월이면 이 지역에 만개하는 유채꽃을 모티브로 컬러를 선택했다고 한다. 인근 상점에서 엽서를 판매하니, 그리운 사람이 있다면 엽서를 띄워보자.

2 거울 사진 찍기
거울에 비친 가이몬산과 자신의 모습이 같이 담기게 사진을 찍어보자.

3 행복의 종 쳐보기
소중한 사람들의 행복을 기원하며 치는 종이다. 종을 치며 한 컷!

4 일본 최고 남단 역 표지판 사진 찍기
열차가 들어올 때 가이몬산과 '일본 최고 남단 역'이라고 쓰인 표지판이 같이 보이게 사진을 찍으면 더 좋다.

AREA 17

가고시마현 鹿児島県

가이몬산 開聞岳

높이 924m, 잘생긴 명산 중 하나로 유명하다. 후지산처럼 아름다운 원추형이라 '사츠마후지'로도 불린다. 그 덕분에 검은 모래찜질과 함께 이부스키를 대표하는 얼굴로 활약 중이다. 가까이 가기보다는 나가사키바나에서 바라보는 풍경이 가장 아름답다. 등산도 가능한데, 완만한 나선형의 등산로 덕분에 등산이 수월하다고 한다. 정상에 서면 기리시마, 야쿠시마, 가고시마 등을 파노라마처럼 볼 수 있다.

◎ 鹿児島県指宿市開聞十町

야마카와역 山川駅

JR 최남단 유인 역으로, 이부스키 재래선의 종점이다. JR 가고시마역에서 바로 이곳까지 올 수 있다. 니시오야마역에 비해 이용하는 사람들이 많은데, 특히 등하교 시간에는 학생들로 넘쳐난다. 다만 니시오야마역에 비해 역 주변에는 바다 외에는 아무것도 없다.

◎ 鹿児島県指宿市山川成川

이케다호 池田湖

먼 옛날의 화산활동으로 생긴 둘레 15km, 수심 233m의 호수로 규슈 최대 규모를 자랑한다. 길이 2m, 몸통 둘레 50cm인 대뱀장어가 서식하고, 신기한 괴수 '잇시'의 호수로도 유명하다. 특히 12~2월 호수 주변에 유채꽃이 만발해 절경을 이룬다.

◎ 鹿児島県指宿市池田

EAT 01

이부스키 시영 도센쿄 소멘나가시
指宿市営 唐船峡そうめん流し

이케다호 인근에서 이부스키의 대표 음식인 도센쿄 소멘나가시를 판매하는 음식점이다. 시에서 운영하며 주요 관광지에서는 먼 편이지만, 관광 순환버스가 다니기 때문에 찾아가기 어렵지 않다. 실내외 좌석이 있으며 음식을 결정한 후 티켓을 구입하면 직원이 확인 후 음식을 서빙해준다. 소멘나가시를 주문하면 익힌 소면과 간장 소스를 내오는데, 찬물에 소면을 넣어 건져서 간장에 찍어 먹는다. 찬물에 씻어내 탱탱하고 쫄깃한 면발이 특징이다. 송어구이나 잉어회도 판매한다.

©K.P.V.B

- 鹿児島県指宿市山川岡児ケ水5967
- 0993-32-2143
- 4~10월 10:00~15:30, 11월~3월 11:00~15:30(정확한 시간은 홈페이지 참조)
- 정식 1700~2000엔
- www.ibusuki.or.jp/eat/somen/ibusukicity

EAT 02

망고노모리 マンゴーの森

나가사키바나 인근에 있는 망고 농장이다. 망고와 망고 아이스크림, 망고 젤리, 망고 잼 등 망고로 만든 가공식품을 판매한다. 바로 옆에 있는 망고 농장도 견학할 수 있다. 망고를 올린 파르페, 망고 선데, 망고 시로쿠마 빙수 등도 먹을 수 있지만, 생망고는 매우 비싸니 참고할 것.

- 鹿児島県指宿市山川岡児ケ水1332-4
- 0993-35-0032
- 09:30~17:00(10~4월 수요일 휴무)
- http://mango-kameya.com

이부타마(이부스키노 타마테바코) 指宿のたまて箱

규슈 테마 열차 중 가장 볼거리 많은 열차로, 철도 애호가라면 지나칠 수 없는 열차다. JR 가고시마추오역에서 JR 이부스키역 사이를 운행하는데, 딱 한 번 JR 기이레역에서만 정차해 빠르게 이동할 수 있다. 게다가 아름다운 긴코만과 사쿠라지마의 풍경을 감상할 수 있는 해안가를 달리기 때문에 열차를 타는 것 자체가 관광이 된다. 열차는 이부스키가 발상지인 용궁 전설을 테마로 제작됐다. 그런 의미로 열차가 역에 도착하면 출입구에 용궁을 연상시키는 안개가 뿜어져 나온다. 외관은 모던한 흑백색의 대비로 이루어졌는데, 하얀색은 바다 쪽으로, 검은색은 산 쪽으로 향하게 달리게끔 만들어져 있다. 열차 내부는 산속 별장에 들어온 듯 나무로 마감했다. 남규슈산 삼나무와 요트에 쓰는 티크 목재를 사용했다고 한다. 열차는 2량으로 구성되었는데, 각각 테마를 다르게 해 구경하는 재미가 있다.

💰 JR 가고시마추오역 ↔ JR 이부스키역 2800엔
ℹ️ 하루에 세 번(변동 가능)만 왕복 운행하기 때문에 반드시 예약해야 한다. 인터넷으로 예약할 수 있으며, 이부스키나 가고시마추오역에서 당일 예약도 가능하나 빈 좌석이 있을 때만 가능하다.

TO DO LIST

1 내가 원하는 좌석 찾기
좌석은 일반석과 창가 좌석으로 구분되고, 그 밖에 테마 좌석도 있다. 바다 풍경을 감상할 수 있는 회전식 창가 좌석이 가장 인기이며, 책장이 있는 소파 코너, 키즈 카페 같은 어린이와 유아 좌석 등 특별한 좌석이 마련돼 있다.

2 기념 촬영
일본 테마 열차의 백미! 날짜가 적힌 패널을 들고 차장의 모자를 빌려 기념 촬영을 할 수 있다. 날짜가 적힌 패널 덕분에 여행 날짜를 기억하기도 쉽다.

3 이부타마 테마 간식
기차의 흑백 이미지와 지역 식재료를 이용해 만든 간식을 판매한다. 신선한 달걀과 우유로 만든 크렘 브륄레에 검은깨가 들어 있는 이부타마 푸딩과 용궁으로 인도하는 거북이 콘셉트의 카메론빵 등이다. 도센쿄의 맑은 천연수를 사용한 이부스키 온천 사이다와 이부스키 특산품인 잠두콩 페이스트를 넣은 잠두콩 쿠키도 있다.

지금은,
일본 소도시 여행

초판 발행 · 2024년 3월 15일
초판 3쇄 발행 · 2024년 12월 31일

지은이 · 두경아
발행인 · 이종원
발행처 · (주)도서출판 길벗
출판사 등록일 · 1990년 12월 24일
주소 · 서울시 마포구 월드컵로 10길 56(서교동)
대표전화 · 02)332-0931 | **팩스** · 02)322-0586
홈페이지 · www.gilbut.co.kr | **이메일** · gilbut@gilbut.co.kr

편집팀장 · 민보람 | **기획 및 책임편집** · 방혜수(hyesu@gilbut.co.kr)
제작 · 이준호, 손일순 | **영업마케팅** · 정경원, 김지원, 조아현, 류효정 | **유통 혁신** · 한준희
영업관리 · 김명자 | **독자지원** · 윤정아

디자인 · 김영주, 강상희 | **교정** · 이정현
CTP 출력 · **인쇄** · **제본** · 상지사 피앤비

- 잘못 만든 책은 구입한 서점에서 바꿔드립니다.
- 이 책은 저작권법에 따라 보호받는 저작물이므로 무단 전재와 무단 복제를 금합니다.
  이 책의 전부 또는 일부를 이용하려면 반드시 사전에 저작권자와 출판사 이름의 서면 동의를 받아야 합니다.

ⓒ 두경아

ISBN 979-11-407-0866-6(13980)
(길벗 도서번호 020112)

정가 22,000원

독자의 1초까지 아껴주는 길벗출판사

(주)도서출판 길벗 | IT교육서, IT단행본, 경제경영서, 어학&실용서, 인문교양서, 자녀교육서 www.gilbut.co.kr
길벗스쿨 | 국어학습, 수학학습, 어린이교양, 주니어 어학학습, 학습단행본 www.gilbutschool.co.kr